Schriftenreihe des
Österreichischen Studienzentrums
für Frieden und Konfliktlösung – ÖSFK (Hrsg.)
Gerald Mader / Wolf-Dieter Eberwein / Wolfgang R. Vogt
Studien für europäische Friedenspolitik
Band 2

Europa im Umbruch

Chancen und Risiken der Friedensentwicklung
nach dem Ende der Systemkonfrontation

Koordination: Wolf-Dieter Eberwein

W0060800

Schriftenreihe des
Österreichischen Studienzentrums
für Frieden und Konfliktlösung – ÖSFK (Hrsg.)
Gerald Mader / Wolf-Dieter Eberwein / Wolfgang R. Vogt
Studien für europäische Friedenspolitik
Band 2

Europa im Umbruch

Chancen und Risiken der Friedensentwicklung
nach dem Ende der Systemkonfrontation

Koordination: Wolf-Dieter Eberwein

a

agenda Verlag
Münster
1997

Die Schriftenreihe wird gefördert vom
Bundesministerium für Unterricht und kulturelle Angelegenheiten, Wien,
und vom Bundesministerium für Wissenschaft, Forschung und Kunst, Wien.

Die Deutsche Bibliothek – CIP-Einheitsaufnahme

Europa im Umbruch :
Chancen und Risiken der Friedensentwicklung nach dem Ende
der Systemkonfrontation
/ Koordination: Wolf-Dieter Eberwein.
– Münster : agenda-Verl., 1997
(Studien für europäische Friedenspolitik ; Bd. 2)
ISBN 3-89688-006-3
NE: Eberwein, Wolf-Dieter [Hrsg.]; GT

© 1997 Thomas Dominikowski
agenda Verlag Münster
Hammer Str. 223, D-48153 Münster
Tel.: (0251) 79 96 10, Fax: (0251) 79 95 19
Alle Rechte vorbehalten
Umschlaggrafik: Derek Pommer
Lektorat, Register, Satz:
draft fachlektorat frieden – Wilhelm Nolte, Hamburg
Druck: Buschmann, Münster
ISBN 3-89688-006-3

Inhalt

*   Soweit nicht in den Fußnoten einzeln ausgewiesen, finden sich die
         Quellen aller AutorInnen in dem gemeinsamen Quellenverzeichnis.

Die Übersetzungen der fremdsprachigen Manuskripte besorgten
Katja Meister (Laïdi) und Hagen Schulz-Forberg (Buchowski, Dunay,
Groom, Wallensteen).

6

Abbildungen und Tabellen

Chancen = Mut zum Risiko
Einleitung

Wolf-Dieter Eberwein

Chancen wahrnehmen heißt Risiken eingehen. Risiken vermeiden heißt Chancen vertun. Das ist das Leitmotiv der in diesem Band enthaltenen Analysen über die denkbaren Zukunftsentwicklungen in Europa nach dem Ende der Systemkonfrontation. Chancen und Risiken verweisen darauf, daß sie in einem dreifachen Sinn Korrelate der Politik sind. Erstens sind sie in allen Politikfeldern gegeben, zweitens werden beide durch politisches Handeln vergrößert oder verringert, und drittens können sich die politisch Verantwortlichen entscheiden, ob sie eher risikoreiche Chancen wahrnehmen oder aus Angst vor Risiken Chancen vergeben. Dieses Begriffspaar ist wie ein siamesischer Zwilling. Beide sind unzertrennbar miteinander verwachsen. Doch während siamesische Zwillinge gelegentlich auseinanderoperiert werden können, lassen sich Risiken von Chancen nicht trennen, auch wenn dies in der Wirklichkeit immer getan wird. Manchmal ist dies in Ermangelung einer sinnvollen Alternative berechtigt. Eine lebensgefährlich verletzte Person hat nur dann eine Chance, gerettet zu werden, wenn sie von dem Krankenwagen möglichst schnell zur Intensivstation der nächstgelegenen Klinik transportiert wird. Mit dieser Wettfahrt gegen den Tod ist das Risiko verbunden, nie anzukommen, denn das Fahrzeug könnte in einen Unfall verwickelt werden. Doch in solchen Fällen wird das Risiko – zu Recht – vernachlässigt. Manchmal ist das allerdings mehr als problematisch, etwa in der Sicherheitspolitik: Chancen werden vernachlässigt, weil die Risiken zu groß erscheinen. Das Aufrüstungssyndrom ist hierfür ein Paradefall. Aus der militärischen Perspektive mag eine einseitige Risikobetrachtung sinnvoll sein, wenn man davon ausgeht, sich im Falle des Versagens der Abschreckung – womit nicht nur die nukleare Abschreckung gemeint ist – mit Erfolg gegen einen Aggressor zu verteidigen. Aus politischer Sicht, erst recht der friedenspolitischen, ist ein solcher Ansatz fatal. Denn das Risiko, daß Konfrontation in gewaltsame Konflikte umschlägt, kann zwar durch Abschreckung verringert werden, die Chance der Kooperation oder Sicherheitspartnerschaft dagegen konvergiert gegen Null. Jede Politik kann scheitern. Das Paradigma der risikominimierenden Machtpolitik hat bis heute jedenfalls keine friedliche Welt hervorgebracht. Den Verzicht auf Einsatz von Gewalt haben die Nuklearwaffen bewirkt, weil deren Anwendung kollektivem Selbstmord gleichkäme. In diesem Punkte hat sich der gesunde Menschenverstand durchgesetzt (vgl. Lebow/Stein 1995).
    Der Begriff der Risikogesellschaft, vom deutschen Soziologen Beck geprägt, hat noch vor dem Ende des Kalten Krieges seinen Siegeszug angetreten. Heute wird er ohne großes Zögern auf das internationale System insgesamt

übertragen. Dazu hat die Suggestivkraft des Begriffs beigetragen, der die aktuelle Situation präzise zu erfassen scheint. Nach dem kurzen Strohfeuer der Begeisterung, daß mit dem Ende des Kalten Krieges die Welt, zumindest in Europa, friedlicher, gerechter, wohlhabender, kurz: einfach besser werde, breitete sich zunehmend die ernüchternde Einsicht aus, daß das erfolgreiche und gewaltfreie Aufbäumen der Menschen in Mittel- und Osteuropa alleine noch keine Garantie dafür ist, daß die Welt im allgemeinen, die internationale Politik im besonderen, plötzlich friedlicher würde. Statt dessen, so unsere Vermutung, hat der weltpolitische Umbruch im Jahre 1989 eine doppelte Realitätsnegation ausgelöst. Die erste kann am besten mit dem Wortungetüm der naiven *Chanceneuphorie* bezeichnet werden. Sie setzte unmittelbar mit dem Fall der Mauer in Berlin, dem Symbol der Ost-West-Trennung schlechthin, ein. Das Schlagwort von der neuen Weltordnung machte die Runde. Ihr folgte sehr bald, spätestens nach dem Golfkrieg, die *Risiko-Depression*. Von nun an breitete sich unaufhaltsam der Begriff der neuen „Weltunordnung" aus (Stürmer 1994:222), der uns aller Voraussicht nach noch lange erhalten bleiben wird.

Die täglichen Schlagzeilen der Zeitungen und die Bilder der Fernsehnachrichten zeigen es: Überall tun sich Risiko-Abgründe auf, die alles Dagewesene möglicherweise in den Schatten stellen werden. Da treiben Drogendealer und Mafiosi ihr Unwesen. Da dräuen Nuklearterroristen und Flüchtlingswellen. Kriege haben Konjunktur. Die Umweltzerstörung greift wie ein schleichendes Übel um sich. Zieht man Mullers (1994) Analyse über die Kassandra-Rufer zur Zeit des Kalten Krieges heran, dann dürfte es nicht ganz so schlimm kommen. Damals wurden – wie heute – alle möglichen Risiken beschworen, die sich hinterher als übertrieben oder als Hirngespinste herausstellten. Das lag nicht zuletzt daran, daß reale Risiken (zu denen heute zweifelsohne Kriege und Umweltzerstörung gehören) mit allen möglichen gedachten oder ausgedachten Risiken (etwa der berühmte „missile gap") in den Sandkastenspielen westlicher Sicherheitsfanatiker zu einem einzigen Gefahrenberg aufgetürmt wurden. Die Frage ist folglich, warum heute die Betonung der Risiken dominiert, warum also vor lauter Bäumen der Risiken und Gefahren der Wald der Chancen kaum mehr wahrgenommen zu werden scheint.

Während des Ost-West-Konflikts, und das ist das eigentlich Paradoxe im Rückblick, herrschte Klarheit. Es gab einen Gegner und ein alles andere dominierendes Risiko – die nukleare Konfrontation, dem alle anderen Risiken untergeordnet waren. Diese dichotomisierte (wenn nicht sogar schizophrene) Welt ließ keinen dritten Weg zu. Der fortwährende Zusammenprall der Ideologien und der hieraus resultierende Wettbewerb der Systeme hatte eine – wenn auch perverse – sinnstiftende Funktion. Mit dem historischen Strukturbruch ist es gewissermaßen über Nacht zum Auseinanderbrechen von *sense et puissance* gekommen, also von Sinn und Macht, wie es Zaki Laïdi (1994) nennt. Macht ist wie eh und je vorhanden. Doch wozu ist sie gut? Für Waltz (1994) beispielsweise, spiritus rector des strukturellen Realismus, demzufolge jeder Staat auf sich alleine gestellt ist, um im geradezu darwinistischen Kampf ums politische Überleben zu bestehen, hat internationale Politik nur einen Sinn, nämlich nach Möglichkeit die führende Position in der internationalen Machthierarchie zu behalten bzw. zu erlangen. Waltz gesteht allerdings ein, daß seit 1989 weniger die militärischen Potentiale als die technologische Vorherrschaft über den Platz entscheiden, den die einzelnen Staaten in der internationalen Hackordnung einnehmen werden. Daß Macht konstitutives Merkmal internationaler Politik ist, ist unbestritten. Doch Macht alleine macht noch keinen Sinn. Die Analogie zur Biologie oder Ökonomie, die bezugslos den Primat des Überlebens postuliert, greift zu kurz. Zaki Laïdi (siehe in diesem Band) zufolge bedeutete der Umbruch den Sieg von Demokratie und Marktwirtschaft. Doch auch dieses Pärchen ist per se kein sinnstiftender Bote. Weder läßt sich funktionierende Demokratie verordnen, noch hat der Markt in den meisten Staaten dieser Welt jene wohlstandsvermehrende Wirkung, die die theoretisch stringenten Theoreme aus den akademischen Studierstuben verheißen.

Der Umbruch hat Sieger und Verlierer hervorgebracht, die durch die neue „Unordnung" miteinander verbunden sind. Letztere kann aber nicht unbedingt als dessen kausale Folge apostrophiert werden. Vielmehr hat der Strukturbruch im internationalen System die inhärenten Schwachstellen im internationalen System bloßgelegt, die bislang latent oder manifest vorhanden waren, sei es der Wunsch nach nationaler Selbstbestimmung oder die zunehmende Ungleichheit im internationalen System. Unklar ist, ob es gelingt, eine neue Ordnung zu schaffen. Geht man in die Geschichte zurück, dann hat es mehrere vergleichbare Strukturbrüche gegeben, bei denen Großmächte oder Machtblöcke zerfielen. Revolutionär an dem letzten Strukturbruch ist, daß er im Gegensatz zu den früheren (vgl. Levy 1983) ohne Krieg der Großmächte um die Vorherrschaft im internationalen System erfolgte. In der Vergangenheit dagegen markierten, wie Holsti (1991) zeigt, Friedenskonferenzen den Punkt im Kriegs- und Friedenszyklus, an dem sich die Beteiligten bemühten, neue, universell gültige Ordnungsprinzipien für die internationale Politik festzuschreiben. Das gilt für den Westfälischen Frieden von 1648 und die Konferenzen von Münster und Osnabrück, für Utrecht (1713-15), für Wien (1814-15), für Versailles (1919) und für Potsdam (1945). Die Konferenz von Paris und die dort verabschiedete Charta im Jahre 1990 hat im Gegensatz zu früher einen solchen universellen Anspruch erst gar nicht erhoben. Es gab nicht einmal derartige Bemühungen, das internationale System insgesamt systematisch neu zu ordnen. Und bislang finden die in Paris vereinbarten Prinzipien selbst im OSZE-Bereich noch keine generelle Anwendung. Ebenfalls neu im Vergleich zu den früheren Wendepunkten und Umbrüchen ist, daß es diesesmal nicht mehr nur um die Frage Krieg oder Frieden geht. Es steht mehr auf dem Spiel. Dabei sind die heutigen Probleme nicht neu. Sie sind zum einen Folge der nach 1945 festgezurrten Weltordnung, sie sind aber zum anderen Folge des industriellen Aufschwungs und des Wohlstandes, im wesentlichen in den OECD-Staaten.

Zunächst zum ersten Punkt. Während der Erste Weltkrieg noch als unge-
wolltes und singuläres Katastrophenereignis betrachtet werden konnte, hatten
der Zweite Weltkrieg und der erstmalige Einsatz von Atomwaffen klar gemacht,
daß Krieg als reguläres und legitimes Mittel der Außenpolitik nicht mehr akzeptabel ist. Um in Zukunft Krieg zu verhindern und territoriale Eroberungen, die
im 19. Jahrhundert durchaus noch die Tagesordnung bestimmten, auszuschließen, wurden die Vereinten Nationen (UNO) gegründet. Die UNO-Charta sah
verschiedene Mechanismen der Gewaltverhinderung und -überwindung ebenso
vor, wie in ihr die allseitige territoriale Integrität festgeschrieben wurde, was
insbesondere für die ehemaligen Kolonien von Bedeutung war. Die Willkür-
lichkeit ihrer Grenzen wurde mit der Entlassung in die Unabhängigkeit zementiert. Die neuen Grenzen in Europa, die in Jalta festgelegt worden waren, fielen
gleichermaßen unter diese Bestandsgarantie. Die relative Homogenität, die das
eurozentristisch ausgerichtete internationale System noch bis ins 20. Jahrhundert ausgezeichnet hatte, ging verloren. Zum einen gab es nach wie vor Staaten
mit positiver Souveränität, die in der Lage waren, ihre Unabhängigkeit selbst zu
behaupten, zum anderen gesellten sich all jene ehemaligen Kolonien hinzu, die
bestenfalls negative Souveränität auszeichnete, die also unfähig sind, ihre eigene Existenz zu garantieren (Jackson 1990). Diese Aufgabe wurde als Pflicht der
Staatengemeinschaft in der UNO-Charta in der Form festgeschrieben, daß Souveränität und Gewaltfreiheit garantiert werden sollten. Das territoriale Unverän-
derbarkeitsprinzip setzte sich nicht zuletzt deswegen durch, weil es zugleich der
Nullsummenmentalität der beiden Supermächte entsprach. Nach 1989 wurde
diese Form der „Staatssouveränität" (vgl. Barkin/Cronin 1994) hinfällig. Der
Anspruch auf Volkssouveränität im Sinne von Selbstbestimmung, verknüpft
mit dem Wunsch auf ein eigenes Staatsgebiet, rückte für viele in greifbare Nähe. Erschütternd ist die Tatsache, daß diese Ansprüche zum Teil mit Mord und
Totschlag erzwungen werden sollten, zum Teil mit Erfolg. Dies geschah vor
den Augen der Weltöffentlichkeit, die diese Vorgänge als *faits accomplis* akzeptierte, während die Politik mit hektischer Reisediplomatie ihr Versagen
überspielte. Diese territorialen Konflikte waren in den zurückliegenden Jahren
typisch für Europa, wie die Analyse Wallensteens in diesem Bande zeigt. Die
Schlußfolgerung scheint jedenfalls plausibel, daß im Bemühen, das Risiko terri-
torialer Konflikte und Veränderungen nach 1945 zu vermeiden, nur so lange
klein gehalten werden konnte, wie der territoriale status quo in der bipolaren
Zwangsjacke eingeschnürt war. Nachdem diese zerrissen war, kam es zur Explosion.

Damit komme ich zum zweiten Punkt. Er wiegt in seiner globalen Reichweite möglicherweise noch viel schwerer. Mit dem Prinzip der negativen Souveränität wurde zugleich das Hilfs- und Unterstützungsprinzip (Jahn 1993:580)
als notwendiges Korrelat im internationalen System institutionalisiert. Während
der Westen seinen Wohlstand vermehrte, blieben die Erfolge von Hilfe und
Unterstützung begrenzt. Die Wachstumseuphorie forderte ihren Preis. Der Glo-

balisierungstrend, der heute unbestritten ist, hat im Westen zu erheblichen Anpassungsproblemen geführt, einen Teil der Welt hat er an die Wand gedrückt. Die Grenzen des Wohlfahrtsstates im Westen gewinnen klarere Konturen. Die ersten Opfer werden spürbar in Form von Massenarbeitslosigkeit und - exklusion. Von den Ländern der sogenannten Dritten Welt haben es nur wenige geschafft, sich in das bestehende System einzuklinken, für einen Großteil dagegen nimmt die Distanz zu den Reichen der Welt zu. Sie geraten zunehmend ins Abseits, wozu u. a. der Bevölkerungsdruck und die Verschlechterung der Ernährungslage beitragen. Der Paukenschlag des Club of Rome mit der Publikation „Grenzen des Wachstums" von 1972 und der Ölschock im Jahre 1973 haben deutlich gemacht, daß die auf wirtschaftlichem Wachstum beruhende Vermehrung des westlichen Wohlstands auf Dauer zum Untergang führen kann, zumal der Weg dahin jederzeit bedroht ist. Trotz der positiven Entwicklungen im Umweltbereich (vgl. Simonis in diesem Bande) werden heute die ökologischen Schäden, Folgen des über Jahrzehnte akkumulierten Wohlstands, für die Reichen wie für die Armen immer spürbarer: global in Form der Klimaveränderungen, regional und lokal unter anderem in Wasserknappheit, Bodenerosion und - verseuchung oder Waldsterben. Auch dies sind Folgen langfristig angelegter Politik, die nicht erst mit 1989 eingesetzt hat.

In einer Hinsicht hat sich die Situation nach 1989 nicht etwa verschlechtert, sondern sogar verbessert. Wir leben nicht mehr unter dem Damoklesschwert des nuklearen Kriegs. Doch dieser positive Umstand forderte seinen Preis. Aufgrund der Welle von Bürgerkriegen (Wallensteen/Sollenberg 1996) hat sich für viele Menschen die Situation dramatisch verschlechtert, sofern sie überlebt haben. Um nicht zu verhungern, sind Millionen Flüchtlinge heute auf die Hilfe humanitärer Organisationen vor allem in Europa und Afrika angewiesen. Doch deren Schicksal stellt keine unmittelbare Bedrohung im machtpolitischen Sinne dar. Die wesentliche Veränderung ist der Bewußtseinswandel. Bestimmend ist heute das Bewußtsein, in einer heterogenen Risikolandschaft leben zu müssen, die einem Minenfeld gleicht. Sie ist nur diffus und hat Unsicherheit und damit Orientierungslosigkeit zur Folge. Zwei Aspekte sind in diesem Zusammenhang von Bedeutung. Der erste betrifft den Nutzen militärischer Gewalt, der andere bezieht sich auf die Problemverarbeitungskapazität der Handelnden. Schien sich im Golfkrieg die durch die UNO legitimierte Handlungsoption des militärischen Zwangs für die konsequente Bestrafung von Aggressoren zu bewähren, folgte gleich danach die Ernüchterung in Somalia. Dort stellte sich sehr schnell die begrenzte Reichweite militärischer Gewalt heraus. Während Boutros-Ghali (1992) mit der „Agenda for Peace" noch versuchte, die verschiedenen Optionen für den Einsatz militärischer Gewalt zu umreißen (vom peace keeping zum peace enforcement), griff die Rhetorik humanitärer Intervention als notwendig und möglich um sich, die stark mit der effektiven Bereitschaft kontrastierte, tatsächlich zu intervenieren. Was präventive Diplomatie betrifft, die Boutros-Ghali als Korrelat der militärischen Intervention verstand, so herrschen nach wie vor eher abstrakte und zum Teil diffuse Vorstellungen vor über das, was sie leisten kann (Matthies 1996:22).

Die geringe Neigung zur humanitären Intervention ist schon deswegen verständlich, weil sich zeigte, daß in den Konflikten, die einen solchen Einsatz durchaus rechtfertigen könnten (Genozid wie in Somalia, Ruanda, Burundi oder Bosnien-Herzegowina), das Risiko des Scheiterns hoch ist. Leider geht die verbissen geführte Grundsatzdebatte von *Bellizisten* und *Pazifisten* – etwa um die humanitären Motive – zum Teil an der Realität vorbei. Bei Genozid stellt sich die Frage, ob die Staatengemeinschaft darauf reagieren soll, und wenn ja, wie unschuldige Menschen geschützt werden können. Richtig ist allerdings die These der Gegner militärischer Aktionen, daß das Bemühen verstärkt auf Verhinderung von Gewalt gerichtet sein muß. Grundsätzlich richtig ist auch, daß das Militär als Instrument der Politik an Bedeutung verloren hat, und zwar genau von dem Zeitpunkt an, wo es politisch von den Fesseln der Supermachtsblockade im UN-Sicherheitsrat befreit worden ist. Die Heterogenität der Risiken hat militärische Macht in jedem Fall ihrer Bedeutung als ordnungsstiftendes Zwangsinstrument entwertet.

Die Annahme der Heterogenität der Risiken weist noch eine weitere Facette auf. Sie impliziert, daß Sicherheit im weiteren Sinne unteilbar ist, weil die konstitutiven Elemente interdependent sind und voneinander nicht isoliert werden können. Wenn auch inzwischen der Begriff der erweiterten Sicherheit salonfähig geworden ist, so besteht nach wie vor das Problem, daß die Arbeitsteilung international und innerstaatlich von der Teilbarkeit der Problemlösung ausgeht. Das ist so lange gerechtfertigt, wie die vielfältigen Interdependenzen mitgedacht und -berücksichtigt werden. Ob dies tatsächlich der Fall ist, muß bezweifelt werden. Geradezu paradigmatisch scheint in diesem Zusammenhang die Frage der NATO-Erweiterung zu sein, die von Dunay in diesem Band diskutiert wird. Sie hat sich inzwischen zu einem „Selbstläufer" entwickelt. Sie wird im Sinne der Teilbarkeit der Sicherheit verfolgt. Die Frage ist, ob eine solche kurzfristig orientierte Strategie der Risikoeinhegung auf Dauer zu Kooperation und Frieden beiträgt.

Die bisherigen Überlegungen können dahingehend zusammengefaßt werden, daß mit der Überwindung der bipolaren Blockade einerseits latente Probleme (Selbstbestimmung, nationale Unabhängigkeit) manifest geworden sind, andererseits vielfältige Risiken „bewußter" als sicherheitsrelevant wahrgenommen werden. Das ist keineswegs unumstritten, wie beispielsweise die in den USA heftig geführte Debatte über „ökologische Sicherheit" zeigt (vgl. Homer-Dixon 1993; Levy 1995). So gut wie keines der Phänomene, die heute unter der Rubrik Risiko genannt werden, ist völlig neu – mit Ausnahme des nach Europa zurückgekehrten Krieges (Kaiser 1995:30). Doch dieser Krieg stellt mehr eine Herausforderung an die Glaubwürdigkeit des Westens dar als eine akute sicherheitspolitische Bedrohung. Wenn also ein verändertes Risiko-Bewußtsein das eigentlich neue Phänomen ist, stellt sich die Frage, ob es gerechtfertigt ist. Was die Risiko-These zum Ausdruck bringt, ist zunächst ein Wandel in der gegenwärtigen sicherheitspolitischen Konstruktion der Wirklichkeit. Sie hat sich zweifelsohne verändert. Alexander/Smith (1996) sprechen im Zusammenhang von Risiko-Gesellschaft von einem als sozial konstruierten Mythos. Wenn das richtig ist, dann ist das Risiko (bzw. sind die Risiken) keine objektive Größe. Für Alexander/Smith (ebda.:261) besteht das Risikobewußtsein in der Verbindung von Technologien und deren Risiken. Übertragen auf die Weltpolitik wäre analog dazu das Risikobewußtsein das Produkt des Risikos und der sozialen Wirkungszusammenhänge. Letztere wären vergleichbar mit den Technologien, während erstere die Wahrscheinlichkeit des Versagens und der damit zusammenhängenden Folgen angeben. Doch erst die soziale Einschätzung und Bewertung dieses Risikos ist das Risikobewußtsein, das in der Regel mit Risiko gleichgesetzt wird. Wenn diese Argumentation zutrifft, dann ist die Verwendung des Begriffs Risiko zunächst nichts anderes als die *selektive Wahrnehmung und Bewertung* bestimmter Risiken. Jegliche Risikobetrachtung enthält somit eine subjektive Komponente, die sich gleich auf drei verschiedene Aspekte bezieht: a) welcher Bereich wird überhaupt als risikoträchtig angesehen, b) wie hoch werden die Risiken eingeschätzt und c) welche Risikowahrscheinlichkeit ist noch akzeptabel, welche nicht mehr? Weil die subjektive Dimension konstitutiv ist, muß es zwangsläufig zu konkurrierenden Definitionsansprüchen kommen, was Risiken sind und welche prioritär sind. Die Politik verfügt über die Macht, ihre Handlungsprogramme an ihren Vorstellungen auszurichten (das ist die Frage, die im Detail im Teilprojekt 3 des Forschungsprogramms „Friedensmacht Europa" zur Frage der „Sicherheit von oben" näher analysiert wird), steht zugleich aber auch öffentlich unter Druck, ihre Prioritäten rechtfertigen, gegebenenfalls sogar verändern zu müssen (worüber Teilprojekt 4 näheren Aufschluß bringen soll, wo es um „Sicherheit von unten" geht).

Je stärker allerdings die Risikobetrachtung dominiert, desto geringere Aussicht besteht, daß die Chancen überhaupt noch angesprochen werden. Dies ist das eigentliche, fundamentale Risiko, mit dem wir gegenwärtig konfrontiert sind. Werden Risiken im klassischen sicherheitspolitischen Sinne bearbeitet, dann kann die Handlungsmaxime nur sein, vom „worst case" auszugehen. Eine derart defensive Einstellung erfordert einen ungeheuren Energieaufwand, alle nur denkbaren und möglichen Risiken und Gefahren vorwegzunehmen. Treten Risiken ein, dann ist zu befürchten, daß Symptome – kurzfristig möglicherweise sogar erfolgreich – bekämpft werden, die Ursachen hingegen weiterhin unbeachtet und damit wirksam bleiben. Das Migrationsproblem dürfte hierfür ein Paradefall sein. Wenn die Risikobetrachtung zugleich kurzfristig und reaktiv angelegt ist, vernachlässigt sie Gestaltungsmöglichkeiten, die an den Ursachen ansetzen. Und dann ist tatsächlich die Gefahr groß, daß die vielen kurzfristig erfolgreichen Krisenmanagementstrategien bewirken, daß wir die Langzeitkrise, wie Groom in seinem Aufsatz in diesem Buch ausführt, übersehen, in der wir uns möglicherweise befinden.

Chancen sind analog zu den Risiken mit Wahrscheinlichkeiten belegt, die bekannt oder unbekannt sind (einschließlich der Metachancen). Sie wahrzunehmen bedeutet, Risiken eingehen zu müssen. Chancen umzusetzen bedeutet folglich, scheitern zu können. Doch das gilt gleichermaßen für die Risiken. Auch in ihrem Falle ist ein Scheitern möglich. Wenn hier trotz aller Symmetrie der Sache nach eine Asymmetrie von Risiken und Chancen herausgestellt wird, dann deshalb, weil wir sie als asymmetrisch wahrnehmen. Bei der Risikobetrachtung kann eher auf bewährte Verhaltensmuster zurückgegriffen werden, womit Zielvorstellungen über wünschenswerte Entwicklungen ausgeblendet bleiben oder ihnen eine Nebenrolle zugewiesen wird. Bei der Wahrnehmung von Chancen dagegen ist ein größerer Aufwand erforderlich, intellektuell, politisch oder gar institutionell. In Umbruchsphasen sind, so die Annahme, die Chancen für die Umsetzung neuer Ideen günstiger als in den langen Phasen einer routinierten Normalität. Damit besteht also das Kernproblem darin, ob der Mut zum Risiko vorhanden ist, Chancen wahrzunehmen und zu formulieren.

Nun besteht die Absicht dieser Einleitung nicht darin, eine detaillierte Analyse über Chancen und Risiken vorzulegen. Vielmehr sollte lediglich verdeutlicht werden, daß zum einen trotz aller „Unordnung" im internationalen System ein Potential an Möglichkeiten gegeben scheint, das darauf wartet, vitalisiert zu werden. Zum zweiten sollte darauf hingewiesen werden, daß Risiken genauso chancenbehaftet sind wie Chancen risikoträchtig. Wie es sich damit im einzelnen verhält, wird in den nachfolgenden Beiträgen zu diesem Band analysiert. Dieser Band setzt den ersten Band fort, der sich grundlegend mit dem Problem der Zivilisierung der Gesellschaft, den Bedingungen und Chancen der damit verknüpften Erwartung sowie den Bedingungen und Erwartungen für die Verwirklichung von Frieden auseinandersetzte. Mit den in diesem Band veröffentlichten Analysen wird das Problem der Chancen und Risiken auf mehreren Ebenen angegangen. Hauptbezugspunkt ist die Heterogenität von Risiken, das heißt die Unteilbarkeit der Sicherheit. Friede und Sicherheit sind demzufolge – aus wissenschaftlicher Sicht – nur multidisziplinär, idealiter interdisziplinär, zu bearbeiten. Diesem Umstand wurde in der Form Rechnung getragen, daß Vertreter verschiedener Disziplinen als Autoren gewonnen wurden. Der Anspruch auf einen integrierten Ansatz, um die komplexe Interdependenz der Problematik deutlich zu machen, wird dabei noch nicht erhoben. Die vielfältigen Querbezüge werden aber dennoch erkennbar.

Mit den ersten drei Beiträgen von Hubig, Czempiel und Laïdi soll allgemein in die Problematik von Chancen und Risiken eingeführt werden. Christoph Hubig setzt mit der Diskussion des Risikobegriffs ein und zeigt, daß er ein Korrelat des Chancenbegriffs ist. Zugleich macht er die Vielschichtigkeit des Risikobegriffs deutlich, die häufig übersehen wird. Für Ernst-Otto Czempiel besteht die Chance in der Demokratisierung des Staatensystems. Auch wenn Demokratie alleine noch keinen „ewigen Frieden" bewirkt, ist sie dennoch eine unverzichtbare Voraussetzung dafür. Der Zeitpunkt, den Demokratisierungsprozeß zu fördern, ist seiner Ansicht nach so günstig wie noch nie. Eine eher skeptische Position nimmt Zaki Laïdi ein, auch wenn seine Analyse der Weltzeit keineswegs als Gegenposition zu Czempiel zu verstehen ist. Ihn beschäftigt die Frage, wie Umbrüche die völlige Veränderung des Zeitbewußtseins bewirken. Diese Betrachtung führt von den Symptomen, dem eigentlichen Umbruch, weg hin zu den tieferliegenden Zusammenhängen zwischen den Ursachen selbst, die den Umbruch erst bewirkten.

Der zweite Teil ist der innereuropäischen Situation gewidmet. Pál Dunays Beitrag behandelt vordergründig die Frage der NATO-Erweiterung. Doch damit illustriert er zugleich ein sehr viel wichtigeres Problem, das nämlich, wie vordergründig plausible Motive insgesamt nichtintendierte Effekte produzieren können, so daß bei gelungener Operation (sprich NATO-Erweiterung) der Patient selbst (sprich die Sicherheit in Europa) möglicherweise noch schlechter dran ist. Egon Matzners Aufsatz illustriert auf anschauliche Weise, welche Konsequenzen die Prämissen der Handelnden spieltheoretisch haben. Sie präjudizieren die Ergebnisse, seien es Kooperation oder Konfrontation, seien es Gewinne für alle, für keinen oder nur für einige. Derartige formallogische Konstrukte sind keineswegs Spielereien, sondern verdeutlichen, welche Auswirkungen die Prämissen der Handelnden selbst nach sich ziehen.

Vergleichsweise nah an der Realität ist die Analyse von Jan Bongaerts. Der Kern seines Arguments läuft darauf hinaus, daß aus umweltpolitischer Sicht die Integration der mittel- und osteuropäischen Staaten in die Europäische Union unverzichtbar sei. Anders seien Fortschritte nicht zu erzielen und damit das Risiko einer vermehrten Umweltdegradation nicht zu reduzieren. Welche Bedeutung kollektive Identitäten haben, macht Michal Buchowski exemplarisch am Falle Polens deutlich. Seine Analyse dürfte aber ohne allzu große Schwierigkeiten auf sämtliche mittel- und osteuropäischen Staaten übertragbar sein. Seine Schlußfolgerung, daß die Gefahr einer erneuten Spaltung durchaus denkbar ist, muß ernstgenommen werden. Enttäuschung auf der einen (der östlichen), Desinteresse auf der anderen (der westlichen) Seite, können tatsächlich dazu führen, daß diesesmal ein selbstgewählter „identitärer Vorhang" den eisernen ersetzen wird.

Der globale Kontext wird im dritten Teil des Bandes thematisiert. Dieter Ruloff nimmt mit Marc Holitscher die These der Globalisierung und Regionalisierung unter die Lupe. Er stößt dabei auf die Phänome der Ungleichheit und der Fragmentierung, begleitet von einer partiellen Globalisierung und Regionalisierung. Folgt man seiner Argumentation, dann ist alles andere abzusehen als ein Ende der Machtpolitik. Die ökonomische Ungleichheit wird von Hartmut Elsenhans im Weltmaßstab angesprochen. Daß dabei der Westen zur Verschärfung der Ungleichheit beiträgt, ist die wenig erfreuliche Nachricht. Udo Ernst Simonis stellt die globalen Umweltprobleme dar und die z. T. erfreulichen Veränderungen, die inzwischen erfolgten. Ob sie allerdings ausreichen, ist eine ganz andere Frage. Der Zusammenprall der Kulturen, die griffige Metapher von

Huntington, entbehrt möglicherweise eines Realitätsgehaltes, reale Wirkung hat sie dennoch. Wie Petra Weyland darlegt, werden hier unsinnigerweise neue Feindbilder ins Leben gerufen, die zwar an der Realität vorbeigehen, doch gleichzeitig neue Realitäten schaffen.

Im letzten Teil dieses Bandes zeichnet Peter Wallensteen zunächst die Entwicklung der gewaltsamen Konflikte im internationalen System nach. Für ihn stehen die Kämpfe um Selbstbestimmung und den eigenen Territorialstaat in Europa in einer langen historischen Tradition. Diese scheinbare Fragmentierung kann aber längerfristig durchaus zu größerer Stabilität beitragen, wenn zugleich das entsteht, was Karl Deutsch als pluralistische Sicherheitsgemeinschaften bezeichnet hat. Westeuropa hat gezeigt, daß das möglich ist. John Groom knüpft an den Trends im internationalen System an, die er vor vielen Jahren identifiziert hat. Im großen und ganzen sind sie unverändert. Ebenso unverändert ist seine Diagnose. Der klassische Nationalstaat stößt zunehmend an die Grenze seiner Leistungsfähigkeit. Werden nicht neue, ergänzende Formen der Problembewältigung gefunden, könnte es sehr wohl sein, daß nach uns, und das heißt für unsere Kinder, die Sintflut droht, sofern die Chancen, die er sieht, nicht wahrgenommen werden.

Probleme aufzuzeigen ist sicher einfacher, als sie zu lösen. Werden Probleme ignoriert, können sie logischerweise nicht erkannt und folglich erst recht nicht gelöst werden. Wenn wir zur Problemerkennung beigetragen haben, dann hat der Band seine Existenzberechtigung. Darüber hinaus unternimmt Wolf-Dieter Eberwein, in dem abschließenden Kapitel den Versuch, aus den vorgelegten Beiträgen alternative Szenarien zu entwickeln, die sich von der Frage leiten lassen: Was würde passieren, wenn sich dieser oder jener Entwicklungstrend fortsetzte? Dabei sind drei Optionen der Ausgangspunkt: ein Katastrophenszenario, in dem die Welt „aus den Fugen" gerät, ein Szenario nach dem Muster des „more of the same", und schließlich ein optimistisches Szenario. Mit ihrer Hilfe soll nicht zuletzt eine Brücke zu den im Forschungsprogramm „Friedensmacht Europa" nachfolgenden Teilprojekten dargeboten werden. Wie auch immer diese im einzelnen bewertet werden, bleibt der Leserin bzw. dem Leser überlassen. Wir sollten uns aber bewußt sein, daß die Grundlagen für die Zukunft, die niemand prognostizieren kann, bereits heute gelegt werden. Was wir heute an Chancen verpassen, wird morgen zum Risiko, wenn nicht sogar zur akuten Gefahr.

Teil 1

Zur generellen Problematik

Theoretisch-soziologische Überlegungen zur Risikoproblematik im Blick auf ein „Ende" der Systemkonfrontation

Christoph Hubig

> „Heute ... hat die Verantwortung ihren Schwerpunkt nicht im Menschen, sondern in den Sachzusammenhängen ... Es ist eine Welt von Eigenschaften ohne Mann entstanden."
>
> Robert Musil

Systemzerfall, Ende einer Systemkonfrontation und eine neue Weltunordnung mögen dem systemtheoretisch orientierten Soziologen signalisieren, daß bestimmte Systeme angesichts der Komplexität ihrer jeweiligen Umwelt die Fähigkeit zur Selbstfortschreibung verloren haben – mangels Fähigkeit zu einer adäquaten Binnendifferenzierung. Er wird darauf verwiesen, daß alte Subsysteme oder neue Systeme die bisherigen Systemkonstellationen ersetzen werden. je nach Fähigkeit, sich funktional auf die neu entstandenen Umwelterfordernisse einzustellen. Diese neuen Umwelterfordernisse erscheinen nicht per se, sondern nur insoweit, als sie von den Systemen in den Code ihrer Binnenkommunikation übersetzt, d. h. im Rahmen der Handlungsregulative und ihrer sprachlichen Verfaßtheit bearbeitet werden können. Die allerorts beschworenen neuen *Gefahren* (Terrorismus, illegaler Export radioaktiven Materials, internationaler Drogenhandel, Migrationsbewegungen, Umweltschäden etc.) müssen von den Systemen als *Risiken* betrachtet und einem entsprechenden Risikomanagement unterzogen werden. Ob dieses Risikomanagement erfolgreich ist, zeigt sich erst ex post am Überleben der entsprechenden Systeme. Während aus dieser Theoriesicht der *Risiko*begriff jeweils substantiierbar ist, bleibt sein Korrelat, der Begriff der *Chance*, weitgehend im Dunkeln. Abstrakt könnte man unter jenem Paradigma „Chance" als Inbegriff des Ausdifferenzierungs- und Kopplungspotentials von Systemen fassen, das diese zum Zwecke ihrer Fortschreibung aufweisen. Eine übergroße Binnendifferenzierung jedoch sowie eine allzu hohe Ausdifferenzierung von Kopplungen zu anderen Systemen können ihrerseits zum Systemzerfall führen, weil die Binnendifferenziertheit zu einer neuen Komplexität (und somit neuen Umwelt) für das System selbst wird bzw. über die Kopplungen die Systeme durch andere Systeme „dominiert" werden können. Die Schwierigkeiten dieser Problemsicht, die allerdings durchwegs einen hohen Plausibilitätsgehalt vorweist, sind hinlänglich bekannt:

- Schwierigkeit der *Selbstbegründung* dieses Ansatzes (Das System der Systemtheorie gehört einerseits zum System „Wissenschaft" und nimmt andererseits einen Beobachterstatus ein, dessen Möglichkeit Systemen abgesprochen wird.)
- Schwierigkeit der *Modellierung der Auswirkung* dieser Problemsicht auf die Systeme selbst (Welchen Status hat systemtheoretische Reflexion in den Systemen selbst?)
- Schwierigkeit der *Umsetzung in konkrete Leitbilder*, zu der wir genötigt sind, weil wir zum Handeln genötigt sind. (In Zeiten der Unsicherheit stehen Handlungsoptionen subjektiv nicht per se unter jeweils bestimmten Leitdifferenzen von Systemen etwa der Wirtschaft, des Rechts, der Religion etc., sondern die Zuordnung ist erst vorzunehmen).

Die Diskussion wirft uns zurück auf die alte Konstellation der Freiheit-Determinismus-Debatte: Diese wurde bereits von Kant auf den Punkt gebracht, daß wir – ungeachtet aller deterministischen Erwägungen – nicht umhin können, zu handeln, *als ob* wir die entsprechende Dispositionsfreiheit und Leitbildorientierung hätten.

Der „Voluntarist" hingegen, der die Gegenposition zum „Systemtheoretiker" vertritt, betrachtet die neue Weltunordnung als Dispositionsbereich seiner Interventionen, die sich nicht mehr mit den „Sachzwängen" der alten Regulative auseinanderzusetzen hätten. Dabei wird leicht übersehen, daß mit dem Zerfall von Systemen nicht ein Zerfall derjenigen funktionalen Erfordernisse einhergeht, denen sie nicht mehr genügen konnten. Ob ein System gänzlich zerfällt, weil es das Konfliktpotential seiner wirtschaftlichen oder ethnischen Problem-Umwelt nicht mehr regulieren konnte, oder ob ein anderes System über eine interventionistische Ersatzpolitik Wirtschaftsprobleme oder ethnische Probleme vorübergehend überdeckt und dabei seine eigenen Ressourcen aufbraucht, signalisiert nicht per se, daß die Handlungsspielräume größer geworden sind. Der Voluntarist hätte nicht bloß auf die Leitbilder zu verweisen, unter denen er die Chancen einer neuen Weltordnung modelliert und identifiziert, sondern hätte zugleich den Nachweis zu erbringen, wo sein aktuelles Handeln in seiner Realisierung diejenigen Folgen zu zeitigen vermag, die er intendierte. Der zynische Systemtheoretiker sieht sich durch das Scheitern des Voluntaristen bestätigt; der Voluntarist verweist hingegen immerfort darauf, daß Handeln nur eines ist, wenn es Leitbildern folgt, die es vorab für gerechtfertigt halten muß und nicht erst ex post im Sinne einer Überantwortung an den Mechanismus einer wie auch immer gearteten Systemevolution.

Beide Sichtweisen sind durch die Asymmetrie ihrer Blickwinkel charakterisiert: Die erste favorisiert das Risikomanagement und blendet die handlungskonstitutive Chancen(Ziel-)Reflexion aus; die zweite orientiert sich am klassischen Bild individuellen, organisatorischen und institutionellen Handelns in dem Glauben, Systemzwänge über ein Kurieren an den sogenannten Nebenfolgen des Handelns in den Griff zu bekommen.

Angesichts dieser Konstellation wird in der nachfolgenden Analyse daran festgehalten, daß Risiken und Chancen weiterhin als Korrelat angesehen werden sollten. Die begrifflichen Präzisierungsvorschläge folgen der Absicht, unter dem Eindruck der bestehenden „Weltunordnung" und angesichts eines „Endes" bestimmter Systemkonstellationen der These vorzubeugen, daß es eine Alternative gäbe zwischen systemtheoretisch orientiertem Risikomanagement im Blick auf Gefahren und einer chancenorientierten Philosophie von Gestaltbarkeit, die Systemstrukturen und Systemumwelten einfach für disponibel hält.

1. Möglichkeiten

Chancen und Risiken werden gemeinhin im Blick auf die Möglichkeiten des Handelns modelliert, genauer: auf die mögliche Realisierung von Handlungsfolgen. Aus philosophischer Perspektive ist jener Möglichkeitsbegriff in dreifacher Hinsicht zu differenzieren; dabei geraten drei Ebenen von Möglichkeit ins Blickfeld, die für die Chancen-Risiko-Diskussion relevant sind: reale Möglichkeiten, hypothetische Möglichkeiten und „Metamöglichkeiten".

1.1 Reale Möglichkeiten

Reale Möglichkeiten sind solche, die sich auf das Auftreten von Sachverhalten in bekannten Definitionsbereichen beziehen und im Rahmen der faktischen Grenzen der Forschung erfaßt werden sollen. Sie beziehen sich auf das Verhältnis bestimmter Ursachen zu ihren möglichen Folgen bzw. das Verhältnis bestimmter Gegenstände und Ereignisse zu möglichen Eigenschaften. Der Bereich dieser Möglichkeiten wird (z. B. nach dem Gesetz der größten Zahl) üblicherweise unter den Strategien der Wahrscheinlichkeitsrechnung modelliert, wobei Chancen und Risiken symmetrisch als Produkt der jeweiligen Auftrittswahrscheinlichkeit und der jeweiligen Nutzens- bzw. Schadenshöhe erfaßt werden. Dabei besteht die Tendenz, niedrige Eintrittswahrscheinlichkeiten (unbegründet) zu einem normativen Faktor zu machen, insofern, als hieraus die Akzeptabilität von Schadenshöhe oder die Ablehnung von Nutzenserwartungen ableitbar erscheint (hierzu s.u.).

1.2 Hypothetische Möglichkeiten

Wenn die Definitionsbereiche, innerhalb derer Ereignisse möglicherweise auftreten können, nicht vollständig bekannt und erschlossen sind, sprechen wir von hypothetischen Möglichkeiten. Der hypothetische Charakter dieser Möglichkeiten (somit also auch der Chancen und Risiken) ist bedingt durch die Hypothesen, in deren Lichte der entsprechende Definitionsbereich überhaupt erst als solcher erschlossen wird. Die entsprechenden Wahrheitszuweisungen für die Wahrscheinlichkeit des Auftretens von Ereignissen hängen von der Triftigkeit der Vorannahmen ab, unter denen ein entsprechender Definitionsbereich modelliert wird. Solchen Vorannahmen begegnen wir auf zweierlei Ebenen: Erstens bei der *Simulation* entsprechender Definitionsbereiche, die bekanntlich mit der Validität der entsprechenden Parameter und ihrer Relationen sowie der Validität der Datenmengen bzw. der oftmals geschätzten Daten stehen und fallen (z. B. bei Klimasimulationen). Zweitens im Blick auf die Vorannahmen, die sich auf die Validität der Instrumente und *methodischen Strategien* beziehen, unter denen bestimmte Resultate als solche zustandekommen bzw. als gültig erachtet werden, z. B. wenn Nicht*nachweisbarkeit* als Nicht*vorliegen* gewertet wird (z. B. beim Streit um bestimmte Gesundheitsgefährdungen durch Umwelteinflüsse).

Die Unsicherheit, die durch die Abhängigkeit von Hypothesen bestimmt ist, verschärft sich, wenn Operationalisierungsbedingungen selbst nur unvollständig bekannt sind (z. B. bei der Frage nach der Rolle zusätzlicher Parameter im Zuge einer Übertragung einer Maßnahme auf einen neuen Definitionsbereich, etwa vom Labor auf ein Ökosystem) oder wenn Operationalisierungen überhaupt noch nicht entworfen worden sind, wir uns also im Bereich von Gedankenexperimenten bewegen. Die entsprechenden Unterstellungen beziehen sich dann darauf, daß die entsprechenden Gedankenexperimente überhaupt realisierbar sind, was durchaus ein Argument dafür abgeben kann, entsprechende Ressourcen zur Entwicklung von Operationalisierungsmaßnahmen bereitzustellen, die dann als hypothetische Chancen dieses Typs erscheinen.

1.3 Metamöglichkeiten

Es ist sinnvoll, einen weiteren Typ von Möglichkeiten zu unterscheiden, der dann einschlägig wird, wenn die Definitionsbereiche nicht bloß unvollständig erschlossen sind, sondern ihrerseits erst neu konstituiert, verändert oder eliminiert werden sollen. Damit werden diejenigen Möglichkeitsspielräume festgelegt, innerhalb derer allererst reale Möglichkeiten vorliegen können bzw. könnten sowie hypothetische Möglichkeiten modellierbar sind. Es sind also „Möglichkeiten für Möglichkeiten" des Typs 1.1 und 1.2, die hier zur Diskussion stehen. Der Umgang mit Metamöglichkeiten bedingt somit die Möglichkeit realer Möglichkeiten und hypothetischer Möglichkeiten, bedingt *Metarisiken* und

Metachancen. Diese Problematik wird virulent bei der Einrichtung neuer Entitäten (von transgenen Organismen bis zu neuen technischen Systemen oder politischen Strukturen). Weiterhin fallen in diesen Bereich der Umgang mit nichtregenerierbaren Ressourcen sowie das Problem von Unterlassungen bei der Bereitstellung von Ressourcen (z. B. „Humankapital"), auf denen sich möglicherweise Chancen herausbilden könnten. Risikoorientierte Unterlassungen können auf der Ebene von Metamöglichkeit hypothetische Chancen verstellen, die dann auch von entsprechenden hypothetischen Risiken nicht mehr begleitet werden, was aber keineswegs ausschließt, daß eben Metarisiken insofern auftreten, als der Boden für eine entsprechende Chancenherausbildung und -wahrnehmung gar nicht mehr gegeben ist.

Behält man diese drei Ebenen im Auge, so wird ersichtlich, daß Risikovermeidungsstrategien oder Chancenwahrnehmungsstrategien nicht per se in ihrer Erfolgs- oder Gratifikationsrate gegeneinander aufgerechnet werden dürfen, sondern genauer zu untersuchen ist, inwiefern ein bestimmtes Ereignis, das vielleicht auf der Ebene 1.1 sich als kalkulierbares Risiko mit geringer Eintrittswahrscheinlichkeit und „hohem" Schadensausmaß als eines darstellt, dessen Schadensausmaß in die Ebene 1.3 insofern hineinreicht, als ganze Definitionsbereiche für eine mögliche Chancenwahrnehmung irreversibel und nichtsubstituierbar zerstört werden. Umgekehrt kann die Konstitution neuer Definitionsbereiche im Blick auf Metachancen nicht von vornherein dadurch desavouiert werden, daß nicht ausgeschlossen werden kann, daß Risiken des Typs 1.1 oder 1.2 möglicherweise auftreten. Denn der disponierende Umgang mit solcherlei Risiken birgt seinerseits mehr Möglichkeiten auch und gerade der Risikovermeidung, als sie der Errichtung bestimmter Handlungsspielräume zunächst überhaupt inhärieren.

Der Unsicherheitsgrad und ein entsprechend notwendiger *Legitimationsmodus* (Welche Subjekte – reale, potentielle – sind Träger der Anerkennung? Welche Legitimationsstrategien – utilitaristische, deontologische, prozedurale etc. – erreichen überhaupt die jeweiligen Definitionsbereiche?) verändern sich bzw. sind auf den drei Ebenen nicht in *gradueller*, sondern in *kategorialer* Hinsicht unterschieden: Auf der Ebene 1.1 sind wir mit den Unsicherheiten wahrscheinlichkeitstheoretisch gestützten (statistischen) Kalkulierens befaßt und mit den Erfordernissen der Anerkennung einer entsprechenden Risiko- oder Gratifikationserwartung konfrontiert. Auf der Ebene 1.2 bezieht sich die einzufordernde Anerkennung auf die Akzeptanz der jeweilig zu unterstellenden hypothetischen Vorannahmen und kann sich dabei möglicherweise auf bestimmte bewährte Traditionen und anerkannte Verfahren (z. B. wissenschaftliche oder legislative) stützen, wie es z. B. der Verfahrensmodus der Beweislastumkehr bei konkurrierenden hypothetischen Risiko- oder Chancenerwartungen darstellt. Auf der dritten Ebene ist naturgemäß die Unsicherheit am höchsten, weil der neue Definitionsbereich vollständig imaginiert bzw. die Einschränkung oder irreversible Abschaffung eines entsprechenden Definitionsbereiches ohne vergleichbares Erfahrungswissen modelliert werden muß. Versuche, die entsprechenden Unsicherheiten zu erfassen, fallen daher mit Versuchen ihrer Imagination und zugleich mit der Notwendigkeit der Herstellung eines Bezugs zu unseren Handlungssystemen zusammen: Gemeinhin wird diese Problematik über den Entwurf von *Szenarien* bearbeitet, die als Bedingungs- und/oder Zielszenarien der Beteiligung aller derjenigen bedürfen, die Adressaten möglicher Handlungsbezüge sind, im Zuge derer reale oder hypothetische Chancen/Risiken auftreten. Im idealen Falle sind daher mit der Stellung entsprechender Szenarien auf der Ebene 1.3 bereits die Modi ihrer Legitimation eingeschlossen. Darauf werden wir weiter unten eingehen.

2. Gefahr, Risiko/Chance, Sicherheit

Auf dem Gebiet der Risikoforschung herrscht ein inhomogener und unübersichtlicher Sprachgebrauch, was die Verwendung angemessener Schlüsselbegriffe betrifft. Er hat seine Wurzel vermutlich in einer doppelten Begriffstradition, auf die der Risikobegriff zurückgeführt werden kann, je nachdem, ob (im Blick auf griech. „riza", arab. „risq") *gegebene* Lebensumstände als Mischung von Chancen und Gefahren gemeint sind, oder (lat./ital. „risco") Risiko als jeweils menschlich *Produziertes* verstanden wird. Der ersten Tradition folgend könnte man vom Risiko der Erdbebengefährdung einer Region sprechen, der zweiten Tradition folgend entstünde dieses Risiko erst für denjenigen, der (unter bestimmten Erwartungen) dort hinzieht. Jene Doppelung setzt sich in der Begriffsverwendung von „Wagnis" fort: „Wagnis" wird entweder gefaßt als *gegebenes* Risiko plus Aversionsfaktor (erste Tradition) oder als *Resultat* des Etwas-Wagens, wodurch ein Risiko erst *entsteht*, das dann mit dem Wagnis *zusammenfällt*. Gleiches gilt für die inhomogene Verwendung von „Restrisiko": Dieses kann gefaßt werden als ein objektiv gegebenes, nicht beeinflußbares Risiko (Bundesverfassungsgericht) oder als dasjenige Risiko, das als größtes noch hinzunehmendes (DIN 31004) akzeptiert wird, jenseits dessen nicht akzeptable „Gefahr" besteht. Manche setzen dabei „Restrisiko" mit „Grenzrisiko" gleich. Analog finden wir einen unterschiedlichen Sprachgebrauch, was „Gefahr" betrifft: „Gefahr" wird zum einen als das Gegebene, als Grundbefindlichkeit gedeutet (auch gefaßt als „Gefahrenpotential"), die erst im Blick auf Handlungsvollzüge auf den Ebenen 1.1 bis 1.3 in Risiken „übersetzt" wird. Das entspricht auch dem Sprachgebrauch soziologischer Systemtheorie, die davon ausgeht, daß eine Systemleistung darin besteht, aus Gefahren Risiken zu machen. Zum anderen wird, wie bereits erwähnt (zweite Tradition), Gefahr als dasjenige Risiko betrachtet, das nicht mehr als solches akzeptiert wird, das man nicht mehr wagen will. Schließlich finden sich zwei Konzepte von Sicherheit, die jener doppelten Begriffsverwendung verhaftet sind: Sicherheit als „Freiheit von Gefahr" (Oxford Dictionary) wird entsprechend der ersten Begriffstradition von denjenigen verwendet, die entsprechende Sicherheitsutopien kritisieren. Sicherheit als „Freiheit von nicht akzeptierten Risiken", die auch die TÜV-Kennzeichnung „geprüfte Sicherheit" prägt, folgt der zweiten Tradition der Begriffsverwendung.

Ich schlage nunmehr vor, daß der Begriffsgebrauch sich ausschließlich an der zweiten Begriffstradition orientieren sollte. Dadurch wird die Begründungsschwäche der soziologischen Systemtheorie umgangen, die den (referenzlosen) Begriff „Gefahr" einführt, um eine Bezugsinstanz für die Übersetzungsleistung von Systemen zu gewinnen (die Gefahren zu Risiken transformieren), ohne daß von einem dritten Standpunkt aus diese Übersetzung überhaupt als solche zu modellieren wäre (mangels Zugang zu „Gefahr"). Aber es wird auch ein voluntaristischer Optimismus vermieden, der in unbegründeter Reduktion Risiken (gleichgesetzt mit Gefahren) auf kalkulierbare Größen im Sinne von 1.1 bringen will. Die Begriffsverwendung, für die ich plädiere, ist handlungstheoretisch motiviert und berücksichtigt aus handlungstheoretischer Perspektive, also jeweils relational zum Handlungsvermögen, gerade auch diejenige Dimension, die sich diesem Disponieren entzieht, aber erst durch diesen Entzug als solche ersichtlich, somit nicht als anonym-bedrohliche Instanz, vorausgesetzt wird. Grundbegriff ist dann „Ewas-Wagen", wodurch für den Handelnden Risiken und Chancen *entstehen* (z.B. wenn jemand in eine fruchtbare und zugleich erdbebengefährdete Zone zieht), wobei „Gefahren" als diejenigen Risiken ersichtlich werden, die wir nicht mehr akzeptieren wollen, und „Sicherheit" als Freiheit von diesen nicht akzeptierten bzw. nicht akzeptierbaren Risiken („geprüfte Sicherheit"). Die Redeweise vom Gefahrenpotential kann insofern in diese Begriffsverwendung integriert werden, als die Begriffe „Wagnis", „Risiko", „Sicherheit" nach den Ebenen 1.1 bis 1.3 differenzierbar werden. Je nach dem, ob das Wagnis sich auf den Ebenen 1.1, 1.2 oder 1.3 vollzieht, entstehen reale Chancen/Risiken/Gefahren/Sicherheit, hypothetische Risiken/Chancen/Gefahren/Sicherheit oder Metarisiken/Metachancen/Gefahren*potentiale*/Sicherheits*potentiale*.

3. Objektive und subjektive Risiken

Die von Experten vollzogene Risikoforschung stützt sich auf eine jeweils als sicher angenommene Anerkennungsbasis der entsprechenden Voraussetzungen und modelliert relativ zu dieser Anerkennungsbasis Schadens- und Nutzenserwartungen (Risiken und Chancen). Daß es darüber hinaus subjektive Risikoeinschätzungen gibt, die durchaus auch auf die Gestaltung entsprechender Handlungsvollzüge durchschlagen, wird konzediert, jedoch auf eher „irrationale" Zugangsweisen zum Problem zurückgeführt. Der sogenannte Aversionsfaktor (oder Attraktionsfaktor) ist diejenige „subjektive Zutat", die das „objektive" Risiko in ein „subjektives" überführt.

3.1 Risikowahrnehmung

Dies beginnt bei der Risikowahrnehmung (als Prinzessin-auf-der-Erbse-Effekt) dahingehend, daß die Risikowahrnehmung sich im Verhältnis der objektiven Risikoänderung zu einem Risikostandard, einer Risikobasis ändert: Wenn gewohnheitsmäßig ertragene Risiken sehr groß sind, werden neue Risiken als geringfügig wahrgenommen (z. B. in Krisensituationen), während ein hoher Sicherheitsstandard geringfügige Risikosteigerungen als groß erscheinen läßt. Das erklärt aus jener Sicht die unterschiedliche Einschätzung von Risiken, wie sie von hochindustrialisierten Zivilisationen mit hohem Sicherheitsstandard in Differenz zur Risikoeinschätzung durch unter hohen Lebensrisiken Stehende vollzogen wird. Solcherlei erscheint auf den ersten Blick als ein wichtiges Hindernis konsensualer Risikoeinschätzung in der gegenwärtigen „Weltunordnung".

3.2 Risikobewertung

Subjektive Risikoeinschätzung wird desweiteren aktualisiert mit Hinweis darauf, daß bei gleichem „objektiven" Risikostand gewohnte Risiken, schleichende Risiken, Gruppenrisiken gleichgesinnter Leute, aktive Wagnisse, gut wahrnehmbare Risiken und persönliche Risiken bei gleichzeitigem Nutzen (Gratifikation) *unterbewertet* würden, während unsichtbare Risiken, passive Betroffenheitsrisiken, Risiken in gemischten Gruppen, seltene Großschadensereignisse und öffentlich anonyme Risiken überbewertet würden. Umgekehrt analoges gilt für die Bewertung von Chancen. Im Unterschied zu seltenen mortalen Krankheitsfällen, die überbewertet werden, wird das Mortalitätsrisiko der Verkehrsteilnahme unterbewertet; ungewohnte Chancen werden hingegen unterbewertet im Verhältnis zu den gewohnten Chancen (Besitzstände).

3.3 Die Rationalität „subjektiver" Risiken

Aus handlungstheoretischer Perspektive sind jene *Irrationalitätsvorwürfe* unberechtigt. Die „Subjektivität" der entsprechenden Risiko-/Chanceneinschätzung läßt sich bei näherer Betrachtung verdeutlichen als durchaus rationaler Bezug des Handlungsresultats – jetzt nicht bloß zur Handlungserwartung, sondern zur Handlungskompetenz bzw. ihrer Erhaltung: Ein eingeübter Umgang mit Risiken bringt ein Know how an Risikomanagement (learning by doing) mit sich, wie er bei überraschend auftretenden Risiken eben nicht verfügbar ist; langsam sich entwickelnde Risiken ermögliche eine Anpassung und sorgfältige Reaktion auf diese, Gruppenrisiken provozieren solidarisches Verhalten und entlasten das Risikomanagement des einzelnen, aktive Wagnisse führen Revidierbarkeit und Beeinflußbarkeit der Risikosituation mit sich; gut wahrnehmbare Risiken erleichtern die Reaktion auf diese, und Risiken, die von analoger Gratifikation begleitet werden, lassen Schadensereignisse als kompensiert erscheinen. Dem gegenüber betrifft die Überbewertung unsichtbarer Risiken, passiver Betroffenheitsrisiken, von Risiken in gemischten Gruppen (mit schwächstem Glied), von Großschadensereignissen und anonymer nicht beeinflußbarer Risiken die Sachlage, daß auf kein Reservoire an Handlungskompetenz zurückgegriffen werden kann, wenn es darum geht, das konkrete Risiko zu managen. Das „Großschadensereignis" des Verlustes einer großen Geldmenge beim Spiel (bei gleichzeitiger rationaler Erwartung eines hohen Gewinnes im anderen Fall) führt als Handlungsfolge möglicherweise den Verlust der gesamten Handlungskompetenz des entsprechenden Individuums mit sich, desgleichen eine (auch mit geringer Eintrittswahrscheinlichkeit versehene) Ansteckung mit einer tödlichen Krankheit im Vergleich zu einem ungesunden Lebenswandel. Die Dimension der Bedrohung (Risiko) bzw. Erhaltung und Erweiterung (Chance) von Handlungskompetenz ist also nicht bloß ein subjektiver Faktor, sondern für jegliche Risikobetrachtung unverzichtbar. Dies betrifft insbesondere diejenigen Komponenten von Handlungskompetenz, die – als „soziale Dimension" – die Handlungsmöglichkeit von Individuen allererst dadurch konstituiert, daß diesen Individuen durch gesellschaftliche Organisationen die Handlungsmittel bereitgestellt werden und durch gesellschaftliche Institutionen Regelsysteme angeboten werden, auf deren Geltung der Handelnde sich bei der Normierung seiner Handlungsziele insofern verlassen kann, als die entsprechenden Institutionen über legitime Rollenerwartungen die Erwartung entsprechender Handlungsfolgen stabilisieren können.

4. Risikoverteilung

4.1 Probleme

Eine handlungstheoretische Perspektive einzunehmen bedeutet nicht, zu unterstellen, daß jeder einzelne Handelnde allein durch sein Handeln allererst seine Chancen und Risiken generiert. Im Blick auf die vorgenommene grobe Charakterisierung verschiedener Aspekte von Risiken ist deutlich geworden, daß Risiken und Chancen auch und gerade die Handlungs*kompetenz* des Einzelnen tangieren. Solcherlei Handlungskompetenz, gemeinhin gefaßt (a) als Identität des Handlungssubjektes, das sich seines Subjektstatus bewußt ist und sich diesen Status zuschreibt (Verantwortung), sowie (b) als Verfügen über eine hinreichende Menge von Optionen, die die Entscheidung für die Wahl von Zwecken und den Einsatz von Mitteln ermöglichen, wird erbracht und garantiert durch die Sozialität des Handelns, genauer: Sie wird garantiert oder beschädigt durch das jeweilige organisatorische und institutionelle Handeln innerhalb sozialer Systeme. Mit der Ermöglichung von Handlungsvollzügen durch Organisationen und Institutionen gehen jedoch nicht bloß die *Bereitstellung* von Chancen, sondem auch die *Zumutung* von Risiken einher. Der Bereich, in dem – auf der Ebene 1.1 – das Disponieren über Risiken und Chancen im wesentlichen Individuen obliegt, ist relativ klein. Wichtige Kompetenzchancen und -risiken werden institutionell konstituiert, ohne daß der einzelne zunächst direkt auf diesen Prozeß im Sinne seiner Realisierung, Revision oder Unterlassung Einfluß hätte. Die abstrakte Größe der Eintrittswahrscheinlichkeit unter gesamtgesellschaftlicher Perspektive gewinnt einen ganz anderen Charakter, wenn ein Individuum konkret betroffen ist und möglicherweise seine Handlungskompetenz zu verlieren droht. Dann hilft auch nicht der konkrete Hinweis, daß im Interesse einer allgemeinen Erhaltung von Handlungsfähigkeit die Handlungskompetenz einzelner geopfert werden müsse – es sei denn, der einzelne erkennt dies explizit an. Denn prima facie hat keine Instanz das Recht, über die Handlungskompetenz eines einzelnen Individuums zu verfügen. Eine niedrige Eintrittswahrscheinlichkeit kann deshalb nicht über einen naturalistischen Fehlschluß normativ zur Wagnislizenz uminterpretiert werden, weil über den Charakter von Handlung als Selbstzuschreibungsprädikat natürlich auch Handlungskompetenz diesen Charakter erhält und (in der Regel) nicht paternalistisch disponibel ist. Risikoverteilung kann sich also weder an dem Kriterium niedriger Eintrittswahrscheinlichkeit noch dem Kriterium einer Minderheit von Betroffenen orientieren, wenn es um die Zumutung von Belastungen geht.

In abgemilderter Form erscheint das *Verteilungsproblem* dann, wenn es nicht mehr grundsätzlich um das Wagen von Handlungskompetenz überhaupt geht, sondern um die Symmetrie von Risiko- und Chancenerwartung. Eine ungleiche Verteilung von Gratifikationen, die durch Risiken erkauft werden, erscheint ebenfalls nicht rechtfertigbar. Dies betrifft insbesondere diejenigen Strategien des Risikomanagements, die Risiken dadurch klein halten, daß diese regionalisiert werden. In den seltensten Fällen geht hiermit ein analoger Prozeß der Chancenregionalisierung einher.

4.2 Lösungsvorschläge

Um einen angemessenen Ausgleich zu verschaffen, wird im Blick auf beide Problembereiche eine „Demokratisierung:der Risikodiskussion" gefordert bzw. eine „Legitimation durch neue Verfahren". Da es im Blick auf den Selbstzuschreibungscharakter von „Handlungskompetenz" keine allgemein ethische Risikobewertung geben kann, soll bei Individualrisiken der Schutz der betroffenen Minderheiten eingebaut sein und bei Kollektivrisiken das notwendige Konsensprinzip durch ein hochgestecktes Quorum operationalisiert werden. Dabei werden jedoch zentrale Felder der Risikozumutung nicht erfaßt. Die Operationalisierung des Konsensprinzips durch ein hohes Quorum läuft Gefahr, daß diejenigen Werthaltungen, die sich auf Vermächtnisse und Besitzstände beziehen, privilegiert werden im Verhältnis zu Werten, die als sogenannte Optionswerte die Erhaltung der Handlungsspielräume in der Zukunft (auch und gerade im Blick auf zukünftige Generationen) garantieren. Obwohl Vermächtnisse und ihre Berücksichtigung unerläßlich sind, um denjenigen Aspekt von Handlungskompetenz zu garantieren, der als „Identität des Handelnden" zu fassen ist (soziale Traditionen, Heimat, hinreichende Wohlfahrt etc.), ist doch die Wahrung von entsprechenden Optionen ebenso unerläßlich, um die Möglichkeit des Handelns zu garantieren im Blick auf seine Realisierung qua Bereitstellung entsprechender Dispositionsspielräume für die Wahl von Mitteln und Zwecken. Ein Blick auf das allgemeine *Akzeptanz*verhalten zeigt jedoch, daß eine *irrationale Favorisierung von Vermächtnissen* gegenüber Optionen vorherrscht. Bei deutlicher Einsicht in die Notwendigkeit, bestimmte Optionen (z. B. im Blick auf Gesundheit oder Naturerhalt) zu wahren, läßt sich dennoch eine Favorisierung der Vermächtnisse, die fälschlicherweise mit Besitzständen gleichgesetzt werden, durchgängig feststellen: Trotz allgemeiner Akzeptanz von Organ*in*transplantation (-einpflanzung) oder Erhalt einer intakten Umwelt ist nur eine Minderheit bereit, mit bestimmten Traditionen zu brechen und Organ*ex*transplantationen (-entnahme) zuzulassen bzw. Gewohnheiten im Umgang mit Energie, Ernährung und Freizeitverhalten zu modifizieren. Dies schlägt natürlich auf die Konsensbildung durch und schreibt sich fort in demjenigen institutionellen und organisatorischen Handeln, das seine Legitimation aus einer kurztaktigen Konsensbildung bezieht (Politik). Die Forderung nach einer Verbreiterung der *Akzeptanz*basis hilft also nicht weiter. Vielmehr ist die Problematik – gerade im Blick auf die Wahrung von Optionen und die Respektierung von Optionswerten bzw. des Optionswertcharakters von Handlungsfolgen – auf das Problemfeld „*Akzeptabilität*" zu erweitern. Ähnlich wie bei Grund- und Menschenrechten wäre daher die Wahrung von Vermächtnis- und Optionswerten geeigneten Institutionen zu übertragen, die diese Wahrung von den konkreten Vermächtnissen (Besitzständen) und kurzfristigen Optionen verlagern zur Wahrung grundlegender Vermächtnisse (Menschenwürde) und Optionen (Freizügigkeit, Gesundheit etc.). Die Diskussion um individualverkehrgestützte Mobilität als angebliches Grundrecht spiegelt diesen Konflikt. Über Risikopotentiale und hypothetische Chancen auf den Ebenen 1.2 und 1.3 zu befinden, kann gerade nicht einer bloß demokratischen Politisierung (Ropohl u.a. 1994[1]) unterzogen werden, weil hier in der Regel lediglich eine Summierung individualutilitaristischen Denkens auf der Basis entsprechender Akzeptanzhaltungen stattfindet. Jede utilitaristisch begründete Chancen-/Risikoabwägung ist zwar sehr wohl zu demokratischer Legitimation fähig, allerdings nur solange, wie sie sich innerhalb ihrer eigenen Bedingungen bewegt. Diese Bedingungen sind: eine klar gefaßte, explizit umgrenzte individuelle Anerkennungsbasis derjenigen, die von Chancen und Risi-

---

1 Der neuste Stand der Risiko-Diskussion ist dokumentiert in der Diskussionseinheit Günther Ropohl: Das Risiko im Prinzip Verantwortung (darin auch mein Kommentar) in: Ethik und Sozialwissenschaften 5 (1994), H. 1, Opladen 1994:109-194.

ken betroffen sind, klare Kenntnis aller Handlungsoptionen mit ihren Vor- und Nachteilen, Möglichkeit der Präferenzenanpassung und -revision, kurz: explizite und bewußte Disponibilität. Bei einer Mehrzahl der anstehenden Probleme ist jedoch gerade diese Voraussetzung nicht gegeben. Einer expliziten demokratisch gegebenen Anerkennungsbasis ist die Kompetenz abzusprechen, über diese Bedingungen utilitaristischen Abwägens selbst zu verfügen und sie außer Kraft zu setzen im Blick auf diejenigen, die der entsprechenden Anerkennungsbasis aus den verschiedensten Gründen nicht angehören, sei es aus Unwissenheit über Chancen und Risiken, sei es durch nicht gegebene Personalität (zukünftiger Generationen), sei es durch eine nicht hinreichend entwickelte Identität und Kompetenz, eigene Interessen zu artikulieren, sei es durch eine nicht hinreichend entwickelte Kompetenz, über entsprechende Handlungsmittel, Handlungsmacht und Vorstellungsvermögen über Zwecke zu verfügen. Dies erschwert, der Forderung nach Demokratisierung der Risikodiskussion nachzukommen, und deshalb sind Korrektivinstitutionen zu fordern, die sich von denjenigen Gremien unterscheiden, die über Risiken durch Interessenabgleich und Mehrheitsbildung disponieren. Sind solcherlei Korrektivgremien wenig entwickelt und mit zu geringer Handlungsmacht ausgestattet – wobei die Verfahren ihrer Konstitution ein neues Problemfeld abgeben -, muß die Risiko- und Chancendiskussion radikal *regionalisiert* werden. Dies darf nicht als utopische Forderung angesichts der globalen Vernetzungszusammenhänge mißinterpretiert werden: Denn Regionalisierung bedeutet keinesweg, den allgemeinen Problemzusammenhang aus den Augen zu verlieren, sondern vielmehr, daß lediglich in den Bereichen, die der eigenen Disposition zugängig sind, Risikozumutungen vorgenommen werden können. Dies betrifft insbesondere die Ebenen 1.1 und 1.2. Was die Ebene 1.3 betrifft, für die die internationalen Gestaltungsdesiderate zunehmend deutlich werden, ist der Rekurs auf Akzeptanz zu ersetzen durch das Erwägen von Akzeptabilität, für 'das keine andere Legitimationsinstanz ersichtlich ist als die einer interkulturell-universalistisch angelegten deontologischen Ethik. Eine solche hat sich im wesentlichen damit zu befassen, inwieweit angesichts der Inanspruchnahme positiver Freiheiten und konsensual gestützter regionaler Folgenabschätzung der Bereich der negativen Freiheit nicht tangiert wird und der Spielraum von Dissensen in der Gestaltung der eigenen Lebenswelt möglichst weit offen gehalten wird. Risiko- und Chancenmanagement kann insofern nicht unter dem Anspruch der besseren Einsicht (kulturimperialistisch) exportiert werden; sehr wohl können aber Anreizsysteme und regional gestützte Vorbilder das Entwerfen eigener Lebenswelten befördern. Durch regionale Modelle kann vorgeführt werden, daß Lebensqualität sich nicht auf jeweilig konkrete Besitzstände reduziert; vielmehr kann durch die entsprechende Andersheit vorgeführt werden, welche zusätzlichen Handlungsoptionen im Blick auf Risikomanagement und Chancenwahrnehmung möglich sind.

5. Regionalistisches Risiko- und Chancenmanagement

Verfolgen wir den Regionalismusgedanken im Blick auf Umweltrisiken und Nachhaltigkeit, nachhaltiges Risiko- und Chancenmanagement weiter. Was bedeutet es, wenn die allgemeine Definition nachhaltiger Entwicklung aus dem Brundtlandbericht, „die Ausbeutung der Ressourcen, den Investitionsfluß, die technologische Entwicklung und die institutionellen Veränderungen mit künftigen wie gegenwärtigen Bedürfnissen in Einklang zu bringen" (Brundtland-Kommission 1987:10), regionenspezifisch umgesetzt werden soll? Es bedeutet zunächst, daß die Standardparameter wie Wert der Umweltgüter, Zeithorizonte und Gleichheit zwischen Generationen völlig unterschiedlich zu modellieren wären. Das Umweltgut Wasser ist ein regional spezifisches Gut und im wesentlichen nur regional disponibel. Das Umweltgut Atmosphäre ist ein globales Gut mit sehr unterschiedlichem Wert für Regionen, beispielsweise im Blick auf ihre Abhängigkeit von Klimaerwärmung und Meeresspiegel. Zeithorizonte sind für relativ stabile Industrienationen und Regionen mit entsprechender Wirtschaftsstruktur anders zu fassen als für Regionen in dynamischen Entwicklungsprozessen oder für strukturschwache Gebiete. Gleichheit zwischen Generationen ist inhaltlich völlig unterschiedlich auszufüllen, je nachdem, wie die Lage der Bedürfnisbefriedigung im gegenwärtigen Zeitpunkt überhaupt geartet ist. Strukturschwache oder notleidende Regionen sind wohl anders zu behandeln als solche, bei denen Chancengleichheit mit Besitzstandswahrung vorherrschen. Verlangt dies aber nicht doch wiederum überregional orientiertes, von globalen Institutionen bewerkstelligtes, ausgleichendes Handeln, um gerade den regionalistischen Egoismus zu unterlaufen? Die beeindruckenden Mißerfolge der Entwicklungshilfe scheinen dieser Annahme gerade zu widersprechen.

Versuchen wir deshalb zunächst weiter, das Regionalismusprinzip „auszureizen". Im Gegensatz zu übernationalen oder globalen Verbünden oder selbst Nationen sind Regionen durch eine gewisse Homogenität charakterisiert. Diese Homogenität betrifft die Bevölkerungsdichte, die konkreten Umweltbedingungen, den Bildungs- und Entwicklungsstand, die Wirtschaftsstruktur und das kulturelle Selbstverständnis. Regionen weisen spezifische effektive Institutionen und zumindest möglicherweise effektive Administrationen auf, die Steuerungs- und Kontrollkompetenz haben. Nutzungs- und Entscheidungsräume sind im wesentlichen identisch, es besteht zumindest die Möglichkeit einer Kommunikation, die den Entscheidungsinstanzen das Feedback ihrer Erfolge oder Mißerfolge zurückbringt. Regionen weisen ein der Analyse zugängliches endogenes Entwicklungspotential auf. Die Möglichkeit der Modellierung solcher Entwicklungspotentiale in überregionalen Gebilden ist hingegen nur auf höheren Theorie- und Simulationsebenen möglich. Im Blick auf Regionen als Bezugspunkte lassen sich Stoffströme identifizieren sowie derjenige Anteil an Externalisierung von Umweltlasten und Umweltschäden ausmachen, der das Wirtschaften einer Region charakterisiert. Unter dieser Betrachtungsweise kann dem Effekt vorgebeugt werden, daß sich bestimmte Regionen als ökologisch intakte Inseln präsentieren, deren Funktionieren bedingt ist durch den Export und die Externalisierung von Umweltlasten. Eine regionenorientierte Sichtweise kann den Scheuklappeneffekt gerade dadurch unterlaufen, daß Regionen gleicher Struktur überregional bis international vergleichbar werden. Aus entsprechenden Lerneffekten wären dann internationale Impulse eher erwartbar als durch Absichtserklärungen mit globalem Anspruch – Absichtserklärungen, die gerade unter Hinweis auf die situativ bedingten Umstände immer wieder als unterlaufbar erscheinen. Aber auch ein Blick auf strukturell nicht vergleichbare Regionen ist dem Nachhaltigkeitsanliegen behilflich. Denn gerade die Analyse von Import- und Exportbeziehungen zwischen solcherlei unterschiedlichen Regionen vermag zu verdeutlichen, inwiefern ein auf den ersten Blick nachhaltiges Wirtschaften in einer Region erkauft wird durch eine systematische Verletzung von Nachhaltigkeitsbedingungen in der jeweiligen Import- oder Export-Bezugsregion. Regionalismus verfolgt also hinsichtlich seines Bezugsbereiches zwei Blickrichtungen: die Nabelschau sozusagen hinsichtlich der eigenen Gestaltungsparameter wie auch den Blick auf die interregionalen (und eben gerade nicht internationalen) Beziehungen.

Was die Binnenperspektive eines regionalen Nachhaltigkeitsverständnisses betrifft, sind wohl die Medien Wasser und Boden in erster Linie Adressaten für eine konsequente Umweltgestaltung. Beim Medium Luft erscheint der Sachverhalt bereits wesentlich komplexer. Die Priorität der ersten beiden wird z. B. ersichtlich, wenn man die Akademieforschungen zum Waldsterben verfolgt, die die Waldschäden mit dem Eintrag an stickstoffhaltiger Substanz in Zusammenhang bringen und die dadurch ausgelöste ernährungsphysiologische Schere zum Anlaß nehmen, eine Reduzierung der Wasserentnahme aus den Mittelgebirgen und der Grundwasserabsenkung zu empfehlen. Im Gegensatz zu diesen regionalen Interventionsmöglichkeiten sind diejenigen für eine Gestaltung der Qualität von Atmosphäre und Luft deutlich begrenzt. Der Blick hätte sich hier auf die interregionalen Beziehungen zu richten, insbesondere hinsichtlich der Möglichkeit eines entsprechenden Exports angepaßter Problemlösungen in die Verursacherregionen anstelle einer aufwendigen Optimierung der eigenen mindereffektiven Interventionsmöglichkeiten. Für die Bereiche Siedlung/Raumplanung und Bildung gilt, daß hier deutliche Potentiale für regionale Aktivität liegen, andererseits werden aber auch gerade diejenigen Grenzen ersichtlich, die sich angesichts von Migrationsbewegungen nur durch Export von Problemlösungen (z. B. in Form von Qualifizierungsmaßnahmen in den Problemregionen) manifestieren könnten. Der Politologe Hartmut Elsenhans hat die Potentiale eines entsprechenden Problemlösungsexports überzeugend verdeutlicht. Im Energiebereich eröffnen sich regionale Handlungsfelder insbesondere im Blick auf die Gestaltung der Stromeinspeisungsregelungen, und ersichtlichermaßen lassen sich im Bereich Verkehr/Transport Effektivierungen vornehmen, die unter regionaler Koordination die deutlichsten Erfolge zeitigen. Gerade was letzteres betrifft, liegt der Verweis auf den Joghurt- oder Kartoffeltourismus innerhalb der Europäischen Union auf der Hand und bestärkt die Gegner eines Regionalismuskonzeptes bei ihrem Verweis auf die notwendigen internationalen Regelungen. Jene Transportabsurditäten sind aber gerade einer Ordnungspolitik zu verdanken, die nicht auf die Kraft von Regionen setzt, sondern vorführt, zu welchen Erscheinungen globale Gestaltungsansprüche führen können. Die europäische Belustigung über den Sachverhalt, daß in portugiesischen Regionen die Telegraphenmasten im Zickzack gesetzt werden, um in den Genuß entsprechender Subventionen zu kommen, ist gerade dem traurigen Mißverhältnis zwischen der guten Absicht einer allgemeinen Subventionspolitik und einer regionalen Praxis anzulasten, die sich nicht auf ihre eigenen Potentiale bezieht, sondern kurzfristig-gratifikationsorientiert lediglich „umsetzt". In gewisser Hinsicht ist dies auch die Politik der regionalen Töchter transnationaler Unternehmen (Ausnahmen bestätigen die Regel). Die kritisierten Beispiele der Unternehmenspolitik in der Dritten Welt (zuletzt: Mannesmann in Brasilien) zeigen, daß internationale Unternehmensstrategien, die die endogenen Potentiale von Regionen nicht berücksichtigen, sondern Regionen nur als geeignete oder ungeeignete Gebiete der „Umsetzung" ihrer Strategien erachten, sowohl die Regionen irreversibel schädigen, als auch die eigenen zukünftigen Optionen verstellen und schließlich einem wie immer begründeten Nachhaltigkeitsdenken entzogen sind. Die Kraft zu einem regionalspezifisch-nachhaltigen Wirtschaften dürfte wohl am ehesten im Bereich mittelständischer Wirtschaft liegen, der der Binnenperspektive regionalistischen Denkens durch die Identität von Nutzungs- und Entscheidungsraum entspricht und die die nötige Flexibilität aufweist, auf dem internationalen Markt die eigene Standortsicherung dadurch zu gewährleisten, daß durch die Kontakte mit geeigneten Bezugs- und Abnehmerregionen das Produkt in einer jeweils angepaßten Form seinen Markt findet.

Nun treten aber Regionen in der Regel nicht als Subjekte auf. Abgesehen von ihrer administrativen Repräsentation erscheinen sie eher als Netzwerke, innerhalb derer sich bestimmte regionalspezifische Beziehungen institutionalisieren. Damit sich solche Netzwerke soweit verdichten, daß sie zu einem regionalspezifischen Problem (Produktionseigenschaften, Trägereigenschaften, Regelungseigenschaften, Informationseigenschaften, ästhetische Eigenschaften des Umweltraumes) äußern können, wird in letzter Zeit das Konzept der Einrichtung von Regionalkonferenzen verfolgt. Solche Konferenzen oder ähnliche Institutionalisierungen wie Diskurse (Brundtland 1987:ebda.),[2] Runde Tische etc. vereinen die Stimmführer und Entscheidungsträger unterschiedlichster Art einer Region, um eine spezifische Problemstellung zu erfassen und eine angemessene regionalspezifische Lösungsstrategie zu erarbeiten. Sie bleiben jedoch allein, wenn die administrativen Strukturen nicht mithalten. Hierzu würde gehören,

---

2 Vergl. vom Verfasser: Dissensmanagement aus philosophischer Sicht, Tagungsberichte des Wissenschaftszentrums Berlin (im Druck) 1996.

daß im Blick auf Nachhaltigkeitsfragen die Institutionen eines Landes ihre Kompetenzen in Projektgruppen zusammenbringen, in denen ein Problem (Siedlungspolitik/Regionalplanung in einem bestimmten Raum, Wasserwirtschaft, Abfallbehandlung etc.) über die institutionellen Grenzen hinweg gemeinsam erschlossen werden. Landesanstalten, Ministerien, Verbände, Unternehmen, Betroffene mit ihren Organisationen sowie die Vertreter der Parteien bzw. der Ausschüsse des Parlaments wären hier zu effektiv arbeitenden Institutionen „mittlerer Ebene" (Kurt Biedenkopf) zusammenzufassen, die dadurch die Kluft zwischen den einzelnen Individuen und den klassischen Institutionen mit ihren Kompetenzgrenzen überbrücken, eine Kluft, die eben durch Kompetenzgerangel und den daraus nutzenziehenden individuellen Egoismus erst entsteht.

Unterstützt durch solche Einrichtungen könnten Regionen als Basis der Integration sich in einer Weise formieren, die den anfangs erwähnten Ansprüchen zu entsprechen vermag.

6. Schluß

Ein systemtheoretisch begründeter Systemdarwinismus einerseits und ein voluntaristischer Gestaltungsoptimismus, der leicht in Gestaltungsimperialismus umschlägt, wären durch eine solche Strategie eines mittleren Weges vermeidbar, vorausgesetzt, es gelänge, vermöge eines Verweises auf die Konstituenten von Handlungskompetenz überhaupt (Identität und Optionen, Vermächtniswerte und Optionswerte) einen Wertekanon zu formulieren, dessen Wahrung geeigneten Institutionen und Organisationen unter *Akzeptabilitäts*erwägungen (nicht: *Akzeptanz*erwägungen) zugewiesen würde. Die Beförderung regionaler Verschiedenheit und Spezifikation im Chancen- und Risikomanagement würde somit gerade die globale Wahrung von Handlungskompetenz unterstützen und keineswegs unterlaufen. Das Zusammenspiel von globaler Institutionalisierung, was die Wahrung jener handlungs*kompetenz*erhaltenden Grundwerte betrifft, mit regionaler Spezifikation, was die konkreten *Abwägungsprozesse* betrifft, wäre diejenige Ebene, auf der der systemtheoretisch motivierte Blick auf Handlungsbedingungen und -restriktionen und der voluntaristische Blick auf Handlungsabsichten und Handlungsziele zusammengeführt werden können. Solcherlei bedarf aber gerade derjenigen Differenzierungen, die in propädeutischer Absicht bezüglich der Risikodebatte vorgeschlagen wurden, einer Debatte, die entweder zu allgemein geführt wird und in Risikolamento oder Zynismus umschlägt, oder zu konkret geführt wird und im Bereich eines Kalkulierens verbleibt, das angesichts der neuen Weltordnung beständig an seine Grenzen verwiesen ist, weil eben gerade die Handlungsfolgen nicht mehr in der geforderten Eindeutigkeit (Ebene 1.1) modellierbar sind.

Chancen der Integration –
Demokratisierung und Frieden

Ernst-Otto Czempiel

1. Einleitung

Die Chancen einer Neuordnung Europas sind – im zweiten Jahrfünft nach dem Zusammenbruch der alten Ordnung – noch immer beträchtlich; sie nehmen aber ab, weil die unreflektierte Anwendung alter und veralteter außenpolitischer Praktiken auf Dauer selbst systembildend wirken. Das Faktische entwickelt nicht nur eine normative, sondern gerade auch eine empirisch-gestaltende Kompetenz. Wer die tradierten machtpolitischen Verhaltensregeln der Staatenwelt weiterhin anwendet, erschafft diese Welt, die in Europa spätestens 1990 zusammengebrochen ist, neu und mit ihr die überkommenen Konfliktformationen. Die 1990 im Zeichen der Partnerschaft eingeschlagene Entwicklung Europas hin zur Integration wird undeutlich; desintegrative Tendenzen breiten sich aus, geradezu klassisch vorangetrieben durch die gutgemeinten, aber fehlgeleiteten Pläne zur Osterweiterung der NATO. Vor dem Ziel der Integration und des Friedens in Europa öffnet sich wieder die „Realismusfalle": Die Politik schafft die Situation, auf die sie sich einrichtet und deren Eintreten sie als nachträgliche Bestätigung der Richtigkeit ihres Verhaltens ansieht. Die NATO-Länder unterhalten noch immer riesige Armeen. Die Verteidigungsbudgets wurden nach 1990 um maximal 20 Prozent gekürzt und beginnen schon wieder zu steigen. Es ist zwar nicht zwingend, daß, wer sich auf einen Krieg vorbereitet, ihn schließlich auch bekommt, aber es ist auch nicht unwahrscheinlich. Politisch ist es jedenfalls widersinnig, in einer Zeit, die keinerlei äußere Bedrohung erwarten läßt, so viele Ressourcen auf die Unterhaltung militärischer Gewaltpotentiale zu lenken, anstatt mit ihnen die für den Frieden wichtigen Strukturen und Prozesse zu fördern.

Charakteristisch für diese Situation ist, daß über das Ende des Kalten Krieges sehr wenig nachgedacht wird. Es war nicht nur, historisch gesehen, ein ganz unwahrscheinliches Ereignis. Es offenbarte vor allem zwei für die Strategie der Politik außerordentlich wichtige Einsichten:

1. Verteidigungsfähigkeit schafft keine Sicherheit. Der damalige Ostblock war militärisch der NATO durchaus ebenbürtig; es bestand zumindest ein Gleichgewicht. Er unterlag im Konflikt, weil er auf den beiden anderen Sachbereichen der Politik, der wirtschaftlichen Wohlfahrt und der herrschaftlichen Partizipation, dem Westen hoffnungslos unterlegen war.

2. Ausschlaggebend dafür, ob ein Staat sich friedlich oder aggressiv verhält, ist sein Herrschaftssystem. Auf dem Gebiet des früheren Warschauer Paktes sind alle Parameter gleichgeblieben, bis auf einen einzigen: Die kommunistischen Diktaturen wurden durch demokratische Herrschaftssysteme ersetzt. Dieser Austausch machte aus den Gegnern Partner des Westens. Dieser Austausch war es auch gewesen, der nach 1945 bewirkte, daß aus Deutschland, das für zwei Weltkriege verantwortlich gezeichnet hat, ein friedliches und den Frieden förderndes Land geworden ist.

Selbstverständlich hat im Kalten Krieg auch die Verteidigungsfähigkeit des Westens, hat die NATO eine bedeutende Rolle gespielt. Entscheidend für die Auflösung des Konfliktes war sie nicht (Risse-Kappen 1991). Es ist nicht richtig, daß der Westen den Warschauer Pakt „totgerüstet" hat, auch wenn er die mit dem „Wettrüsten" verbundenen wirtschaftlichen Belastungen sehr viel besser verkraften konnte als die Sowjetunion und ihre Verbündeten. Auch dieser Zusammenhang hat eine Rolle gespielt (Chernoff 1991). Der Warschauer Pakt ist, weil internationale, nationale und ideologische Prozesse glücklicherweise zusammentrafen (Czempiel 1993:29ff), an seiner Leistungsunfähigkeit im Sachbereich der Herrschaft und dem der wirtschaftlichen Wohlfahrt zusammengebrochen. Der Westen hat den Sieg davongetragen, nicht, weil er über die stärkere Armee, sondern über das bessere Herrschaftssystem und das dazugehörige ökonomische Substrat, die Marktwirtschaft, verfügte.

Für die Konzeptualisierung einer europäischen Friedensordnung sollte diese Lehre des Kalten Krieges eigentlich entscheidend sein. Wer den Frieden in Europa heraufführen will, muß die Staaten des europäischen Systems demokratisieren. Diese Strategie ist notwendig. Ob sie hinreichend ist, muß besprochen werden. Die Ausrichtung der europäischen Diskussion auf das Ziel einer neuen „Sicherheitsarchitektur" ist jedenfalls defizitär, weil sie den zweifelsfrei entscheidenden Faktor, die Demokratisierung der Herrschaftssysteme, nicht oder nur noch am Rande erwähnt und statt dessen wieder eine Verteidigungsallianz und deren Erweiterung in den Mittelpunkt der Strategiediskussion stellt. Auf diesen Platz gehören ausschließlich die Demokratisierung und die dazugehörigen Strategien.

Ihr zentraler Rang zeigt sich, wenn man den Blick auf die Atlantische Gemeinschaft richtet. In deren Binnenverhältnis ist der Friede bereits zur Struktur geworden. Ihre Staaten bilden einen foedus pacificum im Sinne Kants. Daß aus Westeuropa, das von 1745 bis 1945 für die meisten Kriege der Welt verantwortlich war, eine Staatengemeinschaft geworden ist, die ohne Kriege zu leben gerlernt hat, ist ebenfalls der Demokratisierung zu verdanken. Sie ist die wichtigste Friedensstrategie.

2. Die Friedensursachen

Demokratisierung ist nicht die einzige Friedensstrategie. Der Friede, also die zur Struktur verfestigte gewaltfreie Bearbeitung zwischenstaatlicher Konflikte, ist ein außerordentlich komplexes Beziehungsmuster, auf das hier nur verwiesen, nicht eingegangen werden kann (Senghaas 1995). Es gibt außer den nichtdemokratischen Herrschaftssystemen noch fünf weitere Gewaltursachen im internationalen System, die beseitigt und durch ihr Gegenteil, Friedensursachen eben, ersetzt werden müssen. Die wichtigste unter ihnen, im Rang gleich hinter dem demokratischen Herrschaftssystem anzuordnen, ist die internationale Organisation, weil sie die zweitgrößte Gewaltursache, das Sicherheitsdilemma, zu reduzieren vermag. Seine Wirkung wird in der politischen Diskussion der Gegenwart überhaupt nicht, in der Friedensforschung nur selten zur Kenntnis genommen. In der politikwissenschaftlichen Diskussion spielt sie hingegen seit langem eine zentrale Rolle. Die Theorie des Realismus, die von Morgenthau (1963) erstmals umfassend formuliert und von Kenneth N. Waltz (1979) theoretisch voll entfaltet worden ist, verortet die einzige wirksame Gewaltursache im internationalen System ausschließlich in dessen anarchischer Struktur. Sie zwingt den Staaten ein ganz bestimmtes Verhalten auf; sie müssen durch Verteidigungsvorsorge ihre eigene Sicherheit erzeugen. Diese Vorsorge sei unverzichtbar, weil das internationale System keine Zentralinstanz mit Sanktionskompetenz besitzt, in diesem Sinne also anarchisch ist. Da alle Staaten sich so verhalten müssen, entsteht dieses Dilemma: Was ein Staat als Verteidigungsvorsorge betreibt, muß jenseits seiner Grenzen notwendig als Angriffsvorbereitung gedeutet werden. Die Systemstruktur läßt hier keine andere Wahl. Wie zwingend sie ist, läßt sich an der Diskussion um die Osterweiterung der NATO ablesen. Ihrem Selbstverständnis nach ist die NATO ein Verteidigungsbündnis und in keiner Weise aggressiv. Rußland, seinerseits, muß eine NATO-Erweiterung als potentielle Bedrohung interpretieren; sein Sicherheitsbedarf läßt gar keine andere Deutung zu.

Dieses Dilemma ist unaufhebbar, solange die Struktur des internationalen Systems nicht verändert, beispielsweise also durch Integration aufgehoben wird. Innerhalb der Europäischen Union, wenn sie vollendet sein wird, gibt es kein Sicherheitsdilemma mehr. Für das gesamte europäische System bleibt aber dieses Dilemma konstitutiv. Deswegen muß dieses System in eine internationale Organisation verbracht werden, deren institutionalisierte Kooperation wie eine umfassende vertrauensbildende Maßnahme wirkt. Dieser Zusammenhang wurde in der politischen Diskussion Europas seit dem 16. Jahrhundert erkannt, von Abbé de St. Pierre mit seinem Plan einer großen internationalen Organisation konkretisiert (vgl. Asbach 1996) und von Immanuel Kant in seinem Essay „Zum Ewigen Frieden" 1795 berühmt gemacht.

Die Reduzierung des Sicherheitsdilemmas durch eine internationale Organisation ist also die zweite wichtige Friedensursache. Auch Demokratien können dem Sicherheitsdilemma erliegen, wie die Geschichte des Kalten Krieges aus-weist. Andererseits sind sie besser als nicht-demokratische Herrschaftssysteme imstande, die Zusammenhänge zu durchschauen und damit das Dilemma zu vermindern. Auch für sie ist es ratsam, das Sicherheitsdilemma durch die Zu-sammenarbeit in einer internationalen Organisation abzubauen; es ist in diesem Zusammenhang interessant daran zu erinnern, daß die Westeuropäer seit der Gründung der Organisation für Europäische Wirtschaftliche Zusammenarbeit (OEEC) 1948 immer im Kontext einer Organisation zusammengearbeitet haben.

Für die euro-atlantische Region, die als Einzugsbereich des früheren Kalten Krieges neu geordnet werden muß, gibt es eine solche Organisation bereits: die OSZE (Organisation für Sicherheit und Zusammenarbeit in Europa) mit Sitz in Wien. Sie müßte nur aktiviert werden. 1990 zu Recht mit Pomp in Paris aus der Taufe gehoben, ist diese Organisation alsbald in den politischen Hintergrund gerückt und in ihrer Bedeutung stark relativiert worden. Dazu hat auch die Überschätzung beigetragen, die ihr anfänglich zuteil wurde und deren Erwar-tungen sie nicht erfüllen konnte. Die OSZE ist kein Regionalpolizist – genauso wenig wie die UN (Vereinte Nationen) auf globaler Ebene. Sie hat keine Ord-nungskompetenzen, kann schon gar nicht in die Innenpolitik der Mitgliedslän-der eingreifen. Ihr solche Aufgaben zuzumuten heißt, sie zu überfordern. Sie kann die Wahlen in Bosnien-Herzegowina 1996 überwachen, den politischen Teil des Friedensprozesses bewerkstelligen kann sie nicht.

Was sie kann, wird ihr aber nicht abverlangt: das Sicherheitsdilemma zu re-duzieren. Dazu muß diese Aufgabe erst einmal als entscheidende Friedensursa-che anerkannt und von den Politikern rezipiert werden. Nur wer über diese Einsicht verfügt, kann den Wert der OSZE richtig einschätzen und sie dement-sprechend in das Zentrum der Strategie rücken. Das ist – im Gegensatz zur De-mokratisierung – politisch unaufwendig und theoretisch anspruchslos. Die Staa-ten müssen in einen engen organisierten Kontakt untereinander gebracht wer-den, ihre politischen Systeme wie ihre gesellschaftlichen Akteure. Den Mittel-punkt dieser Kontakte bildet die OSZE. Durch die in diesem Rahmen geführten regelmäßigen Diskussionen zwischen den Entscheidungsträgern erwächst das Vertrauensklima, in dem sich das Sicherheitsdilemma zurückbildet. Als Produkt dieser Zusammenarbeit können dann Regime, Institutionen oder weitere Orga-nisationen entstehen, die die Kooperation in Teilbereichen verdichten. Die OSZE kann auch den Grad der gebotenen Integration erreichen, wenngleich dies auf absehbare Zeit nicht zu erwarten ist. Für die zu leistende Aufgabe ist es auch nicht erforderlich. Die assoziative Strategie einer internationalen Organi-sation reicht aus, um das Sicherheitsdilemma zu bannen. Aber umgekehrt gilt: Wird diese Funktion nicht erbracht, fehlt eine wichtige Friedensursache, womit eine gefährliche Gewaltursache unbearbeitet bleibt.

3. Demokratie und Frieden

Die wichtigste Friedensursache ist die Demokratisierung der Herrschaftssysteme. Diktatorial oder autoritär verfaßte Herrschaftssysteme sind latent gewaltgeneigt. Da sich ihre internen Wertverteilungsprozesse auf Gewalt stützen, wird sie auch in der auswärtigen Politik leicht und gern eingesetzt. Auswärtige Konflikte und hohe Spannungsgrade im internationalen System sind für nichtdemokratische Herrschaftssysteme existenznotwendig. Vor allem der Hinweis auf den äußeren Feind rechtfertigt die gewaltsame Herrschaft im Innern. Diese Systeme sind nicht unbedingt darauf angewiesen, daß die Gewalt nach außen auch angewendet wird; der Nachweis der Notwendigkeit dazu – und also die Vorbereitung darauf – reicht in vielen Fällen aus.

Demgegenüber sind die Demokratien friedlich. Ob dieser Umkehrschluß wirklich zutrifft, wird in der internationalen Politikwissenschaft seit Jahren streitig diskutiert. Singer und Small (1976) haben gezeigt, daß sich Demokratien statistisch in ihrer Kriegsneigung von Nichtdemokratien nicht unterscheiden, was andere nach ihnen (etwa Chan 1984, oder Weede 1994) bestätigt haben. Lediglich Rummel (1995) vertritt nach wie vor die entgegengesetzte Meinung, wertet man die Analysen nur richtig aus.

Die neuere Forschung tendiert ohnehin in diese Richtung. Sie konzentriert sich auf die Zeit nach 1945 – in der richtigen Einsicht, daß man in der Zeit davor kaum funktionierende Demokratien antrifft. Dieser Ansatz zeigte, daß Demokratien in der Tat keinen Krieg gegeneinander führen (Hagan 1994). Daß die Ergebnisse dabei keine Artefakte der Operationalisierung von Demokratie sind, hat u.a. Bremer (1993) nachgewiesen (s.a. Ray 1993). Das gilt auch für die „militarisierten zwischenstaatlichen Streitigkeiten" (MID) (vgl. Maoz/Russett 1993; s.a. Nielebock 1993). Demnach kam es zwischen Demokratien nur relativ selten zu Konflikten, die mit Gewalt bearbeitet wurden. Der Typ des demokratischen Herrschaftssystems ist also von dauerndem mäßigenden Einfluß auf das Konfliktverhalten (Zielinski 1994).

In dieser Frage ist sich die internationale Diskussion weitgehend einig (Risse-Kappen 1994), wenngleich nicht ohne jeden Vorbehalt (Farber/Gowa 1995). Die Tatsache, daß Demokratien sich nicht wechselseitig bekämpfen, kommt also einem „empirischen Gesetz der internationalen Beziehungen sehr nahe" (Levy 1988).

Die Gründe hierfür liegen zutage. In den Demokratien sorgen sowohl die Normen als auch die in den Entscheidungsprozeß eingebauten, vor allem aus der Gewaltenteilung stammenden Barrieren für den Gewaltverzicht (Siverson 1995; s.a. Dixon 1993, 1994). Hinzu kommen auch sozialpsychologische Faktoren. Weil sich demokratische Herrschaftssysteme gleichen, vermögen sie wechselseitig ihre Gewaltabgeneigtheit zu erkennen. So entstehen in der Perzeption konstituierte Sicherheitsgemeinschaften, in denen das Sicherheitsdilemma nicht mehr wirkt (Risse-Kappen 1995).

Warum aber wirken diese Faktoren nicht auch gegenüber Nicht-Demokratien? Denn evident ist: Auch nach 1945 haben Demokratien in ihrer auswärtigen Politik Gewalt angewendet (Gantzel/Schwinghammer 1995). Dadurch wird die Annahme, daß Demokratien friedlich sind, doch erheblich eingeschränkt. Versuche, sie dennoch zu retten (Russett 1993), überzeugen nicht. Denn wenn die Außenpolitik von Demokratien über ihre normativen Orientierungen und über die institutionelle Anlage ihrer Entscheidungsprozesse gesteuert wird, dann muß ihr Ergebnis durchgängig gleich sein, darf also nicht je nach Gegenüber differieren. Selbst wenn sich eine Demokratie einer regelrechten Aggression ausgesetzt und damit zur Verteidigung gezwungen sieht, muß ihre Gewaltaversion wenigstens noch durchschimmern. In jedem Falle muß von ihnen erwartet werden, daß sie sich mit der Einmischung von Gewaltmitteln in Konflikte Dritter zurückhalten. Wenn das, wie es die statistischen Analysen ausweisen, nicht der Fall ist, kann der Zusammenhang von Demokratie und Frieden nicht als erwiesen gelten; wo er historisch auftritt, muß er anders verursacht worden sein. Die Analysen von Dixon (1993, 1994), denen zufolge Kompromiß und Vermittlung durch Drittparteien Merkmale sind, die Demokratien in ihrem Konfliktverhalten auszeichnen, bessern das Gesamtergebnis nicht aus.

Ich bin der Meinung, daß die Hypothese, Demokratien sind friedlich, richtig ist, weil ihre theoretische Ableitung stimmt. Wenn Demokratien dennoch Gewalt angewendet haben, so lag das entweder an der Einwirkung anderer Gewaltursachen, wie z. B. dem Sicherheitsdilemma, oder aber daran, daß wir viele Staaten als Demokratien bezeichnen, die es noch gar nicht sind. Wer dem Zusammenhang zwischen Demokratie und Frieden nachgehen will, muß sich also zunächst einmal mit der Frage beschäftigen, was denn eine Demokratie konstituiert und welchen Grad der Entfaltung sie aufweisen muß, damit der Zusammenhang wirksam werden kann.

Ein Blick auf die Friedenstheorie von Immanuel Kant kann hier weiterhelfen. Ihre Grundthese lautet, daß die Kriege in dem Moment aufhören werden, in dem die Bürger in einem Staat darüber zu entscheiden haben, ob Krieg geführt werden soll oder nicht. Denn, schreibt Kant, da sie „alle Drangsale des Krieges über sich selbst beschließen müßten ..., sie sich sehr bedenken werden, ein so schlimmes Spiel anzufangen" (Kant 1795:205-206). Politologisch ist das völlig richtig. Unter der Voraussetzung, daß der homo politicus rational handelt, und unter der weiteren Vorausetzung, daß ihm aufgrund des Wirtschaftssystems genügend Möglichkeiten zu seiner Existenzentfaltung zur Verfügung stehen, muß der Bürger gegen den Krieg sein, in dem er nur Geld und Leben verlieren kann. Die Ausnahme bildet der Verteidigungskrieg: Wird eine Demokratie angegriffen, wird sie sich verteidigen. Sie selbst aber wird keine Gewalt nach außen emittieren. Der privat wirtschaftende, gut informierte Besitzbürger ist an Krieg und außenpolitischer Gewaltanwendung nicht interessiert. Da er in einer Demokratie seine politischen Anforderungen in das politische System transferieren kann, müssen Demokratien gewaltavers sein.

In der Praxis des politischen Geschäfts wird dieser Zusammenhang geschwächt oder sogar verzerrt. Versteht man unter einem Staat das herrschaftlich geordnete Anforderungs-Umwandlungs-Verhältnis zwischen dem politischen System und seinem gesellschaftlichen Umfeld (Easton 1965), so erscheint die große Komplexität des Entscheidungsprozesses, in dem der Zusammenhang scheitern kann. Der Bürger selbst kann seine Erwartungen und Bedürfnisse nicht in Anforderungen übersetzen; dazu bedarf er der Parteien oder der Interessengruppen. Schon die Formulierung seiner Anforderungen hängt von der Information ab, die ihm zuteil wird. Hierauf haben die Medien, haben aber vor allem die großen Rollen des politischen Systems bedeutenden Einfluß. Wer eine Situation zu definieren vermag, steuert ihre Bearbeitung. Die politischen Systeme haben auch die Möglichkeit, außenpolitische Szenarien herzustellen, die sie dann alsbald als Handlungszwang ausgeben können. Auch hierfür bietet die NATO-Osterweiterung ein sinnfälliges Anschauungsbeispiel. Kommt es zu der unvermeidlichen, konsequenten Reaktion Rußlands, wird sie von den westlichen Regierungen als Verschlechterung der politischen Umweltbedingungen interpretiert werden, die nicht nur nachträglich die NATO-Osterweiterung rechtfertigen, sondern erneut größere Rüstungsanstrengungen erfordern.

Auf dem Weg durch die Parlamente und Bürokratien können diese gesellschaftlichen Anforderungen verändert oder uminterpretiert werden. In diesem Stadium des Entscheidungsprozesses haben auch Interessengruppen Zugang und Zugriff, die sich der Kontrolle durch die Öffentlichkeit entziehen. Auf die Bearbeitung in den Ministerien hat der Bürger so gut wie gar keinen Einfluß.

Angesichts dieser zahlreichen Klippen ist es wichtig, daran zu erinnern, daß die demokratische Mitbestimmung sich nicht auf die Außenpolitik im allgemeinen und schon gar nicht auf deren operative Umsetzung bezieht, sondern lediglich auf die Gewaltanwendung. Es geht nur um Krieg und Frieden, eingeschlossen die beiden vorgelagerten Prozesse. Sie können, wie erwähnt, vom politischen System beeinflußt, gegebenenfalls sogar hergestellt werden. Dabei wird das politische System aber auf die Grundanforderung seines gesellschaftlichen Umfeldes Rücksicht nehmen müssen, weil es erwarten muß, für einen Gewalteinsatz keinen Konsens zu finden. Hierin hatten sich der amerikanische Präsident Johnson und sein Verteidigungsminister McNamara getäuscht, als sie den amerikanischen Eingriff in Vietnam zum Krieg eskalierten. Johnson ist über diesen Fehler gestürzt, das politische System der USA insgesamt nachhaltig beschädigt worden.

Die eigentlichen Ursachen dafür, daß auch moderne Demokratien noch Gewalt anwenden, liegt woanders, nämlich in der Entkopplung des von Kant sehr richtig benannten Zusammenhangs zwischen Belastung und Mitbestimmung. Nur der vom Krieg negativ betroffene Bürger stimmt gegen ihn. Nehmen die Betroffenen am Prozeß der politischen Willensbildung nicht teil und werden die, die daran partizipieren, von den Kriegslasten nicht betroffen, kommt der Zusammenhang nicht zum Tragen. Frankreich, beispielsweise, läßt seine gewaltsamen Interventionen im Ausland immer von der Fremdenlegion ausführen; die Wehrpflichtigen sind daran nicht beteiligt. In den USA, wo es die Wehrpflicht nicht mehr gibt, sind in den Streitkräften die Gesellschaftsschichten überrepräsentiert, die in der Einkommensskala weiter unten angesiedelt und politisch nicht sonderlich aktiv sind. Bei der politischen Klasse ist es umgekehrt; sie ist reich an Geld und Einfluß, aber in den Streitkräften unterrepräsentiert. Mit einer Strategie, die die politisch eher passiven Teile einer Gesellschaft mit dem Militärdienst und den wirtschaftlichen Folgen eines Krieges bzw. einer Gewaltpolitik befrachtet und die aktiven, reichen Stimmbürger von dieser Politik vielleicht sogar noch profitieren läßt, kann der Nexus zwischen Demokratie und Frieden außer Kraft gesetzt werden. Der Besitzbürger hat gegen den Einsatz von Berufsarmeen so lange nichts einzuwenden, wie er dessen Kosten weder am eigenen Leibe noch an seiner Brieftasche verspürt.

Es gibt also zwei große Ursachen dafür, daß auch die modernen Demokratien noch Gewalt anwenden: die stark asymmetrische Besitzverteilung in der Gesellschaft und die daraus resultierende Trennung in Belastung und Mitbestimmung; zweitens: die Zentralisierung des außenpolitischen Entscheidungsprozesses in der Exekutive, auf die der Bürger im Hinblick auf die Umsetzung seiner Anforderungen kaum Einfluß nehmen kann. Der Prozeß der Demokratisierung ist zwar gerade in der Außenpolitik schon weit entwickelt, aber keineswegs an sein Ende gelangt. Im Hinblick auf die Außenpolitik gleichen die modernen Demokratien kollektivierten Monarchien: Analyse und Implementierung sind in der Exekutive und in der jeweiligen Hauptstadt zentralisiert. Wäre sie, wie die Kulturhoheit in der Bundesrepublik, dezentral und föderal organisiert, hätte der Bürger sehr viel mehr Einfluß darauf, daß und wie seine Anforderungen in auswärtige Politik übersetzt werden.

Wenn der Zusammenhang zwischen Demokratie und Frieden noch nicht überall sichtbar geworden ist, dann muß dafür in erster Linie der mangelnde Grad der Demokratisierung in der Außenpolitik verantwortlich gemacht werden. Die Demokratiediskussion in der westlichen Welt berührt diesen Themenkomplex überhaupt nicht.

4. Demokratisierungsstrategien

Die in der wissenschaftlichen Diskussion erhobenen Einwände vermögen die politisch-theoretisch abgeleitete Einsicht, daß die Demokratisierung die oberste Friedensursache darstellt, nicht zu erschüttern, zumal sie sich in Westeuropa, unter den Feinden der vergangenen zwei Jahrhunderte, bereits bestens bewährt hat. Um so dringlicher stellt sich die Frage, wie der Prozeß der Demokratisierung in den Reformstaaten des Ostens gefördert werden kann. Die Ausgangsbedingungen sind besser, als sie es in Deutschland 1945 waren: Die Reformstaaten haben den großen Demokratisierungsschub 1989/1990 aus eigenem

Antrieb unternommen, Rußland ist ihnen gefolgt. Mußte im besiegten Deutschland die demokratische Reform großenteils importiert werden, so braucht sie in den mittelosteuropäischen Staaten und in Rußland, jedenfalls in dessen westlichem Teil, nur unterstützt zu werden.

Dennoch: Es bleibt das Problem der Strategie. Nichts ist schwieriger, als Herrschaftssysteme von außen zu verändern. Sie bilden in der Tat das Zentrum der „inneren Verhältnisse", in die von außen sich einzumischen völkerrechtswidrig ist (Czempiel 1995).

Diese Auffassung ist, glücklicherweise, ebenfalls reformbedürftig. Daraufhat auch der UN-Generalsekretär Boutros Boutros-Ghali hingewiesen. Die Norm orientiert sich an den Verhältnissen der Staatenwelt des 19. Jahrhunderts, sie ist nicht angepaßt an die ganz anderen Bedingungen, die in der Gesellschaftswelt des ausgehenden 20. Jahrhunderts herrschen. Diese sind gekennzeichnet von Interdependenz und Kommunikation, von Interaktionen also, die per se die inneren Angelegenheiten der interagierenden Staaten berühren. Die Einmischung findet also als tagtägliches Ereignis statt, sie muß nur genutzt werden.

Solchen direkten Strategien, über die noch en détail zu reden sein wird, vorgelagert sind die indirekten Strategien. Sie wirken von außen auf das Herrschaftssystem ein, werfen keinerlei völkerrechtliche Probleme auf und sind außerordentlich wirksam. Das herrschaftlich geordnete Verhältnis zwischen dem politischen System und seinem gesellschaftlichen Umfeld ist immer auch abhängig von den Beziehungen, die beide zu ihrer internationalen Umwelt unterhalten, und von deren Prozeßmustern. Der britische Historiker Seeley hat diesen Zusammenhang am Ende des 19. Jahrhunderts auf die Formel gebracht, daß der Grad der Freiheit in einem Land umgekehrt proportional zu dem Druck ist, der auf seinen Grenzen lastet. „Seeleys Gesetz" enthält also, liest man es richtig, den Hinweis, daß die internationale Umwelt auf die Herrschaftsverhältnisse eines Landes dadurch einwirken kann, daß sie die Beziehung zu diesem Land entsprechend organisiert. In der von Seeley erwähnten Form ist diese Strategie unmittelbar einsichtig. Erhöht man den militärischen Druck auf die Grenzen eines Landes, stärkt man das politische System dort, mindert man die Einwirkungsmöglichkeiten des gesellschaftlichen Umfeldes, reduziert die demokratische Mitbestimmung, nivelliert die politischen Konflikte. Die Wirkungen einer solchen Vermehrung des auswärtigen Drucks ließen sich im Sommer 1996 in Rußland deutlich feststellen. Allein schon die Diskussion über die NATO-Osterweiterung hat in Rußland die demokratiefeindlichen Kräfte gestärkt, ebenso das Militär. Dementsprechend wurden die auf Demokratie und Marktwirtschaft gerichteten Prozesse gedämpft.

Seeleys Gesetz muß aber auch demokratiefördernd wirken, wenn die internationale Umwelt nicht nur keinen Druck auf die Grenzen des betreffenden Landes ausübt, sondern durch das kontinuierliche Angebot von Kooperation und Hilfe geradezu einen politischen Sog entfaltet. Dann wird das politische

System geschwächt und das Umfeld gestärkt, werden diejenigen Kräfte ermutigt, die den wirtschaftlichen Wohlstand und die herrschaftliche Mitbestimmung vermehren wollen. Nicht zufällig brach die demokratische Revolution in Osteuropa 1989 aus, nachdem der Ost-West-Konflikt durch den Moskau-Besuch Präsident Reagans im Juni 1988 erheblich entspannt worden war.

Sog und Druck wirken mit gleicher Intensität, weil sie auf das Vorhandensein eines demokratischen Potentials in dem betreffenden Land angewiesen sind. Existiert keines, kann es weder gemindert noch gefördert werden. Ist es aber vorhanden, so wird es durch den äußeren Druck beschädigt, durch den Sog von außen gefördert. Die Aufnahme Rußlands als 39. Staat in den Europarat im Februar 1996 wird ihre Sogwirkung ebenso entfalten wie die kontinuierliche Zusammenarbeit mit dem Westen im Rahmen der Partnerschaft für den Frieden. Je mehr Kooperation der Westen anbietet, desto stärker werden die Reformkräfte in Rußland.

Die Intensivierung der Kooperation mit Rußland und die NATO-Osterweiterung müssen also jenseits ihres politischen Eigenwerts vor allem als Strategien begriffen werden, die sich auf die Demokratisierung Rußlands auswirken. Dabei sollte demjenigen, dem – was ebenso verständlich wie notwendig ist – die Sicherheit der mittelosteuropäischen Staaten am Herzen liegt, dafür mehr auf die Demokratisierung Rußlands als auf die Osterweiterung der NATO vertrauen. Sie wird, sollte es wirklich erneut zu einem militarisierten Konflikt kommen, aus Gründen des „geographic fatalism" nicht schützen, sondern nur nach ihrer Verwüstung befreien können. Wird aber die Demokratisierung Rußlands den Grad erreicht haben, den die der Bundesrepublik in den fünfziger Jahren hatte, so wären die osteuropäischen Staaten vor einer Aggression Rußlands einigermaßen sicher. Der Grad ihrer Sicherheit stiege mit jedem weiteren Fortschritt Rußlands in die Demokratisierung an. An die Stelle der Verteidigungsfähigkeit, die eine NATO-Mitgliedschaft (wenn auch nur deklaratorisch) bieten würde, träte eine umfassende Sicherheit in dem Sinne, daß jegliche äußere Bedrohung der osteuropäischen Staaten entfiele. Gerade wer an der Sicherheit dieser Staatengruppe interessiert ist, sollte zunächst einmal ein Umweltverhalten an den Tag legen, das die Demokratisierungsprozesse in Rußland (und zugleich in Osteuropa) fördert.

Es gibt aber auch direkte Strategien; bei ihnen lassen sich mittelbare und unmittelbare unterscheiden. Direkt und unmittelbar auf die inneren Angelegenheiten einwirkende Strategien stehen im wesentlichen den Regierungen zur Verfügung. Unmittelbar wirkt die politische Konditionalität, also die Verknüpfung außenpolitischer Vorteile mit herrschaftspolitischen Auflagen. Die Europäische Gemeinschaft hat eine solche Strategie bei der Assoziierung der osteuropäischen Staaten angewendet, hat ihnen die Beachtung der Menschen- und Bürgerrechte abverlangt. Auch für die (leider irrige Strategie der) NATO-Osterweiterung werden solche Forderungen aufgestellt. Die Beitrittskandidaten müssen die demokratische Kontrolle des Militärs gewährleisten. 1948 hatten die

Vereinigten Staaten die Einführung bzw. Stärkung des demokratischen Herrschaftssystems zur Bedingung für den Empfang der Marshall-Plan-Hilfe gemacht; in den bilateralen Verträgen mit den Empfängerländern wurden diese Auflagen konkretisiert.

Wirtschaftssanktionen, Boykotte und Blockaden, die die Auswechslung eines Herrschaftssystems bezwecken, gehören in die gleiche Kategorie. Obwohl sie von außen angewendet werden, versuchen sie direkt das Ziel anzustreben. Ihr Wirkungsgrad ist, wie die Beispiele des Irak und Kubas zeigen, nicht sehr hoch. Solche direkt und unmittelbar einwirkenden Strategien taugen em ehesten in Zusammenhängen, die durch Kooperation, ggf. durch Penetration gekennzeichnet sind.

Direkt, aber mittelbar einwirkende Strategien sind vom Beziehungsmuster unabhängig. Sie versuchen, durch die Mithilfe beim Aufbau einer kapitalistischen Marktwirtschaft in dem Empfängerland die sozio-ökonomische Voraussetzung für die Demokratisierung zu schaffen, haben also nicht das Herrschaftssystem selbst, sondern dessen gesellschaftlich-wirtschaftlichen Unterbau im Auge. Westeuropa und die USA verfolgen eine solche Strategie gegenüber China. Nachdem sich herausgestellt hat, daß die direkt und unmittelbar zielende Verknüpfung zwischen wirtschaftlicher Meistbegünstigung und Respektierung der Menschenrechte nichts ausrichtete, vertraut der Westen jetzt auf die rasche Ausbreitung der Marktwirtschaft in China, als deren Folge sich dann auch die Beachtung der Menschenrechte verbessern wird. Eine solche Strategie, die die Einklagung der Menschenrechte keineswegs außer Acht läßt, ist wirksam. Sie würde noch wirksamer ausfallen, wenn der Westen gleichzeitig darauf verzichtete, über die Militärhilfe und den Waffenverkauf das chinesische Herrschaftssystem zu stützen. Auch die Auslandshilfe ist eine direkte Strategie. Stärkt sie das jeweilige Herrschaftssystem gegenüber der Gesellschaft, wirkt sie unmittelbar zu Lasten der Demokratisierung. Wird die Wirtschaftshilfe aber als Strukturhilfe gegeben, die die Lebensbedingungen der betreffenden Gesellschaft verbessert, wirkt sie unmittelbar zugunsten der Demokratisierung.

Die Verfestigung der Marktwirtschaft, die wirtschaftliche Grundlage der Demokratie also, könnte sich in Osteuropa erheblich erhöhen, wenn die Staaten der Europäischen Union ihre Märkte für die Produkte Osteuropas öffnen würden. Die entsprechenden Verträge sind geschlossen, ihre Implementierung aber scheitert an den Partikularinteressen westlicher wirtschaftlicher Akteure. Diese Abschottung des EU-Marktes gegenüber Osteuropa ist also keineswegs ein ökonomischer Vorgang, sondern einer, der erhebliche politische Implikationen hat.

Zu den direkt, aber unmittelbar einwirkenden Strategien zählen auch die, die ich an anderer Stelle unter dem Rubrum „vergesellschaftete Außenpolitik" erwähnt habe (Czempiel 1994). In der Gesellschaftswelt spielen die gesellschaftlichen Akteure eine bedeutende Rolle; vor allem wirtschaftliche Akteure, transnationale Konzerne und Banken unterhalten quasi ihre eigene Außenpolitik.

Andere gesellschaftliche Großverbände, die Gewerkschaften, Unternehmerverbände, die Kirchen, politische Parteien etc. unterhalten ebenfalls ihre eigenen Außenbeziehungen; sie könnten aber erheblich ausgeweitet werden. Die Zusammenarbeit mit ihren Korrespondenten etwa in Osteuropa oder in Rußland würde das gesellschaftliche Umfeld dort erheblich stärken. Sie würde Kenntnisse über die Rolle gesellschaftlicher Akteure in einer Demokratie vermitteln und Strategien der demokratischen Mitbestimmung verbreiten und einüben. Diamond (1989) hat sehr ausführlich beschrieben, wie die Mobilisierung der gesellschaftlichen Akteure in einem Land als direkte, aber nur mittelbar zielende Strategie für die Demokratisierungsprozesse eingesetzt werden kann. Freilich müßte dazu die Außenpolitik das Kompendium der ihr bekannten Strategien erheblich erweitern. Solange beide nur bei den Diplomaten und Politikern verbleiben, verzichten die westlichen Gesellschaften auf außerordentlich wirksame Strategien zur Herstellung der obersten Friedensursache: der Demokratisierung.

5. Ausblick

Diese Perspektive eröffnet den Blick auf den Bedarf an Selbstmodernisierung der westlichen Gesellschaften. Sie haben einen hohen Grad der Demokratisierung erreicht; er könnte aus innergesellschaftlichen Gründen und müßte aus Gründen der außenpolitischen Effektivität erheblich gesteigert werden. Eine „vergesellschaftete Außenpolitik" verweist von sich aus auf einen ganz anderen, sehr viel dezentraler gehaltenen Aufbau des Herrschaftssystems auch im Westen, verweist auch auf die Notwendigkeit der Entwicklung eines ganz anderen Verständnisses von auswärtiger Politik. Es ist manchem Angehörigen der Außenämter im Westen nicht fremd; es gibt zunehmend viele und kluge PolitikerInnen und Diplomaten, die das Herrschaftssystem als die wichtigste Quelle außenpolitischen Verhaltens ansehen und sich ihm mit den neuen Strategien der „Soft Power" (Nye 1990) nähern wollen. Innerhalb des die Bürokratie beherrschenden Paradigmas der Staatenwelt bleiben sie Einzelkämpfer und ihre Erfolge begrenzt. Das Risiko des Westens steckt in dieser Hinsicht in seiner außenpolitischen Tradition, die Chance in deren resoluter Modernisierung. Das Ausmaß des konzeptuellen Nachholbedarfs läßt sich an zwei Zahlen des Bundeshaushalts 1995 ablesen. Für die Verteidigung, deren Betonung dem Paradigma der Staatenwelt angehört, wandte die Bundesrepublik 47,8 Milliarden DM auf; für die Außenpolitik und die Auslandshilfe, die beide zu einem Teil wenigstens der Demokratisierung unserer internationalen Umwelt dienen, standen 11,6 Milliarden DM zur Verfügung, weniger als ein Viertel des Verteidigungshaushaltes. Eine moderne, auf die vorfindbaren sozioökonomischen Realitäten des euro-atlantischen Raums anwendbare Politik kann man mit dieser Aufwandsverteilung schwerlich führen. Niemand bestreitet die Notwendigkeit von Verteidigungspotentialen. Ihr Umfang kann aber in einer

Zeit, in der eine militärische Gefährdung der Bundesrepublik auf absehbare Zeit überhaupt nicht zu erwarten ist, drastisch gesenkt werden. Mit der im Aufbau befindlichen Schnellen Eingreiftruppe (sog. Krisenreaktionskräfte), der das Verteidigungsministerium konzeptuell wie finanziell sein Hauptaugenmerk zuwendet, kann man in der Welt von heute nicht mehr sehr viel anrichten. Somalia hat es gezeigt, Vietnam und Afghanistan haben es bewiesen.

Die Herrschaftsordnungen muß verändern, wer mit der Absicht, den Frieden zu schaffen, ernst machen will. Das ist nicht einfach, und es wird auch nicht schnell gehen. Das Risiko des Scheiterns ist groß; es ist allerdings auch nur temporär. Der Demokratisierungsprozeß läuft in der gesamten Welt; seine dritte Welle wird, wie Huntington errechnet hat, vorübergehend abebben, aber nicht brechen. Die größte und bedeutendste Friedensursache breitet sich also aus; und vielleicht ist hierauf zurückzuführen, daß es seit 1990 keinen zwischenstaatlichen Krieg auf dieser Welt mehr gibt. Die Gewaltkonflikte, die wir registrieren, sind Bürgerkriege – in gewisser Weise ein weiteres Zeichen für den Emanzipationsprozeß der von Gesellschaften, die gegen Herrschaft revoltieren, die sie nicht mehr akzeptieren. Auf eine derartig modernisierende Welt müssen neue außenpolitische Strategien angewendet werden. Der Demokratisierung gebührt der oberste Platz.

Was heißt Weltzeit?

Zaki Laïdi

Im Mittelpunkt dieses Beitrags steht die Untersuchung einer allgemeinen Hypothese zur Weltzeit, die weniger an den traditionellen Analysen internationaler Beziehungen anknüpft als an der makrosoziologischen Analyse von Gesellschaften. Dahinter steht die Annahme einer dialektischen Beziehung zwischen Globalisierung und Fragmentierung. Diese Analyse fügt sich nichtsdestoweniger ganz in dieses Projekt zu Risiken und Chancen einer europäischen Friedensordnung ein, indem sie die Periode, in die wir eingetreten sind, zu systematisieren und theoretisch dingfest zu machen versucht. Doch wegen seines allgemeinen Charakters ist der Beitrag notgedrungen anfechtbar. Er sollte deswegen eher als Summe von Arbeitshypothesen, deren systematische Ausformulierung noch aussteht, verstanden werden, denn als ein unmittelbarer Theorieentwurf im engeren Sinne.

Kommen wir zur These der Weltzeit selbst. Mit ihr soll konzeptionell versucht werden, zum Verständnis des Bruchs, mit dem wir heutzutage konfrontiert sind, beizutragen, zu dem Bruch in der Zeit und in unserer Vorstellung. Das Paradox dieser neuen, weltweiten Gegebenheit läßt sich folgendermaßen charakterisieren: Seit dem Ende des Kalten Krieges haben wir alle das Gefühl, in eine neue Ära einzutreten und eine neue Zeit zu erleben. Dennoch schaffen wir es nicht, diesem Neuen einen Sinn zuzuweisen, wir vermögen in ihm keine tiefere Bedeutung zu erkennen. Wie kann dieser Widerspruch aufgehoben werden? Genau diese Frage möchte diese Untersuchung über die Weltzeit klären. Sie versucht, die Problematik des Paradigmas, das die Wissenschaftler seit Kuhn nur zu gut kennen, den tiefgreifenden Transformationen der Weltordnung anzupassen.

Zur Problematik der Weltzeit

Globale Konzepte zu definieren ist keine leichte Aufgabe. Das Konzept der Weltzeit entgeht dieser Schwierigkeit natürlich ebensowenig. Dennoch läßt sich vorläufig festhalten, daß Weltzeit den Wendepunkt bezeichnet, in dem alle geopolitischen und kulturellen Folgeerscheinungen der auf den Kalten Krieg folgenden Periode mit dem Prozeß der wirtschaftlichen, sozialen und kulturellen Globalisierung zusammenfallen. Weltzeit bedeutet folglich weder die Zeit nach dem Ende des Kalten Krieges, da dessen geopolitische Auswirkungen vor allem in Europa zum Tragen kommen, noch die Zeit der Globalisierung, da dieser Prozeß schon längst im Gang ist. Vielmehr handelt es sich um die Interaktion zwischen diesen beiden tiefgreifenden Prozessen. Diese Aussage impliziert nicht, daß die seit Mitte der 80er Jahre beobachtbare Beschleunigung der wirtschaftlichen und finanziellen Globalisierung in einem ursächlichen Zusammenhang beispielsweise mit dem Beginn des Zerfalls der Sowjetunion steht. Vielmehr geht es darum zu verstehen, wie folgenschwere Prozesse in der Zeit ineinandergreifen und hierbei vor dem Hintergrund einiger Fundamentalereignisse (événements-charnières) gemeinsam an Bedeutung gewinnen. Besonders gravierend ist dabei vermutlich die Bestätigung der Einsicht, daß die Gesellschaften in eine neue Ära mit neuen Spielregeln eintreten, denen sich alle sozialen und politischen Akteure stellen, auf die sie reagieren und denen sie sich anpassen müssen.

Um Weltzeit zu verstehen, ist es folglich wichtig, von der Annahme von Verknüpfungen auszugehen, die sich zwischen verschiedenen makrosozialen Entwicklungen herausgebildet haben. Der Vorstellung von Verknüpfungen wird hier der Vorzug gegeben, vor einer solchen einer linearen Kausalität der Ereignisse. Mit anderen Worten: Wenn man die Erschütterungen, die sich jetzt vollziehen, die Wende, die jetzt im Gange ist, begreifen möchte, sollte man nicht etwa nach ihren Ursachen fragen (das Ende des Kalten Kriegs, die Globalisierung der Märkte), sondern vielmehr nach den Wechselbeziehungen zwischen den Ursachen, die diese neue Situation erst erzeugt haben. Der französische Philosoph Deleuze (1976:199), der sehr viel zum Begriff des „Ereignisses" gearbeitet hat, spricht bewußt von nichtursächlichen Ereignisbeziehungen (correspondances non causales entre événements), um der Falle der linearen Kausalität zu entgehen. Ob die These der Wechselbeziehungen zwischen den Ursachen anfechtbar oder bruchstückhaft ist, sei dahingestellt. Wichtig für uns ist die Tatsache, daß sie als Vorstellungswelt (imaginaire), als Repräsentationen wirksam sind, die die ablaufenden Veränderungen in einen Gesamtzusammenhang bringen, den Jaspers (1954) mit den Begriffen „Parallelismen", „Koinzidenzen", „Synchronismen" und „Gleichzeitigkeiten" zu erfassen versuchte.

Sinn und Zeit: Die Begleiterscheinungen der Globalisierung

Zunächst soll das Theorem der „Wende", des „Moments", empirisch untermauert werden – und zwar für den Bereich, der vergleichsweise einfach überprüfbar ist: für den Bereich Wirtschaft und Finanzen. Hier trifft die These der beschleunigten Globalisierung zweifellos zu, denn die wechselseitige Abhängigkeit der Volkswirtschaften hat sich seit Mitte der 80er Jahre verstärkt. Der Handel zwischen den Industrieländern wuchs doppelt so schnell wie deren Bruttoinlandsprodukt; in der vorangegangenen Dekade war dagegen der Handel nur eineinhalb mal so schnell gewachsen wie die Produktion. In Lateinamerika beispielsweise ist dieses Verhältnis von 0,5 zwischen 1975 und 1984 auf 2,5 in der

Zeit von 1985 bis 1994[1] angestiegen. An diesen Indikatoren kann man die wirtschaftliche Globalisierung deutlich ablesen. Sie drückt sich vor allem in der Tatsache aus, daß die Dynamik des Handels die Dynamik der Produktion in den Hintergrund drängt. Die Dynamik des Handels erfaßt Waren wie Dienstleistungen. Sie trifft zugleich auch für den Kapitalsektor zu. Die Zahlen bestätigen auch hier eine Beschleunigung, die man eindeutig auf die Mitte der 80er Jahre datieren kann. Die weltweiten Direktinvestitionen beliefen sich für die Jahre 1981 bis 1985 auf 43,2 Milliarden Dollar pro Jahr. Seit 1985 beschleunigen sich die Steigerungen beträchtlich, denn bereits in den Jahren 1986 bis 1990 betrug der jährliche Durchschnitt an Direktinvestitionen weltweit 167,7 Milliarden Dollar, was einer Vervierfachung entspricht.[2]

Diese „Explosion" der Transaktionen hat auch den Finanzsektor erfaßt. Hier kann ebenfalls die Mitte der 80er Jahre als Wendepunkt identifiziert werden. Ursachen hierfür sind gleich drei Faktoren, nämlich technischer Fortschritt, die Schaffung neuer finanzieller Instrumente und die Liberalisierung der Märkte (O'Brien 1992). Die technischen Innovationen erleichterten nicht nur das Anwachsen der finanziellen Transaktionen, sondern begünstigten zugleich die Integration der Märkte, so daß sich das Phänomen einstellte, das man als „Systemdynamik" bezeichnet. Das bedeutet soviel wie Verkoppelung und wechselseitige Abhängigkeit. Dies hat für die Märkte zur Folge, daß sie unabhängig vom Niveau der zwischen ihnen effektiv getätigten Transaktionen aufeinander reagieren. So reagiert etwa die Börse von São Paulo auf das Erdbeben von Kobe unabhängig davon, wie hoch das Niveau der Transaktionen zwischen Japan und Brasilien ist.

Zusammenfassend kann festgehalten werden, daß sich die Globalisierung von Wirtschaft und Finanzen seit Mitte der 80er Jahre intensiviert hat.[3] Diese Veränderungen sind wesentlich, denn hier werden offensichtlich um den Markt angeordnete „neue Legitimationen" auf politischem, sozialem und kulturellem Gebiet erzeugt: Die Regulierung durch Marktmechanismen ist effizienter als die durch den Staat vorgenommene Regulierung, der Inlandsmarkt kann vor dem Weltmarkt nicht geschützt werden. Der Markt wird zum Regulator. Zu guter letzt erfolgt die Anpassung an diese internationalen Restriktionen über die wirtschaftliche, soziale und kulturelle Beschleunigung der Zeit.

Hieran werden die ersten Auswirkungen der Weltzeit sichtbar, weil alle neuen Gegebenheiten der Globalisierung (der räumlichen Dimension) in enger

---

1 Banque des Règlements internationaux, Basel 1990:68. Zur globalen und lokalen Ausprägung der ausländischen Investitionen: World Investment Report 1994. Transnational Corporations, Employment and the workplace; New York, UNCTAD, 1994:146ff. Zur Beständigkeit der geographischen Nähe in den internationalen Handelsbeziehungen: Helen Milner: Commerce mondial, in: Laïdi 1993:131-153.

2 Banque des Règlements internationaux, Basel 1990:90-92.

3 Group of Ten, International capital movements and foreign exchange markets, 91, April 1993, S.15. Lesenswert ist gleichfalls die unverzichtbare Untersuchung der Finanzmärkte in The Economist, Beilage vom 7.Oktober 1995.

Wechselbeziehung mit der Beschleunigung der Zeit selbst stehen. Die finanzielle Globalisierung hätte ohne die Revolution in der Informationsübertragung, die uns zu Beginn der 80er Jahre die sogenannte Echtzeit bescherte, nie ins Auge gefaßt werden können. Diese Revolution beruht auf dem Zusammenschluß von Informatik und Telekommunikation, die sich bis dahin als Konkurrenten ansahen. Auf technischem Gebiet ist die wichtigste Folge ein beträchtlicher Zuwachs der zwischen den Regionen der Welt ausgetauschten Informationen. Die erste Generation der transatlantischen Telefonkabel konnte 2.400 Telefongespräche simultan übertragen, während die zweite Generation des gleichen Kabeltyps (TAT-12) bereits 600.000 ermöglicht. In den kommenden Jahren wird ein transatlantisches Kabel 10 Millionen Telefongespräche simultan abwickeln können.[4] Diese Revolution hat zwei Konsequenzen nach sich gezogen: Sie ermöglicht eine Intensivierung der „Kommunikation", die ihrerseits einen Zusammenbruch der Übertragungskosten der Informationen nach sich zieht. Infolgedessen wird die Verbreitung der Information geradezu banal; einzig die Umlaufgeschwindigkeit wird entscheidend. Die wirtschaftliche Globalisierung ihrerseits ist ohne die Berücksichtigung der Revolution des „just in time" undenkbar. Diese technische und kulturelle Revolution valorisiert flexible Produktionssysteme zu Lasten des starren Fordismus. Diese Revolution, die in der Folge auf spektakuläre Weise im Automobilsektor zum Tragen kommen wird, macht aus der Zeit nicht nur den entscheidenden Produktionsfaktor, sondern wird zugleich zur neuen Leitlinie des internationalen Wettbewerbs (Stalk/Hout 1992).

Die Einführung der just-in-time-Systeme wird auf diese Weise entscheidend für das Überleben im internationalen Wettbewerb. Der neue Wettbewerbsvorteil beruht eindeutig auf der Zeit. Dieser Vorteil hat maßgeblich die japanische Wirtschaftsoffensive der 80er Jahre begünstigt (Stalk/Hout 1992). Die weltweit agierende Macht verlegte sich von da an völlig auf die Einsparung von Zeit. Die Vermutung liegt nahe, daß sich beispielsweise mit der Entwicklung des Internet diese Dynamik in neuen Zusammenhängen weiterhin verstärken wird und im Bewußtsein der Menschen zur imaginären Vorstellung der Weltzeit führen wird.

Dieses Bewußtsein, aufgrund qualitativer Veränderungen „neue Zeiten" zu erleben, ist keineswegs neu. Karl Jaspers spricht vom 1. Jahrhundert v.Chr. als einer „Achsenzeit", in deren Verlauf es im Okzident zur Emergenz einer intellektuellen, moralischen und religiösen Zivilisation kam, die auf der von den Griechen ererbten Idee der Transzendenz basierte. Dieser Prozeß fiel mit vergleichbaren kulturellen Prozessen im Zoroastrismus, Konfuzianismus und Buddhismus zusammen (Schwartz 1975:1). In der Geschichte gebe es Angelpunkte (moments-charnières): Sie brächten die qualitativen Veränderungen umso stär-

---

4 Vgl. Vereinte Nationen: L'industrie des télécommunications. Croissance et évolution structurelle, New York, 1987; Financial Times, 17. August 1993.

ker ins Bewußtsein, weil sie gleichzeitig in mehreren Zivilisationen aufträten. Eric Weil spricht in bezug auf diese von Jaspers näher untersuchte Periode von der „percée mondiale", dem Augenblick, in dem eine neue Botschaft aufkommt, die die herkömmlichen Denk- und Handlungsweisen obsolet erscheinen läßt (nach Schwartz ebda.:3). Der Gedanke, es gebe Momente, in deren Folge gewisse Handlungen oder Denkweisen im weltweiten Maßstab nicht mehr legitim erscheinen, wurde vom „Vater" der Weltzeit , Wolfram Eberhard, entwickelt. Seiner Ansicht nach konnte etwa Japan seinen wirtschaftlichen Aufstieg Ende des 19. Jahrhunderts nur deswegen bewerkstelligen, weil man zu dieser Zeit der Bevölkerung einschneidende Veränderungen aufzuzwingen vermochte, ohne ihr im Gegenzug eine Verbesserung ihres Schicksals versprechen zu müssen. Die Wiederholung dieses Schemas sei in Anbetracht der Weltzeit, die weltweit eine begrenzte Anzahl von Ideen und Werten mit universalem Anspruch entwickle, nicht mehr möglich (Eberhard 1970). Die Weltzeit zeichne sich gerade dadurch aus, daß sie Vergleiche ebenso zulasse wie die Möglichkeit des Sich-Vergleichens.

Stephen Kern (1983) und David Harvey (1989) greifen auf die Idee eines historisch privilegierten Moments, der weltweiten Wende, zurück, um den Beginn der Moderne zwischen dem Ende des 19. Jahrhunderts und dem Beginn des Ersten Weltkrieges bewußt zu machen. Kern streicht die Tatsache heraus, daß es zwischen 1890 und 1914 zu einer Reihe wissenschaftlicher, technologischer und künstlerischer Mutationen kam, die zur Konvergenz zweier Phänomene führten, zur Globalisierung wie zur Beschleunigung der Zeit. Ausgangspunkt dieser Wende ist seiner Ansicht nach die Konstruktion der ersten elektrischen Eisenbahn (1879), bald darauf gefolgt von der Elektrifizierung der Londoner Metro (1890), der ersten telefonischen Übertragung einer Zeitungsdepesche (1887), der Entwicklung des Taylorismus (1883), der Relativitätstheorie (1905) und vor allem der „Erschaffung" der universellen Zeit, die es ermöglichte, die Zeit in den unterschiedlichen Regionen der Welt zu vereinheitlichen (Kern 1983). Wie Giddens und Zerubavel bemerken, mußte man das Ende des 19. Jahrhunderts abwarten, um die Standardisierung der Weltzeit auf Kosten der lokalen Zeit zu erleben (Giddens 1994:27). Diese verschwindet zwar nicht, verliert aber auf technischem wie auf sozialem Gebiet (Bewußtsein, einer größeren Welt anzugehören) ihre Eigenständigkeit (Kern 1983:23).

Zugegebenermaßen wird dieses Gefühl, eine beschleunigte Weltzeit zu erleben, nicht überall gleich interpretiert. Doch überall löst es eine Auseinandersetzung über Sinn und Wert der Geschwindigkeit aus (ders. ebda:24). Auch wenn er den Begriff der Weltzeit nicht verwendet hat, hat Rudolf Steiner deutlich gezeigt, wie sehr die Französische Revolution als Ereignis bestimmend war, unabhängig davon, ob die von ihr ausgehenden Veränderungen tatsächlicher oder nur scheinbarer Natur waren. In seiner Untersuchung der kulturellen und ästhetischen Formen, die *während* der Französischen Revolution zum Ausdruck gekommen sind, hat Startobinzki (1789/1979) diesen Begriff der „Wende" ausgeweitet.

Speziell den kulturellen Folgen dieses Typs der Wende widmet sich Harvey, auch wenn für ihn die Modernität des 20. Jahrhunderts eher durch den Einfluß des Taylorismus, d. h. durch den Einfluß der Maschine, als durch die Geschwindigkeit geprägt ist (Harvey 1989:294). In seinen Augen sind die Werke von Proust, Joyce oder Pound (auf literarischem Gebiet), von Matisse, Picasso, Klee, Braque oder Kandinsky (Malerei), von Strawinsky, Schönberg oder Bartók (Musik) sowie von de Saussure (Linguistik) die kulturelle Antwort auf diese neue Gegebenheit. Methodologisch betrachtet erscheinen die Überlegungen Harveys grundlegend für die Definition der Weltzeit . Sie ermöglichen es nicht nur, die Idee des besonderen „Moments", in dem die Gesellschaften den Eindruck haben, in neue Zeiten einzugehen, zu erfassen, sondern ebenfalls die Wechselwirkung zu begreifen, die in einem bestimmten Moment zwischen ins Auge fallenden technischen oder ökonomischen Veränderungen und kulturellen Transformationen bestehen bzw. bestehen können. In seinem Argumentationsgang koppelt Harvey beispielsweise das Ende der Fordismus-Ära mit dem Auftauchen flexibler Produktionssysteme, wodurch die Werte der Postmoderne zum Ausdruck kommen (Harvey ebda.:31; Nowotny 1992:22).[5] In einem vergleichbaren Gedankengang zieht Helga Nowotny eine Parallele zwischen den technischen und den sozialen Entwicklungen als Folge der Beschleunigung der Zeit. Die genaue Untersuchung der Weltzeit solle es erleichtern, gerade die kulturellen Ausprägungen des Augenblicks, in dem wir leben, aufzuspüren. Ernst Cassirer, so wie viele andere Autoren nach ihm, hat beispielsweise auf bewundernswerte Weise gezeigt, daß Pierro della Francescas und Alberonis Entdeckung der Perspektive in der Malerei im 15. Jahrhundert zur Entdeckung der sozialen, ja sogar der politischen Perspektive geführt hat. Selbstverständlich gibt es keine mechanische Korrespondenz zwischen politischen und ästhetischen Formen, dennoch existiert eine Verbindung, die man zum Verständnis der Weltzeit möglicherweise nicht vernachlässigen darf.[6]

Das entscheidende Verbindungsglied der Weltzeit

Bisher habe ich versucht, die Existenz ökonomischer und technologischer Veränderungen (seit der Mitte der 80er Jahre) durch die Verbindung der Beschleunigung der Globalisierung mit der Beschleunigung der Zeit nachzuweisen. Diese beschleunigte und globalisierte Zeit geht ihrerseits mit dem Auftreten neuer raum-zeitlicher („von nun an zählt nur mehr der Weltmarkt und nicht mehr der nationale Binnenmarkt") bzw. politischer Legitimationsformen („die Steue-

---

5 Zu den sozialen Folgen der Geschwindigkeit ebenfalls Studeny 1995.
6 Vgl. das wunderbare Buch von Erwin Panofsky: La perspective comme forme symbolique, Paris, Minuit, 1975.

rungsmechanismen des Marktes werden entscheidend, und nicht mehr die des Staates") einher. Doch so wichtig und tiefgreifend diese makrosozialen Veränderungen auch sind, für eine Erklärung des Phänomens Weltzeit sind sie nicht hinreichend. Denn selbst wenn das Konzept im weltweiten Maßstab anwendbar sein mag, so ist bislang dessen symbolischer wie affektiver Gehalt dieses Phänomens noch nicht berücksichtigt worden.

An dieser Stelle kommt das Ende des Kalten Krieges unmittelbar zum Tragen. Es handelt sich nämlich nicht nur um den Auslöser eines wichtigen geopolitischen Ereignisses, sondern zugleich um einen symbolischen Bruch, um einen historischen Augenblick, der die drei *Minimalanforderungen* Prigogines (Prigogine/Stenger 1992:47) an alle großen Entwicklungen in sich vereinigt: *Ereignis, Irreversibilität* und *Kohärenz*. Das Ende des Kalten Krieges erfüllt in diesem Zusammenhang eine doppelte Funktion: zum einen als Auslöser des geopolitischen, im wesentlichen auf dem Mißerfolg des Totalitarismus beruhenden Bruchs, der seinerseits zum anderen auf den vorangegangenen sozioökonomischen Bruch hinführt, der auf dem Vorteil des Marktes gegenüber staatlichen Regulierungsmechanismen beruht. So kann man den Zusammenbruch der UdSSR zugleich als Resultat des unerbittlichen Drucks des Marktes sowie der Macht der demokratischen Verheißung deuten. Weltzeit läßt sich nicht nur erkennen, sondern auch benennen: Das Ende des Kalten Krieges hat im Rahmen der Globalisierung einen Diskurs beschert, den es ohne dieses Ereignis nicht gegeben hätte. Er hat gleichermaßen die Funktion, bestehende Überzeugungen zu erhärten, wie er der Inszenierung dient. Derart geronnen wird mit diesen beiden Momenten (Beschleunigung der Weltzeit und das Ende des Kalten Krieges) der Grundstein der Weltzeit gelegt, für eine Zeit, die damit im Weltmaßstab bestätigt,

– daß die Weltordnung sich ändert (Begriff des Ereignisses);
– daß die durch dieses Ereignis hervorgebrachten Veränderungen eine Unterscheidung in Vorher und Nachher ermöglichen (nach dem Fall der Mauer, nach dem Golfkrieg, wie man „nach der Einnahme der Bastille" und „nach dem Krieg" sagte). So erhält die Veränderung die Qualität eines unumkehrbaren Bruchs (Begriff der Irreversibilität);
– daß die rasche Aufeinanderfolge so vielfältiger Ereignisse kein „bloßer Zufall" sein kann, sondern daß die Anziehungskraft des Marktes und der Wunsch nach Demokratie „zwangsläufig" untrennbar miteinander verknüpft sind (Begriff der Kohärenz).

Dynamik der Weltzeit

Bisher wurde der Versuch unternommen, die Idee einer *Zäsur in der Zeit*, die geeignet ist, die Emergenz der *Weltzeit* anzukündigen, zu erhärten. Sobald aber diese Zäsur erst einmal erkannt ist, muß man sich ihres Status und ihrer Voraussetzungen gewissermaßen von neuem vergewissern. Dies ist aber nur dann möglich, wenn sie die drei genannten Bedingungen Prigogines erfüllt: Ereignischarakter, Irreversibilität und Kohärenzen.

Weltzeit und Ereignis

Was ist ein Ereignis? Es ist eine zeitliche Abfolge, die eine qualitative Unterscheidung einer Periode in eine Phase des *Vorher* und des *Nachher* ermöglicht. Man spricht gemeinhin von der Zeit nach dem Kalten Krieg, wie man früher von der Nachkriegszeit bzw. davor von der Zwischenkriegszeit gesprochen hat. Damit dieses *Nach* nun seinen Wert erlangt und keine rein chronologische Bezeichnung bleibt, werden die verschiedenen sozialen, politischen oder kulturellen Akteure versuchen, sich dieses Nach anzueignen, zu interpretieren und ihm eine zukunftsweisende Bedeutung zuzuweisen. Die erste Nachkriegszeit wurde beispielsweise als der Ausgangspunkt der Moderne angesehen. So sagt man gewöhnlich, das 20. Jahrhundert beginne erst wirklich mit dem Ende des Krieges von 1914-1918. Die zweite Nachkriegszeit war gleichfalls mit starken sozialen und politischen Werten geladen, die sich um eine bessere Anerkennung politischer und sozialer Rechte der Frauen, der Mittelklassen (Ursprung des modernen Sozialsystems) und der unter Kolonialherrschaft lebenden Völker drehten. Die auf den Kalten Krieg folgende Zeit entzieht sich dagegen aus mindestens zwei Gründen einer eindeutigen Bestimmung. Einerseits, weil, wie ich bereits gesagt habe, das Ende des Kalten Krieges allein keinen hinreichenden Grund für die Bestimmung der Weltzeit darstellt, andererseits, weil sich die Zeit nach dem Kalten Krieg dadurch auszeichnet, daß sie ohne einen Krieg zustandekam, nämlich ohne die allseits erwartete militärische Konfrontation der Weltmächte. Dieses „simple Faktum", daß sich Erwartungen nicht bewahrheiteten, ist bereits ein Ereignis an sich, da es sich um eine historisch neue Erscheinung handelt. Es entzieht sich einer eindeutigen Interpretation, statt dessen wird es zum Gegenstand mannigfacher und widersprüchlicher Deutungen (ich werde später darauf zurückkommen). Was hier bereits mit Nachdruck festgestellt werden kann, ist, daß die Weltzeit auf Anhieb zur Auflösung des bestehenden Sinnzusammenhangs führte.

Warum nur muß man von Zäsur, Umbruch oder Ereignis sprechen? Diese grundlegende Frage ist, wie ich glaube, von denen beantwortet worden, die sich wie Stengers wissenschaftlich mit dem Problem des Ereignisses auseinandergesetzt haben: „Der Maßstab (eines Ereignisses, Z.L.) ist Bestandteil vielfältiger Interpretationen, aber er kann auch durch die Vielfalt der Interpretationen selbst gesetzt werden: *alle, die sich auf die eine oder andere Art darauf beziehen, erfinden eine Art, sich seiner zu bedienen, um ihren eigenen Standpunkt zu entwerfen.* Anders ausgedrückt, jede Lesart, die anklagt oder bewußt täuscht, verortet denjenigen, der sie vorschlägt, sei es als Erben, sei es als Angehöriger der

Zukunft, zu deren Schaffung das Ereignis beigetragen hat, doch keine Lesart kann von sich aus in Anspruch nehmen, sie könne beweisen, daß sich nichts besonderes ereignet habe. In dem Maße, in dem ein Ereignis weder aus sich heraus über die Macht verfügt, die Art und Weise vorzuschreiben, wie es darzustellen wäre, noch in der Lage ist, zu bestimmen, welche Konsequenzen daraus zu ziehen wären, ist es unfähig, unter den Berichterstattern eine Auswahl zu treffen. So finden sich unter ihnen sowohl diejenigen, die seine Tragweite und aus ihm hergeleitete Folgerungen ausweiten wollen, als auch diejenigen, die sie zu minimieren trachten." (Stengers 1995:81; Hervorhebung Z.L.). Henri Bergson, der andere Zeit-Philosoph, hat viel über den Zusammenhang von Zeit zwischen Einheit und Vielfalt nachgedacht. Er schreibt: „Es gibt nur eine einzige Zeit, auch wenn unendlich viele Strömungen existieren" und fügt hinzu: „die Regel der Aktualisierung ist nicht mehr die Ähnlichkeit, sondern der Unterschied bzw. die Gegensätzlichkeit (divergence)" (nach Deleuze 1966:100). Unter Aktualisierung der Zeit versteht er die Entwicklung der Ereignisse in der Zeit.

In makrosoziale oder geopolitische Begrifflichkeit übertragen liest sich diese Definition folgendermaßen: Die Tatsache, daß Vertreter des westlichen Liberalismus und die Vertreter des Islam zwei von Grund auf verschiedene Weltmaßstäbe (mesures du monde) entwickeln, schließt keineswegs aus, daß beide Bewegungen der Idee anhängen, es gebe weltweit neue Gegebenheiten, die ihre eigenen Interessen oder Vorhaben förderten. Erstere glauben daran, weil der Untergang des Kommunismus und die Globalisierung der Wirtschaft mit dem Triumph der Marktdemokratie ihnen bisher ungeahnte Handlungsmöglichkeiten eröffne. Letztere dagegen sind überzeugt, dem Bankrott des Etatismus und des politischen Nationalismus gebühre das Verdienst, den Sinn ihres Kampfes drastisch erhellt zu haben, weil die Regime, die sie bekämpfen, zwei strategische Ressourcen verloren haben, das Pendeln zwischen Ost und West und die Rechtfertigung des wirtschaftlichen Protektionismus im Namen eines gewissen Nationalismus. Die Weltzeit enthebt den Islamismus von der Last der Konflikte, die aus seiner Sicht nebensächlich sind (Markt oder Etatismus), zugleich verschafft sie ihm Trümpfe, die für die Propagierung seiner Ideen wesentlich sind, nämlich die ideologische Einigung des Okzidents, die Delegitimierung des Staates über den Umweg der Legitimierung des Marktes und die Globalisierung der Kommunikation als Unterstützung der schnellen Übermittlung seiner Botschaften (Khomeinis Kassetten, die Faxe der Groupe Islamique Armé). Mit Ausnahme des Iran, der sich nicht als eine staatliche Gewalt versteht, fügt sich der Islam in die globale Dynamik der „neuerlichen Lokalisierung der Autoritäten" in Richtung der Gesellschaften ein. In einer Erklärung anhand kausaler Begriffe wäre die Beziehung zwischen dem Ende des Kalten Krieges und dem Aufstieg des Islam falsch bzw. vereinfachend. Nähert man sich diesem Phänomen hingegen mit dem Begriff der Verknüpfung, nimmt es in der Wahrnehmung der Weltzeit eine zentrale Stellung ein.

Weltzeit und Irreversibilität

Die Frage nach der Irreversibilität ist eng mit der nach dem Ereignis verbunden. Denn wenn ein Ereignis als Schnittstelle zwischen Vorher und Nachher auszumachen ist, dann muß diese Einsicht von Dauer sein, sich dauerhaft als solche etablieren. Häufig werden die aufsehenerregendsten Wandlungen im Laufe der Zeit relativiert („schließlich hat sich nichts verändert"), sei es, daß die Veränderung völlig verinnerlicht worden ist, sei es, daß die sozialen oder politischen Akteure, von denen man annahm, sie würden unter dem neuen Zustand leiden, fähig sind, sich ihm an zupassen (Lampedusa-Syndrom). In diesem Zusammenhang hat Louis Dumont (1993) eine bemerkenswerte Untersuchung des weltweiten Zirkulierens neuer Wertvorstellungen entwickelt, die sich auf den hier untersuchten Kontext übertragen läßt. Dumont sagt im wesentlichen, daß die Anziehungskraft des Neuen und des Wandels zunächst so stark ist, daß es unmöglich scheint, sich ihr zu entziehen. So konnte man das Gefühl haben, der Fall der Mauer, gefolgt von dem Ceaucescus, habe zu einer generellen Protestbewegung gegen autoritäre Regime überall auf der Welt geführt, insbesondere in Afrika. Sobald aber der Effekt der Neuheit verpufft ist, vollzieht sich eine Art „lokaler Wiederaufstieg", der je nach Lage die „Welle der Veränderungen" einschließt oder ausschließt, ja sogar ihres Sinnes entleert. Das häufigste Beispiel für diese Art der Gabelung – auf die später einzugehen sein wird – ist die rasche Organisierung pluralistischer Wahlen durch die Machthaber in Amt und Würden. Wie prompt sie auf die „neuen Zwänge" antworten können, findet allein in ihrer Fähigkeit, die neuen demokratischen Begehren zu kontrollieren und zu umrahmen, ihresgleichen. Dem kann man die Existenz machtvoller Medien hinzufügen, die nicht nur die Fähigkeit haben, „Ereignisse zu schaffen", sondern, wie Daniel Daysan (i.V. (1996):15) unterstreicht, zugleich auch in der Lage sind, diese durch Herunterspielen zu banalisieren oder aber sie durch Rückgriff auf Emotionen zu einem Soforterereignis zu machen. Die Irreversibilität eines Ereignisses ist also eng mit dem Sinn verbunden, den man ihm zuschreibt.

Überprüft man die Hypothese der Weltzeit auf ihre Irreversibilität hin, so lassen sich weiterführende Beobachtungen anstellen. Die Gründe für den Niedergang des Kommunismus beruhen auf einem außergewöhnlichen, sozusagen „universellen" Konsens. Das Ende des Kalten Krieges hat keine neue Wahrheit ans Licht gebracht. Vielmehr führte es zu einer universalen negativen Wahrheit, nämlich der der Ineffizienz autoritärer Regulierungsmechanismen der Gesellschaft bzw. des Marktes. Die Tatsache, daß der Kommunismus ein „erloschener Stern" ist, oder, um Furets (1995) Formulierung aufzunehmen, eine Ideologie ohne Erben, ist ein grundlegendes Element im Sinne der Irreversibilität. Übrigens ist dieses Scheitern des Kommunismus der einzige unbestrittene Sinn, der sich mit dem Endes des Kalten Krieges verbindet.

Doch auch wenn dieser unbestrittene Mißerfolg des Kommunismus so beschaffen ist, daß er die Vorstellung eines irreversiblen Umbruchs glaubhaft verbreitet, erlaubt er doch keine weiterführenden Schlußfolgerungen, denn die Gültigkeit einer *negativen Wahrheit* (Kommandowirtschaft und Einheitspartei sind gescheitert) kann nicht ipso facto in eine *positive Wahrheit* (Demokratie und Markt machen die unüberwindbaren Perspektiven humaner Gesellschaften aus) gewendet werden. Anders ausgedrückt, die Irreversibilität des Endes des Kalten Krieges kann uns keine Auskunft über den Sinn der konstitutiven Gründungsmomente geben. Unmittelbar nach dem Kalten Krieg wurde im Westen versucht, diese Irreversibilität teleologisch zu deuten. Das Ende des Kalten Krieges könne als Bestätigung des Geistes der Aufklärung (nach einem kommunistischen Intermezzo) interpretiert werden, sobald die Verbindung mit den drei Topoi der Aufklärung Kosellecks hergestellt worden sei:

- der Fall der Mauer leitet einen radikalen Wandel ein (die Vorstellung der Neuen Zeiten);
- die neue Ära ist gegenüber der vorangegangenen qualitativ überlegen („die Geschichte ist zielgerichtet");
- der Untergang des Kommunismus hat die Fähigkeit der Gesellschaft, die unerschütterlichsten bzw. repressivsten politischen Systeme zu stürzen, offensichtlich werden lassen („Die Völker machen die Geschichte", Koselleck 1990:320f).

Seither hat man festgestellt, daß die Irreversibilität des Wandels, insbesondere des Wertewandels, sehr viel ambivalenter ist, zu allererst in philosophischer Hinsicht, gerade weil sich in den Jahren zuvor politisch-teleologische Ansätze weitgehend erschöpft haben, doch dann auch politisch. Denn wenn mit dem Ende des Kalten Krieges und mit der Globalisierung tatsächlich die Irreversibilität begründet wird (in Gestalt der Rückkehr zur Bipolarität im Rahmen der Nationalstaaten), schließt das keineswegs das Moment der „politischen Regression" aus. Hierin sieht man im übrigen, daß Irreversibilität vom Prozeß ebensowenig losgelöst werden kann wie vom Phänomen der Interpretation der Zukunft. Wenn der Wandel in Europa uns heute weniger irreversibel erscheint als noch vor drei bis vier Jahren, so liegt das auch daran, daß viele politische Entwicklungen ungünstiger als vorhergesehen verlaufen sind.

Weltzeit und Kohärenz

Bisher habe ich versucht, meine Hypothese in bezug auf die Begriffe „Ereignis" und „Irreversibilität" zu überprüfen. Nun soll sie mit dem dritten Element konfrontiert werden, dem der „Kohärenz". Von allen drei Begriffen scheint er der zentralste zu sein. Sobald sich nämlich eine neue Gegebenheit durchsetzt, werden die verschiedenen betroffenen Akteure versuchen, das Ereignis zu vereinnahmen. Die Deskription der Ereignisse wird in die Präskription überführt, um aus der Weltzeit ein wirkliches Paradigma zu machen. Es geht nicht mehr nur darum, die Welt zu verstehen, sondern auch darum, neue Handlungsweisen zu erschließen (Stengers ebda.:60). Um diesen Schritt vollziehen zu können, muß gezeigt werden, daß die konstitutiven Fakten des Ereignisses einen kohärenten Gesamtzusammenhang ergeben. Das impliziert die Behauptung, daß das Auftreten des Ereignisses nicht auf einem Zufall beruht, daß der zeitliche Zusammenhang nicht unvorhergesehen ist, und daß das, was sich ereignet, einen Sinn hat. Vor dem Hintergrund der neuen Machtverhältnisse bemüht man sich, die negative Wahrheit (der Kommunismus ist gescheitert) in eine positive Wahrheit (allein Demokratie und Markt sind eine Sinnperspektive) zu überführen. In der Definition dieses neuen Paradigmas habe ich vom Kräfteverhältnis gesprochen. Es ist unerläßlich, es zu berücksichtigen, da der Blick auf die Weltzeit vor allem derjenige der Sieger ist.

Ideologische Kohärenzsetzungen: Die „Marktdemokratie"

Die Weltzeit wird sich ihrer Dynamik gemäß mit Sicherheit einer Sinnstiftung durch den Westen entziehen können. Unübersehbar aber ist, daß es gerade der Westen ist, der die anfängliche Herstellung der Kohärenz übernommen hat, auch wenn, wie wir noch sehen werden, die Bifurkationen beträchtlich sind. Einer der ersten Versuche einer Kohärenzsetzung der Weltzeit beruhte auf der Bereitschaft, das Scheitern des Kommunismus mit der notwendig zu fördernden Demokratie zu verbinden, die sich ihrerseits ohne den Markt nicht entfalten könne. Weltzeit wäre also das Zeitalter der „Marktdemokratie", die auch das Fundament einer umfassenden neuen Weltordnung wäre.

Isabelle Stengers verwendet in ihrer Definition des Paradigmas eine geographische Metapher, um zu zeigen, wie sehr ein neues Paradigma, sei es wissenschaftlich oder ideologisch, danach strebt, durch „Konstruktion" die Diversität der Einheit und das Lokale dem Globalen zu unterwerfen: „Um mit einem geographischen Bild zu sprechen: Das Paradigma geht von der Annahme der Homogenität der Landschaften aus, verschweigt aber zugleich die Existenz der Pässe und Gletscherspalten auf den Wegen, die die verschiedenen Regionen verbinden, und im offiziellen Reisebericht wird verschwiegen, daß der Ankommende diese Wege nie ohne die von den einheimischen Helfern gebastelten Hilfsmittel hätte überwinden können" (dies., ebda:136).

Die Ideologie der „Marktdemokratie" folgt stillschweigend diesem Modus der Konstruktion eines neuen Paradigmas. Ihre entscheidende Kraft beruht auf der Tatsache, daß zum ersten Mal seit siebzig Jahren die Versicherung, es gebe keine glaubhafte Alternative, empirisch bestätigt zu sein scheint. Nun liegt die Stärke jeder Ideologie gerade in ihrer Fähigkeit, *Glauben* in *Gewißheit* umzuwandeln. Die Marktdemokratie sei also keine Ideologie, kein Kanon von Doktrinen unter anderen, sondern ein Weltzustand, der als notwendig gilt (Hermet). Sie sei eine Art politisches Optimum, das, wie Dunn (ebda.:60) sagt, den Vorteil hätte, gleichermaßen „lebensfähig" wie „attraktiv" zu sein. Es sei nicht nur

Zaki Laïdi

ein Ideal, das alle Gesellschaften anstrebten, sondern die einzige soziopolitische Konfiguration, mit der die „Dinge liefen". Die Marktdemokratie sei in der Lage, die Kluft zwischen dem Streben nach einer Art kollektiver Erhöhung, die der Sozialismus auf ideologischem Gebiet befriedigen konnte, und den Zwängen der alltäglichen Organisation zu überbrücken. Die Marktdemokratie sei eine Teleologie des Alltags, die sich jeden Tag wirklich abspiele. Weil sie funktional die Beschleunigung der Zeit integriere, sei die Marktdemokratie in dieser Sichtweise eine der Weltzeit besonders angemessene Ideologie. Der rasche Zusammenbruch der „Volksdemokratien" beweise, daß die „Marktdemokratie" nicht das Zutreffen bestimmter Vorbedingungen verlange. Sie konnte zu Tage treten und sich rasch ausbreiten, weil es der weltweite Kontext zuließ. Daraus ergibt sich, besonders für Osteuropa, eine soziale Intoleranz gegenüber jeder Idee von Transition.

In völliger Übereinstimmung mit der Logik des Unmittelbaren erscheint die „Marktdemokratie" mit der Beschleunigung der Globalisierung zu korrelieren. Die Entwicklung der Medien wurde 1990-1991 als ein besonders wichtiges Transportmittel für die weltweite Verbreitung neuer Ideen empfunden – und damit zugleich als Abwertung des nationalen Raumes als einzigem Bezugspunkt.[7] So ließ sich die Globalisierung leicht mit einem universellen Anspruch verkoppeln, zumindest aber glaubte man, dies bewerkstelligen zu können. Unter diesen Umständen wäre die „Marktdemokratie" das Produkt der Globalisierung und nicht die neue Waffe des Westens. „Produkt" hat in diesem Zusammenhang eine doppelte Bedeutung, einerseits im Sinne des Resultats, andererseits im Sinne einer Markenbezeichnung, die weltweit auf dem politischen Markt angeboten wird. Diese „Kommerzialisierung" des demokratischen „Labels" hat im Zeitalter der Globalisierung eine weitere Konsequenz: In einer Welt, in der alles im Umlauf ist und immer schneller zirkuliert, läuft die demokratische Idee Gefahr, ständig zu zirkulieren, ohne je zur Ruhe zu kommen. Mit anderen Worten: Man redet sehr viel über Demokratie, aber damit alleine verbindet sich noch keine Garantie für die Ausbreitung der Zivilgesellschaften.

Bifurkation, Disjunktion, Mediation

In *Cohérence du réel* schreibt Ervin Laszlo (1989:70): „die Entwicklungsgesetze sind nicht deterministisch, sondern probabilistisch, sie stecken den Rahmen des Möglichen ab, ohne präzise Entwicklungsbahnen vorzugeben. Anders ausgedrückt, sie beschreiben den Kontext, innerhalb dessen die Systeme sich ihre eigene Entwicklung auswählen." Die Weltzeit entspricht dieser Definition: Sie ist eine Matrix, doch kein System in dem Sinne, daß allein die verschiedenen Bewegungen bereits „ein System bilden". Und alle Kohärenzsetzungen, deren

7 Zum Fortschreiten und den Grenzen dieses Prozesses: Semelin 1995.

Gegenstand sie sein kann, legen Bifurkationen, Disjunktionen frei, die in den unterschiedlichen Mediationen integriert werden.[8]

Die erste Disjunktion, die in der Praxis der Weltzeit ausgemacht werden kann, vollzieht sich sehr häufig zwischen Markt und Demokratie. Beide versuchen, die Kreditgeber in ihren Hilfsprogrammen über den Umweg von Konditionalitäten zu verbinden, obwohl sie meistens unverbunden sind. Auch wenn es keine pluralistischen Gesellschaften gibt, die den Markt ablehnten, so gibt es doch eine nicht zu vernachlässigende Anzahl geopolitischer Räume, in denen die dosierte Einführung von Marktmechanismen – über Liberalisierung der Preise, Privatisierungen und Öffnung für ausländisches Kapital – den politischen Pluralismus nur begrenzt fördert. Hier fällt besonders China ins Auge, das eines der letzten formellen kommunistischen Regime, zugleich aber der hauptsächliche Nutznießer ausländischer Privatinvestitionen ist.

Zwar könnte man mit vollem Recht behaupten, daß die wirtschaftliche Öffnung einen sozialen Pluralismus hervorgebracht habe, der in einen politischen Pluralismus münde, auch wenn dessen Einführung eine Phase sozialer Konflikte durchlaufen müsse. Aber nichts ist ungewisser als dies. Im subsaharischen Afrika und im islamischen Raum ist die Abkopplung offenkundig. Sie erscheint umso eindeutiger, als die Verkopplung mit den ausländischen Geldgebern den Handlungsspielraum der Ärmsten „folgerichtig" am stärksten einschränkt.[9] Abkopplung und Verkopplung entsprechen einander, könnte man folglich sagen, auch wenn erstere eher durch die Gesellschaften als durch die Staaten vollzogen wird. Nach der Rede von La Baule wie nach dem Golfkrieg glaubte man, die Räume am Rande der Weltzeit seien zur Angleichung an die übrige Welt gezwungen worden, da nicht nur ihre symbolischen Ressourcen versiegten (das Verschwinden des sowjetischen Modells als innenpolitische Ressource), sondern vor allem ihre wirtschaftlichen Ressourcen (im Falle der Araber das Öl, im Falle der Afrikaner die Rohstoffe). Sagt ein „undemokratisches" Land seinen Geldgebern, es werde „Wahlen organisieren" oder Staatsbetriebe privatisieren, ist es in gewisser Hinsicht zur Weltzeit zurückgekehrt, denn Sprechen heißt Handeln, wie Austin sagt. Häufig geben sich die Geldgeber bei der Kreditfreigabe mit dieser Verpflichtung zufrieden, die in ihren Augen der „erste Schritt" ist, in denen ihrer Gesprächspartner hingegen die „allerletzte Konzession". So

---

8   Arjun Appadurai (1990) verwendet das Konzept der Disjunktion in „Disjuncture and difference in the global cultural economy". Dabei unterscheidet er fünf „Strömungen" die er „scapes" nennt (ethnisch, technisch, finanziell, medial und ideologisch), die in seinen Augen kein System bilden (S.301). Auch wenn ihr Interesse nicht der internationalen Gesellschaft gilt, sprechen Boltanski und Thévenot bei der Analyse des sozialen Systems von „cités", im Sinne eines Aktionsbereiches, der den menschlichen Transaktionen eines Bereichs die nötige Kohärenz verleihen kann. Sie erwähnen sechs verschiedene „cités, die jeweils den Handel, den häuslichen, den staatsbürgerlichen und den industriellen Bereich sowie (la cité inspirée) die öffentliche Meinung abdecken."

9   Zur Entmythologisierung der gestellten Vorbedingungen und ihres Einflusses auf die Hilfeempfänger siehe Laïdi 1989:175ff; Coussy: 1994:227-249.

enthält die Antwort des Empfängers auf den Geldgeber, für den das (Ver-) Sprechen bereits mit Handeln gleichgesetzt wird, stillschweigend den Vorbehalt, daß sein „(Ver-)Sprechen" (ich verpflichte mich, meine Wirtschaft zu privatisieren) keineswegs einer Handlungszusage entspricht, (tatsächlich widersetze ich mich diesem Vorgang).

Eine weitere häufige Form der Disjunktion liegt darin, daß mit dem „Handeln" die Bedingungen fixiert werden, die den status quo auf unbestimmte Zeit festschreiben. Zieht man beispielsweise in Betracht, daß die Einführung der Regeln der Marktwirtschaft im Dreieck von Liberalisierung der Preise, Privatisierung der Wirtschaft sowie Aufstellung von Rechtsgrundsätzen die Konkurrenz zwischen den wirtschaftlichen Akteuren regelt, so stellt man bald fest, daß die dritte Bedingung am unvollkommensten erfüllt ist. Die schwache Kodifizierung des Rechts sollte deswegen nicht als Zeichen „mangelnder Reife" oder einer institutionellen Unterentwicklung interpretiert werden. Dank neuer Arbeiten über die chinesische Diaspora weiß man heute, daß das (Vertrauens-) Verhältnis, das auf dem Clan, dem Dialekt oder der Region fußt, vielen die Dynamik der Investitionen in der chinesischen Diaspora erklären kann.[10] Definiert man analog hierzu und in Anlehnung an das magische Dreieck Hassners (Pluralismus, Rechtsstaat, Respektierung der Menschenrechte) Demokratie, so stellt man fest, daß das Abhalten „mehr oder weniger freier" Wahlen im allgemeinen die am weitesten verbreitete Form des Übergangs zur Demokratie ist. Denn paradoxerweise ist dies der Modus, mit dem sich die Machthaber für ewig Amt und Würden sichern, während der Rechtsstaat und die Achtung der Menschenrechte weiterhin auf sich warten lassen.[11] Die letzten algerischen Präsidentschaftswahlen illustrieren diese Hypothese gleichsam karikaturhaft. In bezug auf Südostasien legt Bruce Koppel (1995:13) den Akzent auf die Abkopplung politischer Liberalisierung, dank einzelner Reformen (Wahlen, öffentlicher Dienst, Presse etc.) schreitet sie voran, doch ändern sich damit die Einflußmöglichkeiten der Bevölkerung auf das politische System nur geringfügig, weil es sich seinerseits nicht grundlegend ändert. Heute gibt es nurmehr sehr wenige geopolitische Räume, die nach 1989 der formellen Verordnung der „Marktdemokratie" entgingen, zugleich mangelt es aber an Beispielen für den entschiedenen Fortschritt beider Prozesse.

Bei der Analyse dieser Disjunktion treffen wir auf die hierarchische Beziehung zwischen den Produzenten (dem Norden) und Konsumenten (dem Süden und Osten). Es ist aber unhaltbar, die Weltzeit auf diese Entwicklung zu be-

---

10 Hierzu emphehle ich den australischen Bericht Overseas Chinese business networks in Asia des Department of Foreign Affairs ans Trade, 51, 1995. Zur Rolle des „Vertrauens" beim wirtschaftlichen Erfolg schlage man nach bei Francis Fukuyama: Trust. The social virtues and the creation of prosperty, Hamish Hamilton 1995.

11 Grémion/Hassner 1990:130. Zur Abtrennung des „demokratischen Aufbaus" in posttotalitären Gesellschaften bes. die Überlegungen Jon Elsters in dem bemerkenswerten Werk von Shate/Harley 1993.

schränken, da der Westen weit davon entfernt ist, der alleinige Eigentümer der Weltzeit zu sein. Sicherlich ist die Richtung des Weltzeitstroms nicht von den wirtschaftlichen, finanziellen oder kulturellen Kräfteverhältnissen losgelöst. Die brasilianischen oder mexikanischen télénovelas könnnen ebenso in Rußland oder Afrika gesehen werden, ihr Einfluß bleibt nichtsdestoweniger ungleich schwächer als der, den CNN und Rupert Murdoch mit seinem Imperium ausüben. Doch festzuhalten bleibt, daß der Westen veranlaßt wird, immer mehr Disjunktionen zu vollziehen; die bedeutungsvollste ereignet sich zwischen der Globalisierung seiner Werte und der Territorialisierung seines Reichtums. Die Stärke der Weltzeit liegt darin, daß sie eine Vorstellungswelt des globalen Umlaufs und der Verbreitung von Bildern und Strömungen schafft. Durch die Entwicklung der Satellitenausstrahlung, die rasante Verbreitung der Faxgeräte und die Entwicklung der Mikroinformatik ist die Entfernung in der Welt geschrumpft, so daß die Gesellschaften des Südens inzwischen eine profunde Kenntnis der Reichtümer des Nordens erlangt haben.

Ausblick

Ein rein suggestiver und ausschließlich einführender Text kann keine abschließenden Schlußfolgerungen enthalten. Denoch möchte ich abschließend noch zwei Problemfelder kurz anschneiden:

- Was hat der Ansatz Neues erbracht, und
- welche Aspekte müssten noch näher untersucht werden?

Die erste Erkenntnis bzw. der Gewinn des Vorgehens besteht vermutlich darin, daß Weltzeit eher mit dem Begriff der „Verknüpfung" als mit kausalen Wirkungszusammenhängen gedacht werden muß. Das verhindert möglicherweise, das, was geschieht, in „deterministischen" Kategorien zu fassen, sei dieser Determinismus nun ideologischer oder technologischer Natur. Schopenhauer sagte, Vorstellungen entstünden, wenn das Verhältnis von Raum, Zeit und Kausalität nicht mehr unterschieden werden könne. Die Weltzeit entspricht dieser Definition, denn der Einsatz für alle besteht weniger in der Suche nach Kausalitäten zur Erklärung dessen, was mit uns geschieht, als in der Frage, ob das, was mit uns geschieht, gelebt werden kann.

Die zweite Erkenntnis liegt darin, uns die Sinnpluralität, die wir erleben und kennen, so vorzustellen, daß diese Sinnauflösung die Wertigkeit des Ereignisses nicht mindert. Anders ausgedrückt: Daß die sozialen Prozesse sich in die unterschiedlichsten Richtungen bewegen, kann nicht bedeuten, es hätte keinen Bruch gegeben oder man müsse es unterlassen, sich darum zu bemühen, den „Sinn dieser Richtungen" (sens de ces sens) zu erfassen. Die Problematik des Sinns wird hiermit erst aufgeworfen, nicht etwa überwunden.

Die dritte Erkenntnis dieses Vorgehens liegt darin, sich Weltzeit eher topologisch als geometrisch vorzustellen, um eine Formulierung Serres aufzunehmen. Die Weltzeit ist keine makrosoziale Zeitlichkeit, die Distanz zu den lokalen Zeitabschnitten schafft, sondern ein global beweglicher Zeitabschnitt, der es erlaubt, die lokalen zu überdenken und neu zu definieren. In vielen Fällen ist es erst das Globale, das zu einer Wiederentdeckung des Lokalen führt. Daher rührt meine extreme Zurückhaltung gegenüber Betrachtungen, die im Globalismus einen Prozeß sehen, der eindeutig zur Zerstörung des Lokalen führe. Daher rührt auch die Notwendigkeit für uns als soziale Akteure, das Globale in seinem Verhältnis zur Wiederentdeckung des Lokalen zu überdenken.

Bleibt das wichtigste, das weite Feld der ungelösten Fragestellungen. Ich möchte hier nicht die methodologischen Schwierigkeiten ansprechen, die das Problem des Ereignisses in der Bedeutung bereitet, die Wissenschaftler, Philosophen oder Historiker diesem Begriff zurechnen. Die zeitlichen Verknüpfungen und deren Entstehung oder Ausbleiben, bleibt ein großes Arbeitsgebiet. Denn wenn es eine offensichtliche Chronologie der Weltzeit gibt, die für die Jahre 1985-1989 zutrifft, so sollte ebenfalls die verborgene Chronologie derselben Weltzeit in Betracht gezogen werden, die möglicherweise schon 1973-1974 mit den ersten Zweifeln am linearen Wachstum bzw. dem Zusammenhang zwischen Wachstum, Wohlstand und Sicherheit eingesetzt hat.

Gegenstand späterer Untersuchungen sollte der Modus werden, in dem sich die Weltzeit entwickelt, ausbreitet und verdichtet, sobald die Idee der Zäsur, des zeitlichen Umbruchs akzeptiert ist, der den „Beginn" der Weltzeit markiert. Mit anderen Worten: Sobald man die Existenz eines „Danach" anerkannt hat, muß die Frage des „nach dem Danach" angegangen werden. Ich stelle diese Fragen, ohne sie hier schon beantworten zu können. Statt dessen will ich abschließend kurz erörtern, was mir von zentraler Bedeutung zu sein scheint, die kulturellen Formen in der Weltzeit, und das heißt: Gibt es eine Ästhetik der Weltzeit?

Einer methodologischen Intuition folgend kann man sagen: Wir befinden uns in einer gegenwartssymbolischen Dekonstruktion der Zeit, die auf mehrere Jahrhunderte folgt, im Verlaufe derer die Wertschätzung der Perspektive – in der Malerei beispielsweise seit dem 15. Jahrhundert – verbunden war mit der Nutzbarmachung der Perspektive auf philosophischem, sozialem oder politischem Gebiet. Heute sind wir eindeutig mit einem entgegengesetzten Prozeß konfrontiert: mit der Preisgabe der politischen Perspektive und der Linearität, die sie stillschweigend voraussetzt. Dieser Prozeß mündet in die Zerstörung der sozialen und kulturellen Wertvorstellungen, während Dringlichkeit, Nähe und Interaktivität an Bedeutung gewinnen.

Diese „*Zerstörung der Zeit*" ist weit davon entfernt, rein negativ zu sein. In gewissen Formen der Nähe und der Interaktivität kann man sehr fruchtbare Neudefinitionen des Verhältnisses von Wissen und Macht sehen. Man kann auch die Dringlichkeit als Anwendung des „Realitätsprinzips" verstehen. Aber diese neuen kulturellen Kohärenzsetzungen sind keineswegs alle tugendhaft.

Dringlichkeit ist gegenwärtig vermutlich der kulturelle Wert, der der Rekonstruktion eines Projektes im Wege steht. Das ist umso bedauerlicher, als die Suche nach systematischer Nähe auch zur Zerstörung der Vermittlungsinstanzen führen kann, was für eine Kommunikationsgesellschaft untragbar ist. Aus der Interaktivität schließlich ergeben sich Probleme für die eigene Standortbestimmung in den Gesellschaften, die seit Jahrhunderten dem Prinzip der Linearität gehorchen. Mir scheint, daß jede Neubestimmung eines kollektiven Sinns eine kritische Bearbeitung der Konzepte von Dringlichkeit, Nähe und Interaktivität verlangt, eine Arbeit, die Vorrang vor der Frage der Kohärenz ihrer Potentialitäten haben sollte. Kommende kulturelle Werte ausfindig zu machen, sie zu kritisieren, zu bereichern und zu verbinden wird nicht ausreichen. Aber man kann darauf hoffen, hier einen Weg zu finden. Aber man kann darauf hoffen, hier einen Weg zu finden.

Teil 2

Der europäische Kontext

„Zurück in die Zukunft" oder: Europa als neuer Machtblock?

Pál Dunay

Einführung

Seit der Auflösung des bipolaren Systems sind fast zehn Jahre vergangen. Die erste Phase des graduellen Erosionsprozesses begann mit dem sowjetischen Rückzug aus Afrika und der Friedensvereinbarung mit Afghanistan. Moskau mußte sich damit abfinden, seine globale Präsenz einschränken zu müssen. Dieser Wandel blieb so gut wie unbemerkt; keinem Analytiker wurde klar, daß dies der erste Schritt in Richtung einer Neuordnung der globalen Machtverhältnisse war. Der nächste erfolgte mit dem sichtbaren Ende der Sowjetunion im Jahr 1989, als das sozialistische System im Zuge der Revolutionen in Zentraleuropa spektakulär zusammenbrach. Der sowjetische Einflußbereich beschränkte sich fortan auf die Sowjetunion. Die Bewertung des Geschehens ging zunächst über abstrakte Aussagen zur Wettbewerbsunfähigkeit des sozialistischen Systems nicht hinaus. Keiner zog den Schluß, daß der Prozeß der graduellen Schwächung des östlichen Poles innerhalb des bipolaren internationalen Systems mit dem Zusammenbruch des Zentrums des „sozialistischen Weltsystems" gekrönt werden könnte – der Auflösung der Sowjetunion Ende 1991. Die Bipolarität war vorüber, und dies im doppelten Wortsinn: einerseits als Konfrontation von zwei hochgerüsteten militärischen Allianzen in Europa, andererseits als globale Opposition zweier mächtiger Rivalen, deren Macht sich gegenseitig aufhob. Nicht nur der Ost-West-Konflikt war beendet, auch die Struktur der internationalen Beziehungen, die mehr als vierzig Jahre Bestand hatte, löste sich auf.

Heute, nur wenige Jahre später, reicht es sicherlich nicht aus, zu konstatieren, daß sich die Welt fundamental verändert hat. Wir müssen uns vielmehr die Frage stellen, welches die Charakteristika des neuen internationalen Systems sind und welche Rolle Europa, das einstige Zentrum des Ost-West-Konflikts, darin spielt, spielen kann oder spielen soll. „European security is a test for global security because the governments supporting this impressive institutional lineup, including those of the United States, the European Union, and Russia as well, together control the world's greatest military and economic resources" (Dean 1994:355). Trifft diese Bewertung zu? Diese Frage soll im folgenden näher untersucht werden.

Dieser Aufsatz geht von der Annahme aus, daß es derzeit aus verschiedenen Gründen unmöglich ist, ein einheitliches Sicherheitssystem in Europa in absehbarer Zukunft schaffen zu können. Einerseits hat sich Rußland als unfähig erwiesen, sich den veränderten Strukturbedingungen im internationalen System als gleichberechtigter Partner anzupassen, andererseits besteht nach wie vor das tief verwurzelte Mißtrauen in West- wie in Miteleuropa gegenüber diesem Land. Der Anpassungsprozeß an die veränderten Rahmenbedingungen ist langsam und schmerzhaft, weil sich ihm gleich mehrere Staaten unterziehen müssen. Viele müssen begreifen lernen, daß sowohl die Grundlage ihrer Macht in der Vergangenheit, als auch der Einfluß, der sich daraus ableitete, seit dem Ende des Ost-West-Konflikts nicht mehr die Bedeutung hat wie früher. Das Gewicht der Staaten hat sich verändert. Folgerichtig bedeutet das, daß die kleineren Länder vor allem Mittel- und Osteuropas, wenn auch aus anderen Gründen als früher, sich den Entscheidungen der Großmächte unterordnen müssen, die heute eine Art „Machtekonzert" bilden, die die europäischen Angelegenheiten dominieren.

Das internationale System nach dem Ost-West-Konflikt

Die bipolare Struktur der internationalen Beziehungen ist durch kein eindeutig hegemoniales oder multipolares System ersetzt worden. Das liegt daran, daß Macht im derzeitigen internationalen System breiter gefächert ist als noch während der Ära des Ost-West-Konflikts, wo die militärischen Potentiale dominierten (Nye 1992:88). Doch insbesondere die Wettbewerbsunfähigkeit des sozialistischen Systems führte zum Ende der Bipolarität. Wirtschaftliche Leistung und technologische Innovation gewinnen an Gewicht, so daß der Einfluß der in diesen Bereichen führenden Länder dementsprechend wächst. Dies dürfte die prägende Kraft der sich abzeichnenden Multipolarität werden. Gleichzeitig ist seit dem Ende des Ost-West-Konflikts klar geworden, daß die USA der einzige Staat geworden ist, der einer hegemonialen Macht am nächsten kommt, was sowohl „Desert Storm" als auch die Kriegführung im ehemaligen Jugoslawien zeigen. Weil die USA aber nicht bereit sind, diese Last und Verantwortung alleine zu tragen, sind sie als einzige „Supermacht" heute zur „Vetomacht" geworden. Sie bestimmen die Richtung der Entwicklungen zwar nicht länger, aber sie können Entscheidungen blockieren, die ihren Interessen widersprechen.

Diese Koexistenz von Hegemonie, Bipolarität und Multipolarität kennzeichnet somit das heutige internationale System mit seiner Struktur *sui generis*.[1]

Das bedeutet, daß das gemischte System internationaler Beziehungen, das im Entstehen begriffen ist, in keinem Falle einem seiner Vorgänger gleichen wird. Es handelt sich um eine vollig neue Struktur, deren Schöpfungsprozeß mit erheblichen Hindernissen erschwert wird.

Aus diesen Gründen ist das internationale System nach dem Kalten Krieg weniger leicht durchschaubar und berechenbar als das bipolare. Ob indes Unvorhersehbarkeit und Komplexität automatisch auch mehr Gewalt nach sich ziehen, ist fraglich. Mearsheimers (1990:6f) intensiv diskutiertem Artikel zufolge war, „the absence of war in Europe since 1945 (...) a consequence of three factors: the bipolar distribution of power ... the rough military equality between the two states comprising the two poles in Europe, the United States and the Soviet Union, and the fact that each superpower was armed with a large nuclear arsenal." Die Ereignisse seit dem Ende des Kalten Krieges belegen, daß Mearsheimers Vorhersagen insofern korrekt waren, als mit dem Ende des Kalten Krieges die Gewalt zunahm. Die drei Bedingungen, die zur Kriegsverhütung während des Ost-West-Konflikts beitrugen, sind teilweise noch immer gegeben. Somit besteht kein Anlaß zur Annahme, das System der internationalen Beziehungen nach dem Kalten Krieg sei für größere Kriege anfälliger.

Daß innerhalb der letzten fünf Jahre begrenzte Konflikte ausbrachen, hängt mit der Tatsache zusammen, daß sich die lokalen Konfliktparteien weitgehend von den Großmächten emanzipiert haben. Obwohl Staaten, genauer gesagt Rußland und einige westliche Länder, bezüglich des Krieges im ehemaligen Jugoslawien von Zeit zu Zeit im Streit miteinander lagen, wurden davon weder ihre allgemeine Beziehung, noch ihre begrenzte Zusammenarbeit in anderen Bereichen und geographischen Regionen gefährdet. Wie Zbigniew Brzezinski (1992:4) richtig bemerkte: „Regional conflicts may now be globally less critical but, conversely, they may be freer to escalate to higher levels of violence" – eher als dies jemals während der Ära des Ost-West Konflikts der Fall gewesen ist.

Die Situation ist im Fluß, die Struktur der europäischen Sicherheit muß sich erst noch herausbilden, weswegen kaum von einer Architektur gesprochen werden kann, sondern eher von einer sich entwickelnden Systemstruktur, vergleichbar mit einem „boat that will have to be built while it is sailing" (Rotfeld 1995:4). Derzeit existieren kooperative Strukturen, an denen einige oder alle Staaten Europas beteiligt sind. Allem Anschein nach werden diese bestehenden Institutionen das Gravitationszentrum bleiben, in das einige wenige, wenn auch nicht alle europäischen Staaten nach und nach hineingezogen werden.

Fest steht, daß die auf der nuklearen Abschreckung basierende Sicherheit nicht mehr existiert, obwohl die entsprechenden Waffensysteme noch immer

---

1 Diese These untersucht László Valki 1995:86.

Pál Dunay

vorhanden sind. Das erklärt, warum seit dem Ende des Ost-West Konflikts die
Überzeugung weit verbreitet ist, daß militärische Macht in Europa an Bedeutung verloren hat. Zu einer Zeit, in der auf dem Kontinent wieder Kriege ausgetragen werden, erscheint dies sonderbar. Wo wir heute stehen, ist unklar, denn
für einige ist das Ende des Kalten Krieges identisch mit dem Ende eines großen
Konflikts von bedeutender militärischer Dimension, für andere bedeutet es das
Ende der durch die bipolare Teilung Europas gewährleisteten Stabilität.

Die neue Teilung Europas

Historisch war Europa niemals ein vereinter Kontinent. Er kann nicht als ho-
mogene Einheit betrachtet werden. Historiker haben ihn häufig in drei Regionen
eingeteilt: West-, Zentral- und Osteuropa.[2] Die Grenzen zwischen diesen Regionen markierten die westlichen und östlichen Parameter von *Mitteleuropa*,
das Territorium von Polen und dem ehemaligen Habsburger Imperium eingeschlossen. Die traditionelle Dreiteilung wurde nach dem Ende des Zweiten
Weltkrieges durch die Teilung zwischen Osten und Westen überlagert. Mit dem
Ende der Bipolarität setzte zwar eine Fragmentierung ein, doch zeichnet sich
gleichzeitig eine Wiederbelebung der drei großen historischen Regionen ab,
wenn auch unter anderen Vorzeichen.

Westeuropa ist von vielfältigen formalen und informellen Bindungen, durch
Verträge und durch zunehmende wirtschaftliche, politische und militärische Zusammenarbeit durchwoben. Der Grad der Integration und die demokratischen
Herrschaftsverhältnisse stabilisieren diese Region. Die Rückkehr der früheren
historischen Spannungen und Rivalitäten, die die internationale Sicherheit gefährden könnten, ist so gut wie unvorstellbar.[3] Kein Staat kann glaubwürdig
behaupten, die Mitglieder der westlichen Sicherheitsgemeinschaft stellten eine
militärische Bedrohung für irgendeinen europäischen Staat dar.

Zentraleuropa ist durch politische und sozio-ökonomische Instabilitäten
charakterisiert. Diese Staatengruppe ist größtenteils identisch mit der westlichen
Staatenperipherie des ehemaligen Ostens. Sie umfaßt etwa zehn bis zwölf Länder: die ehemaligen Mitgliedsstaaten des Warschauer Paktes, die drei baltischen
Staaten und Slowenien. Wahrscheinlich werden sich Albanien und einige der
Nachfolgestaaten von Jugoslawien früher oder später der erstgenannten Region
anschließen. Dieser Trend verdeutlichte sich kürzlich in den Gesprächen Alba-

---

2 Es ist denkwürdig, daß diese Sicht von dem ungarischen Historiker Jenö Szücs im Jahr 1981
dargestellt wurde. Vgl. seinen Aufsatz „Three Historical Regions of Europe: An Outline", in: J.
Keane (Hg.): Civil Society and the State, London und New York: Verso, 1993:291-332. Die
von Samuel P. Huntington in seinem berühmten Artikel eingeführte Aufteilung von Europa
scheint weniger ausgefeilt zu sein und läßt eine adäquate Beurteilung der Effekte von fünf vergangenen Jahrzehnten seit dem Zweiten Weltkrieg nicht zu.
3 Die Beziehung zwischen Griechenland und der Türkei, die an der Peripherie dieses „politischen
Westens" gelegen sind, bildet in diesem Zusammenhang eine Ausnahme.

niens über einen Anschluß an die Europäische Union. Obwohl die Situation dieser Länder in vielen Belangen höchst unterschiedlich ist, gibt es aber auch gemeinsame Elemente. Die meisten von ihnen verhinderten erfolgreich die militärische Eskalation ihrer internen Konflikte,[4] ihre politische Agenda wird von nicht-militärischen Themen dominiert, und alle wollen sie in die westlichen Sicherheitsinstitutionen integriert werden. Andere angrenzende Länder könnten sich bald dieser Zone relativer Stabilität anschließen. Dennoch ist es möglich, daß die Stabilität in einem oder in mehreren Ländern der Zentraleuropa-Gruppe unterminiert wird, so daß die Anzahl der Staaten, die dieser Zone zugerechnet werden, eher ab- als zunimmt.

Osteuropa besteht aus den ehemaligen, westlich des Ural gelegenen, Sowjetrepubliken und aus den ehemaligen jugoslawischen Republiken. Das gemeinsame Charakteristikum dieser Staaten liegt darin, daß sie lokale Kriege führen oder Konflikte bestehen, die zur Gewalt eskalieren können. Militärische Fragen spielen eine signifikante Rolle in ihrer politischen Agenda. Die Integration in die westlichen Institutionen erscheint in der nahen Zukunft unrealistisch, wenn auch ihre Kultur der Konfliktlösung in einigen Fällen durch westliche Muster beeinflußt ist.

Trifft diese Darstellung der drei Regionen Europas zu und ist somit *Europa omnis divisa in partes tres* (um Julius Caesar zu paraphrasieren), dann kann daraus vorläufig gefolgert werden, daß der Frieden in Europa nicht durch eine Vereinigung Europas erreicht werden kann, sondern durch die Wiederherstellung der alten Trennlinien (vgl. Bertram 1994:6). Der Grund dafür ist nicht, daß Kräfte existierten, die dem entgegenwirkten, sondern daß die Entwicklung der letzten Jahre die *Unmöglichkeit der Vereinigung* bewiesen hat.

Der Niedergang des größten Nachfolgestaates der früheren Sowjetunion, der Russischen Föderation, macht deren Integration außerordentlich schwer wenn nicht sogar unmöglich. Es wird sicherlich einige Zeit brauchen, bis dieses Land verstehen wird, daß sein militärisches Potential in Zukunft keine so entscheidende Rolle mehr spielt wie früher und daß statt dessen die inneren Schwächen, die von der Dezentralisierung bis hin zu den ernsten wirtschaftlichen Problemen, einen Großmachtstatus unterminieren. Darüber hinaus ist der Vetoanspruch gegenüber den Rechten anderer für viele Staaten inakzeptal, die die größere Einigung Europas unterstützen.

---

4 Slowenien und Kroatien sind in diesem Zusammenhang Ausnahmefälle, da ihre staatliche Unabhängigkeit aus Gewalt resultierte. Die Situation der Slowenen stabilisierte sich nach einer Anerkennung früher; die Kroaten hingegen erreichten eine gewisse internationale politische Stabilität erst nach dem Dayton-Abkommen.

Pál Dunay

Konfliktquellen und die Wahrnehmung von Bedrohung

Der Ost-West-Konflikt war systembedingt, demzufolge war er allumfassend. Er enthielt dennoch eine separate militärische Komponente, weswegen es vergleichsweise leicht war, denkbare Konflikte zu konzeptualisieren, entsprechende Konzepte zu entwickeln und die notwendigen strategischen Pläne auszuarbeiten, um einer militärischen Eskalation vorzubeugen. Seit dem Ende des Ost-West-Konflikts hat sich die Situation drastisch verändert. Seitdem ist Anpassung ein permanentes Erfordernis der europäischen Sicherheitspolitik, deren Ausgestaltung nicht länger exklusiv in den Händen zweier Akteure liegt. Eine größere Anzahl von Staaten nimmt ebenso aktiv daran teil wie nichtstaatliche Akteure (z.B. ethnische Gruppen und ihre Organisationen). Letztendlich existieren diverse Konfliktquellen, und obwohl am häufigsten ethnische Rivalitäten und territoriale Forderungen für die meisten Konflikte verantwortlich gemacht werden, ist es nicht möglich, auf lange Sicht einen erschöpfenden Katalog der potentiellen Bedrohungen der europäischen Sicherheit aufzustellen. Die mehrdeutigen Analysen und vielfach inadäquaten Schlußfolgerungen zur Sicherheitslandschaft des Europa nach dem Ost-West-Konflikt zeigen dies eindringlich.

Nach dem Ende des Ost-West-Konflikts hat die westliche Allianz verstanden, daß ihr Territorium keiner militärischen Bedrohung mehr ausgesetzt ist. Dies hätte westliche Länder von der Verteidigungslast befreien können, hätten sich nicht die alten Fragen neu gestellt (Bertram 1995:9-16). War es immer noch notwendig, die Interessen des Westens zu schützen und möglicherweise auch zu verteidigen? Erforderte der Charakter dieser neuen Unsicherheiten weiterhin kollektive Verteidigungsanstrengungen? Mit der Antwort auf diese Fragen entstand das neue Sicherheitsdilemma, weil sich nämlich die Legitimation der bestehenden Sicherheitsorganisation, der Nordatlantischen Allianz, die gut funktioniert hatte, in Frage stellte.

Kurz nach dem Ende des Ost-West Konflikts, doch noch vor der Auflösung der Sowjetunion, paßte die Atlantische Allianz ihr Verteidigungskonzept den neuen Bedingungen an und zog – in Berücksichtigung des „radically improved strategic environment" – die Schlußfolgerung, daß „risks to Allied security are less likely to result from calculated aggression against the territory of the Allies, but rather from the adverse consequences of instabilities that may arise from the serious economic, social and political difficulties, including ethnic rivalries and territorial disputes, which are faced by many countries in Central and Eastern Europe. The tensions that may result, as long as they remain limited, should not directly threaten the security and the territorial integrity of members of the Alliance. They could, however, lead to crises inimical to European stability and even to armed conflicts, which could involve outside powers or spill over into NATO countries, having a direct effect on the security of the Alliance."[5]

Damit hat die NATO zwar die fundamentalen Veränderungen der europäischen Sicherheit zutreffend wahrgenommen, doch die eher vage Formulierung über mögliche neue Bedrohungen zeigt, daß die 16 Bündnispartner keine klare Vorstellung von realistischen Szenarios haben, wer oder was genau die Sicherheit der Mitgliedsstaaten gefährden könnte. Es geht nicht klar hervor, wen die Verfasser des Dokuments meinten, als sie auf „outside powers" verwiesen, die in bewaffnete Konflikte hineingezogen werden könnte. Gemäß der Logik des neuen strategischen Konzeptes konnte es nicht die UdSSR sein, weil diesem Land ein separater Paragraph gewidmet war. Darin heißt es: „its conventional forces are significantly larger than those of any other European State and its large nuclear arsenal comparable only with that of the United States" (ebda:§ 11). Der Verdacht liegt nahe, daß der Entwurf des strategischen Konzeptes nicht von logischen Überlegungen geprägt war und daß die Sowjetunion sowohl als äußere Macht als auch als Quelle von konkreten militärischen Gefahren gemeint war. Trifft das zu, wäre die Sowjetunion die einzige identifizierbare, wenn auch nicht aktuelle Bedrohung.

Denkbar ist aber auch, daß der neue Strategieentwurf, der während der ersten Monate des Krieges in Jugoslawien entstand, davon ausging, mit ähnlichen Konflikten müsse in Zukunft gerechnet werden. Der Nationalismus, der in Zentral- und Osteuropa auftreten könnte, ist als „Hypernationalismus" identifiziert worden. Dies enspricht „the belief that other nations or nation-states are both inferior and threatening and must therefore be dealt with harshly" (Mearsheimer 1990:21). Die Perzeption von Minderwertigkeit und Überlegenheit ist bei Gruppe-zu-Gruppe-Beziehungen regelmäßig präsent.[6] Des weiteren weisen empirische Belege aus anderen Regionen darauf hin, daß „ethnic conflicts result in higher levels of violence than non-ethnic conflicts." (Carment 1993:139f). Wirtschaftlich schwache und abhängige Regionen sind für gewaltsame ethnische Konflikte anfälliger als Regionen ohne diese Eigenschaften (Carment ebda:143f). Der Transformationsprozeß der Jahre 1989-1991 in Zentral- und Osteuropa war von einem gravierenden wirtschaftlichen Niedergang begleitet. Daher kann angenommen werden, daß vor diesem theoretischen Hintergrund die lokale praktische Erfahrung mit einem ersten größeren Konflikt in Europa den Westen dazu veranlaßt haben könnte, auf die Situation mit ihrer neuen Strategie verfrüht reagiert zu haben.

Der Verlauf der Konflikte in den vergangenen sechs Jahren zeigt jedenfalls, daß die horizontale Eskalation in den meisten Fällen vermieden werden konnte, beispielsweise im Kosovo und in Mazedonien – Gebiete, die von dem Ausbruch

---

5   The Alliance's New Strategic Concept, agreed by the Heads of State and Government participating in the meeting of the NAC at Rome, 7.-8. November 1991, NATO Review, Vol. 39, Nr 26, § 10.

6   Für eine detaillierte Darstellung vgl. Horowitz 1985.

eines größeren zwischenstaatlichen Krieges bedroht waren; ob das auch in der transkaukasischen Region gelingen wird, sei dahingestellt. Ob der erste größere Krieg im Europa nach dem Kalten Krieg, der im ehemaligen Jugoslawien, länger andauerte und zu mehr Blutvergießen führte und unvermeidbar war, auf Unerfahrenheit, Fehlmanagement, Mangel an Einigkeit unter den Hauptakteuren der europäischen Politik zurückzuführen oder der menschlichen Natur der Konfliktparteien zuzuschreiben ist, ist offen. Doch auch dies ist kein Anlaß dafür, im Europa außerhalb des GUS-Gebietes in den nächsten Jahren mit weiteren extensiven Konflikten zu rechnen. Daher existiert auch kein Anlaß dazu, die Wahrnehmung von Bedrohung und die strategischen Konzepte auf diesem historischen Einzelfall aufzubauen.

Im Gegensatz zu dem westlichen Pendant besteht das Problem für die militärische Planung in Zentraleuropa nicht in der Abwesenheit einer glaubwürdigen Bedrohung, sondern in der Bewältigung der neuen Herausforderungen. Die neue Situation der militärischen Sicherheit in Zentraleuropa besitzt einige paradoxe Eigenschaften. Der Rückgang an Sicherheit in der Region wird häufig betont. Dies mag insofern seine Richtigkeit haben, als während des Ost-West-Konflikts unter dem „Schutzschild" der Sowjetunion für die zentraleuropäischen Länder kein militärisches Risiko bestand. Paradoxerweise stellte die Sowjetunion die größte Bedrohung für die Sicherheit dieser Region dar, und zwar durch die Aufbürdung eines Regimes, welches nicht der freien Wahl der unterworfenen Nationen entsprach. In sämtliche militärischen Konflikte in Zentraleuropa zwischen 1953 und 1968 war die Sowjetunion verwickelt. Die Länder dieser Region gehen seit dem Ende des Ost-West-Konflikts von zwei militärischen Risiken aus. Das eine Risiko stellt die Wiederbelebung des Revanchismus in der Sowjetunion bzw. in Rußland dar, das andere ist die Eskalation derzeit aktueller regionaler politischer Konflikte. Den ersten Höhepunkt der Welle des Revanchismus gab es während des Moskauer Coups im August 1991. Mit der Auflösung der Sowjetunion kam es zu einer Atempause der Zentraleuropäer, da Rußland, das „Herz" der sowjetischen Macht, von den meisten zentraleuropäischen Ländern abgetrennt wurde. Später, als Rußland begann, eine neo-imperialistische Politik zu verfolgen, die es in seinem „Near Abroad" auch zielstrebig umsetzte, wuchs die Angst vor Rußlands Streben nach der Anerkennung als Großmacht in seinem ehemaligen Einflußbereich Zentral- und Osteuropa. Auch die Bereitschaft der Duma, die ehemalige Sowjetunion erneut zu vereinen, blieb nicht unbemerkt. Gleichzeitig vermied der Großteil der żentraleuropäischen Staaten eine Überreaktion auf diese Entwicklung. Die neuen Strukturen, die im Gebiet der ehemaligen Sowjetunion aufgebaut wurden – sowohl die Gemeinschaft Unabhängiger Staaten (GUS – bestehend aus Rußland und Weißrußland), als auch die Gemeinschaft Integrierter Staaten (GIS – bestehend aus Weißrußland, Kasachstan, Kirgistan und der Russischen Föderation) – zeigen, daß der Prozeß der Sicherheitsintegration eine neue Dynamik gewonnen hat. In den meisten Fällen wird Rußland nicht als konkrete militärische Bedrohung betrachtet, sondern eher als eine abstrakte Gefahr. Soweit Ängste aufkamen, ergaben sie sich größtenteils aus der wahrgenommenen Neigung des Westens, Rußland einen Sonderstatus in europäischen Angelegenheiten einzuräumen. Und dies steht sicherlich im Kontrast zu den Interessen all der Staaten, die ihren zukünftigen Platz so nahe wie möglich am Westen, und so weit entfernt wie möglich vom Osten suchen.

Nach dem Ende des Ost-West-Konflikts drängte sich der Eindruck auf, die Bedrohungswahrnehmung der neuen zentraleuropäischen Demokratien wäre größtenteils inkonsistent. Ein Analytiker stellte kurz und knapp fest: „it is easy to get the impression that different threats are presented to different audiences, depending on the circumstances. One day the audience is confronted with a vision of domestic anarchy and foreign aggression. Another day the same politicians describe their country as exceptionally stable and surrounded by peaceful neighbours (...) the latter vision is usually presented to Western bankers and investors, the former to security experts" (Zielonka 1992:33f). Derartige Darstellungen verstärkten den Eindruck, die Region östlich der Elbe wäre als ganze größtenteils instabil. Diesen Effekt hatte auch die Behauptung, in Zentraleuropa bestehe ein Sicherheitsvakuum. Diese Annahme impliziert nämlich, daß vor dem Zusammenbruch des Warschauer Paktes ein solches nicht existierte und daß es damals eine Sicherheitsgarantie des Ostblocks für seine Mitglieder gegeben habe. Das häufig vorgetragene Argument, das Sicherheitsvakuum wäre lediglich temporärer Natur und werde früher oder später beseitigt, wahrscheinlich durch eine Großmacht, erscheint reizvoll.[7] Ähnlich ist die Argumentation, die ein „Adaptions-" oder „Entscheidungsfindungsvakuum" behauptet: Ein „Adaptionsvakuum" bestehe aufgrund der Schwierigkeiten, sich der neuen Sicherheitskonstellation in Europa anzupassen, und ein „Entscheidungsfindungsvakuum" insoweit, als die meisten Staaten in der Region für Dekaden der Kompetenz beraubt seien, eine unabhängige Sicherheits- und Verteidigungspolitik zu formulieren. Daher seien die Anpassungsschwierigkeiten an die Umstände nach dem Kalten Krieg vor allem durch das fehlende Wissen im Bereich der militärischen Sicherheit verschärft worden. Wenn dies zutrifft, ergibt sich hieraus eine weitere Konsequenz. Die durch den Mangel an moderner, adäquater militärischer Ausrüstung hervorgerufene Problematik ist dadurch intensiviert worden, daß kein Staat des ehemaligen Warschauer Paktes Erfahrungen mit nationaler strategisch-militärischer Planung hatte. Die Sowjetunion/Rußland und Rumänien sind Ausnahmen, weil sie bereits während der Jahre der Ost-West-Konfrontation eine nationale Verteidigungsplanung hatten.

---

7 Dieses Argument hat László Valki in einem 1990 verfaßten, 1992 veröffentlichten Artikel vorgebracht. Auch wenn ich die Idee eines „Sicherheitsvakuums" als irreführend betrachte, halte ich Valkis Beobachtung für korrekt, wenn er sagt, daß mit den Ländern etwas passieren muß, die sich seit dem Ende des Ost-West-Konflikts in der Schwebe befinden. Vgl. László Valki 1992:92.

Es ist denkbar, daß das primäre Ziel der Darstellung eines solch düsteren Bildes der Sicherheitssituation der Region darin lag, die Aufmerksamkeit des Westens auf sich zu ziehen, um Unterstützung für die Modernisierung des Verteidigungssektors und Sicherheitsgarantien von westlichen Sicherheitsinstitutionen via Integration zu erhalten. Doch während sich der Westen „lediglich" einer Schwierigkeit gegenübersah – er war auf die fundamentalen Veränderungen der europäischen Sicherheitslandschaft so gut wie unvorbereitet – hatten die Zentraleuropäer vielfache Probleme mit der militärischen Sicherheit: Die politisch-militärische Veränderung ging einher mit der offenbaren Unzulänglichkeit der militärischen Mittel und dem Mangel an relevantem militärischen Wissen. Folgerichtig nahmen diese Staaten an, daß unter den neuen Bedingungen wenig Möglichkeiten bestünden, die Vielzahl an Problemen, mit denen sie sich konfrontiert sahen, ohne externe Hilfe zu lösen. Diese erforderte wiederum die Integration, oder zumindest eine enge Zusammenarbeit mit den Staaten und Institutionen, die im Besitz der notwendigen Ausrüstung und des notwendigen Wissens sind, um die Lösung von einigen Problemen zu erleichtern. Die neuen Establishments von Zentraleuropa, die nach den Revolutionen von 1989 an die Macht kamen, haben die paradoxe Situation, in der sie sich befinden, nicht erkannt. Das Paradoxon liegt darin, daß, je größer die Instabilität in und um ein Land ist und je dringlicher damit die Notwendigkeit der Integration in Sicherheitsinstitutionen erscheint, desto weniger wahrscheinlich ist der Erfolg derartiger Integrationsversuche. Daher ist es eine Vorbedingung des Erfolgs, daß das entsprechende Land demonstriert, einen ernsthaften Beitrag zur Stabilität seines eigenen Umfeldes zu leisten.

Da sich die Wahrnehmung von Bedrohung durch die Länder Zentraleuropas weitgehend deckt, überrascht die Ähnlichkeit ihrer Verteidigungspolitik nicht, die sich in ihren Verteidigungsdoktrinen und offiziellen Verlautbarungen widerspiegelt. Sie alle erklären, daß sie kein Land als ihren Feind ansähen und daß sich ihre militärischen Vorbereitungen gegen kein Land richteten. Daher bevorzugen sie die Idee der *Rundum*-Verteidigung, die es erlaube, auf jede Aggression reagieren zu können, woher diese auch immer komme. Dies ist zumindest die Schlußfolgerung, die aus der Lektüre der öffentlich zugänglichen Dokumente gezogen werden kann. Diese Idee verfolgen die Staaten ungeachtet der bekannten Tatsache, daß Rundumverteidigung eine schwache Form der Verteidigung ist.[8] Sämtliche Staaten erklären zudem, daß sie ihrer Verpflichtung nachkommen wollen, keine massenzerstörerischen Waffen anzuschaffen, den Umfang ihrer Armeen zu reduzieren und deren Effektivität durch erhöhte Mobilität zu steigern. Die Beschaffung defensiver Waffensysteme hat Vorrang.

---

8 Es ist indes gut möglich, daß in den geheimen Abschnitten der Verteidigungsdoktrinen und der strategischen Pläne die Ursprünge möglicher militärischer Risikofaktoren spezifischer formuliert sind; einschließlich der Identifikation von Ländern und Risiko-Quellen vorrangiger Dringlichkeit.

Verständlicherweise erklären diese Staaten nicht, wen sie als eine mögliche Bedrohung oder als potentiellen Gegner betrachten. Eine solche Deklaration könnte zu einer sich selbst erfüllenden Prophezeiung werden. Dennoch bedarf es keiner seherischen Gabe, um zu erkennen, daß die Länder Zentraleuropas ihre zukünftigen Alliierten westlich ihres Territoriums sehen, während Konflikte von den östlich, in einigen Fällen auch von südlich gelegenen und hochgradig instabilen Länder drohen. Auf dieser Basis läßt sich eine gleichmäßige Verteilung von militärischen Kräften nicht rechtfertigen. Das Konzept der Rundumverteidigung ist entweder eine Maskierung der Unvorhersehbarkeit oder aber ein Konzept, das politisch gerechtfertigt sein mag, militärisch hingegen nicht. Was die Reduzierung der Armeengröße in dieser Region betrifft, so ist dies kein Reflex der Rüstungskontrollverpflichtungen nach dem CFE-1A-Abkommen, sondern primär eine richtige Einschätzung der Finanzsituation und des militärischen Bedarfs. Die Reduzierung der Streitkräfte kann durchaus durch erhöhte Mobilität ausgeglichen werden. Erhöhte Mobilität und defensive Ausrüstung können dennoch bei aggressiven Absichten einen Vorteil bedeuten. Der Verzicht auf Nuklearwaffen kann auch als Einladung zur Stationierung derartiger Waffen von Staaten verstanden werden, die über derartige Systeme verfügen. Genau dies geschah kurz nachdem die Atlantische Allianz in ihrer Erweiterungsstudie erklärt hatte, keine unterschiedlichen Sicherheitszonen innerhalb der NATO zuzulassen. Wenn es das Ziel der zentraleuropäischen Staaten ist, sich in die Euro-Atlantischen Sicherheitsstrukturen zu integrieren, ohne andere zu provozieren, dann hätten sie nicht von Anfang an ihre Bereitschaft erklären dürfen, Nuklearwaffen und ausländische Truppen auf ihrem Territorium zu stationieren. Hier wird deutlich, daß das Ziel der Integration militärisch höchst relevant ist, und daß die eventuell provokativen Konnotationen nicht ernsthaft bedacht wurden. Übersehen wurde auch, daß Länder, die unfähig sind, sich in die NATO zu integrieren, dies als eine Verminderung ihrer Sicherheit empfinden müssen, sollte es dazu kommen. Genausowenig wurde bedacht, ob es im Interesse der NATO sein könnte, nach dem Einverständnis mit der Stationierung von Nuklearwaffen auf dem Territorium der neuen zentraleuropäischen Mitglieder zu fragen. Erst recht nicht wurde die innenpolitische Dimension dieses Problems berücksichtigt. Sowjetische Truppen waren jahrzehntelang in mehreren Ländern Zentraleuropas stationiert (in der Tschechoslowakei, in Ungarn und Polen). Fremde Truppen zu beherbergen würde nicht notwendigerweise von der Bevölkerung begrüßt werden.

Die Lage in den GUS-Staaten

Das Gebiet der ehemaligen Sowjetunion unterscheidet sich erheblich von Zentraleuropa. Handelt es sich in den ehemaligen nicht-sowjetischen Ländern des Warschauer Paktes in Fragen der militärischen Bedrohung um eine abstrakte

Pál Dunay

Größe, so ist sie in der Gemeinschaft Unabhängiger Staaten real. Viele ehemalige Sowjetrepubliken bekämpfen sich in zwischen- oder innerstaatlichen Kriegen, ohne daß reelle Aussichten auf eine friedliche Lösung bestünden. Die entscheidende Macht in dieser Region, Rußland, welches als das Land angesehen werden kann, das in dem Prozeß der Neuordnung der internationalen Machtbeziehungen die größten Verluste hinnehmen mußte, fungiert als Gravitationszentrum für die zwölf Länder, die zur Sowjetunion gehörten, bevor sie sich auflöste. Fünf Jahre nach der Auflösung der UdSSR neigen viele Analytiker zu der Annahme, daß Rußland den Versuch unternimmt, die ehemalige Sowjetunion zu reintegrieren, begründet mit der Doktrin des „Nahen Auslands". Dies ist in gewisser Weise falsch, da es keinen Grund geben kann, eine Region zu reintegrieren, die niemals desintegriert war, es sei denn im formalen Sinn, weil einige Gebiete inzwischen über die Symbole der Staatssouveränität verfügen. Da macht es eher Sinn, über die offensichtlicheren Versuche eines sehr bestimmt auftretenden Rußland zu reden, die Gemeinschaft der zwölf ehemaligen Sowjetrepubliken zu festigen, als von Reintegration zu sprechen.

Auf der einen Seite lassen offizielle Erklärungen – unter anderem die militärische Doktrin der Russischen Föderation, die gegen Ende des Jahres 1993 angenommen wurde – erkennen, daß die Gefahr einer Aggression gegen das Land abgenommen hat. Hieraus konnte eine recht friedfertige militärische Grundhaltung abgeleitet werden. Tatsächlich kann an der offiziellen militärischen Doktrin abgelesen werden, daß Rußland keinerlei imperialistische Intentionen verfolgt und nichts so sehr wie die Stabilität der Region anstrebt. Da die Verfasser des Dokuments sich aber der Schwierigkeit gegenübersahen, unter diesen Vorzeichen eine glaubwürdige Beschreibung der militärischen Bedrohung zu präsentieren, listeten sie viele potentielle Gefahren auf, die zu einem militärischen Konflikt führen könnten. Das Dokument, von Präsident Jelzin am 2. November 1993 bestätigt, verweist beispielsweise auf den Schutz russischer Minoritäten in anderen Ländern als eine der Optionen, die die militärische Sicherheit der Russischen Föderation garantieren soll. Somit würde Rußland sich kaum weiterhin neutral verhalten, würden die Rechte von Russen im Ausland massiv verletzt. Es ist allerdings fragwürdig, ob militärische Mittel der effektivste Weg sind, die Rechte von Minoritäten zu stärken.

Dem steht auf der anderen Seite Rußlands Praxis gegenüber. Einigen Analytikern zufolge kündigten sich die Elemente einer neuen russischen Außenpolitik bereits seit der Mitte des Jahres 1992 an (Larrabee 1993:162). Nach dem Schock der Auflösung der Sowjetunion deutet sich eine weniger pro-westliche Orientierung an: Das Bestehen auf der Anerkennung von speziellen Interessen Rußlands in der ehemaligen UdSSR steht ebenso im Vordergrund wie das Recht, die außerhalb Rußlands lebende russische Minorität zu schützen, wenn nötig mit Gewalt.

Das Bild vom bedrohlichen Westen aufrechtzuerhalten ist schwierig, zumal im Licht der extensiven Zusammenarbeit mit Rußland in vielen Bereichen, ein-

schließlich der militärischen Sicherheit und der regionalen Konfliktresolution.
„(T)he enlargement of military blocs and alliances to the detriment of the military security of the Russian Federation" ist der einzige feindliche Schritt, der sich speziell auf eine westliche Provokation zu beziehen scheint.[9] Das russische Denken ist in diesem Zusammenhang ins Stocken geraten. Es verharrt in der Vorstellung, es sollten keine weiteren Veränderungen in der Kräftekorrelation Europas eintreten. Rußland findet sich bereit, die derzeitige Situation zu akzeptieren, lehnt es aber grundsätzlich ab, über weitere Veränderungen auch nur nachzudenken, insbesondere in bezug auf die Ausweitung der Atlantischen Allianz. Es bringt zwar ernsthafte Einwände gegen die Aufnahme neuer Mitglieder in die NATO vor – unabhängig von deren geostrategischer Position, wobei im Falle von Polen und Rumänien die Einwände wesentlich bestimmter ausfallen, weil deren geostrategische Lage für Rußland besonderes Gewicht hat.

Die „südliche Bedrohung", die mit der Ausbreitung des islamischen Fundamentalismus einhergeht, und die mögliche horizontale Eskalation von Konflikten in ehemaligen Sowjetrepubliken auf das Territorium Rußlands sind wahrscheinlicher. Da weiterhin Kriege im eigenen Land (Tschetschenien) und in der Nachbarschaft geführt werden, kann Rußland ohne weiteres die Situation als höchst instabil kennzeichnen. Deswegen verlangt Rußland exklusive Rechte für die Handhabung der Krisen im Gebiet der ehemaligen Sowjetunion, vergleichbar mit dem Anspruch der Monroe-Doktrin, die der damalige Präsident der USA im Jahr 1823 verkündet hatte. Moskaus Haltung kann nur insofern als imperialistisch bezeichnet werden, als es sich selektiv in die Konflikte von Moldawien über Georgien und Aserbeidschan bis Tadschikistan einschaltete. Von dem Mißbrauch seiner militärischen Kräfte abgesehen, ist die Friedensschaffung ein integraler Bestandteil der militärischen Strategie Rußlands geworden. Es muß aber zusätzlich in Betracht gezogen werden, daß Rußland zwar einerseits bereit ist, an der Konfliktlösung in seinem „Nahen Ausland" teilzunehmen, andererseits hingegen niemand sonst bereit wäre, den postsowjetischen Sumpf zu betreten, um sich an einer Lösung der gewaltsamen Konflikte im Süden der ehemaligen UdSSR zu beteiligen. Entweder interveniert Rußland – unter dem Schirm der GUS – oder niemand wird intervenieren. Rußland scheint sich dessen bewußt zu sein. Vor dem Gipfel in Helsinki charakterisierte das russische Militär die Position des Landes als zurückhaltend, als es hoffte und erwartete, daß „NATO 'blue helmets' would not participate in the resolution of conflicts between Armenia and Azerbaijan, and Moldova and the Dniester region" (Grigoriov 1992:3). Nur ein Jahr später war der russische Delegierte – im Bewußtsein der offensichtlichen Abneigung des Westens, in die Friedenserhaltung der GUS verwickelt zu werden – in der Lage, „the readiness of his country to welcome peacekeeping troops from NATO countries to the

---

9 Vgl.: Grundbestimmungen der Militärdoktrin der Rußländischen Föderation, am 18. November 1993, In: Europa Archiv, Vol. 49, Nr. 1, 10. Januar 1994:D34.

former Soviet Union on a case-by-case basis, should the CSCE mandate the operation,"[10] zu erklären. Die Tatsache, daß sich Rußland über das Widerstreben des Westens, signifikant in die Konflikte in der GUS einzugreifen, im klaren war, könnte der Anlaß gewesen sein, der OSZE zu erlauben, in Tschetschenien 1995 eine Hilfsmission einzurichten.

Die Absicht dieses Artikels liegt darin, die Bedrohungswahrnehmungen und Strategien jedes einzelnen Landes extensiv zu analysieren, doch muß festgehalten werden, daß einige Länder der GUS durch das Austragen von zivilen oder zwischenstaatlichen Konflikten entweder nicht die Zeit hatten, ein konsistentes Sicherheitskonzept zu entwickeln, oder aber sich für die Zusammenarbeit mit Rußland entschieden haben, um den Krieg zu beenden. Auch wenn angenommen werden kann, daß einige der letzteren sich einer Bedrohung aus Moskau gegenübersahen, so hatten sie oft dennoch keine Alternative; aus militärischen wie aus nicht-militärischen Gründen. Die Ukraine ist das einzige Land der Region, für dessen strategische Planung die Vermeidung der russischen Dominanz Priorität hatte. Die Spannung zwischen diesen beiden Staaten blieb eine Zeit lang der bestimmende Konflikt der Region. Nach Jahren des Zögerns hat es der Westen jetzt anscheinend verstanden, daß die nahezu ausschließliche Fixierung auf die Interessen Moskaus zu Lasten einer langlebigen Stabilität in der ehemaligen Sowjetunion führen kann. Seit 1993 widmet der Westen den Sicherheitsinteressen von Kiew wachsende Aufmerksamkeit. Bemerkenswert ist, daß Kiew erst nach der Phase 1991-1993, die spezifische weltpolitische Rolle Rußlands zu verstehen begann und aufhörte, es bei nicht-vitalen Fragen herauszufordern. Dennoch schadet ein monozentrisches Bild der GUS der internationalen Gemeinschaft, weil es – wie geschehen – Moskaus Wunsch entgegenkommt, sowohl regional als auch global anerkannt zu werden.

Institutionelle Verbindungen

Wenn Europa mit dem Gebiet zwischen Atlantik und Ural gleichgesetzt wird, wie dies beispielsweise der CFE-Vertrag tat, so ergibt sich daraus die vorläufige Schlußfolgerung, daß Europa nicht *ein* Machtblock werden wird, sondern auf dem Weg zu einem Kontinent ist, der sich aus einem System von *zwei* Machtblöcken zusammensetzt. Der eine gruppiert sich um das derzeitige westliche Allianzsystem und konstituiert sich aus den Demokratien des westlichen Teils des alten Kontinents sowie aus jenen zentraleuropäischen Ländern, die bereit sind, sich in die westlichen Strukturen zu integrieren. Bei näherer Betrachtung ihres internationalen Status sind diese Länder, wenn auch nicht alle in gleichem Maße, bemüht, den westlichen Erwartungen gerecht zu werden. Hierzu genügt es, sich mit deren Wahlverhalten bei internationalen Foren zu beschäftigen, so

---

10 KSZE Friedenserhaltungsseminar vom 7.-9. Juni 1993, Wien: Chairman's Summary, Wien: KSZE, 23. Juni 1993, mimeo., S. 8.

zum Beispiel bei der UN-Generalversammlung, oder mit deren Äußerungen zu größeren internationalen Fragen. Doch handelt es sich hier um einen einseitigen Prozeß, da diese Länder schlicht westliche Positionen übernehmen. Bemerkenswerterweise hat der Westen, hat die NATO, den Aspekt des Selbstverständnisses und der Rollenerwartung kleinerer zentraleuropäischer Staaten bei ihrer Integration bisher vernachlässigt. Ungeachtet dieser Tatsache ist zu erwarten, daß sich die derzeit bestehenden Regionen unterschiedlicher Sicherheit erst auf dem Wege der Integration auflösen werden. Zentraleuropa wird sich weiterhin auf den Westen zubewegen und einige Länder werden sich bald den maßgeblichen (westlichen) Institutionen anschließen,[11] während andere noch für längere Zeit in der Schwebe bleiben werden. Selbstverständlich ist zu fragen, ob die Staaten, die in der nahen Zukunft keine Mitgliedschaft erreichen, eine andere als eine „westliche" Option haben. Wegen des unerfüllten Integrationswunsches fühlen sie sich möglicherweise im Stich gelassen und sehen sich nach Alternativen um. Doch bei der gegebenen Abhängigkeit der gesamten zentraleuropäischen Region von westlichen Märkten, Kapital und Technologie erscheint es unwahrscheinlich, daß diese Staaten ihre internationalen Beziehungen fundamental neu arrangieren könnten. Bedenkenswert ist etwa, daß Sofia und Bratislava sich mit speziellen Beziehungen zu Rußland eigene Optionen zu schaffen beginnen. Moskau seinerseits hat mehr als einmal seine Genugtuung darüber signalisiert, die Länder in seine Arme zu schließen, die bereit sind, sich vom Westen abzuwenden. Rußland wäre froh, Einflußgebiete zurückzugewinnen, wie aus einem etwas undurchsichtigen Brief des russischen Präsidenten an seinen amerikanischen Amtskollegen hervorgeht: „... I would like to suggest to you and other NATO partners to jointly reflect about the possibilities to meet security needs of the East Europeans. (...) we would be prepared, together with NATO, to offer special security guarantees to the East European states. (...). Such guarantees could be stipulated in a political statement or cooperation agreement between the Russian Federation and NATO" (Jelzin 1994:250). Dies ist eine weitere Widerspiegelung des Umstandes, daß Europa sich nicht vereinen wird. Mit Rußland existiert zumindest ein Staat in Europa, der nicht gewillt ist, die Vereinigung Europas zu akzeptieren, weil er seine privilegierte Rolle weiterhin behalten will, die eine globale oder zumindest regionale Einflußnahme ermöglicht.

Ungeachtet aller Pros und Contras für eine Integration Zentraleuropas in die NATO ist es ebenso notwendig, die Entwicklung der Allianz selbst näher zu untersuchen. Trotz der verbreiteten Überzeugung, daß sich die NATO bald vergrößern wird, gehöre ich noch immer zu den vielen Skeptikern, was diese Er-

---

11 „Bald" bedeutet nicht notwendigerweise, daß einige Länder, so z. B. einige Mitglieder der sogenannten Visegrad-Gruppe, im Laufe der nächsten Jahre Mitglieder in der NATO, der EU oder der WEU werden, also möglicherweise noch vor der Jahrhundertwende. Es bedeutet indes, daß die Integration von einigen Ländern Zentraleuropas aus historischer Perspektive unvermeidbar sein wird.

wartung betrifft, auch wenn sich der Westen auf höchster Ebene dazu verpflichtet hat.

Wie sieht nun die Entwicklung innerhalb der Allianz selbst aus, ungeachtet zunächst der Frage, ob es zur Erweiterung kommen wird oder nicht? Im Mittelpunkt stehen hierbei vier Probleme, die der näheren Betrachtung bedürfen:

1. die Interessen der Mitgliedsstaaten selbst,
2. die Einwände Rußlands,
3. die Behandlung der Länder, die vermutlich nicht aufgenommen werden, und
4. die objektiven Sicherheitsinteressen der Beitrittskandidaten.

1. Die Interessen der Mitgliedsstaaten

Seit dem Ende des Ost-West Konflikts, spätestens aber seit *Desert Storm*, sieht sich kein Mitgliedsland der NATO einer identifizierbaren militärischen Bedrohung mehr ausgesetzt. Damit stellt sich die Grundsatzfrage, wie eine Verteidigungsorganisation ohne adäquate Verteidigungsaufgabe funktionieren kann. Selbstmörderisch wäre es, die in Artikel 5 des Washingtoner Abkommens kodifizierte kollektive Verteidigungsverpflichtung zu revidieren. Folglich stellt sich die Frage, inwieweit die NATO nach dem' Kalten Krieg neue tragfähige Grundprinzipien formulieren kann. Es ist gut möglich, wie Asmus, Blackwill und Larrabee (1996) in ihrem Artikel argumentieren, daß die Erweiterung notwendig ist, um die Legitimation der Institution zu erhalten; d.h. daß Länder in die Aktivitäten der Organisation eingebunden werden, die einiger Bedrohung ausgesetzt sind. Die entscheidende Frage lautet aber, so Friedman (1995:8), ob die Mitglieder überhaupt bereit sind, Länder wie Ungarn oder die Slowakei zu schützen und eventuell auch zu verteidigen? Der Erweiterungsstudie der NATO zufolge: „(...) new members (...) enjoy all the rights (...) of membership under the Washington Treaty" (Study 1994:§ 4). Das impliziert logischerweise, daß die Aufnahme der zentraleuropäischen Staaten ein Risiko für die Sicherheit der derzeitigen Mitglieder darstellt. Derzeit liegt aber kein Konflikt vor, weder potentiell noch reell, der zur Aktivierung von Artikel 5 des Washingtoner Abkommens führen würde. Die entscheidende Frage ist nicht, ob ein Mitgliedsland adäquat verteidigt werden kann, sondern vielmehr, ob ein potentieller Gegner von einem Angriff abgeschreckt werden kann. Die Geschichte hat gezeigt, daß die NATO in dieser Hinsicht bisher sehr effektiv war. Die Erweiterungsstudie erwähnt entsprechende Interessen der derzeitigen Mitglieder auf sehr allgemeine, nahezu abstrakte Art und Weise. Sie nimmt auf die Möglichkeit Bezug, daß mit „the end of the Cold War, there is a unique opportunity to build an improved security architecture (...)" (ebda:§ 1). Doch worin konkret die Interessen der jetzigen Mitglieder an einer Erweiterung bestehen, läßt die Studie offen. Das ist einer ihrer bedeutenden Mängel.

Aus der Geschichte der Atlantischen Allianz ergibt sich, daß sie in der Lage gewesen ist, zur Konfliktlösung zwischen den Mitgliedsstaaten beizutragen. Selbst wenn einige der neuen Mitglieder einen politischen Konflikt von geringer Intensität in die Allianz einbringen, eröffneten sich mit der Mitgliedschaft demnach bessere Möglichkeiten, diese Konflikte unter Kontrolle zu halten.[12] Daher wäre es im Interesse der derzeitigen Mitglieder, einige der Bewerber aufzunehmen, selbst wenn sie mit schwelenden Problemen oder Konflikten zu kämpfen haben, zumal die Atlantische Allianz, ähnlich wie einige andere internationale Institutionen, eine gewisse moderierende Rolle in der politischen Orientierung der Mitgliedsstaaten spielt. So hat die Allianz beispielsweise auf die Beendigung der Diktatur der Obristen in Griechenland positiv eingewirkt, den Sturz Salazars in Portugal durch linksextremistische Kräfte abgewendet und die demokratische Entwicklung Spaniens nach dem Tod Francos günstig beinflußt. Wenn die NATO als Instrument zur Förderung demokratischer Kräfte im weitesten Sinne – selbst gegenüber Diktaturen – dienen kann, warum sollte man ihr diese Aufgabe in diesem Falle nicht zutrauen?

Eine ganz andere Perspektive ergibt sich aus dem Artikel 10 des Washingtoner Abkommens und den Verpflichtungen, die sich daraus ergeben. Er fordert nämlich einen „einstimmigen Konsens". Die Aufnahmedokumente müssen von jedem Mitgliedsstaat ratifiziert werden. Eine essentielle Vorbedingung für eine erfolgreiche Aufnahmestrategie eines jeden Bewerbers bestünde also darin, einen landesspezifischen Ansatz zu entwickeln, der überzeugende Argumente lieferte, warum eines oder mehrere Mitglieder von einer Erweiterung profitieren würden. Eine solche Strategie scheint in den meisten zentraleuropäischen Ländern nicht entwickelt worden zu sein.

Dieser Aspekt ist deswegen wichtig, weil die Kosten berücksichtigt werden. Auch wenn der Studie zufolge „potential new members are fully aware that they face considerable financial obligations when joining the Alliance" (ebda: § 67), so besteht kein Anlaß zu der Annahme, die Aufnahme neuer Mitglieder wäre für die derzeitigen 16 Mitgliedsstaaten kostenneutral. Die Schätzungen variieren hier stark, sie reichen von zehn bis zu einhundert Milliarden US-Dollar (vgl. Bail/Reinicke/Rummel 1995:15).[13] Die erste größere und zugleich realistische Studie über die Kosten der Erweiterung wurde im Sommer 1996 veröffentlicht. Sie ging dabei von verschiedenen Szenarien aus. Hiernach würde die erste Erweiterung der NATO nach Beendigung des Ost-West-Konfliktes in der Größenordnung von 17 bis 82 Milliarden US Dollar je nach Verteidigungskonzept kosten (vgl. Asmus et al. 1996:17). Solange die Kandidaten nicht benannt wer-

---

12 Als Beispiel sei an die Moderationsaktivität des Atlantischen Rates während des griechisch-türkischen Disputes 1974 erinnert.

13 Eine solche Schätzung erschien neben anderen in dem zweiten Entwurf eines Artikels: Bail/Reinicke/Rummel: Perspectives on Transatlantic Relations (Ebenhausen: SWP 1995:15). Aufgrund der Opposition einiger Mitarbeiter des Workshops, die den Entwurf diskutierten, wurden die Schätzungen aus der endgültigen Version gestrichen.

Pál Dunay

den und der Zeitpunkt ihrer Aufnahme unvorhersehbar ist, bleiben solche
Schätzungen schiere Spekulation, die m.E. keinem anderen Zweck als der
„Abschreckung" der Mitgliedsstaaten dient, die zögern oder sich gar sträuben,
der Erweiterung zuzustimmen.

2. Die Einwände Rußlands

Seit dem Ende der Sowjetunion hat Rußland stets gegen eine Osterweiterung
der NATO opponiert. Obwohl es für eine Weile so schien, als ob die politische
Führung Rußlands in der Zusammenarbeit mit dem Westen eine neue Rolle für
das Land gefunden hätte, hat sich die Lage nach und nach verändert. Ein kon-
frontativer Ton wurde in Rußland laut und lauter, „Zentristen" und „Nationa-
listen" äußerten sich zunehmend kritisch über die pro-westliche Orientierung
der Exekutive. Von wenigen Ausnahmen abgesehen, lehnt die russische Führung inzwischen die Vorstellung der Erweiterung ab.[14] Diese Auffassung spiegelt sich in der neuen russischen Militärdoktrin wider, die 1993 veröffentlicht
wurde und proklamierte, daß die „expansion of military blocs and alliances to
the detriment of the Russian Federation's military security interests" eine der
Hauptquellen externer militärischer Gefahr darstellt. Im Dokument heißt es
weiter, daß „the introduction of foreign troops into the territory of States borde-
ring the Russian Federation" ein Faktor wäre, der eine militärische Gefahr zur
direkten militärischen Bedrohung machen könnte (Raevsky/Vorobev 1994:
122f). In seinem Brief an Präsident Clinton vom September 1993 schrieb Boris
Jelzin: „We understand (...) that a possible integration of East European countries with NATO will not automatically produce a situation where the Alliance
would somehow turn against Russia. We do not see NATO as a bloc opposing
us. But it is important to take into account how our public opinion may react to
such a step. Not only the opposition, but the moderates, too, would no doubt
see this as a sort of neo-isolation of the country as opposed to its natural introduction into the Euro-Atlantic space." (Jelzin 1994:250) Die Antwort erhielt
Rußland auf dem Gipfel der OSZE in Budapest, als Präsident Clinton hervor-
hob: „New members will join country by country gradually and openly. Each
must be committed to democracy and free markets and be able to contribute to
Europe's security. NATO will not automatically exclude any nation from joining. At the same time, *no country outside will be allowed (...) to veto expan-*

---

14 Die Ausnahmen beinhalten zwei Aussagen von Präsident Jelzin. Im August 1993 sagte er in
   Warschau, daß er kein Hindernis für eine Erweiterung der NATO sähe, doch Außenminister
   Kosyrew hat diese Aussage zwei Tage später dementiert. Die zweite ähnliche Aussage machte
   der russische Präsident im Februar 1995, als er dem ungarischen Premierminister sagte, daß die
   eventuelle Mitgliedschaft von Ungarn die bilaterale Zusammenarbeit in keiner Weise behindern
   würde. Es muß indes hinzugefügt werden, daß die russische Aussage im letzen Fall während jener Tage geäußert wurde, als es ernsthafte Zweifel in bezug auf die Aufnahme Ungarns gab.

sion. As NATO does expand, so will security for all European states."[15] Die Worte des russischen Präsidenten waren ebenso deutlich: „NATO was created in the Cold War times. Today, it is trying to find its place in Europe, not without difficulty. It is important that this search does not create new divisions, but promotes European unity. We believe that the plans of expanding NATO are contrary to this logic."[16]

Die russische Position hat inzwischen eine Arbeitsgruppe unter der Leitung Karaganovs 1995 klar und deutlich formuliert:

- Die Erweiterung könne innenpolitisch die revisionistische Entwicklung fördern,
- sie würde das russische Vertrauen in die westliche Politik drastisch unterminieren,[17] selbst bei dem größten Teil der traditionellen pro-westlichen Eliten,
- eine solche Entscheidung würde auch die geopolitische und konzeptuelle Basis der meisten Rüstungbegrenzungsregime unterlaufen,
- sie würde den Gürtel der *de facto* neutralen Staaten auflösen,
- Rußland erhielte möglicherweise einen Vorwand dafür, strategische Allianzen mit dem Süden und dem Osten zu suchen,
- Rußland sähe sich gezwungen, verstärkte Versuche zur Schaffung eines effektiven Systems der kollektiven Sicherheit und Verteidigung im Rahmen der GIS anzustrengen.[18]

Dem Bericht zufolge sollten offizielle oder halboffizielle Gespräche über eine „Kompensation" Rußlands für die NATO-Erweiterung in jedem Fall vermieden werden. Rußland solle dem Druck von Befürwortern der Erweiterung nicht nachgeben. Der Bericht will hiermit nicht der Auffassung Ausdruck verleihen, die Erweiterung der NATO sollte verhindert werden. Es sei allerdings von äußerster Wichtigkeit, sie einige Zeit hinauszuzögern; beispielsweise um eine halbe Dekade. Während dieser Zeit solle eine besondere Beziehung zwischen Rußland und der Atlantischen Allianz aufgebaut werden. Höchstwahrscheinlich

---

15 Bemerkungen des Präsidenten während der Plenumssitzung des Gipfels der Konferenz für Sicherheit und Zusammenarbeit in Europa (KSZE) 1994, 5. Dezember 1994, (meine Betonung).

16 Ansprache des Präsidenten der Russischen Föderation, Jelzin, während des KSZE Gipfels, 5. 12. 1994, S. 4. (unveröffentlichtes Manuskript, inoffizielle Übersetzung).

17 In diesem Zusammenhang bezieht sich der Bericht auf den Punkt, daß die NATO mit der Erweiterung gegen eine Obligation verstoßen werde, die Atlantische Allianz nicht zu vergrößern, nachdem die Sowjetunion ihre Zustimmung zur Vereinigung Deutschlands gegeben hatte. Es existiert allerdings kein schriftlicher Beleg zur Unterstützung dieser Auffassung, obwohl die Tatsache, daß keine ausländischen Truppenverbände auf dem Territorium der ehemaligen DDR stationiert werden dürfen, darauf hinweisen könnte, daß es dem Geist – wenn auch nicht den Buchstaben – der 2+4 Vereinbarungen widerspräche, wenn NATO-Truppen weiter nach Osten verlegt werden würden.

18 Rossiya i NATO. Tezisy soveta po vneshney I oboronnoy politike. Nezavisimaya Gazeta, 21. Juni 1995, S. 2 (Hervorhebung im Original).

strebt Rußland an, vor jeder größeren Entscheidung der Allianz konsultiert zu werden. Die Absicht, Zeit zu gewinnen, ist verständlich, auch wenn es zu optimistisch wäre, in den kommenden Jahren eine Veränderung der Machtbeziehung zu Gunsten der Russischen Föderation zu erwarten.

Die klare Ablehnung einer NATO-Erweiterung ist von verschiedenen Faktoren abhängig gewesen. Erstens scheint die politische Führung Rußlands zu der Schlußfolgerung gelangt zu sein, das konziliante Verhalten während der Gorbatschow-Jahre hätte erheblich zur Schwächung der Sowjetunion im internationalen System beigetragen. Folglich könne ein bestimmter auftretendes Rußland seine Interessen erfolgreicher vertreten. Ähnlich wird bewertet, daß Rußland nicht in der Lage gewesen ist, eine zeitgemäße Außenpolitik zu entwickeln, nachdem die Sowjetunion ihre Position „verloren" hatte, von der Rolle als Supermacht bis hin zu ihrem Einflußbereich in Zentraleuropa. Rußland hat die charakteristischen Merkmale einer modernen Großmacht nicht wiedererlangt. Es ist verständlich, daß Rußland nach der mißerfolgten Anpassung in den internationalen Beziehungen zu einer nahezu exklusiven Schwerpunktsetzung auf den Bereich der Sicherheit zurückgekehrt ist. Dies erscheint nur konsequent, da es sich hier um das Gebiet handelt, in welchem sich Rußland als ebenbürtigen Partner der führenden Mächte in der Welt, einschließlich der USA, betrachten kann. Die Moskauer Aversion gegen die NATO-Erweiterung wird bestehen bleiben, trotz des konzilianten Verhaltens des russischen Außenministers Primakov während der Zusammenkunft des Nordatlantischen Kooperationsrates in Berlin.[19] Selbst wenn Rußland erkannt hat, daß es die Erweiterung nicht blockieren kann, wird es in der Zukunft dennoch versuchen, die Allianz und die Bewerber oder Mitgliedsstaaten zu spalten. Die russische Bereitschaft zu einer Öffnung der politischen – aber nicht der militärischen – Struktur der Allianz für Kandidaten aus Zentraleuropa, ist der erste, wenn auch mit Sicherheit nicht der letzte derartige Versuch.

Auch wenn Rußland nicht in der Lage war, sich den Bedingungen nach dem Kalten Krieg anzupassen und eine moderne Großmacht zu werden, stehen dem Land mehrere Mittel zur Verfügung, Einfluß auf die Weltpolitik zu nehmen. Es vertritt seine Interessen in einem Bereich, in dem sie gut identifizierbar und bestimmt sind. Im Fall der NATO-Erweiterung ist dies mit Sicherheit gegeben. Es existiert kaum ein Gebiet, in welchem Rußland keinen Zweifel daran gelassen hat, prominente Interessen zu haben. Es ist eine andere Frage, ob das Bestehen Moskaus darauf, daß keine Erweiterung der Atlantischen Allianz stattfindet, gleichzeitig eine eloquente Bemäntelung der Tatsache ist, daß Rußland keinen Erfolg hatte, seine eigenen Interessen in bezug auf seine ehemalige zentraleuropäische Einflußsphäre durchzusetzen.

---

19 Optimismus über Nato-Ost-Erweiterung, in: Frankfurter Allgemeine Zeitung, 13. Juni 1996, S. 4.

Trotz der häufigen Betonung, Rußland habe bei einer NATO-Erweiterung kein Vetorecht, ist offensichtlich, daß es erheblichen Einfluß auf die Entscheidung hat. Presseberichten zufolge erhielt Rußland amerikanische Zusagen darüber, daß eine NATO-Erweiterung nicht stattfindet und die Erweiterungsfrage „will be extending beyond the Russian election into a second Clinton term" (Rodman 1996:6). Ich bin der Auffassung, dies kann ebenso der Tatsache zugeschrieben werden, daß die Sicherheitssituation derjenigen zentraleuropäischen Staaten, welche die vorrangigen Kandidaten für eine Mitgliedschaft stellen, vergleichsweise stabil ist. Sie sind keiner größeren, identifizierbaren, internationalen Bedrohung ausgesetzt. Folglich ist ihre Integration in die NATO keine drängende Angelegenheit. Anerkannten amerikanischen Analytikern zufolge wäre der Prozeß zu beschleunigen, wenn aufgrund sich verschlechternder Umstände – der Rückkehr einer russischen Bedrohung – eine strategische Antwort des Westens als notwendig empfunden wird (Asmus/Kugler/Larrabee 1995:12). Im Zusammenhang mit dieser Herangehensweise müssen zwei Ergänzungen gemacht werden: 1. Es ist fraglich, ob die Kandidaten in einer höchst angespannten Situation überhaupt der NATO beitreten wollen, wenn Rußland dies im Vergleich zu einem heutigen Beitritt als einen weitaus provokativeren Schritt betrachten würde. 2. Da sich die Situation in Rußland leicht verschärft hat, wird es recht schwierig zu bestimmen sein, wann die NATO-Erweiterung notwendig wird, um Zentraleuropa zu schützen und wenn nötig auch zu verteidigen.

3. Die Wahrnehmung der unerwünschten Beitrittskandidaten

Seit die NATO-Erweiterung ein Thema der Weltpolitik ist, ist den russischen Interessen wesentlich mehr Aufmerksamkeit gewidmet worden, als den Staaten, die der NATO beitreten wollen. Das zeigt sich nach Ansicht einiger Forscher auch in der Erweiterungsstudie: Sie nenne weder einen der zukünftigen Kandidaten, noch erwähne sie einen Beitrittstermin (Kun 1995:3f).

Ein Aspekt dieses Problems wurde dennoch in der Studie zur NATO-Erweiterung bedacht, wenn es heißt, daß „a new member might 'close the door' behind it to new admissions in the future of other countries which may also aspire to NATO membership. Such a situation must be avoided (...)" (§ 30). Offenbar schränkt eine solche, mit der Aufnahme verbundene Bedingung die Souveränität der zukünftigen Mitglieder der Allianz ernsthaft ein.

Ein weitaus größeres psychologisches Problem besteht darin, daß die Länder, die sich nicht frühzeitig qualifizieren, von der Integration ausgeschlossen bleiben. Um zu vermeiden, daß sie daraufhin ihre pro-westliche politische Orientierung revidieren, ist es notwendig, die Kooperation zwischen den fraglichen Ländern und der NATO zu intensivieren. Nun kommt hinzu, daß traditionelle Sympathien wieder aktiviert werden, so daß die skandinavischen Länder möglicherweise die Aufnahme der Länder des Baltikums favorisieren, Griechenland die von Bulgarien und Frankreich eventuell die von Rumänien. Derartige Vorlieben müßten aber den Erweiterungsprozeß durch unerwartete Junktims weiter belasten.

Derzeit gelten die vier sogenannten Visegrad-Staaten (möglicherweise mit Ausnahme der Slowakei) und Slowenien als die aussichtsreichsten Kandidaten. Diese Länder sind keiner größeren, identifizierbaren externen Bedrohung ausgesetzt. Nur einer dieser Staaten hat eine gemeinsame Grenze mit Rußland. Die ausschlaggebenden Kriterien für ihre Aufnahme liegen hauptsächlich in der Anerkennung ihrer Erfolge im Bereich der Marktwirtschaft, der Demokratie und der Rechtsstaatlichkeit. Der NATO und ihren Mitgliedsstaaten fällt es sehr viel leichter, Länder aufzunehmen, in denen keine großen Bedrohungsvorstellungen vorhanden sind als solche, wo dies der Fall ist. Die Organisation ist sicher nicht bereit, Bedrohungen und Instabilität zu importieren. Gleichzeitig befinden sich unter den Aspiranten auf eine Mitgliedschaft die baltischen Staaten, die möglicherweise einer gewissen äußeren Bedrohung begegnen müssen. Würden sie bei der ersten Phase der Aufnahme nicht berücksichtigt werden, so könnte dies ein irreführendes Signal darstellen, daß die Sicherheit dieser Länder für die Allianz nur sekundär ist. In jedem Fall zeigt diese Diskussion, daß die Erweiterung der Allianz unangenehme und nicht intendierte Folgen haben kann. Diesen müßte erheblich mehr Aufmerksamkeit gewidmet werden.

4. Die Sicherheitsansprüche der Kandidaten

Wie gesagt, müssen sich die zentraleuropäischen Länder mit Ausnahme der baltischen Staaten in bezug auf traditionelle Bedrohungen nicht um ihre Sicherheitssituation sorgen. Folglich könnten sie ihren bisherigen Status beibehalten, der ihnen eine Art „weiche Sicherheit" gewährleistet, die sich in verschiedenen Formen der Zusammenarbeit zwischen den einzelnen Ländern und den westlichen Sicherheitsinstitutionen ausdrückt. Es ist verständlich, daß sich diese Länder integrieren wollen, und vor allem wollen sie demonstrieren, wie weit der Integrationsprozeß bereits fortgeschritten ist; und dies ist auch notwendig, da die Integration in die westlichen Institutionen im Mittelpunkt ihrer Außenpolitik steht. Eine unabhängige Analyse würde indes belegen, daß es nicht die NATO mit ihren traditionellen Bündnis-Funktionen ist, die den direktesten Beitrag zur Modernisierung leistet. Vielmehr ist es die Europäische Union, die zur fundamentalen Transformationen dieser Länder beiträgt, Wirtschaft und Gesellschaft eingeschlossen. Einige Politiker haben diese Schlußfolgerung bereits gezogen. Sie betonen – ohne die Notwendigkeit des Beitritts in die NATO in Frage zu stellen – die Bedeutung der Mitgliedschaft in der Atlantischen Allianz für die Investitionen von ausländischem Kapital und zur Demonstration der symbolischen Zugehörigkeit zum Westen, solange auch der Beitritt zur Europäischen Union erreicht wird. Interessanterweise hat die Erweiterungsstudie die Beziehung zwischen der Erweiterung der EU und der NATO sehr unverbindlich abgehandelt: „Enlargement should (...) complement the enlargement of the European Union, a parallel process which also contributes significantly to extending security and stability to the new democracies in the East" (§ 4). Dies ist von einigen Analytikern in Zentraleuropa mit Vorbehalt aufgenommen worden, da sie vermuteten, daß verschiedene Institutionen eine Interdependenz der Mitgliedschaft herstellen und somit eine Erweiterung durch einen einfachen Querverweis endlos hinauszögern könnten.

Indes bleibt die Frage offen, inwieweit die zentraleuropäischen Länder einen eigenständigen Beitrag zur Sicherheit der Allianz leisten könnten. Die NATO sucht seit dem Ende des Ost-West-Konflikts nach einer neuen Funktion. Als lokale und regionale Konflikte ausbrachen, wurde offensichtlich, daß diese im Bereich von Konfliktmanagement und -lösung liegen könnten. Da es immer unwahrscheinlicher ist, Konflikte in der GUS durch militärische Gewalt beeinflussen zu können, war der bedeutendste Bereich, der „reif für Konfliktlösung" war, der im ehemaligen Jugoslawien. Nach mehr als vier Jahren Blutvergießen fand die internationale Gemeinschaft unter der Führung der USA den Mut, einzugreifen, und dies nicht nur auf diplomatischer Ebene, sondern auch mit militärischen Mitteln. Im Rahmen des Dayton-Abkommens wurde eine Multinational Military Implementation Force aufgestellt, welche sich aus „ground, air and maritime units from NATO and non-NATO nations" zusammensetzt, „deployed to Bosnia and Herzegovina to help ensure compliance with the provisions of the agreement."[20] Die NATO sollte einen Verband einsetzen, „which will operate under the authority and subject to the direction and political control of the North Atlantic Council".[21]

In Anbetracht der Tatsache, daß die IFOR die Verantwortung erst am 20. Dezember 1995 von UNPROFOR übernahm, wäre es verfrüht, die Operation als Erfolg oder Mißerfolg zu bezeichnen. Dennoch waren bereits einen Monat nach dem Beginn des IFOR-Einsatzes mehr als 35.000 Soldaten in dem Gebiet und mehr als 30 Staaten nehmen an der Unternehmung teil. Hier kooperieren 16 Staaten, die nicht der NATO angehören, davon acht aus Zentraleuropa.[22] Es ist der erste Fall einer Zusammenarbeit von zentraleuropäischen Truppenverbänden mit denen von NATO-Mitgliedsstaaten unter einem NATO-Kommando im Rahmen einer größeren militärischen Operation. Hier spielt sich möglicherweise ein weitaus bedeutenderer Teil des Sozialisierungsprozesses zwischen dem ehemaligen Osten und dem Westen ab als bei vielen Manövern im Partnership-for-Peace-Programm. Im Zusammenhang der Erweiterung hat diese

---

20 Proximity Peace Talks, Wright-Patterson Air Force Base, Dayton, Ohio, 1.-21. September 1995, Annex 1-A: Agreement on the Military Aspects of the Peace Settlement, Article 1, § 1 (a).

21 ebda. (b).

22 Second Report to the United Nations Security Council on IFOR Operations by NATO Secretary-General Javier Solana, S.3.

Form der Kooperation die NATO in Zugzwang gebracht. Kann sie aktive und einsatzfreudige Partner informieren, daß sie sich aufgrund einzelner politischer Gründe nicht qualifizieren? Hier bleibt abzuwarten, ob der IFOR-Einsatz den Erweiterungsprozeß verzögern oder vereinfachen wird.

Eine ganz andere Möglichkeit bestünde darin, eine eigenständige europäische Sicherheitsidentität jenseits der Atlantischen Allianz aufzubauen. Für einige Staaten West- und Zentraleuropas ist diese Frage identisch mit der Stärkung der Sicherheitsdimension der Europäischen Union und möglicherweise auch der Westeuropäischen Union (WEU). Die derzeitige Regierungskonferenz der EU, deren Hauptaugenmerk *nicht* auf der zweiten Säule liegt, i.e. auf der gemeinsamen Außen- und Sicherheitspolitik, hat trotz der ernsthaften Erwägung dieses Bereichs noch keinen Enthusiasmus dafür gezeigt. Die Regelungen des Vertrages von Maastricht, der von einer gemeinsamen Außen- und Sicherheitspolitik spricht, „which might in time lead to a common defence",[23] sind eher unscharf und mehrdeutig. Die Kommission hat sich jedenfalls auf den Bericht der Vorbereitungsgruppe (reflection group) dahingehend geäußert, daß die „NATO remains at the centre of Europe's defence arrangements, and a European pillar should be developed within it".[24] Auch wenn die Westeuropäer möglicherweise eine eigenständige Rolle in der Konfliktbearbeitung, im Konfliktmanagement, in der Friedenserhaltung, im Bereich der humanitären Hilfe und bei Rettungsaufgaben spielen werden, so ist es doch unwahrscheinlich, daß sie bereit sind, eine eigenständige kollektive Verteidigungsfähigkeit unter Einschluß einer voll entwickelten Führungsstruktur aufzubauen.

Schluß

Das Tempo der historischen Entwicklung hat sich nach den atemberaubenden Ereignissen von 1989 und den darauffolgenden Jahren, als sich das System der internationalen Beziehungen in Europa fundamental veränderte, verlangsamt. Heute vollziehen sich die Veränderungen eher evolutionär als revolutionär. Aus diesem Anlaß sollen aus den neueren Entwicklungen Schlußfolgerungen für die kommende Dekade europäischer Sicherheit gezogen werden. Seit dem Ende des Ost-West-Konflikts kennen wir die Spannungsherde: Sie liegen im Bereich ethnischer Rivalitäten, im Sezessionsstreben verbunden mit territorialen Ansprüchen. Diese Ansprüche manisfestieren sich nicht notwendigerweise in gewalttätiger Form, außer in jenen Regionen Europas, in denen wir „schwache" Staaten vorfinden, bzw. in denen die politische Führung nicht den institutionellen Zwängen unterliegt, wie sie westliche Demokratien auszeichnen. Aus diesen

---

23 Treaty on European Union, Artikel J.4, § 1.
24 Intergovernmental Conference 1996 Commission Opinion: Reinforcing Political Union and Preparing for Enlargement, Brüssel: Europäische Kommission 1996:17.

Gründen ist in Zentraleuropa die Wahrscheinlichkeit gewaltsamer Konfliktlösungen gering, ganz im Gegensatz zu den östlicheren Gebieten. Europa ist heute in drei Regionen gespalten. Die Staaten Zentraleuropas suchen den Anschluß an den Westen. Sie wollen den Integrationsprozeß mit dem westlichen Teil des Kontinents so schnell wie möglich vollenden. Das wollen sie, weil sie Angst haben, in dem Transitgebiet zwischen Ost und West gefangen zu bleiben. Werden ihre Wünsche erfüllt, wird Europa erneut in zwei Teile geteilt sein. Einer wird von den traditionellen Werten der westlichen Demokratien dominiert werden, während das Entwicklungsmuster des anderen ungewiß sein wird.

Das bedeutet, daß Europa nicht auf eine Vereinigung zusteuert, sondern neue Grenzen zwischen Westen und Osten im Entstehen sind, weil es unmöglich ist, zu einer Einheit zu kommen. Rußland ist nicht bereit, sich Europa als gleichberechtigter Partner anzuschließen, ohne auf besondere Rechte und Privilegien zu verzichten. Hinzu kommt, daß Rußland und seine GUS-Partner aufgrund ihrer wirtschaftlichen Situation gar nicht integrationsfähig sind. Die Vereinigten Staaten werden ihre Präsenz in Europa aufrechterhalten. Somit bleibt der alte Kontinent mit seinen Sicherheitsproblemen auch weiterhin nicht auf sich alleine gestellt.

Die Tatsache, daß die GUS-Staaten eine von der westlichen Region separate Entität unter dem Schirm der Russischen Föderation bilden werden, bedeutet aber nicht automatisch eine Konfrontation der beiden Einheiten. Vielmehr tritt hier das entscheidende Thema der europäischen Sicherheit zutage: wie sich die Beziehungen zwischen neuem Osten und neuem Westen entwickeln werden. Eine Konfrontation muß vermieden werden. Wie dies zu bewerkstelligen ist, liegt in der gemeinsamen Verantwortung aller Akteure der europäischen Sicherheit.

Vom Kalten Krieg zur Dominanz von Nullsummenspielen. – Über die Folgen von 1989 – eine spieltheoretische Deutung

Egon Matzner[1]

Angesichts der geopolitischen Ereignisse der jüngsten Vergangenheit, dem Zerfall von Imperien, Föderationen und Staaten sowie dem Entstehen neuer, kleinerer Staaten, ist die Frage aktuell, welche Kräfte zu deren Zerfall oder Gedeih beigetragen haben. Eine Antwort auf diese Frage ist für die politische Bearbeitung von Konfliktsituationen bedeutsam, die sehr oft ökonomische Ursachen, insbesondere in Form von Rückgang von Produktion, Einkommen und Beschäftigung haben.

Der Essay besteht aus fünf Teilen. In Teil I wird eine generelle Antwort auf die Frage von Fortbestand und Zerfall von Institutionen, also auch Staaten, versucht. In Teil II werden die generellen Überlegungen an Hand von Beispielen veranschaulicht. Im Teil III wird das Thema der Divergenz von privaten und öffentlichen Interessen und ihrer Konsequenzen für Integration und Desintegration untersucht. Teil IV beschäftigt sich mit desintegrativen Tendenzen in der Europäischen Union (EU) und in Österreich. In Teil V wird die zunehmende Bedeutung von Null- und Negativsummen-Spielen auf das Ende des Kalten Krieges zurückgeführt. Seit es keine Systemkonkurrenz mehr gibt, fehlt der politische Wille, gegen die Tendenz zu Nullsummen-Spielen etwas zu unternehmen. Im Teil VI wird die Inszenierung von Positivsummen-Spielen als neue politische Aufgabe vorgeschlagen.

I. Zu Gedeih und Verfall von Institutionen

Die Frage nach Aufstieg und Verfall von Institutionen ist nicht neu. Schon Jacob Burckhardt hat sie auf eine einfache, und, wie ich glaube, heute noch gültige Weise beantwortet (vgl. Lendi 1992). Das historische Beispiel der italienischen Stadtrepubliken vor Augen, kam Burckhardt zu dem Schluß, daß deren Aufstieg und Fall von dem Engagement ihrer Bürger abhängig war. Wenn diese mehr zu „innerem Dazutun" beitrügen, das größer ist als die unaufhaltsam stattfindende „innere Abnahme", dann seien die Voraussetzungen für eine gedeihliche Entwicklung gegeben. Im umgekehrten Fall, wenn also die innere Abnahme größer sei als das innere Dazutun, dann genüge ein externer Anlaß, um

---

1 Mein Dank gilt Hardy Hanappi, Gabriele Holzer, Sabine Mayer, Monika Mokre, Sylvia Pintarits, Sonja Puntscher Riekmann und Hazel Rosenstrauch für Kritik und Ermunterung. Für die Schwächen des Textes liegt aber die Verantwortung beim Autor.

den Zerfall der Institution auszulösen. Die Burckhardtsche Antwort ist schlicht und dennoch richtig. Eine analytisch schärfere Fassung von Wachstums- und Verfallsprozessen als jene von Burckhardt erlaubt die Spieltheorie. Sie wurde in der Zeit zwischen den Weltkriegen von dem aus Budapest stammenden Nuklearphysiker und Mathematiker John von Neumann mathematisch formuliert. Deren Potential zur Erklärung von sozioökonomischen Situationen und historischen Verläufen wurde von dem damaligen Direktor des Wiener Konjunkturforschungs-Institutes, Oskar Morgenstern, erkannt. Beide veröffentlichten – nach ihrer Emigration in die USA – das grundlegende Werk „Theory of Games and Economic Behaviour" (1944).[2]

Kennzeichnend für die Spieltheorie[3] sind die Präzision ihrer Begriffe und die Klarheit der Logik, mit der ihre Ergebnisse abgeleitet werden. Die Spieltheorie kann zudem – wie jede andere Theorie über soziale Interaktion – auch als „analytisches Gleichnis" (Georgescu-Roegen 1971) dienen. Als solches inspirierte sie die Deutung der Folgen von 1989, wie sie hier versucht wird. Damit wird allerdings der formale Anspruch, der an eine spieltheoretische Analyse zu stellen ist, zurückgestellt. Gewonnen wird stattdessen ein „Schlüssel" zur Erklärung einer viel größeren Zahl von sozialen Situationen. Ob dies zulässig ist, wird davon abhängen, ob sich dieser Generalschlüssel bewährt. Auch dieser Gebrauch von Gedanken, die seit John von Neumann und Oskar Morgenstern spieltheoretisch gefaßt werden, ist nicht neu: Es gibt ihn seit der griechischen Tragödie; man findet ihn in den Gesellschaftstheorien eines Thomas Hobbes und David Hume (vgl. Taylor 1976; Henseler 1977); Giacomo Puccini macht in Tosca davon Gebrauch (vgl. Randow 1994); Thomas Bernhard, das ist gewiß, nutzte auf geniale Weise (seine) „Kunst als Spiel" (Holler 1995). Und neuerdings findet die Spieltheorie auch in einem Roman von Ei-

---

2 Erst unlängst hat K.J. Arrow, Nobelpreisträger des Jahres 1972, zur Spieltheorie bemerkt, daß „es nicht überraschend sei, daß ihre Schöpfer ein österreichischer Ökonom und ein ungarischer Mathematiker sind, die kulturell eng mit dem Österreichischen verbunden waren" (Arrow 1994:4).

3 „Gegenstand der Spieltheorie ist die Analyse von strategischen Entscheidungssituationen – Situationen, in denen
a) das Ergebnis von den Entscheidungen mehrerer Entscheidungsträger abhängt, so daß ein einzelner das Ergebnis nicht unabhängig von der Wahl der anderen bestimmen kann;
b) jeder Entscheidungsträger sich dieser Interdependenz bewußt ist;
c) jeder Entscheidungsträger davon ausgeht, daß alle anderen sich ebenfalls der Interdependenz bewußt sind;
d) jeder bei seinen Entscheidungen a), b) und c) berücksichtigt.
Aufgrund der Eigenschaften a) bis d) sind Interessenskonflikte und/oder Koordinationsprobleme charakteristische Eigenschaften von strategischen Entscheidungssituationen. Die Spieltheorie liefert eine Sprache, mit deren Hilfe sich solche Situationen analysieren lassen. Man kann sie nämlich als Spielsituationen beschreiben, bei denen jeder Spieler nach gewissen Regeln strategische Entscheidungen trifft. Viele ökonomische Fragestellungen weisen die oben erwähnten Eigenschaften auf". (Holler/Illing 1993:1).

sendle (1996) unter explizitem Verweis Platz. Vermutlich würde Oskar Morgenstern sich auch über den freien Gebrauch der Spieltheorie freuen, wie er im folgenden stattfinden wird. Schließlich teilt dieser Essay mit den erwähnten literarischen Texten den Vorzug, auch jenen zugänglich zu sein, die die Spieltheorie nicht studieren konnten.

Wir untersuchen im folgenden das Entscheiden von Individuen („Spielern") in sozialen Situationen („Spielen") und deren Ergebnis („Auszahlung") für die Spieler und die von deren Handlungen Betroffenen. Kennzeichnend für die Erfassung von sozialen Situationen in Form eines Spieles ist die Gegenüberstellung von Entscheiden und Handeln der Spieler auf der einen und Ergebnis (Auszahlung) auf der anderen Seite. Letzteres hängt von den Spielregeln und deren Einhaltung ab. Dabei gilt die Einhaltung der Spielregeln (z.B. die Einhaltung der UNO-Charta oder des KSZE/OSZE-Vertrages bei der Teilung von völkerrechtlich anerkannten Staaten) als eine Form kooperativen Verhaltens, die Nichteinhaltung als eine des Nichtkooperierens.

Nach dem Ergebnis unterscheidet man zwischen drei Arten von Spielen:

a) ein Positivsummen-Spiel: Aus dem Entscheiden und Handeln der Spieler ergibt sich in Summe ein Wertzuwachs, der materiell/pekuniär, ideell oder beides sein kann. Die Positivsumme ergibt sich, wenn alle Spieler kooperieren und so am Gesamtgewinn partizipieren können. (Es ist nicht schwer zu erkennen, daß in einem solchen Spiel „inneres Dazutun", verstanden als Rücksichtnahme auf den anderen, die „innere Abnahme" überwiegt);

b) ein Nullsummen-Spiel: Aus dem Entscheiden und Handeln der Spieler ergibt sich in Summe weder ein Wertzuwachs noch eine Wertabnahme. Was ein Spieler gewinnt, verliert/verlieren der/die andere/anderen Spieler. Dies folgt aus der Logik der Nichtkooperation, die am radikalsten durch das Duell veranschaulicht wird;

c) ein Negativsummen-Spiel: Aus dem Entscheiden und Handeln ergibt sich in Summe eine Wertabnahme. Alle Spieler kooperieren nicht und verlieren (oder viele verlieren viel zugunsten des Gewinns von wenigen „Krisen- oder Kriegsgewinnlern"). Offensichtlich ist dies eine Verfallskonstellation, die auch Burckhardt meint, wenn er davon spricht, daß die „innere Abnahme" größer sei als das „innere Dazutun".

Die Spieltheorie zeigt, daß kooperatives Verhalten („inneres Dazutun" z.B. in Form des Einhaltens von Spielregeln und ethischen Normen oder eines Verhandlungskompromisses) Bedingung für Spiele ist, die zu einer Positivsumme führen.[4] Sie zeigt uns auch, daß nichtkooperatives Verhalten (z.B. durch Verletzung der Verhaltensnormen oder durch Verzicht auf Verhandlungskompromisse bzw. deren Nichteinhaltung) zu einer Negativsumme führen kann.

---

4 Es gibt auch nichtkooperative Spiele, die zu einer Positivsumme führen: Ein wichtiger Fall liegt bei *Zunahme der Marktgröße* (z.B. durch technischen Fortschritt, der ein Produkt verbilligt) und starkem Wettbewerb zwischen den Anbietern vor.

Schließlich läßt die Spieltheorie auch erkennen, daß aus einem Nullsummenspiel bei fortgesetztem nichtkooperativem Verhalten ein Negativsummen-Spiel wird. Ein solches beschreibt die Handelnden als Gefangene (der Logik) einer Situation, in der sie durch ihr Tun zum Niedergang jener Institution(en) beitragen, in deren Rahmen sie selbst agieren. Ihr Gedeihen setzte ja Kooperation als Verhalten und eine Positivsumme als Wertzuwachs voraus.

Diese einfache Formel ist wiederum nicht trivial. Bekanntlich kann man sich nur wünschen, was man schon kennt. Gleiches gilt für vorteilhaftes Handeln. Um ein Positivsummen-Spiel spielen zu können, muß man wissen, daß es solche Spiele gibt. Man muß ferner wissen, daß Kooperation nicht mit blauäugigem altruistischem Wohlverhalten gleichzusetzen ist. Da sie zum längerfristigen Eigenvorteil führen kann, ist dieses Verhalten vielmehr ein aufgeklärt eigennütziges. Im folgenden werde ich an fünf Beispielen die Konsequenzen von nichtkooperativem Verhalten und Null- und Negativsummen-Spielen skizzieren.

II. Beispiele von Nullsummen- und Negativsummen-Spielen

1. Der Niedergang des Sowjetsystems

Zum Zerfall der Sowjetunion lagen nur wenige begründete Prognosen vor. (Die erste stammt übrigens von dem englischen Klassiker David Hume. Er schrieb vor mehr als 200 Jahren davon, daß eine Gesellschaft, die auf Kollektiveigentum und gleichem Einkommen beruht, „nur unter Bedingungen eines Militärlagers und nicht sehr lange" überleben könnte; Zitat nach Robbins 1978:114). Höchst selten wird der Niedergang der Sowjetunion und ihres Imperiums auf die Nullsummen-Spiele zurückgeführt, die für zentral geplantes Wirtschaften typisch sind. So spielten in einer solchen Wirtschaft die Kombinate und Unternehmungen permanent ein Nullsummen-Spiel gegen die Zentrale. Es ging dabei um niedrige Planvorgaben und hohe Zuteilungen an Personal, Rohstoffen, Energie, Maschinen usw. Auf der Ebene der Unternehmungen wurde von der Nomenklatura „von oben" wie von der Belegschaft „von unten" ein ständiges Nullsummen-Spiel gegen die Kollektiveinrichtungen gespielt. Dabei ging es um geringeren Arbeitseinsatz, um Diebstahl an Ressourcen und dergleichen mehr. Treffend dargestellt wird eine solche „innere Abnahme" in dem Sketch „Alles hängt von uns allen ab", den der sowjetische Satiriker Raikin in den 70er Jahren aufführte. Die Szene handelt vom großen Baum des Kollektiveigentums und dem winzigen Baum des Privateigentums. Da der große Baum allen und somit keinem gehört, nimmt sich laut Raikin jeder alles, was er ergattern kann. Manche gehen sogar bis zu den Wurzeln. Dadurch wird es ungewiß, ob der Kollektivbaum noch gute Früchte tragen kann. Denn zu viele Personen naschen von ihm. Der kleine Privatbaum aber hält sich, blüht und gedeiht. ... Die Satire spielte, wie gesagt, in der Breschnew-Ära. Einer der wenigen Wissenschafter, die früh auf das Phänomen der Null- und Negativsummen-Spiele in kommunistischen Gesellschaften aufmerksam machten, war A. K. Sen (1973). Seit langem kennen wir ähnliche Beispiele von Verfall im „Westen". G. Hardin (1968) hat eines davon, die „Tragödie der Allmende", spieltheoretisch formuliert. Erhard Busek meinte in ähnlichem Zusammenhang einmal: „Nichts ist in Österreich so fest in privater Hand wie öffentliche Einrichtungen." Auch die reformbedürftigen Zustände der österreichischen Universitäten sind hierfür ein Beispiel.

Zurück zum Niedergang im Sowjet-System. In diesem gab es noch weitere wichtige permanente Nullsummen-Spiele: so zwischen den Mitgliedsrepubliken der Sowjetunion oder zwischen den Mitgliedsstaaten des Warschauer Paktes und des Rates für Gegenseitige Wirtschaftshilfe (RGW).

Der verstorbene Nobelpreisträger Friedrich A. von Hayek hat die Unterlegenheit der zentralen Planwirtschaft auf die ungenügende Nutzung von Wissen zurückgeführt, das in der Gesellschaft vorhanden ist, aber der Planbehörde nicht zur Verfügung stehen kann. Die Theorie nichtkooperativer Spiele liefert zu Hayeks wissenssoziologischer Begründung eine ökonomische Mikroerklärung.

2. Der homo postsovieticus

Wie wir vom Warschauer Sozialpsychiater Ryszard Praszkier (1996) wissen, hält die Dominanz des Nullsummen-Spieles in der postsowjetischen Welt an. Um Positivsummen-Spiele spielen zu können, bedarf es einer entsprechend offenen, mentalen Disposition. Der Warschauer Psychiater meint, daß in den Köpfen des homo postsovieticus, wie er die Generation nach 1989 bezeichnet, die Vorstellung, daß durch Kooperation alle Spieler ihre Situation verbessern können, gar nicht existiere. Diese mentale Disposition des „closed mind" sei vor allem ein Erbe aus der Sowjetzeit. Denn der Marxismus-Leninismus selbst gründe auf einer nichtkooperativen Ideologie des „einer wird gewinnen": entweder die Arbeiterklasse oder der Klassenfeind. Im Alltag konnten Klassengenosse und Klassenfeind ebenso wie der Indifferente beobachten, wie von den Machthabern genommen wurde und wie sich alle anderen als Bestohlene erachteten. Für Polen folgte in der Zeit des Kriegsrechtes eine weitere Nullsummen-Situation, in der es für Solidarnošc wie für die Machthaber um Sieg oder Niederlage ging. Nach der Implosion des Sowjetsystems wurde der „Markt-Schock" mit einer im Westen nirgends angewandten Ideologie von reinem Wettbewerb eingeläutet. Auch diese wurde als Nullsummen-Spiel aufgefaßt. Dazu kommt noch, daß durch die schockartige Einführung der Marktwirtschaft Produktion und Einkommen stark gefallen sind, wodurch eine Kampfsituation entstanden ist, in der es um die Verteilung der objektiv kleiner gewordenen Summe geht.

Nach Praszkier ist das fehlende Wissen über Existenz und Voraussetzungen von Positivsummen-Spielen und Kooperation noch immer ein wichtiges, wenngleich bisher unbeachtet gebliebenes Moment, das bei der Rekonstruktion von Demokratie und Marktwirtschaft in Polen hinderlich ist.

3. Das internationale Währungssystem

Der durch Praszkiers Beobachtungen geschärfte Blick erkennt, daß auch in den westlichen Gesellschaften das Wissen über Positivsummen-Spiele und der Wert der Kooperation unzureichend ist und daß das Brett vor dem Kopf, wie man die mentale Disposition des „closed mind" nennen könnte, heute an einer wachsenden Zahl von Menschen beobachtet werden kann. Als Folge hiervon werden konstruktive Auswege aus Schrumpfungsprozessen und Duell-Situationen nicht erkannt. Eine solche Duell-Situation liegt z.B. immer dann vor, wenn sich um einen Arbeitsplatz zwei oder mehrere Personen bewerben. Bekanntlich übertrifft in der EU die Zahl der Arbeitsplatzbewerber jene der offenen Stellen um mehr als das Zehnfache. Die objektiven Voraussetzungen für Kooperation auf der individuellen Ebene der Arbeitnehmer sind demnach nicht gut. Die gesamtwirtschaftlichen Nachfragebedingungen bleiben bei der Erklärung von Arbeitslosigkeit jedoch zumeist ausgeblendet. Diese fehlende Nachfrage verstellt aber den Ausweg aus der Duell-Situation. Unerkannt bleibt vor allem, daß die hohe Arbeitslosigkeit seit langem und wesentlich mit der internationalen Währungsordnung zu tun hat. Dies ist deshalb verhängnisvoll, weil das in Bretton Woods nach dem Ende des Zweiten Weltkrieges von den USA durchgesetzte internationale Währungssystem in seinem Kern ein Nullsummen-Spiel ist. Es hat zwar über viele Jahre und Jahrzehnte positive Summen zugelassen, enthält aber keine Anreize, die zu solchen führen könnten, wenn dies von der Lage her notwendig wäre. Bekanntlich ist es die Hauptaufgabe des internationalen Währungssystems, den Zahlungsausgleich zwischen den am Welthandel teilnehmenden Staaten zu ermöglichen. Um dies zu erreichen, sind die Mitgliedsländer des Internationalen Währungs-Fonds (IMF) verpflichtet, Defizite in ihrer Leistungsbilanz abzubauen. Das Defizit-Land muß dazu seine Wirtschaftstätigkeit (z.B. durch Erhöhung der Zinsen oder Senkung der öffentlichen Ausgaben) drosseln. Dadurch sinken die Importe, aber auch Produktion und Beschäftigung, und zwar im eigenen Land wie auch in den Ländern, aus denen weniger eingeführt wird. Durch diesen asymmetrischen Anpassungsmechanismus kommt es zu Einbußen von Produktion, Einkommen und Beschäftigung im Defizitland und bei dessen Handelspartnern: Die Summe dieses Spiels ist gleich null oder negativ. Das müßte freilich nicht so sein. Da sich im Weltsystem die Defizite und die Überschüsse ausgleichen, könnte und sollte die Anpassung symmetrisch erfolgen, also gleichzeitig durch Defizit- und Überschußländer. Die Überschußländer könnten dazu durch Ankurbeln, die Defizitländer durch

Bremsen ihrer Wirtschaftsaktivitäten beitragen. Dadurch könnte eine Null- bzw. Negativsumme vermieden und eine Positivsumme erreicht werden. Das Gesamtniveau von Produktion, Einkommen und Beschäftigung wäre höher. Es gibt seit Lord Keynes, von dem die Idee stammt, namhafte Ökonomen, z.b. den Nobelpreisträger James Tobin (1982), die den Übergang von einem asymmetrischen zu einem symmetrischen Anpassungs-Mechanismus vorgeschlagen haben. Doch das Brett vor dem Kopf der Regierenden konnte bisher nicht beseitigt werden.

4. Der Unions-Vertrag und die Konvergenz-Kriterien

Das jüngste Beispiel eines Negativsummen-Spiels bilden die Beitrittsbedingungen zur europäischen Wirtschafts- und Währungsunion (WWU). Wie allgemein bekannt, sollen nur jene Länder an der gemeinsamen Währung teilnehmen, die bestimmte Kriterien erfüllen. Drei davon, das Inflations-, das Nettodefizit- und das Schuldenstand-Kriterium, verlangen von jenen Ländern, die diese noch nicht erfüllen, eine Drosselung ihrer Wirtschaftätigkeit. Tatsächlich sind 1996 dazu alle Beitrittsländer von Gewicht gezwungen. Dies ist allerdings eine Drosselungsaktion ohne Kompensation. Sie entspricht bewußt in Kauf genommenen Negativsummen, d.h., Reduktion von Produktion, Einkommen und Beschäftigung. Die Konferenz der Finanzminister in Verona im April 1996 scheint zu dem Ergebnis geführt zu haben, daß auch jenen EU-Mitgliedsländern, die nicht den EURO einführen wollen (können), in Zukunft ein ähnlicher Konvergenz-Kurs auferlegt werden soll.

Auch das Negativsummen-Spiel, durch das der EURO eingeführt werden soll, hat tiefgreifende Folgen für das gesamte Spektrum der öffentlichen Aufgabenerfüllung. Nicht nur kommt es zu direkter Verringerung von öffentlichen Ausgaben und direkter Erhöhung von Steuern, Gebühren und Tarifen. In der Folge der hierdurch ausgelösten kontraktiven Multiplikatorprozesse werden Produktion und Beschäftigung verringert, die Steuereinnahmen sinken und die öffentlichen Ausgaben erhöhen sich, weil bekanntlich die Zahl der Arbeitslosen und Armen sowie in der Folge auch die Armutskriminalität zunehmen werden. Letztlich steigt auch das Budgetdefizit über das geplante Ausmaß. Die EU-Kommission hat dies in dem Statusbericht über die Erfüllung der Konvergenzkriterien vom Mai 1996 bereits bestätigt.

Das gegenwärtig gespielte Negativsummen-Spiel, „Einführung des EURO" genannt, ist riskant. Dazu trägt wesentlich bei, daß die Ausgabenkürzungen in den jeweiligen Bereichen und zwischen den Bereichen die bereits bestehenden Ressourcenkonflikte verschärfen. Die Negativsummen, im besten Fall Nullsummen-Konstellationen, machen sich überall bemerkbar, im Sozialbereich ebenso wie im Kulturbereich, im Bildungssektor wie in der Hoheitsverwaltung.

5. Der (inter)nationale Standortwettbewerb

Seit langem schon gibt es innerhalb des Staates und zwischen den Staaten einen Wettbewerb um die Ansiedlung oder die Verhinderung der Abwanderung von international agierenden Unternehmungen. Dem Standortwettbewerb liegt eine unzureichende effektive Nachfrage zugrunde: Diese reicht nicht aus, um Produktion und Beschäftigung auf allen, erst recht nicht auf zusätzliche Standorte auszuweiten. Aufgrund der kontraktiven Wirkungen des asymmetrischen Anpassungsmechanismus, nunmehr verstärkt durch die Konvergenz-Kriterien, kommt es zu einem Verdrängungskampf, der einem Nullsummen-Spiel entspricht: Was der eine gewinnt, muß der andere verlieren (vgl. Matzner/Kregel 1994).

III. Monetäre Stabilität als dominante öffentliche Aufgabe

Die Beispiele 3, 4 und 5 machen deutlich, daß es auch in der „westlichen Welt" eine Dominanz von Nullsummen-Spielen gibt, die Folge der Nichtkooperation sind. In diesem Fall sind sie primär in der monetären Sphäre angesiedelt. Das internationale Währungssystem gibt den finanziellen Rahmen vor, innerhalb dessen sich die Notenbanken und Regierungen der Mitgliedsländer bewegen können. Bei Ersparnisüberschüssen von privaten Haushalten, die nicht von privaten Investitionen und von Exportüberschüssen absorbiert werden, geraten Regierungen allein schon kreislaufbedingt ins Defizit. Sie müssen folglich Kredite aufnehmen (Steindl 1990). Dieses „Crowding in" von privaten Anlagen in den Staatskredit ist für reife Industriegesellschaften typisch. Die Staaten müssen dabei alles tun, um für die international agierenden Investoren attraktiv zu sein. Ihre Sensibilität richtet sich auf den Binnen- und Außenwert ihrer Währung sowie die Attraktivität ihrer Staatsanleihen in Hinblick auf Zinssatz und Wechselkursänderungen. Ein Bonitätsverlust führt zu einer höheren Zinsenbelastung der öffentlichen Haushalte, die in der Folge zur Einschränkung von Ausgaben für reale Aufgaben zwingt. Überdies verteuert ein Bonitätsverlust des Staates auch die Kredite für private Unternehmungen und Haushalte. Dem Wettbewerb zwischen den Standorten, den die international agierenden Unternehmungen ausnutzen, entspricht auf der übergeordneten monetären Ebene der Bonitätswettbewerb der nationalen Währungen und Regierungen. Leider entspricht dieser ebenfalls einem Nullsummen-Spiel.

In der Erhebung der monetären Stabilität zur primären öffentlichen Aufgabe kommt die Dominanz der Geld- über die Produktionssphäre am klarsten zum Ausdruck. Diese Dominanz gerät zum Diktat, wenn es heißt, (alle) andere(n) Probleme zurückzureihen oder (alle) andere(n) Aufgaben schlechter oder gar nicht zu erfüllen, wenn die monetären Stabilitätskriterien verletzt sind. Die gesellschaftspolitischen Implikationen dieser Dominanz sind tiefgreifend und als solche noch nicht gebührend erkannt. Denkt man die ihr innewohnende Logik zu Ende, dann bleibt als öffentliche Aufgabe nicht viel mehr übrig als die des Nachtwächters. Dies bedeutet eine Abwertung des Staates weit unter den Rang, der ihm sogar von den klassischen liberalen Ökonomen Englands eingeräumt wurde. So ist zu vermuten, daß deren Anlässe für staatliches Handeln für die Befürworter der Dominanz der monetären Stabilität kein Gewicht mehr besitzen. Unterstellt doch die Finanzmarkt-Dominanz, daß sich aus der marktgeleiteten und persönlich zu verantwortenden Verfolgung des Eigennutzes spontan die gesellschaftlich beste Wohlfahrtsentwicklung einstellt. Denn die unangefochtene Dominanz der monetären Stabilität heißt auch, daß in keinem anderen Bereich aus der Verfolgung des Eigennutzes erhebliche Divergenzen zwischen privaten und öffentlichen Interessen entstehen. Folglich gäbe es auch keinen öffentlichen Anlaß, diese Divergenzen zu verringern.

Es ist an dieser Stelle der Mühe wert, sich die theoretischen Vorstellungen der klassischen liberalen Ökonomen in Erinnerung zu rufen. Sie waren der viel zu wenig bekannten Auffassung, daß die Verfolgung des Eigennutzes, „wenn sie ohne Einbindung in entsprechende Institutionen geschieht, zu nichts außer Chaos führt" (Robbins 1978:56). Adam Smith und die klassischen liberalen Ökonomen Englands haben deshalb dem Staat eine aktive Rolle in der Politik zugebilligt. Ihrer Auffassung nach ist die „unsichtbare Hand" die Hand des Gesetzgebers. Dessen Aufgabe besteht darin, einen gesetzlichen Rahmen zu schaffen, der Ergebnisse eigennützigen Handelns, die die öffentliche Wohlfahrt verletzen, ausschließt (Robbins 1978). Das wirtschaftspolitische Programm der Klassiker fußt auf der realistischen Annahme der Existenz divergenter privater und öffentlicher Interessen. Die Klassiker wollten dementsprechend die Entscheidungs- und Handlungsbedingungen so verändern, daß die Verfolgung des Eigeninteresses in Summe dem öffentlichen Interesse entspricht, zumindest aber dieses nicht schädigt.

In der hier vorgeschlagenen spieltheoretischen Deutung heißt dies, daß die klassischen liberalen Ökonomen für die Verfolgung von Eigennutz und Entfaltung von Wettbewerb unter den Bedingungen eines Positivsummen-Spieles waren. Zu einem solchen tragen bei Adam Smith „moralische Gefühle" bei. Denn sie entsprechen dem, was in der Spieltheorie Kooperation, also die Einhaltung von Kontrakten, genannt wird. Das gesellschaftspolitische Programm der Klassiker, auf einen Nenner gebracht, heißt demnach: Verfolgung von Eigennutz und Kooperation im Wettbewerb, als Kurzform Wettbewerb *und* Kooperation.

Die Erhebung (oder Akzeptanz) der monetären Stabilitäts-Kriterien zum vorrangigen öffentlichen Zweck kommt in ihrer Konsequenz einer Abdankung des Politischen gleich. Der Zweck des Staates aber, zumindest des demokratischen, besteht vor allem in dem Ausgleich von privaten und öffentlichen Interessen. Neuerdings heißt dies auch, Anreize zu schaffen, die private Interessen für öffentliche Aufgaben motivieren (zumindest aber nicht entmutigen).

IV. Desintegrative Tendenzen bei Einführung und Nichteinführung des EURO

Die Bekräftigung der monetären Stabilitätskriterien als dominante öffentliche Aufgabe – nichts anderes bedeutet der Vertrag über die Europäische Union – hat eine Kettenreaktion von Null- und Negativsummen-Spielen in allen Mitgliedsländern und in allen Gesellschaftsbereichen, die vom Staat beeinflußt werden, zur Folge. Dies sind Prozesse, die zur „inneren Abnahme" beitragen, ohne daß dem zur Zeit ein ausgleichender Prozeß des „inneren Dazutuns" entgegenwirkte. In den Mitgliedsländern der EU drückt sich das heute bereits deutlich in Meinungsumfragen aus: Die Ablehnung der EU, vor allem der Einführung des EURO, überwiegt die Zustimmung immer stärker. Dieser Prozeß der „inneren Abnahme" gegenüber der EU kann im günstigen Fall zu einer Stagnation der Integration führen. So könnte es zu einer Vertagung der Errichtung des Währungs- und Wirtschaftsunion kommen.

Der Preis der Nichteinführung wäre allerdings sehr hoch. Denn der Vertrag über die Europäische Union wurde von den Regierungen aller Mitgliedsländer, in vielen Ländern sogar durch Volksabstimmungen oder Parlamentsbeschlüsse, ratifiziert. Die Verwirklichung des Vertrages aufzuheben oder gar aufzugeben, hätte schwerwiegende Auswirkungen auf die Glaubwürdigkeit demokratischer Institutionen und Verfahren.

Im ungünstigeren Fall leidet das Projekt der Europäischen Integration irreparablen Schaden, wenn sich nämlich die Mitgliedsländer auf ihr nationales Interesse zurückziehen, das dann nicht mehr durch Kooperation bei den übernationalen Aufgaben, wie dies die Errichtung der EU ist, gezügelt wird. Das wäre der Anfang eines (west)europäischen Desintegrationsprozesses (Soros 1993), eine Rückkehr hinter die historische Erkenntnis aus zwei Weltkriegen.

Zu dem Preis, den EURO nicht einzuführen oder diese Maßnahme zu vertagen, gehören letztlich auch die damit verbundenen Risiken. Mit Sicherheit hätte ein Fehlschlag erhöhte Unsicherheiten auf den Finanzmärkten mit einer Bonanza der Währungsspekulation zur Folge. Aus ihr ginge die DM-Hegemonie – die durch den EURO beendet werden sollte – letztlich gestärkt hervor.

In der Summe sind Preis und Risiken, die sich aus der vertragsgemäßen Einführung der Einheitswährung ergeben könnten, als geringer einzuschätzen als jene von Aufschub oder Verzicht. Allerdings birgt auch die Einführung des EURO, wie sie zur Zeit geplant ist, desintegrative Kräfte. Sie dürften zwischen dem Kern der EURO-Länder und den EU-Ländern, die noch nicht beitreten wollen oder dürfen, wirksam werden. Sie wirken vor allem innerhalb von Ländern, die – wie Italien – vermutlich nicht beitreten dürfen, als potentielle Spaltpilze zwischen den EURO-reifen und den weniger entwickelten Regionen (vgl. Pintarits 1996). Die Konflikte dürften sich verschärfen, wenn, wie dies die Konferenz der Finanzminister im April 1996 in Verona erahnen läßt, den Außenseitern Bindungen in der Politik (Bestrafung für Staatsdefizite, Verzicht auf Wechselkurspolitik) auferlegt werden, die de facto jenen gleichen, die sich aus der Übernahme des EURO ergeben.

V. Vom Kalten Krieg zur Dominanz von Null- und Negativsummen-Spielen

In der gesellschaftlichen Wirklichkeit, insbesondere in komplexen, arbeitsteiligen Gesellschaften, finden gleichzeitig und auf verschiedenen Ebenen unterschiedliche Positiv-, Null- und Negativsummen-Spiele statt. Darüber hinaus und zusätzlich gibt es soziale Situationen, in denen die Interaktion der entscheidenden und handelnden Individuen nicht in diesen spieltheoretisch inspirierten Begriffen faßbar sind. (Wir nehmen also gleichsam an, daß sie „auszahlungsirrelevant" sind.) Für die Qualität der gesellschaftlichen Entwicklung kommt es nun darauf an, welches der Spiele dominiert. Dabei dürfte in modernen Industriegesellschaften des marktwirtschaftlichen Typs eine Tendenz zu Null- und Negativsummen-Spielen bestehen. Diese Verfallsprozesse können intern durch „moralische Gefühle" und staatliche Regulierung oder extern durch Bedrohung aufgehalten oder umgekehrt werden. Viele Evidenzen sprechen dafür, daß in der Zeit nach dem Zweiten Weltkrieg, etwa bis zum Ende des Kalten Krieges, eine Konstellation gegeben war, in der auf der westlichen Seite des Eisernen Vorhanges Positivsummen-Spiele dominierten. Das kooperative Verhalten, etwa zwischen den großen sozialen Gruppen als „Sozialpartnerschaft" oder als Bereitschaft der politischen Mehrheit zum Wohlfahrtsstaat oder zur Entwicklungshilfe beizusteuern und dieses Verhalten auch via keynesianische Wirtschaftspolitik ökonomisch zu fundieren, wurde durch die Existenz der kommunistischen Bedrohung entscheidend stimuliert (dazu Prager 1963). Kooperatives Verhalten fand unter dem Atomschirm des die Weltpolitik beherrschenden bipolaren Rüstungswettlaufs statt. Dieser war ein klassisches Null- bzw. Negativsummen-Spiel vom Typus des Modells des Gefangenen-Dilemmas und ist als solches oft spieltheoretisch beschrieben worden. Das Damokles-Schwert dieses nichtkooperativen Spieles hing bis 1989 über den beiden Kontrahenten und gleicherweise über Alliierten und Nichtalliierten. Es erzeugte für die jeweils andere Seite jene externe Bedrohung, unter der es auf Binnenebene, zumindest im „Westen", für die „Spieler" vorteilhaft war, sich kooperativ zu verhalten. Seit der ökonomischen Stagnation der Sowjetunion, die in den 70er Jahren manifest wurde, spätestens aber seit deren Implosion im Jahre 1989, gibt es für die kapitalistische Welt keine externe Systembedrohung mehr. Seither beginnen sich im Westen und somit weltweit die Null- und Negativsummen-Spiele verstärkt zu entfalten. (Hierzu auch Bhaduri/Steindl 1983). Das ist z.B. an der Erosion der Sozialpartnerschaft (vgl. Traxler 1996) beobachtbar. Auch der geplante Sozialabbau in Deutschland wäre bei Existenz der DDR schwer vorstellbar. Die Desintegrationstendenzen in Belgien, Italien und nicht zuletzt in der Schweiz sind ebenfalls eine Folge dieser Entwicklung. Denn die dominanten Spieler in Politik und Ökonomie können es sich seither erlauben, nichtkooperatives Verhalten und dessen sozial schädliche Folgen untätig hinzunehmen. Wie in Teil III gezeigt wurde, unterwirft sich die politische Klasse, die die Dominanz des monetären Stabilisierungs-Zieles akzeptiert, ja sogar verficht, selbst einer Serie von nichtkooperativen Spielen.

In der ehemals von Moskau dominierten Hemisphäre hat das Ende des Duells der Supermächte eine Reihe von Null- und Negativsummen-Spielen in Form von Sezessions-Kriegen hervorgerufen (vgl. Ohmae 1995). Das gleiche gilt für Jugoslawien, das Land zwischen den ehemaligen Blöcken. Das Ende des Kalten Krieges wurde als Ende der Nachkriegs-Zeit begrüßt. Zu fragen ist in diesem Fall, was daran zu begrüßen ist, daß nun auch in Europa die Nachkriegs-Zeit zu Ende ist. Aus dieser Post-Nachkriegszeit stammen die Evidenzen, aus denen sich die Verfallsprozesse ergeben, die hier beschrieben werden.

Soweit die exkommunistischen Staaten sich den Regeln des internationalen Währungsfonds unterworfen haben, nehmen sie übrigens an dem als asymmetrischen Anpassungsmechanismus bezeichneten Null-Summen-Spiel und seinen wohlfahrtsschädlichen Folgen teil.

VI. Politik als Inszenierung von Positivsummen-Spielen

Die Einführung einer (teil)europäischen Einheitswährung ist zunächst eine notwendige Bedingung für die Verwirklichung der EU. Da diese auf absehbare Zeit auch als Träger der gesamteuropäischen Integration unersetzbar ist, handelt es sich um eine Angelegenheit, die weit über den „Kern" (die WWU-Beitrittsländer) hinaus von Bedeutung ist. Sie rechtfertigt es, daß die monetären Kriterien, befristet für die Periode der Einführung, als vorrangige öffentliche Aufgabe Geltung haben. Innerhalb dieser Frist ist es gerechtfertigt, daß sich andere öffentliche Aufgaben den monetären Stabilitätskriterien unterzuordnen haben.

Was sind die hinreichenden Bedingungen, ohne deren Erfüllung die Verwirklichung der EU auf Dauer und deren sukzessive Erweiterung nicht möglich wäre? Eine erste Bedingung klingt in der befristeten Dominanz, die zur Zeit der monetären Stabilität eingeräumt wird, bereits an. Zu EU-Aufgaben sollten nach dieser Frist konkrete sozioökonomische und kulturelle Probleme werden; sie sollten mit jenen der monetären Stabilität prinzipiell auf gleicher Ebene stehen. Dabei sollte es sich um Probleme handeln, die nicht durch das ungezügelte Wirken von privatem Interesse und Marktkräften bewältigt werden können. (Dies auch deshalb, weil sie z.T. durch diese hervorgerufen werden.) Als Probleme von (gesamt)europäischem Interesse könnten gelten: der Rückgang von Wachstum, Produktion und Einkommen, steigende Arbeitslosigkeit, Zunahme von Ungleichheit und Armut, Umweltbelastung, organisiertes Verbrechen und

Drogensucht sowie, abstrakt gesprochen, hohe Realzinsen, Inflation und öffentliche Verschuldung. Dieser Katalog von Problemen ist nicht mehr als ein Vorschlag; er sollte offen sein für neue und alte, bereits überwunden geglaubte Probleme, die von europäischer Reichweite sind. Konstitutiv für die Aufnahme in den Katalog europäischer Probleme müßte die Existenz einer Divergenz von privaten und öffentlichen Interessen sein, die für mehrere Mitgliedsländer erheblich ist. Die Konzentration der Kräfte müßte – wie in dem Fall der Konvergenz-Kriterien – jenen EU-Aufgaben gelten, die jeweils als vorrangig eingeschätzt werden.

Die zweite der hinreichenden Bedingungen betrifft das anzuwendende Verfahren. Wenn die hier dargebotene Sicht der Dinge richtig ist, dann hängt eine Verbesserung der Lage in Europa und der Welt insgesamt sowie in den einzelnen Ländern davon ab, ob es gelingt, Positivsummen-Spiele zu inszenieren, anstatt Nullsummen- und Negativsummen-Spiele ihren Lauf zu lassen. Die Inszenierung von Positivsummen-Spielen und die Förderung kooperativen Verhaltens müßten selbst in den Rang einer vorrangigen EU-Aufgabe erhoben werden. Gelingt dies, so wäre dies ein Meilenstein im Prozeß der europäischen Zivilisation. Vielleicht könnte daraus ein Beispiel werden, das über Europa hinaus Nachahmung findet und so zu einer friedlicheren Welt führt?

Die Inszenierung von Nichtkooperation, also von und Null- wie Negativsummen-Spielen, ist die Essenz autoritärer Politik, im Sinne des Freund-Feind-Verhältnisses von Carl Schmitt. Die Inszenierung von Kooperation und Positivsummen-Spielen durch Mobilisierung aufgeklärten privaten Interesses zur Erfüllung öffentlicher Zwecke ist die alles überragende Aufgabe, die sich heute und morgen der Politik stellt. Sie ist gleichzeitig die Essenz demokratischer Politik.

Diesem Vorschlag wird sicherlich entgegengehalten werden, daß er gar nicht neu sei. Denn schon heute ist viel von Kooperation die Rede. Dieses Argument verwechselt die schwammige Kooperations-Rhetorik, die heute weit verbreitet ist, mit dem analytisch gefaßten Begriff von Kooperation in der Spieltheorie, der diese Argumentation inspirierte. Er ist die Voraussetzung dafür, daß die beschriebenen sozialen und ökonomischen Situationen in Positivsummen-Spiele transformiert werden.

Es mag heute noch utopisch erscheinen, die Inszenierung von Kooperation als Essenz des Politischen vorzuschlagen. Dem kann die Affinität dieses Gedankens mit Verhaltensmaximen unterschiedlichster Herkunft entgegengehalten werden: Er kann sich stützen auf die gesellschaftstheoretischen Vorstellungen klassischer liberaler Ökonomen wie Adam Smith, auf die klassische Philosophie Immanuel Kants, auf den Kern sozialistischen Gedankenguts (die marxistische Welt der historischen Subjekte und entkörperlichten Kollektivakteure also beiseitelassend), auf christliche Gesellschaftsvorstellungen, auf die moderne Theorie strategischer Spiele und neuerdings auch auf das „Ich und Wir-Paradigma" der Kommunitarier (Etzioni 1994).

Die Idee des Politischen als Inszenierung von Positivsummen-Spielen wäre dann nicht utopisch, wenn sie auf einer realistischen Problemsicht beruhte. Durch den Druck der Probleme sollte sich der Vorrang jener Aufgaben durchsetzen, die auf eine europäische Agenda gehören. Bisher kamen außer monetärer Stabilisierung weder Deregulierung noch Privatisierung in den Rang einer öffentlichen Aufgabe. Wenn die Rinderseuche sich tatsächlich zu der befürchteten Katastrophe auswachsen sollte, wie manche befürchten, dann könnte dieses Ereignis zur Renaissance des Vorranges von öffentlichem Interesse (in diesem Fall an regulierter Tierhaltung und -verwertung) gegenüber dem kurzfristigen privaten Interesse an Kostenreduktion (durch deregulierte Tierhaltung) beitragen.[5]

Wenn die Weltsicht, die diesem Essay zugrundeliegt, richtig ist, dann bestünde die alles überragende Aufgabe der Humanwissenschaften wie der gesellschaftlichen Praxis darin, sich mit den Problemen der Inszenierung von Positivsummen-Spielen zu beschäftigen, d.h., die Bedingungen zu analysieren, unter denen Null- und Negativsummen-Spiele in Positivsummen-Spiele transformiert werden können.

Wer den Weg zur Inszenierung des Kooperationsmodus gehen will, muß allerdings mehrere Hürden überwinden. Die erste wurde schon genannt: Man muß den längerfristigen Vorteil der Kooperation (die stets durch den kurzfristig durch Nicht-Kooperation erzielbaren raschen Gewinn gefährdet ist) erkennen (Davy 1995). Die zweite Hürde besteht in der Entwicklung des konkreten Kooperation-Spiels. Die dritte in dessen Inszenierung. Die vierte in der Akzeptanz durch die Beteiligten. Dazu kommt eine fünfte Hürde in Form der medialen Vermittlung. Diese ist besonders schwer zu nehmen. Denn Kooperation ist nicht spektakulär, vielmehr den Medien meist zu langweilig; Kompromisse, die sich aus Verhandlungen im Kooperationsmodus ergeben, sind dies ebenso. Das Duell, ein Nullsummen-Spiel par excellence, ist das für das binäre Zeitalter (der elektronischen Massenmedien) geeignete Spektakel, einerlei ob als Boxkampf, als TV-Duell von Politikern oder als Streit um den EURO.

Das Erkennen der Möglichkeit des Positivsummen-Spiels, dessen Konzeption, Inszenierung und Akzeptanz fielen auch in der langen Periode nach dem Zweiten Weltkrieg, in der die Positivsummen-Spiele dominierten, nicht als Manna vom Himmel. Dennoch war damals einiges leichter. Denn viele hatten die Folgen der Nichtkooperation, die in totalitären Diktaturen und in der Katastrophe des Zweiten Weltkrieges endeten, persönlich erfahren. Die größte Gefährdung der Kooperation kam damals von „außen". Sie ging vom Sowjetsystem (bzw. vom „Imperialismus") aus. Diese Gefährdung hat (im „Westen" zumindest) gleichzeitig, mit Unterschieden von Land zu Land, Kooperation als Teil der Abwehr der externen Bedrohung stimuliert. In dieser Periode des Wie-

---

5 Wobei für diese „Kostenreduktion" riesige Kosten in Kauf genommen werden müßten, wenn tatsächlich 4,5 Mio. Rinder verbrannt werden müssen.

deraufbaus und der Expansion wurde kooperatives Verhalten durch kräftiges Einkommens- und Vermögenswachstum genährt. Zum Ende des Jahrhunderts haben die Lehren, die aus totalitären Diktaturen und Zweitem Weltkrieg gezogen wurden, an Wirkungsmacht verloren. Die Bedrohung durch die Sowjetunion ist ganz verschwunden. Auch Einkommenszuwächse, die wichtiger Bestandteil der Positivsummen sind, nehmen ab. Andere Werte als Geld- und Sachwerte müßten hinzu- oder an ihre Stelle treten. Die Inklusion nicht-materieller Werte in die Positivsumme ist bisher nur in destruktiver Form in Erscheinung getreten.[6]

Ist es nicht möglich, in die Positivsumme nicht-monetäre Werte einzuführen und akzeptabel zu machen, die kooperatives Verhalten befördern, wenn Einkommen, auf hohem Niveau, bisweilen stagnieren oder auch sinken? Oder bedarf es dazu der Geißel von Krise, Krieg und Katastrophe?

Um die Inszenierung des Kooperationsmodus zur alles überragenden Aufgabe der EU zu machen, bedarf es neben den wissenschaftlichen Anstrengungen, die den einzelnen Sachthemen und Problemen gelten, einer ernsthaften politischen Auseinandersetzung. Die Inszenierung des Kooperationsmodus ist, wie zu zeigen war, eine Angelegenheit, die zuerst in den Köpfen als Möglichkeit gedeihlichen Zusammenlebens vorhanden sein muß. Die notwendige Veränderung des Systems von Anreizen und Sanktionen wie ebenso die erforderlichen institutionellen Reformen gehören auf die Tagesordnung der Politik. Der Bedeutung des Anliegens entsprechend sollte die Inszenierung von Positivsummen-Spielen den höchsten Rang im Katalog europäischer Aufgaben erhalten. Welcher andere Ort wäre dafür geeigneter als die Verfassung der Europäischen Union? Eine solche sich zu geben, ist schon lange ein demokratiepolitisches Desideratum europäischer Politik (Puntscher Riekmann 1995). Das Ringen um einen Katalog von vorrangigen europäischen Aufgaben könnte dem Bemühen um eine europäische Verfassung einen konkreten Inhalt geben und auf diese Weise erstmals auch Leben einhauchen.

---

6 So etwa, als ein bosnischer (oder serbischer oder kroatischer) Kommandant auf das Argument, daß die Fortsetzung des Krieges noch mehr Menschen in Armut und Elend stoßen werde, sinngemäß antwortete: „Selbst wenn unser Lebensniveau noch einmal um die Hälfte sinkt, sind wir besser dran, wenn wir nur unsere staatliche Unabhängigkeit bekommen".

Ökologie als Risiko und Chance

Jan Bongaerts

Einleitung

Auch wenn die Zukunft der sicherheitspolitischen Gestaltung Europas insgesamt wesentlich kontroverser verläuft und ihr sehr viel mehr Platz in der tagespolitischen Berichterstattung eingeräumt wird, dürfte außer Zweifel stehen, daß die Ökologie gleichermaßen Stabilität und Wohlstand dieser Region prägen wird. Risiken und Chancen der anvisierten Osterweiterung der NATO sind nur schwer abzuschätzen. Im Bereich der Umwelt dagegen sind die Probleme und Lösungsmöglichkeiten übersichtlicher. Die nachfolgende Analyse geht von der These aus, daß die Erweiterung der Europäischen Union einen wesentlichen Beitrag zur Bewältigung der vielfältigen Umweltprobleme Gesamteuropas leisten kann. Eine Bestandsaufnahme liegt in Form des ersten europäischen Umweltberichtes vor, der seinerseits auf Initiative der gesamteuropäischen Umweltministerkonferenz zustande kam. Diese Initiative kann als späte Bestätigung des funktionalistischen Ansatzes, den Mitrany bereits 1947 formulierte, angesehen werden. Zugleich zeigt diese Initiative auch, daß funktionalistisch begründete Formen der Kooperation dann an ihre Grenzen stoßen, wenn die politische Bereitschaft fehlt, Maßnahmen durchzusetzen, die für richtig und notwendig erachtet werden.

1. Der Zustand der Umwelt in Europa

Über 600 Seiten umfaßt der erste gesamteuropäische Umweltbericht „Europe's Environment – The Dobríš Assessment", der 1995 von der Europäischen Umweltagentur in Kopenhagen herausgegeben wurde. Der formale Anlaß war eine Aufforderung der ersten gesamteuropäischen Umweltministerkonferenz, die 1991 im Schloß Dobríš in der Nähe von Prag stattfand. Die Umweltminister verlangten die Erstellung eines gesamteuropäischen Umweltberichts und baten die Europäische Kommission, dafür die Verantwortung zu übernehmen. Eine Task Force für die Gestaltung innerhalb der Europäischen Kommission machte sich an die Arbeit und koordinierte die Beiträge unzähliger Experten im gesamten Europa und internationaler Organisationen, um diesen ersten Sachstandsbericht in der Geschichte des Kontinents anzufertigen. Zahlreiche Probleme, die es zu lösen galt, betrafen zum einen die Entwicklung einer methodischen Vorgehensweise zur Bestimmung der Umweltprobleme von gesamteuropäischer Bedeutung und zum anderen die Beschaffung von geeigneten Daten zur Beschreibung dieser Probleme und zur Identifikation von Maßnahmen. Die Gesamtstruktur des Berichts ist in Abbildung 1 enthalten.

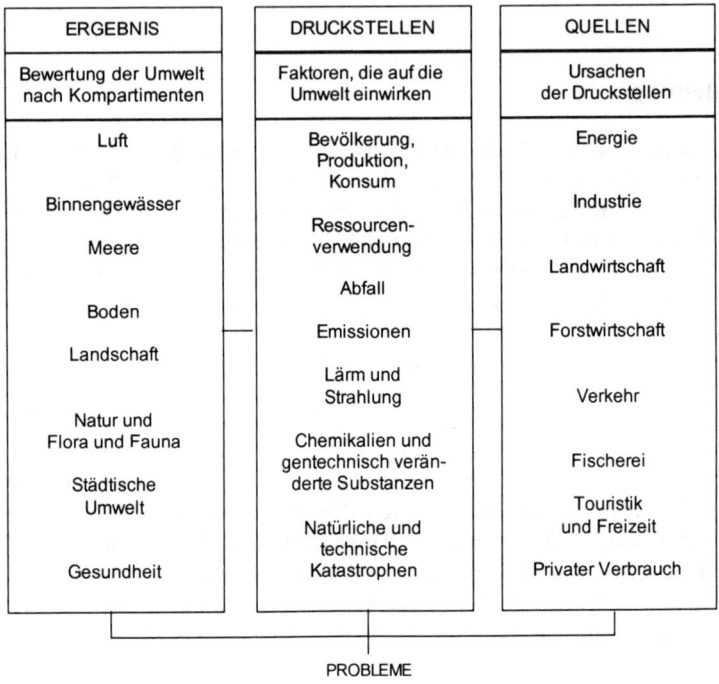

Abbildung 1: Europe's Environment: Strukturübersicht

Aus dieser Strukturübersicht wird die methodische Vorgehensweise ersichtlich.
Einer Darstellung und Bewertung der einzelnen natürlichen Umweltmedien
(einschließlich der städtischen Umwelt und der menschlichen Gesundheit) folgt
eine Analyse der Faktoren, die zu deren Belastung beitragen. Daraufhin nimmt
der Bericht diejenigen menschlichen Aktivitäten unter die Lupe, die das Entstehen dieser belastenden Faktoren verursachen bzw. beeinflussen. Schließlich
wird der Versuch unternommen, aus der Darstellung der Umweltmedien, deren
Belastungsfaktoren und der die letzteren verursachenden menschlichen Tätigkeiten eine Liste aller wesentlichen Umweltprobleme zu erstellen, die eine gesamteuropäische Bedeutung haben und somit Gegenstand einer gesamteuropäischen Umweltpolitik sein sollten.

Liste 1: Wesentliche Umweltprobleme von gesamteuropäischer Bedeutung:

1. Klimaveränderungen:
   - Treibhauseffekt infolge einer Erhöhung um 50 % der CO_2-Konzentrationen seit der vorindustriellen Zeit,
   - Ursachen, Folgen und internationale Klimaschutzpolitik.
2. Ozonabbau in der Stratosphäre:
   - Abbau der Ozonschicht durch fluorierte bzw. bromierte Chlorkohlenwasserstoffe,
   - Folgen für das Klima, erhöhte UV-B-Strahlung,
   - Maßnahmen.
3. Verringerung der Biodiversität:
   - Gründe für den Artenrückgang,
   - Zielsetzung für den Erhalt der Biodiversität,
   - Strategien.
4. Große Störfälle:
   - Umweltprobleme infolge von Störfällen,
   - Bedeutung eines Risikomanagements,
   - Notwendigkeit von Notfallplänen,
   - besondere Aufmerksamkeit für nukleare Störfälle.
5. Übersäuerung:
   - Ursachen für die Bildung von saurem Regen,
   - negative Folgen für die Ökosysteme,
   - Maßnahmen.
6. Photochemische Oxidantien und Ozonbildung in der Troposphäre:
   - Komplexe chemische Reaktionen in der Troposphäre, bei denen aus Stickoxiden und flüchtigen Kohlenwasserstoffen Methan und Kohlenmonoxid Ozon gebildet werden,
   - Auswirkungen auf die Gesundheit und die Umwelt,
   - Notwendigkeit der Einleitung von Maßnahmen.
7. Süßwasserhaushalt:
   - ungleiche Verfügbarkeit von Süßwasser in Europa,
   - Gewässerverschmutzung und Beeinträchtigung von feuchten Ökosystemen,
   - Bestimmung von Nachhaltigkeitszielen,
   - Maßnahmen der internationalen Zusammenarbeit.
8. Waldschäden:
   - zwei Arten von Schäden: Luftverunreinigung in Mittel- und Osteuropa und Brände in Südeuropa,
   - Schwierigkeiten der Bestimmung der Ursachen,
   - Notwendigkeit einer verbesserten Beobachtung.

Jan Bongaerts

9. Küstengebiete:
- Bedeutung von Küstengebieten als Puffer zwischen Meer und Land,
- Zerstörung der Qualität von Habitats und Gewässern durch menschliche Aktivitäten,
- Notwendigkeit einer integrierten Strategie für das Management von Küstengebieten.
10. Abfallerzeugung und -behandlung:
- stetige Zunahme der Abfallmengen und der Engpässe der Abfallbehandlung,
- trotz Betonung der Vermeidung und Verwertung werden Abfälle überwiegend deponiert oder verbrannt,
- Schwierigkeiten bei der Kontrolle grenzüberschreitender Abfallverbringungen,
- Priorität von Maßnahmen zur Vermeidung.
11. Städtische Umwelt:
- zunehmende Verschlechterung der städtischen Umweltqualität,
- zunehmender Bedarf an Ressourcen bzw. Abfallerzeugung durch Städte,
- Priorität neuer Zielsetzungen in den Bereichen Stadtplanung, Verkehr, Wasserhaushalt, Energie und Stoffe.
12. Risiken im Umgang mit chemischen Stoffen:
- Bedeutung von chemischen Stoffen für die meisten Umweltprobleme in Europa,
- Notwendigkeit zur Verringerung der Konzentration aller chemischen Stoffe in der Umwelt unterhalb der Schwelle negativer Auswirkungen auf Gesundheit und Umwelt.

2. Politischer Rahmen

Die Vorgehensweise des „Europäischen Umweltberichts" der Europäischen Umweltagentur bezieht sich auf das Fünfte Umwelt-Aktionsprogramm der Europäischen Kommission, das vom Umweltministerrat als Grundlage für die künftige Umweltpolitik (im Planungszeitraum von 1993 bis 2000) Verwendung findet. Die Struktur dieses Aktionsprogramms ist in Liste 2 dargestellt.

Liste 2: Struktur des Fünften Umwelt-Aktionsprogramms:

A. Strategie innerhalb der Europäischen Gemeinschaft

I. Akteure:
- Behörden,
- staatliche und private Unternehmen,
- breite Öffentlichkeit.

110

II. Ausgewählte Schwerpunktbereiche:
- Industrie,
- Energie,
- Verkehr,
- Landwirtschaft,
- Tourismus.

III. Themen:
- Klimaveränderung,
- Übersäuerung und Luftqualität,
- Natur- und Artenschutz,
- Wasserwirtschaft,
- Städtische Umwelt,
- Küstengebiete,
- Abfallwirtschaft.

IV. Risikomanagement und Unfallüberwachung:
- Industriebezogene Risiken,
- Nukleare Sicherheit und Strahlenschutz,
- Katastrophenschutz,
- Umweltunfälle und Naturkatastrophen.

V. Erweiterung der Palette von Instrumenten:
- Informationen,
- Forschung und technologische Entwicklung,
- sektorbezogene Planung und Raumplanung,
- ökonomische Instrumente,
- Erziehung,
- berufliche Aus- und Weiterbildung,
- finanzielle Hilfen.

B. Internationale Umweltpolitik
  - weltweite Umweltfragen,
  - regionale und lokale Fragen.
- Internationale Zusammenarbeit
  - weltweit,
  - regional.
- Bilaterale Zusammenarbeit
  - Entwicklungsländer,
  - Mittel- und Osteuropa.

C. Prioritäten und Kosten
- Flexibles Vorgehen bei der Bestimmung von Prioritäten,
- Suche nach kostengünstigen Lösungswegen.

Die voranstehende Strukturierung ist Ausdruck und Ausfluß des Bemühens der Europäischen Union, integrative Ansätze zur sogenannten Nachhaltigen Entwicklung zu leisten. Hierzu sollen Veränderungen in Grundbereichen herausragender Tätigkeitsfelder (Industrie, Energieeinsatz ...) ausgearbeitet und schließlich auch bewirkt werden. Es handelt sich im Grundsatz darum, die Verantwortung für die Umwelt in das Entscheidungskalkül der Wirtschaft, des Fremdenverkehrs, der Landwirtschaft, des Verkehrssektors usw. zu integrieren und dazu ein geeignetes Instrumentarium zu entwickeln und umzusetzen.

Der Grundgedanke dieser Vorgehensweise ist konsensfähig bis hin zur erstaunlichen Feststellung, daß die Leitlinie einer nachhaltigen Entwicklung keine Gegner kennt. Es ist nicht damit zu rechnen, daß die Erweiterung der Europäischen Union von derzeit fünfzehn auf möglicherweise dreißig Mitgliedsstaaten dazu führen wird, diesen Grundgedanken wieder aufzugeben. Vielmehr gibt es bereits jetzt ernsthafte Anstrengungen, die Umweltpolitik und das umweltpolitische Instrumentarium der Beitrittstaaten in Mittel- und Osteuropa an das Umweltrecht der Europäischen Union anzugleichen (z.B.: Patern/Sheate 1996).

3. Konfliktbereiche

Eine Analyse des Fünften Umwelt-Aktionsprogramms in bezug auf Konfliktpotentiale zwischen Ökonomie und Ökologie mag somit eine Vorausschau auf ähnliche Konfliktpotentiale liefern, die sich in einer Europäischen Union der fünfundzwanzig oder der dreißig entfalten könnten. Beispielhaft seien folgende Konfliktbereiche genannt.

Liste 3: Konfliktbereiche

– Verkehr,
– Energie und Klimaschutz,
– Landwirtschaft und Naturschutz,
– Erweiterung der Europäischen Union und die Umweltpolitik,
– Umwelt und Welthandel

3.1 Verkehr

Kaum eine ökonomische Tätigkeit ist dem Verkehr vergleichbar. Gleichwohl ist seine Bedeutung für eine Umstrukturierung in Richtung nachhaltiger Entwicklung weithin unreflektiert. Umso bemerkenswerter ist, daß in der Öffentlichkeit das Bewußtsein über die Umweltauswirkungen des Verkehrs wächst und daß gleichzeitig Maßnahmen zur Eindämmung dieser Umweltauswirkungen bislang kaum akzeptiert werden.

Die Umweltgesetzgebung der Europäischen Union in bezug auf den individuellen Straßenverkehr hat sich seit 1970 kontinuierlich entwickelt. Erreicht hat sie nur wenig, weil sie sich auf qualitative Aspekte einzelner Produkte („saubere Kraftstoffe und saubere Fahrzeuge") konzentriert hat und bislang keine effektiven Instrumente zur Lenkung der Verkehrsströme im Hinblick auf eine ökologisch optimale Intermodalität entwickeln konnte.[1]

Innerhalb der Europäischen Union ist die quantitative Entwicklung der Verkehrsströme aus ökologischer Sicht sogar negativ. Seit Anfang der achtziger Jahre haben der Güterverkehr bzw. der Personenverkehr auf der Straße um 45 % bzw. 41 % zugenommen. Der Eisenbahnverkehr hat in derselben Zeit in bezug auf Güter abgenommen und in bezug auf Personen nur um 10 % zugenommen. Die größte Zunahme wird im Flugverkehr erwartet: Für die Jahre zwischen 1990 und 2010 wird mit einer Steigerungsrate von 180 % gerechnet. Im Bereich des Gütertransports ist die anteilsmäßige Verteilung vom ökologisch optimalen Ziel weit entfernt:

Verkehrszweig	1970	1990	1992
Straße	50,06	66,31	70
Bahn	29,36	16,30	16,3
Binnenschiff	12,29	7,63	4,4
Rohrleitungen	7,73	8,48	9,3
Luft	0,56	1,28	

Tabelle 1: Gütertransporte in der Europäischen Union für 1970, 1990 und 1992: Anteile in %

Quelle: Europäische Umweltagentur: Europe's Environment, S. 441

Die Europäische Umweltagentur erwartet, daß sich der Güterverkehr im Jahre 2010 im Vergleich zu 1988 verdoppelt. Von besonderer Bedeutung ist die Erwartung, daß die zunehmende wirtschaftliche Verflechtung der Mitgliedsstaaten ein Wachstum des (internationalen) Fernverkehrs begünstigen wird. Dies ist Ausdruck der Annahme, daß immer mehr Menschen und Güter den Fernverkehr nutzen werden.

Der Beitritt der sogenannten peripheren Mitgliedsstaaten Griechenland, Portugal und Spanien, der eine Sogwirkung im Bereich Güterfernverkehr ausgelöst hat, läßt die Entwicklung in diesem Bereich erahnen, wenn die Europäische Union innerhalb spätestens zweier Jahrzehnte bis zur Russischen Grenze bzw. zum Schwarzen Meer reichen wird.

---

1 Selbst auf diesem Gebiet scheint die Politik nicht in erster Linie durch Umweltinteressen sondern Wirtschaftsinteressen gelenkt zu werden. Siehe dazu ein Kommentar der Süddeutschen Zeitung vom 27. Juni 1996 zum Beschluß der Umweltminister vom 25. Juni, das Fünfliterauto nicht zum Jahr 2005 (Vorschlag der Europäischen Kommission), sondern erst 2010 vorzuschreiben.

Die Weichen der Verkehrspolitik der Europäischen Union sind, zumindest teilweise, gestellt. Von besonderer Bedeutung ist die Schaffung von trans-europäischen Netzen (TENs) im Verkehrsbereich.[2] Einerseits handelt es sich um die Schaffung von leistungsfähigen Infrastrukturen im westeuropäischen Ballungsraum, zu dem Belgien, die Niederlande, Deutschland, Österreich, die Schweiz, Norditalien und die Küstengebiete Frankreichs und Spaniens gehören. Andererseits sollen die peripheren Regionen (Griechenland, Irland, Portugal, aber auch viele Regionen in Mittel- und Osteuropa) an dieses Ballungsgebiet angeschlossen werden.

Die herkömmliche Umweltverkehrspolitik, die sich (fast) ausschließlich an einer gesetzlichen Festschreibung des Standes der Technik für Straßenverkehrs-fahrzeuge orientiert hat, wird die künftig zu erwartenden Umweltauswirkungen des Verkehrs nicht auffangen können. Auch EURO II (die neuen Abgasvor-schriften für Straßenfahrzeuge der Europäischen Union, die 1996 in Kraft tre-ten) wird diese negativen Entwicklungen nicht bremsen.

Die Europäische Kommission setzt demzufolge auf eine Erweiterung des Instrumentariums – über ordnungsrechtliche und verkehrs- und sicherheitstech-nische Normen hinaus, ist dabei allerdings von der Zustimmung der Regierun-gen der Mitgliedsstaaten abhängig. Im Grünbuch über faire und effiziente Prei-se im Verkehr[3] wird dafür plädiert, die Besteuerung der Verkehrsteilnehmer aus ökologischer Sicht grundlegend zu verändern. Das ökologische Ziel einer nachhaltigen Verkehrspolitik setzt voraus, daß Benutzungsgebühren für die Verkehrsinfrastruktur festgesetzt werden, die sich an den wirklichen Kosten orientieren. Dazu zählen: Umweltschäden, wirtschaftliche Nachteile infolge von Staus und Gesundheitsbeeinträchtigungen.

Damit ist nicht unbedingt eine generelle Verteuerung der Benutzung der Straßeninfrastruktur impliziert. So ist zu bedenken, daß die heutige Besteuerung der Straßenverkehrsteilnehmer nichts oder nur wenig mit Ökologie, aber viel mit fiskalischen Zwecken zu tun hat. Im Klartext heißt dies, daß ein möglicher Lösungsweg zur Umweltentlastung des Straßenverkehrs darin besteht, für die Benutzung von Infrastrukturen in Abhängigkeit von Umweltkosten in das Ent-scheidungskalkül der Verkehrsteilnehmer zu integrieren. Darüber hinaus ge-hende Belastungen der Verkehrsteilnehmer hätten dann fiskalische Zwecke und müßten als solche gekennzeichnet werden.

---

2 Europäische Gemeinschaften: Gemeinsamer Standpunkt (EG) Nr. 22 vom 28. September 1995, vom Rat festgelegt gemäß dem Verfahren des Artikels 198b des Vertrags zur Gründung der Eu-ropäischen Gemeinschaft im Hinblick auf den Erlaß einer Entscheidung des Europäischen Par-laments und des Rates über gemeinschaftliche Leitlinien für den Aufbau eines transeuropäi-schen Verkehrsnetzes. Amtsblatt C 331, 8. Dezember 1995. Die endgültige Entscheidung wurde von einem Vermittlungsausschuß nach Artikel 189 b in der Nacht vom 17. Juni 1996 erzielt.

3 Europäische Kommission: Grünbuch über faire und effiziente Preise im Verkehr, KOM (95) 691, Brüssel, den 20.12.1995.

Bislang läßt sich dieser Grundgedanke einer ökologischen Anrechnung der Kosten auf die Verkehrsteilnehmer weder national noch international – von wenigen Ausnahmen abgesehen – durchsetzen. Von besonderer Bedeutung in diesem Zusammenhang sind zum einen der Ausbau der transeuropäischen Netze und zum anderen das stürmische Wachstum des Ost-West-Verkehrs, deren ökologische Auswirkungen aus ökonomischen Gründen in Kauf genommen werden. Einen lokalen Problembereich bildet der Alpentransitverkehr, der sich auf Kosten der Umwelt weiterhin entwickelt.

Ein Beispiel hierfür ist die Transitpolitik Österreichs, die nach Österreichs Beitritt zur Europäischen Union geändert werden mußte. Gegenwärtig liefert die Mautgebühr am Brenner ein Aufkommen, das die Kosten des Unterhalts der Brenner-Transitstrecke um ein Vielfaches übersteigt. Nach dem gültigen Europäischen Recht wären nicht 2.300 Schilling, sondern 1.000 Schilling pro Nachtfahrt zulässig. Der Europäischen Kommission bleibt somit nichts anderes übrig, als Österreich vor dem Europäischen Gerichtshof zu verklagen.[4]

Gleichzeitig hat die Europäische Kommission allerdings vor, die bestehende Euro-Vignetten-Regelung den ökologischen Bedingungen anzupassen. Es sollten zeitbezogen Straßenbenutzungsgebühren unter Berücksichtigung von Straßenschadensklassen und von Emissionen der LKW in einer Bandbreite von 740 ECU bis 2000 ECU pro Jahr erhoben werden. Auf „empfindlichen" Strecken soll ferner ein Zuschlag von maximal 0,5 ECU pro km (bei Mauten) und von maximal 15 ECU pro Tag (bei Benutzungsgebühren) erhoben werden dürfen.

3.2 Energie und Klimaschutz

Die klassische Energiepolitik ist durch folgende Leitlinien gekennzeichnet:

– Sicherstellung der notwendigen Energiequellen,
– Gewährleistung einer Zuverlässigkeit der Energieanbieter,
– möglichst preiswerte Bereitstellung für Energiekunden,
– Wahrung der nationalen Interessen.

Betrachtet man die ökonomischen und sozialen Funktionen der Energiewirtschaft in einer sich weiterhin international entwickelnden Gesellschaft, so ergibt sich, daß die Mitgliedsstaaten der Europäischen Union bis dato daran festhalten, die Energiepolitik weitgehend in eigener Regie zu führen. Im Vergleich zur Agrarpolitik, die bereits frühzeitig zur Gemeinsamen Politik bestimmt wurde, ist diese Feststellung umso bemerkenswerter. Die Bemühungen der Europäischen Kommission zur Schaffung eines gemeinsamen Marktes für leitungsgebundene Energieträger (Elektrizität und Erdgas) treten seit Jahren auf der Stelle,

---

4 Siehe dazu Frankfurter Rundschau, 21. Februar 1996.

weil es den Mitgliedsstaaten an Bereitschaft fehlt, ihre nationalen Vorstellungen gegen eine europäische Energiepolitik einzutauschen.

Dabei ist klar, daß der Energieverbrauch in der Europäischen Union wachsen wird. Die Europäische Kommission schätzt, daß der Primärenergieverbrauch im Zeitraum von 1990 bis 2010 um 22 % zunehmen wird.[5] Hinzu kommt, daß die Abhängigkeit von Importen von fossilen Energiequellen zunehmen wird. Die Europäische Kommission hat in dieser Hinsicht aus gegebenem Anlaß eine Übersicht über die künftigen Entwicklungen im Bereich der Erdgaswirtschaft veröffentlicht.[6] Aus diesem Bericht geht hervor, daß die Importabhängigkeit der Europäischen Union in bezug auf Erdgas, dessen Einsatz nicht zuletzt aus Umweltschutzgründen befürwortet wird, im Laufe der Zeit zunehmen wird. Tabelle 2 liefert dazu eine Übersicht.

	1994	2000	2010	2020
Verbrauch (Mt ROE)	254	311-320	392-411	432-496
Eigenproduktion (%)	61	56	41	25 - 32
Importabhängigkeit (%)	39	44	59	68 - 75

Tabelle 2: Trends von Erdgasversorgung und -verbrauch der EU

Quelle: Europäische Kommission, KOM (95) 478:10

Als Exporteure kommen künftig zwei Nationen in Frage: Algerien und Rußland. Weitere potentielle Lieferanten sind Australien, die Golfstaaten und Nigeria, aber deren Erdgaslieferungen können nicht mit Hilfe von Druckleitungen, sondern in Form von teuren Verflüssigungsverfahren übers Meer in Europa angelandet werden. Das Beispiel der Erdgaswirtschaft zeigt, daß die Sicherung von ausreichenden Energiequellen für Europa eine besondere Aufgabe darstellt. Die Europäische Union verfügt über zwei autonome Strategien zu Sicherung ihres Energiebedarfs. Die erste Strategie hat allerdings eine zweifelhafte Zukunft. Sie besteht darin, die Kernenergie verstärkt auszubauen. Im Augenblick werden 35 % der Elektrizität in der Europäischen Union aus Kernenergie gewonnen. Im Europäischen Raum stellt dieser Anteil eine einsame Spitze dar. Tabelle 3 enthält nähere Angaben.

Es ist davon auszugehen, daß der Anteil an Elektrizität aus Kernenergie kaum gesteigert werden kann. Einerseits ergibt sich diese Feststellung aus der Tatsache, daß Mitgliedsstaaten wie Belgien und Frankreich, die eine kernenergiefreundliche Politik verfolgen, ihren Anteil faktisch nicht mehr erhöhen können. Andererseits gibt es Mitgliedsstaaten wie Dänemark, Deutschland und

---

5 Europäische Kommission, KOM (95) Bericht der Kommission, 624:17.

6 Mitteilung der Kommission: Die Gasversorgung der Europäischen Gemeinschaft und zukünftige Perspektiven, Brüssel, den 18.10.1995, KOM (95) 478.

Österreich, in denen die Kernenergie politisch bzw. aus praktischen Gründen nicht bzw. nicht weiter ausgebaut werden wird.

	feste Brenn- stoffe	Erdgas	Mine- ralöl	erneuerbare Ener- giequellen	Kern- energie
Europäische Union	37	9	10	9	35
EFTA	7	3	1	63	26
Mitteleuropa	67	7	6	8	12
GUS-Staaten	25	34	14	15	12

Tabelle 3: Anteile der Elektrizitätserzeugung in ausgewählten Regionen in Europa (in %)

Quelle: Europäische Umweltagentur: Europe's Environment, S.407

In den Staaten Mittel- und Osteuropas ist die Lage anders. Dort gilt es in erster Linie, die Sicherheit bestehender Kernkraftwerke zu verbessern. Ein Konfliktpotential zwischen West und Ost besteht darin, daß der Westen vom Osten hohe Sicherheitsanforderungen stellt und zu wenig Mittel bereitstellen kann, damit der Osten sie erfüllt.

Im Rahmen des PHARE-Programms und des TACIS-Programms wurden von 1991 bis 1994 von der Europäischen Union 416 Millionen ECU für die Reaktorsicherheit ausgegeben.[7] Davon sind 75 % in die TACIS-Staaten geflossen. Nach anfänglichen Machbarkeitsstudien sind Ausbildungsprogramme für den Betrieb von Kernkraftwerken und von Inspektionsämtern angelaufen. Sie wurden durch die Beschaffung von Sicherheitsausrüstungen ergänzt.

Ein besonderes Problem betrifft die Regelung der Haftung. Sowohl Beraterfirmen aus dem Westen als auch Betreiber von Kernkraftwerken in Mittel- und Osteuropa waren anfänglich aufgrund ungeklärter Haftungsfragen nicht bereit, Verträge im Rahmen der PHARE- und TACIS-Programme zu unterzeichnen.

Seit 1993 sind dazu von der Europäischen Kommission ad hoc Lösungen ausgearbeitet worden, nach denen die begünstigten Regierungen auf eventuelle Ansprüche auf Haftung für Schäden verzichten. Für einige Staaten in Mittel- und Osteuropa (Bulgarien, Estland, Litauen, Rumänien, die Tschechische Republik und Ungarn) hat sich das Problem durch den Beitritt zur Wiener Konvention von selbst gelöst. Danach unterliegen nur die Betreiber von Kernkraftwerken der Haftung. Mit Rußland wurde 1995 ein Memorandum of Understanding unterzeichnet, das Berater und Lieferanten von Sicherheitsausrüstun-

7 European Commission, Background Report on Nuclear Safety in Central and Eastern Europe and the Former Soviet Union, London, February 1996.

gen von Haftungsansprüchen befreien würde. Sowohl Rußland als auch die Ukraine sind der Wiener Konvention bislang nicht beigetreten.

Einen Sonderfall stellt die Ukraine mit dem Standort Chernobyl dar. Von 1992 bis 1994 hat die Europäische Union für Dekontaminierungszwecke etwa 87 Millionen ECU bereitgestellt. Das endgültige Ziel, das auf dem sogenannten Gipfeltreffen der G-7 vereinbart wurde, besteht in der Stillegung von drei Reaktoren. Die geschätzten Kosten betragen 1,35 Milliarden ECU. Die Mittel stehen zu bestimmten Bedingungen zur Verfügung, teilweise als Subventionen (500 Millionen ECU der EU, 100 Millionen ECU im Rahmen des TACIS-Programms, 400 Millionen ECU als Euratom-Anleihen und 166 Millionen ECU der G-7). An Bedingungen sind daran geknüpft:

– permanente Stillegung,
– verstärkte Maßnahmen der Energieeffizienz,
– Beitritt zur Wiener Konvention über Reaktorsicherheit.

Der ukrainische Staatspräsident hat im April 1995 angekündigt, daß Chernobyl zwischen 1997 und 2000 stillgelegt werden soll. Die Erfüllung der beiden anderen Bedingungen ist vorläufig noch offen.

Die zweite Strategie bezieht sich auf Programme und Techniken zu einem sparsamen Umgang mit Energie und zu einem verstärkten Einsatz von erneuerbaren Energiequellen. Die Entwicklung dieser Strategie erweist sich ebenfalls als schwierig, weil die Europäische Union bislang kein Mandat für eine gemeinsame Energiepolitik der Mitgliedsstaaten hat. Dementsprechend sind die geleisteten Fortschritte eher gering. Die entsprechenden Forschungs- und Demonstrationsprogramme der Europäischen Kommission (JOULE – THERMIE, ALTERNER und SAVE II)[8] werden weitergeführt, aber ihr Beitrag zu einer nachhaltigen strukturellen Änderung der Energiewirtschaft und der Energieverbrauchsmuster bleibt vorläufig gering. Ähnliches gilt für die Energiecharta, immerhin das erste gesamteuropäische Instrument zur Gestaltung einer nachhaltigen Energiewirtschaft.

Diese Bemühungen zur Internationalisierung und zur Ökologisierung der Energiewirtschaft müssen in Hinblick auf die Entscheidung der Umwelt- und

---

8 Es handelt sich um Förderprogramme der Europäischen Union, mit deren Hilfe bestimmte Ziele im Bereich der Energieeffizienz durch technologische Innovationen und Vorzeigeprojekte einschließlich Einsatz von erneuerbaren Energiequellen erreicht werden können. Dabei sind JOULE und THERMIE die Kurzbezeichnungen für zwei Programme zur Förderung innovativer Energietechnologien und Maßnahmen zur Bestimmung von Forschungs- und Entwicklungsstrategien und deren Verbreitung. ALTENER steht für ein Programm für Studien und technische Bewertungen von Techniken für die Umwandlung von erneuerbaren Energien, den Bau von Pilotanlagen und die Gründung von Informationsnetzen in diesem Bereich. Siehe beispielsweise: Renate Fries: Förderhilfen Umweltschutz: EU – Bund – Länder, Bonn, 1996, Economica Verlag, 3. Auflage. SAVE II ist ein Förderprogramm der Energieeinsparung. SAVE steht allen Bereichen, auch dem Verkehr, und allen Energienutzern zur Verfügung.

Energieminister im Europäischen Rat betrachtet werden, die CO_2-Emissionen der Europäischen Union im Jahre 2000 auf jene des Jahres 1990 einzufrieren. Gerade in Hinblick auf die Erweiterung ist die Einstimmigkeitsregel künftig kaum zu halten. Allerdings stellt sich dann die Frage, ob gemeinsame Initiativen für eine CO_2- und Energiesteuer unter den Bedingungen einer Mehrheitsregel überhaupt noch vorgelegt werden können. In diesem Kontext ist das Vorschlagsrecht für gemeinsame Regelungen von besonderer Bedeutung.[9]

Mitgliedsstaat	Wird Ziel erreicht?
Belgien	Ziel wird ohne CO_2-Steuer nicht erreicht.
Dänemark	Ziel wird nur unter bestimmten Umständen erreicht. (Abnahme der elektrischen Heizung und strengere Standards für Energieeffizienz.
Deutschland	Ziel (25 % in 2005) wird ohne CO_2-Steuer nicht erreicht.
Finnland	Ziel wird nicht erreicht (+18 % in 2000).
Frankreich	Ziel wird nicht erreicht (mindestens +7 % in 2000).
Griechenland	Zunahme der CO_2-Emissionen (+12 % bis +18 %).
Irland	Erwartete Zunahme der CO_2-Emissionen (+20 %) wird nicht überschritten, wenn Maßnahmen zur Energieeinsparung greifen.
Italien	Ziel wird nicht erreicht (+1 % bis +5 % in 2000).
Luxemburg	Ziel wird erreicht (-33% in 2000 durch eine Reorganisation in der Stahlwirtschaft).
Niederlande	Ziel ist erreichbar, wenn sämtliche Maßnahmen eingeleitet werden, inklusive eine CO_2-Steuer für kleine Abnehmer und Vereinbarungen zur CO_2-Minderung mit Großverbrauchern.
Österreich	Ziel wird nur erreicht, wenn sämtliche Maßnahmen für 1994-1998 sofort eingeleitet werden.
Portugal	Erwartete Zunahme der CO_2-Emissionen (+40 % in 2000) wird nicht überschritten.
Spanien	Ziel wird erreicht, wenn eine Korrektur für die Jahrestemperatur von 1990 berücksichtigt wird.
Vereinigtes Königreich	Ziel wird durch Ersatz von Steinkohle durch Erdgas und nicht durch Energieeinsparung erreicht.
Schweden	Ziel wird erreicht. Eine rechnerische Korrektur der Temperatur des Ausgangsjahres ist erforderlich.

Tabelle 4: CO_2-Emissionspolitik der Mitgliedsstaaten der Europäischen Union

Quelle: Zusammenfassung des Berichtes KOM (96) 91 der Europäischen Kommission: Second evaluation of national programmes under the monitoring mechanism of Community CO_2 and other green-house gas emissions, Brüssel, den 14. März 1996.

---

9 Im Vorfeld der Regierungskonferenz zur Revision des Maastrichtvertrags sind künftige Entwicklungen noch nicht abzuschätzen

Insgesamt betrachtet gibt es keine kohärente Europäische Energiepolitik im Sinne einer nachhaltigen Entwicklung, die über wirksame Instrumente verfügt, mit denen die Mitgliedsstaaten die Ziele realisieren können. Konfliktpotentiale ergeben sich aus der Sorge der Mitgliedsstaaten, daß Energie aus Wettbewerbsgründen nicht verteuert werden sollte, wenngleich eine Verringerung der Umweltauswirkungen des Energieeinsatzes ebenfalls als ein wichtiges Ziel betrachtet werden. Die vorläufige Reaktion der Europäischen Kommission auf das ungewisse Schicksal einer gemeinsamen CO_2- und Energiesteuer besteht in der Erörterung neuer Instrumente. So werden produktbezogene Regelungen für die Energieeffizienz von Haushaltsgeräten und elektronischen Rechnern vorgeschlagen bzw. in bilateralen Verhandlungen mit der Wirtschaft kostengünstige Lösungen für eine Verringerung der Umweltauswirkungen des Energieverbrauchs geführt.[10]

3.3 Landwirtschaft und Naturschutz

Im Bereich der Landwirtschaft gibt es drei wesentliche Aufgaben für die Politik:

- wirtschaftliche Reform der gemeinsamen Agrarpolitik,
- ökologische Reform der gemeinsamen Agrarpolitik,
- Vorbereitung der (Ost)erweiterung.

Die wirtschaftliche Reform der Gemeinsamen Agrarpolitik wurde 1992, demselben Jahr der Vorstellung des Fünften Umwelt-Aktionsprogramms, vom Ministerrat beschlossen. Das Ziel besteht darin, die Zuschüsse an die Landwirtschaft nicht mehr über eine Preisstützung, sondern durch direkte Transferzahlungen zu leisten.

Vor 1992 bediente sich die Gemeinsame Agrarpolitik der sogenannten Intervention: Überstieg das Angebot eines Agrarerzeugnisses die Nachfrage und fiel dadurch der Preis, kaufte die Europäische Gemeinschaft ohne Mengenbeschränkung zu einem vom Ministerrat festgesetzten Preis (Interventionspreis) die überschüssigen Mengen auf. Sie wurden in der Hoffnung auf künftige Knappheiten zwischengelagert. Im Ergebnis dieser Politik entstanden Interventionsbestände, die unter medienwirksamen Bezeichnungen, wie „Butterberge" und „Fleischberge" bekannt geworden sind. Die Reform von 1992 sieht vor, daß den Landwirten direkte Transferleistungen gezahlt werden: Sie bekommen eine Überweisung aus dem EU-Haushalt, und es werden jährliche Höchstmengen vorgeschrieben. Für Mengen über dieser Schwelle wird nicht mehr gezahlt. Außerdem werden Prämien für stillgelegte Flächen bzw. für Flächen gezahlt, auf denen Pflanzen für andere als Ernährungszwecke angebaut werden (sogenannte Non-Food-Erzeugnisse, wie Raps für Biodiesel und Hydrauliköle). Ins-

---

10 Quelle: KOM (95) 624, Kapitel 1.2: Energie.

besondere wurde eine Flächenstillegungsmaßnahme verabschiedet, von der günstige ökologische Nebenwirkungen erwartet werden. Als neues Leitbild dient die Vorstellung, daß die durch die frühere Gemeinsame Agrarpolitik hervorgerufene extreme Spezialisierung der Landwirte auf eine möglichst produktive Erzeugung von Nahrungsmitteln durch ein neues Aufgabenmix ersetzt werden könnte. Demnach sollten Landwirte neben ihren traditionellen Tätigkeiten auch Aufgaben der Landschaftspflege und des Erhalts der Biodiversität ausüben.

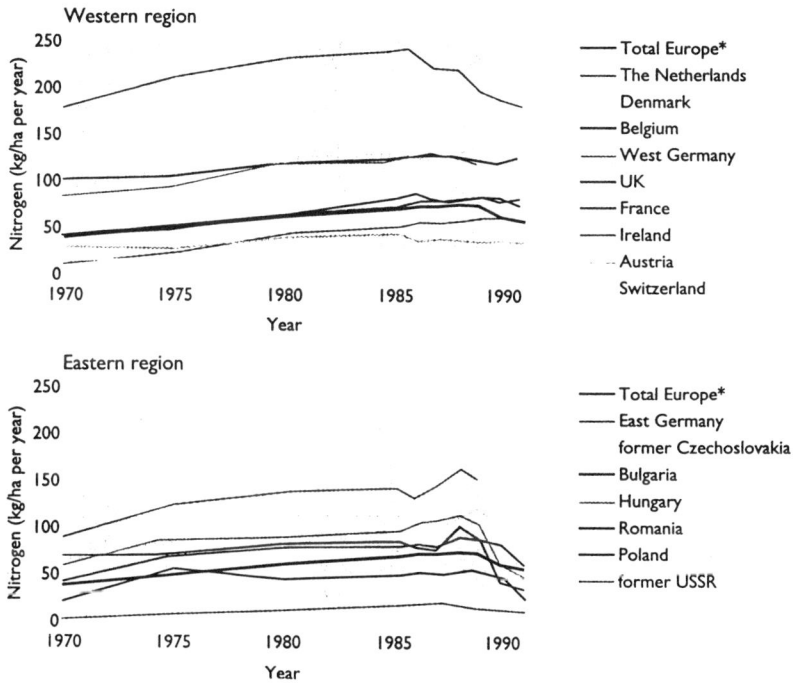

Abbildung 2: Stickstoffverbrauch in der Landwirtschaft in Europa nach Regionen a) westliche, und östliche Region

Quelle: Europäische Umweltagentur: Europe's Environment, S. 456

In Anbetracht der Tatsache, daß für solche „ökologischen Dienstleistungen" keine Märkte vorhanden sind, auf denen Angebot und Nachfrage wirksam zu einer Preisgestaltung führen, sollten die Mitgliedsstaaten Programme entwik-

Jan Bongaerts

keln, die eine geeignete Vergütung dieser Dienstleistungen mit Hilfe von Kompensationszahlungen bewirken. Der Europäischen Union fällt dabei die Aufgabe zu, ihren Agrarhaushalt hieran auszurichten.

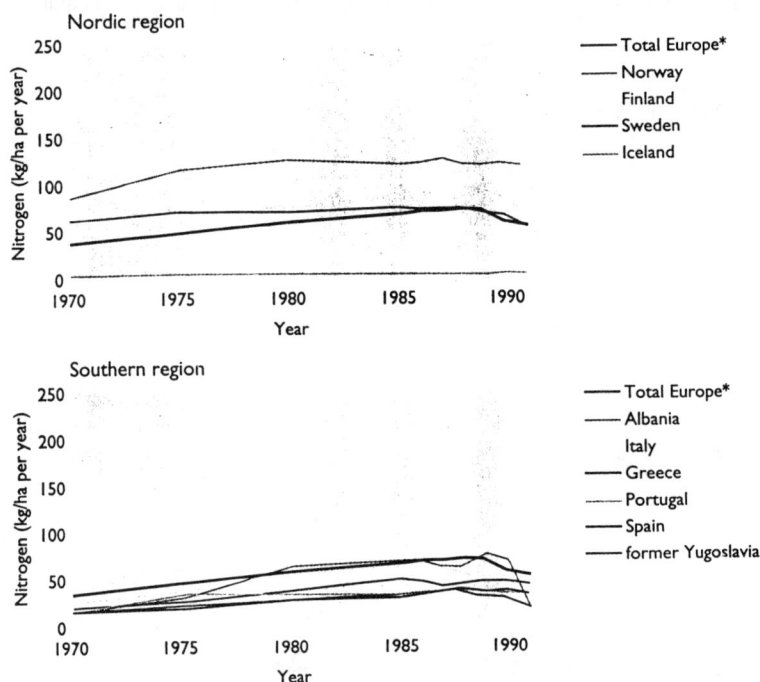

Abbildung 2 (Fortsetzung): Stickstoffverbrauch in der Landwirtschaft in Europa nach Regionen b)nördliche und südliche Region

Quelle: Europäische Umweltagentur: Europe's Environment, S. 456

Die „Umweltbilanz" der Landwirtschaft ist zur Zeit – vorsichtig ausgedrückt – ermutigend. Nach jahrzentelanger Belastungssteigerung (je Hektar) durch Stickstoff und Phosphat ist seit Mitte der achtziger Jahre ein Abwärtstrend sowohl für Gesamteuropa als auch in einzelnen Regionen des Kontinents zu verzeichnen. Die Abbildungen 2 und 3 geben Auskunft.

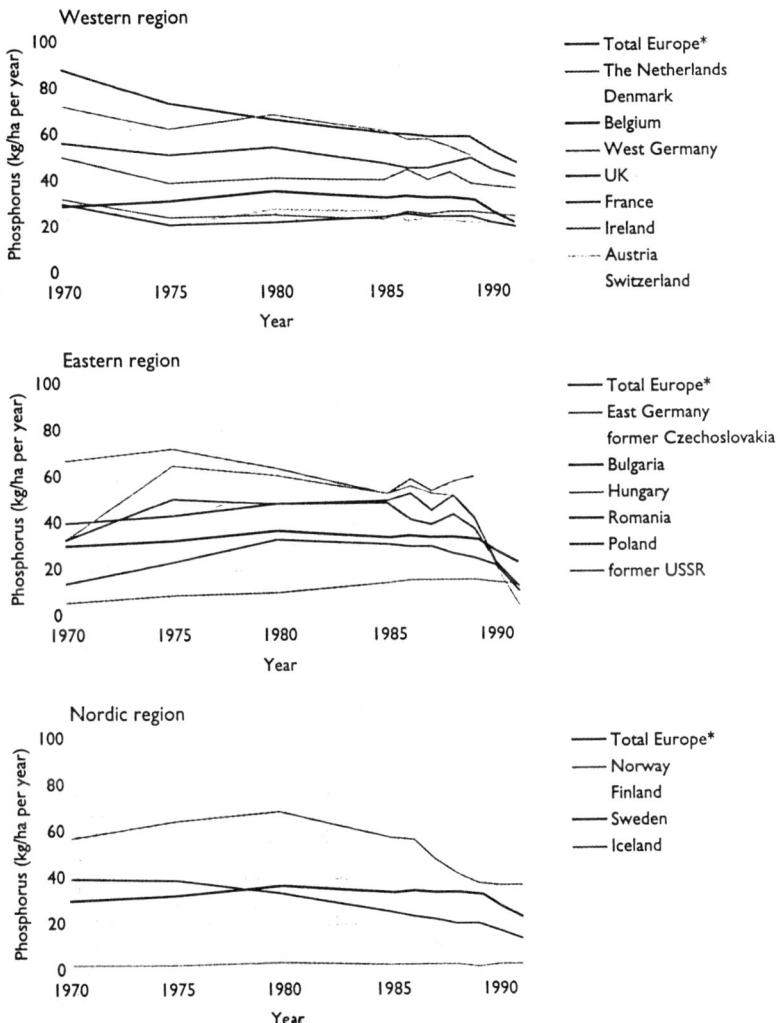

* FAO Total Europe including Turkey and Cyprus, not including former USSR.

Abbildung 3: Phopshatverbrauch in der Landwirtschaft in Europa nach Regionen a) westliche, östliche und nördliche Region

Quelle: Europäische Umweltagentur: Europe's Environment, S. 457

Jan Bongaerts

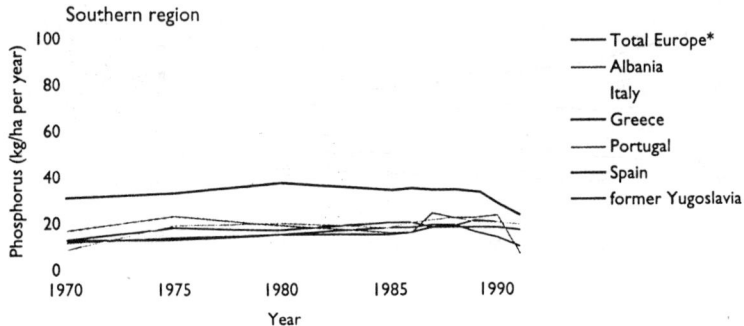

Abbildung 3 (Fortsetzung): Phosphatverbrauch in der Landwirtschaft in Europa nach Regionen b) südliche Region

Quelle: Europäische Umweltagentur: Europe's Environment, S. 457

Auch die Verwendung von Pflanzenschutzmitteln ist – wohl aufgrund der hohen Preise – zurückgegangen. In einigen Regionen beträgt dieser Rückgang etwa 25% (1993) im Vergleich zum Verbrauch in den achtziger Jahren.[11] Der Einsatz von Pflanzenschutzmitteln dagegen ist regional nach wie vor sehr unterschiedlich. Abbildung 4 gibt hierzu Auskunft.

Eine Besonderheit findet sich in den südlichen Mitgliedsstaaten, in denen eine Intensivierung der Landwirtschaft, auch für die Belieferung der Märkte in den nördlichen Mitgliedsstaaten, zu einer erhöhten Belastung der Gewässernutzung führt. Während die Landwirtschaft in der Europäischen Union mit 33 % an erster Stelle des Wasserverbrauchs steht, beträgt dieser Anteil in den südlichen Mitgliedsstaaten bis zu 82 %.

Landwirtschaftspolitik ist – anders als die Energiepolitik – eine gemeinsame Politik der Europäischen Union. Daraus folgt, daß der Abbau von Umweltbelastungen der Landwirtschaft eine Gemeinschaftsaufgabe ist. Die gegenwärtigen Bemühungen der Europäischen Kommission zielen darauf ab, durch geeignete Maßnahmen sicherzustellen, daß die intensive Bewirtschaftung zurückgedrängt und die Erbringung von Umweltdienstleistungen bei der Landschaftspflege angemessen vergütet werden. Die Umstellung von Preisstützungen auf Einkommenstransfers bietet dazu eine gute Voraussetzung.

---

11 Quelle: KOM (95) 624, Kapitel 1.4: Agrar- und Waldwirtschaft.

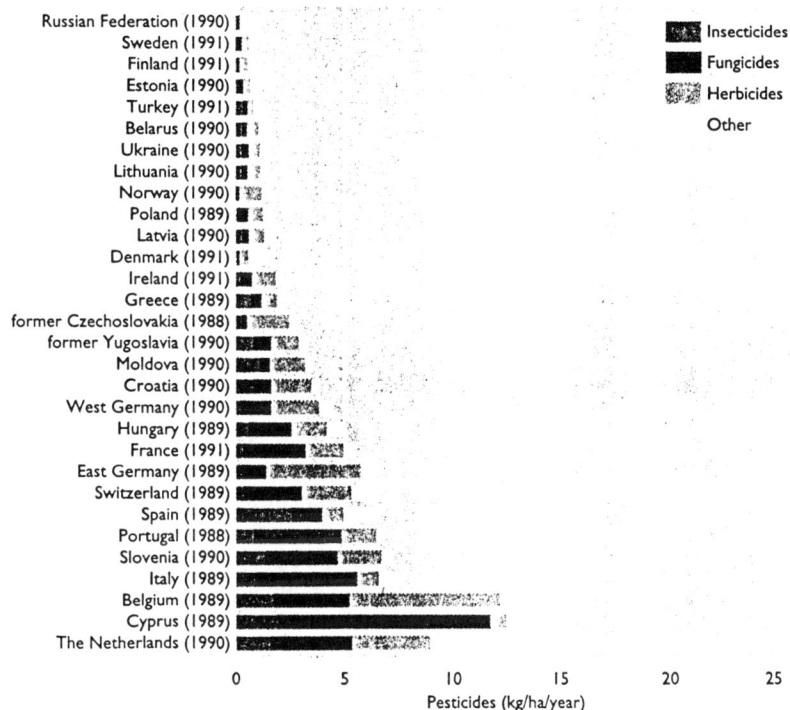

Abbildung 4: Einsatz von Pflanzenschutzmitteln

Quelle: Europäische Umweltagentur: Europe's Environment, S. 459

Die große Herausforderung der Agrarpolitik wird in der Erweiterung der EU nach Mittel- und Osteuropa liegen. Würde das gegenwärtige System der Einkommenssicherung für die Landwirtschaft in voller Höhe auf die neuen Mitgliedsstaaten ausgedehnt werden, wäre die Europäische Union sofort zahlungsunfähig. Eine Rücknahme der Zuschüsse ist daher unausweichlich. Noch sind die Folgen für die Landwirtschaft und die Umwelt unklar. Eine mögliche Entwicklung könnte darin bestehen, in Westeuropa nur noch eine äußerst intensive Landwirtschaft an günstigen Standorten zu betreiben und alle anderen Standorte

aufzulassen. Letztere würden dann auch nicht mehr im Sinne der Landschaftspflege bewirtschaftet werden, und die Kulturlandschaften würden verschwinden.

Ein andere Alternative besteht darin, die Produktpalette der Landwirtschaft,
wie in der vorindustriellen Zeit, auf die Erzeugung von Ressourcen auszuweiten. Insbesondere die Erzeugung von nachwachsenden Rohstoffen ließe
eine positive Auswirkung auf die Stabilisierung des Klimas erwarten. Abgesehen von den zahlreichen technischen und wirtschaftlichen Fragen nach der Gestaltung einer modernen Industriegesellschaft auf der Grundlage nachwachsen-
der Rohstoffe bleiben vorerst auch die sonstigen Umweltbelastungen unklar, die
von einer derartigen Landwirtschaft.

3.4 Erweiterung der Europäischen Union und Umweltpolitik

Ausgangslage

Die Einführung und Umsetzung einer auf die Europäische Union ausgerichteten
Umweltpolitik in den sogenannten Beitrittsstaaten in Mittel- und Osteuropa ist
gegenwärtig ein untergeordnetes Ziel der Erweiterungspolitik der Europäischen
Union, das fast ausschließlich durch den Umweltministerrat verfolgt wird. Das
Weißbuch der Europäischen Kommission über die Vorbereitungen zum Beitritt
dieser Staaten[12] enthält unter anderem Maßnahmen im Bereich der Umwelt,
aber letztere beziehen sich vorwiegend auf den Binnenmarkt. Sie betreffen
somit hauptsächlich den freien Waren- und Dienstleistungsverkehr und lassen
weite Bereiche der Umweltgesetzgebung der Europäischen Union außer Betracht.

Insbesondere sind Fragen der Festlegung von Qualitätsnormen für Wasser
und Luft bzw. Maßnahmen für den Naturschutz im Weißbuch nicht aufgeführt.
Die Abfallpolitik wird nur teilweise angesprochen. Daraus folgt, daß die Europäische Kommission zusätzliche Foren für eine Angleichung des Umweltrechts
und der Umweltpolitik der Beitrittsstaaten an das Umweltrecht der Europäischen Union entwickeln muß. Das hierfür geeignete Gremium bilden die Gemeinsamen Sitzungen der Umweltminister der Mitgliedsstaaten und der Umweltminister der Beitrittsstaaten. Finanzielle Mittel sind im sogenannten
PHARE-Programm ausgewiesen.

Gesamteuropäische Ebene

Auf der gesamteuropäischen Ebene sind bislang drei Umweltministerkonferen-
zen abgehalten worden: Dobríš (Tschechische Republik) im Juni 1991, Luzern

---

12 Europäische Kommission: Vorbereitung der assoziierten Staaten Mittel- und Osteuropas auf die
Integration in den Binnenmarkt der Union, Weißbuch, Brüssel, 03.05.1995, KOM (95) 163.

im April 1993 und zuletzt Sofia im Oktober 1995. Die vierte Konferenz findet 1998 in Kopenhagen statt.

Der Erfolg dieses internationalen Prozesses läßt sich vorläufig nicht an einer grundlegenden Verbesserung der Umweltbedingungen in Europa messen. „Europe's Environment – The Dobríš Assessment", der Bericht, der von der ersten Umweltkonferenz angeregt und in Sofia vorgelegt wurde, belegt diesen Befund. Vielmehr sind internationale Vereinbarungen zu verzeichnen, bestehende Arrangements weiter auszubauen. Am Anfang standen bestimmte, regional beschränkte Projekte, wie das „Schwarze Dreieck" (Sachsen, Schlesien und Nordböhmen), das Donaudelta und ein Umweltaktionsplan für Mittel- und Osteuropa, die in Luzern verabschiedet wurden. Seit 1993 ist eine Task Force damit beschäftigt, die Formulierung von Umweltpolitiken und den Aufbau von Umweltverwaltungen in den Staaten Mittel- und Osteuropas zu unterstützen. Das Project Preparation Committee (PPC) hat mittlerweile den Abschluß von Darlehen und Zuschüssen von Umweltinvestitionen in diesen Staaten in Höhe von 3,7 Milliarden ECU begleitet. Eingeschaltet werden internationale Entwicklungsbanken, wie die European Bank for Reconstruction and Development (EBRD) und nationale Entwicklungsbanken.[13]

Im Aufbau befinden sich in den Staaten Mittel- und Osteuropas sogenannte Nationale Umwelt-Aktionsprogramme (NEAPs). Die Umweltkonferenz in Sofia hat zu dem Ergebnis geführt, daß die NEAPs als ein geeignetes Instrument für die Integration von Umweltbelangen in den Prozeß des wirtschaftlichen und sozialen Umbaus der Staaten in Mittel- und Osteuropa ausgebaut werden sollten. Staatliche Hilfen, ob von Ost oder West, können dabei nur eine untergeordnete Rolle spielen. Aus diesem Grund wird der Akzent auf ein verstärktes Engagement der Wirtschaft beim Ausbau und bei der Umsetzung der NEAPs gelegt. Die Sofia-Konferenz hat auch eine – vom Europarat vorgelegte – gesamteuropäische Strategie für die biologische und landschaftliche Vielfalt angenommen, die von einer Task Force mehrerer internationaler Organisationen (UNEP, ECE, OECD, Europarat, Europäische Kommission) umgesetzt werden soll. Das Grundmuster hierzu wird unter anderem von der Habitatrichtlinie[14] und dem dazu gehörenden Konzept Natura 2000 geliefert.

Zur Verbesserung der Transparenz der Umweltpolitik sollten die von der ECE (der Wirtschaftskommission für Europa der Vereinten Nationen mit Sitz in Genf) ausgearbeiteten Richtlinien (Guidelines) für den Zugang zu Umweltinformationen und die Beteiligung der Öffentlichkeit an der Entscheidungsfindung in der Umweltpolitik in allen Staaten Europas angewandt werden.[15] In dem Kontext soll der Tätigkeitsbereich der Europäischen Umweltagentur

---

13 Quelle: Europäische Kommission: Was ist PHARE?, Brüssel 1994.

14 Richtlinie zur Erhaltung der natürlichen Lebensräume sowie der wildlebenden Tiere und Pflanze, 92/43/EWG vom 21.05.1992, Abl. L 206 vom 22.07.1992.

15 Quelle: Declaration by the Ministers of Environment of the Region of the United Nations Economic Commission for Europe of 23 October 1996, in Sofia.

(gegenwärtige Beteiligung: die 15 Mitgliedsstaaten der Europäischen Union, Island und Norwegen) über die Gründung eines Netzwerkes von nationalen Korrespondenten in den Staaten Mittel- und Osteuropas erweitert werden. Im PHARE-Programm sind dazu entsprechende Mittel ausgewiesen worden.

Zum gegenwärtigen Zeitpunkt erscheint es nicht angebracht, das Ergebnis dieses gesamteuropäischen Prozesses im Bereich der Umweltpolitik vorauszusagen oder gar zu bewerten. Auf der Sofia-Konferenz wurde die Bedeutung der Unterstützung nichtstaatlicher Umweltorganisationen unterstrichen. Das Regional Environment Center for Central and Eastern Europe (REC) wurde dabei als Beispiel herausgehoben. REC-ähnliche Zentren werden in den GUS-Staaten eingerichtet werden.

Ein besonderes Problem, das die Sofia-Konferenz überschattete, bildet der risikoträchtige Betriebszustand von Kernkraftwerken in den Staaten Mittel- und Osteuropas. Verfahrensregelungen für die Zusammenarbeit der Staaten West-Europas, insbesondere der Europäischen Union und der Staaten Mittel- und Osteuropas im Bereich der Umweltpolitik im Rahmen der Erweiterung könnten dazu beitragen, Konfliktpotentiale rechtzeitig zu bestimmen und geeignete Lösungen herbeizuführen.

Auf der Ebene der Europäischen Union und der Beitrittsstaaten

Gegenwärtig gibt es zehn Beitrittsstaaten bzw. assoziierte Staaten in Mittel- und Osteuropa: Bulgarien, Estland, Lettland, Litauen, Polen, Rumänien, die Slowakische Republik, die Tschechische Republik und Ungarn sowie Slowenien. Die Umweltminister dieser Staaten treffen sich seit 1994 einmal jährlich mit den Umweltministern der Mitgliedsstaaten der Europäischen Union.[16] Das Ziel dieser Treffen besteht darin, die Umweltpolitiken der assoziierten Staaten dem Umweltrecht der Europäischen Union anzugleichen. Hiernach ist die Voraussetzung für den Beitritt zur Europäischen Union eindeutig: Das geltende Umweltrecht der Europäischen Union wird von den assoziierten Staaten in ihr nationales Umweltrecht übernommen und umgesetzt werden müssen. Ein wichtiger praktischer Faktor ist der Zeitaspekt, der von den Verantwortlichen bzw. von den Gesetzgebern in jedem assoziierten Staat unterschiedlich aufgefaßt wird.

Dabei handelt es sich vielfach nicht nur um die Anpassung bestehender Umweltgesetze an die Umweltgesetze der Europäischen Union, sondern auch um die Notwendigkeit der Verabschiedung neuer Umweltgesetze und die Schaffung von zuständigen Behörden, die eine effektive Umsetzung gewährleisten. Eine erste Voraussetzung hierzu ist die Verankerung von Grundsätzen der

---

16 1994: im Oktober in Luxemburg; 1995: im September in Brüssel (informelles Treffen); 1996: im März in Brüssel.

Umweltpolitik der Europäischen Union im Umweltrecht der assoziierten Staaten. Tabelle 5 zeigt den Stand dieses Prozesses.

Grundsätze	Beitrittsstaaten – vgl. Legende									
Nachhaltige Entwicklung		CZ	EST				PL	RO		
behutsame Verwendung von natürlichen Resourcen*		CZ	EST	H	LET	LIT				SLO
Integration der Umweltpolitik			EST				PL			
Verursacherprinzip			EST		LET	LIT			SL	SLO
UVP**		CZ	EST	H			PL	RO	SL	SLO
Zugang zu Umweltinformationen	BL	CZ	EST		LET	LIT	PL	RO	SL	SLO

* Dieser Grundsatz ist mit dem Grundsatz der nachhaltigen Entwicklung korreliert
** Umweltverträglichkeitsprüfung

Tabelle 5: Verankerte Grundsätze im Umweltrecht der assoziierten Staaten

Legende:

BL	= Bulgarien	LIT	= Litauen
CZ	= Tschechische Republik	PL	= Polen
EST	= Estland	RO	= Rumänien
H	= Ungarn	SL	= Slowakische Republik
LET	= Lettland	SLO	= Slovenien

In diesem Kontext ist allerdings zu erwähnen, daß die Gestaltung einer nationalen Umweltpolitik in den assoziierten Staaten weitergehende Schritte erfordert als eine Angleichung an das Umweltrecht der Europäischen Union. Letzteres wird in zunehmendem Umfang – angesichts der Osterweiterung erst recht – in Form von allgemeinen Rahmenvorschriften gestaltet werden, die auf nationaler Ebene durch konkrete Vorschriften umgesetzt werden müssen. Probleme in dem Zusammenhang betreffen vor allem den Mangel an Finanzmitteln in den assoziierten Staaten einerseits und den festen Willen der meisten Mitgliedsstaaten zur multilateralen Kooperation andererseits. Letzterer könnte dazu führen, daß insbesondere durch die Bereitstellung von Mitteln durch die Mitgliedsstaaten im Rahmen solcher bilateralen Arbeiten sehr unterschiedliche Umweltrechtssysteme in den assoziierten Staaten entstehen. Eine Koordination der Europäischen Umweltpolitik nach der Erweiterung würde dadurch in der Sache erschwert werden können.

Jan Bongaerts

3.5 Umwelt und Handel

Einführung

Die Umweltpolitik in Europa löst nicht die globalen Umweltprobleme. Sie kann hierzu bestenfalls einen Beitrag liefern. Neben einer Zusammenarbeit der europäischen Staaten und der Europäischen Union im internationalen umweltpolitischen Bereich im Rahmen von Umweltübereinkommen und durch multilaterale und bilaterale Umweltprojekte stellt sich die Frage einer verbesserten Abstimmung der Welthandelspolitik und der globalen Umweltpolitik. Diese Frage stellte sich auf der Konferenz der Vereinten Nationen über Umwelt und Entwicklung (UNCED) in Rio de Janeiro, die 1992 stattfand.

Die Ministerkonferenz von Marrakesch, die 1994 zum Abschluß der Uruguay-Runde des GATT einberufen wurde, hat die Gründung der Welthandelsorganisation WTO beschlossen. In Marrakesch wurde ebenfalls beschlossen, einen WTO-Ausschuß für Handel und Umwelt (CTE) einzusetzen. Dieser Ausschuß hat die Aufgabe, den Zusammenhang zwischen Handels- und Umweltmaßnahmen in Hinblick auf die Förderung einer nachhaltigen Entwicklung zu klären und geeignete Empfehlungen für eine gegebenenfalls erforderliche Änderung der Regeln des multilateralen Handelssystems auszusprechen. Der CTE-Ausschuß wird seinen ersten Bericht auf der nach Singapur im Dezember 1996 einberufenen WTO-Ministerkonferenz vorlegen.

Standpunkt der Europäischen Union

Die Europäische Kommission hat zur vorbereitenden Beratung des Beitrags der Europäischen Union zu dieser Konferenz eine Mitteilung veröffentlicht, in der sie ihre Standpunkte darstellt.[17] Die Mitteilung basiert auf den Grundsätzen der nachhaltigen Entwicklung und der weiteren Beseitigung von Handelsschranken und Handelsverzerrungen zur Steigerung der Effizienz des Weltwirtschaftssystems. Letzterer enthält für die Umwelt Vor- und Nachteile. Zu den Nachteilen gehören verstärkte Inanspruchnahmen von natürlichen Ressourcen und zunehmende Umweltbelastungen und Umweltschäden infolge von wirtschaftspolitischen Maßnahmen, die aus der Perspektive kurzfristiger Wirtschaftsvorteile beschlossen werden.

Zu den Vorteilen gehören:
– die weltweite Verbreitung umweltschonender Techniken, Waren und Dienstleistungen,
– die Option einer „ökologisch gerechten" internationalen Aufteilung der Wirtschaftstätigkeit,

---

17 Europäische Kommission: Mitteilung der Kommission an den Rat und das Europäische Parlament: Handel und Umwelt, Brüssel, den 28.02.1996. KOM (96) 54 endg..

– die Option einer Verbesserung der Lebensbedingungen, die zur Freisetzung von Mitteln für den Umweltschutz genutzt werden kann.

Die wichtigste Bedingung für eine Erzielung der Vorteile und eine Vermeidung
der Nachteile besteht darin, daß sämtliche Staaten, die sich am Welthandel beteiligen, den Grundsatz der nachhaltigen Entwicklung als Leitbild ihrer nationalen Politik anerkennen und entsprechend umsetzen. Einerseits führt diese Betonung der nachhaltigen Entwicklung zu einem potentiellen Konflikt. Er besteht
darin, daß einzelne Mitgliedsstaaten bzw. die Europäische Union in Versuchung geraten könnten, andere Staaten mit Hilfe von handelspolitischen Maßnahmen dazu zu „zwingen", ihre nationalen Wirtschaftspolitiken auf der
Grundlage einer nachhaltigen Entwicklung zu basieren. Dieser Weg greift jedoch in die nationale Souveränität dieser Staaten ein und ist als solcher nicht
nachhaltig.

Andererseits könnte eine Berücksichtigung der Souveränität der anderen
Staaten implizieren, daß unterschiedliche Standards im Umweltbereich zu nicht
überbrückbaren kostenmäßigen Nachteilen für die Wirtschaft in den Mitgliedsstaaten der Europäischen Union führen. Damit wäre der „Wirtschaftsstandort
Europäische Union", deren Regierungen sich bereits im Maastricht-Vertrag zu
einem hohen Umweltschutzniveau verpflichtet haben, im Hinblick auf Staaten,
die diese Verpflichtung bislang nicht eingehen (konnten), nachhaltig gefährdet.

Die wirkliche Größenordnung der Umweltkosten innerhalb der Europäischen Union, relativiert diese Befürchtung allerdings erheblich. Einerseits wird
allgemein angenommen, daß die Kosten für die Einhaltung von Umweltvor-
schriften in der Europäischen Union im Durchschnitt zwischen 1 % und 2 %
der gesamten Produktionskosten der Unternehmen betragen. Dabei sind Ausnahmen zu berücksichtigen, deren Umweltschutzkosten weit höher sind. Es
handelt sich vielfach um Produktionsverfahren mit besonders schweren Umweltauswirkungen. Unabhängig von den erhöhten Umweltkosten dieser Produktionsverfahren zeigt sich, daß die Standortsicherheit erheblich verbessert
werden kann, wenn administrativrechtliche Bedingungen, beispielsweise im Bereich der Genehmigung von Anlagen und der Überwachung, in der Praxis er-
leichtert werden können. Dazu hat der Rat die Verordnung über das Öko-Audit
in der Hoffnung erlassen, daß Unternehmen, die am Öko-Audit teilnehmen, in
die Lage versetzt werden, ihre Umweltkosten zu optimieren.

Andererseits schafft der Umweltschutz Arbeitsplätze bzw. regt eine umwelt-
technische Innovation an, die eine wirtschaftliche Effizienz fördert und zur
Steigerung der Gesamtproduktivität beiträgt. Dennoch ist hier vor überhöhtem
Optimismus zu warnen, weil eine „Umweltvorreiterrolle" nicht zwangsläufig zu
bedeutsamen, nachhaltigen Exporterfolgen der Umweltschutzindustrie führt:
Dieser Wirtschaftsbereich hat sich bei einem Abbau der Handelsschranken
ebenfalls den weltweiten Wettbewerbsbedingungen zu stellen. Als wichtiger
Bonusfaktor in diesem Prozeß gilt die Erwartung, daß eine fortschrittliche Um-

weltpolitik bei den Verbrauchern im Standortstaat zum Umdenken bzw. zu einer erhöhten Bereitschaft zum Erwerb von umweltgerechten Produkten führt.[18]

Für den Problemkomplex Umwelt und Handel bedeuten diese Erkenntnisse, daß die Europäische Union ein Interesse daran haben sollte, Exportnationen mit geringen Umweltstandards nicht mit Ökozöllen „zu bestrafen", sondern im Rahmen der internationalen Umweltpolitik diese Exportstaaten bei ihren Anstrengungen zur Gestaltung ihrer nationalen Umweltpolitik auf der Grundlage einer nachhaltigen Entwicklung zu unterstützen. Diese moralische Pflicht ergibt sich insbesondere in bezug auf die Staaten der Dritten Welt, zumal deren Anteil an der Verursachung von globalen Umweltproblemen im Vergleich der Mitgliedsstaaten der Europäischen Union bislang gering ist. Dabei gilt als Faustregel nach wie vor, daß die zwanzig Prozent der Weltbevölkerung der Industriestaaten etwa achtzig Prozent der Rohstoffe und Energiequellen für sich beanspruchen.

Einbindung der Umweltpolitik in die Handelspolitik

Konkret ergeben sich zwei Aktionsbereiche. Zum einen handelt es sich um die Gestaltung von multilateralen Umweltübereinkommen und deren Auswirkungen auf den Welthandel. Zum anderen handelt es sich um Handelsmaßnahmen, wie Importrestriktionen, die aus Gründen des Umweltschutzes veranlaßt werden. In bezug auf multilaterale Umweltübereinkommen, die den Welthandel beeinträchtigen, gilt mittlerweile der Grundsatz, daß solche handelsbeschränkenden Maßnahmen akzeptiert werden, wenn sie zur Lösung grenzüberschreitender Probleme beitragen.

Weltweit gibt es drei herausragende multilaterale Umweltübereinkommen, für die dieser Grundsatz anerkannt ist:

– das Washingtoner Artenschutzabkommen von 1975 (CITES-Abkommen),
– das Montrealer Protokoll von 1989 über Stoffe, die die Ozonschutzschicht schädigen,
– die Konvention von Basel von 1992 über die grenzüberschreitende Verbringung von gefährlichen Abfällen.

In bezug auf Handelsmaßnahmen aus Gründen der Umweltschutzes gelten einerseits unumstrittene und andererseits umstrittene Maßnahmen. Unumstritten sind handelsbezogene Maßnahmen, wie Importbehinderungen für Produkte, die im Importland unerwünschte Umweltauswirkungen auslösen. Umstritten sind handelsbezogene Maßnahmen, die sich auf Herstellungsverfahren von Produkten beziehen, weil solche Maßnahmen gegebenenfalls einen Eingriff in die

---

18 Siehe beispielsweise: Europäische Kommission: Europäer und die Umwelt, In: Eurobarometer 43.1b, November 1995.

Souveränität der Exportstaaten darstellen. Die Lösung dieser Problematik wird sich als äußerst schwierig erweisen.

Denkbar ist der Fall, bei dem ein Exportstaat ein Herstellungsverfahren genehmigt hat, dessen negative Umweltauswirkungen einen Nachbarstaat beeinträchtigen. Hier stellt sich die Frage, ob dieser Nachbarstaat deshalb ein Recht erhält, den Import des Produkts, das mit Hilfe dieses Verfahrens hergestellt wird, zu verhindern. Noch komplizierter ist der Fall, bei dem ein Herstellungsverfahren in einem Exportstaat zu negativen Umweltauswirkungen führt, die im Importstaat nicht nachweisbar sind. Eine restriktive Maßnahme im Importstaat würde in dem Fall als ein Eingriff in die Souveränität des betreffenden Exportstaats aufgefaßt werden können.

Bewertung

Diese Problematik ist bisher nicht gelöst. Abgesehen von flankierenden Anforderungen, wie einem wirkungsvollen Streitbeilegungsverfahren im WTO und einer möglichst hohen Transparenz bei der Veranlassung von umweltbezogenen handelspolitischen Maßnahmen, die beispielsweise ein Notifizierungsverfahren erforderlich machen könnten, bedarf es einer eingehenden Untersuchung einzelner Vorgehensweisen. Unklar ist in dem Zusammenhang beispielsweise die Auswirkung auf den Handel von europäischen und nationalen gesetzlichen Regelungen in bezug auf die Einrichtung von Umweltzeichen für Produkte mit freiwilliger Teilnahme der Hersteller und Importeure bzw. die Rücknahme und Verwertung von Erzeugnissen nach Gebrauch. Das Thema Umwelt und Handel wird künftig die Umweltpolitik mit prägen.

4. Fazit

Die Umweltpolitik der Europäischen Union war bis zur Verabschiedung des Fünften Umwelt-Aktionsprogramms eine „Reparaturpolitik": Ihre Aufgabe bestand darin, die negativen Umweltauswirkungen menschlicher Tätigkeiten zu verringern. Beispiele dafür sind Abgashöchstgrenzen für PKW, strengere Anforderungen für die Verbrennung gefährlicher Abfälle und die Verpflichtung zum Bau von Abwasserkläranlagen. Dabei wurden für jedes Umweltmedium (Boden, Luft, Wasser) Gesetze verabschiedet, die sich auf bestimmte Umweltprobleme konzentrierten und wenig auf einander abgestimmt sind.

Mit der Forderung der Integration der Umweltpolitik in andere Bereiche (wie Energiepolitik, Landwirtschaftspolitik und Außenhandelspolitik) entstanden neue Aufgaben für die Umweltpolitik. Vielfach gerät sie dabei in Konflikt mit den Zielvorgaben dieser anderen Bereiche: Aus umweltpolitischer Sicht entsteht die Forderung nach weniger Abfall, weniger Emissionen, geringeren Konzentrationen von toxischen Stoffen in den Umweltmedien. Aus der Sicht der Politik der anderen Bereiche wird diese Forderung im Grundsatz günstig ein-geschätzt. Aber die praktische Umsetzung verlangt Maßnahmen im Bereich der Herstellungsverfahren, der Produktgestaltung oder der Materialauswahl. Der Konflikt besteht dann in der Verbesserung der Umwelt und den höheren Kosten.

Wenn diese zusätzlichen Kosten im Rahmen einer Verfahrensumstellung tatsächlich eingespart werden können, ändern sich die Absatzbedingungen nicht. Dies ist jedoch häufig nicht der Fall, und es entwickelt sich ein Widerstand gegen allzu strenge Umweltauflagen. Mit der Erweiterung der Europäischen Union wird diese Problematik künftig wahrscheinlich noch verschärft werden. Diese Feststellung scheint auch ziemlich unabhängig vom Außmaß des Umweltbewußtseins in einem Land zu sein, weil daraus keine erhöhte Zahlungsbereitschaft für mehr Umwelt entsteht.

Auf der gesamtwirtschaftlichen Ebene bedeutet eine gelungene Integration der Umweltpolitik in andere Bereiche, daß deren Entwicklung von den negativen Umweltauswirkungen abgekoppelt wird. Das Beispiel der CO_2-Emissionspolitik der Mitgliedsstaaten zeigt, daß dieses Ziel offensichtlich nicht überall erreicht wird. Einige Mitgliedsstaaten haben berichtet, daß ihre beabsichtigte Zunahme an CO_2-Emissionen nicht überschritten wird. Dies zeigt, daß diese Staaten eine solche Abkopplung bislang für nicht möglich halten. Auch im Bereich Verkehr ist eine Abkopplung der Zunahme der Verkehrsleistungen von den Umweltauswirkungen nicht in Sicht.

Wie kann die Umweltpolitik der Europäischen Union dazu beitragen, daß die Umweltauswirkungen der genannten, aber auch der anderen Tätigkeiten langfristig dieses Konfliktpotential vermindern bzw. beseitigen? Gerade in bezug auf die Osterweiterung ist diese Frage von Bedeutung.

1. Der Grundsatz der Integration der Umweltpolitik in andere Bereiche ist richtig, erfordert allerdings, daß die Maßnahmen aus der Zeit der „Reparaturpolitik" angepaßt und erweitert werden. Insbesondere sind neuartige Instrumente in Zusammenarbeit mit den Betroffenen zu entwickeln. Die negativen Erfahrungen mit dem Vorschlag für eine CO_2- und Energiesteuer zeigen allerdings, daß die Erweiterung der Instrumente keine leichte Aufgabe ist.

2. Umweltpolitische Instrumente müssen effektiv gestaltet werden. Das Zeil sollte deutlich bestimmt und die Wirkung des Instruments sollte möglichst genau abgeschätzt werden Dabei sollten alternative Instrumente miteinander verglichen werden. Als Beispiel sei der Verkehr genannt. Zur Entlastung des Straßennetzes und zur Stärkung umweltgerechterer Verkehrsnetze stehen verschiedene Instrumente zur Verfügung: Fahrgebote und -verbote, Kraftstoffsteuer, Fahrzeugsteuer oder Anlastung der Wegekosten. Ihre Effektivität in Hinblick auf das gesetzte Ziel dürfte unterschiedlich sein und sollte bei der Auswahl eine maßgebliche Rolle spielen.

Aber auch Kombinationen von Instrumenten sollten überprüft und eingesetzt werden. Ein Beispiel betrifft die CO_2-Minderung. Für die Politik nach 2000 sollte ein globales Ziel gesetzt werden, etwa x % Minderung auf der Grundlage eines Ausgangsjahres über einen mehrjährigen Zeitraum. Zur Zielerreichung können im Zeitablauf verschiedene Instrumente eingesetzt werden, beispielsweise angefangen von einer Umweltvereinbarung mit der Wirtschaft, die eine Überwachung beinhaltet, über technische Normen für das CO_2-Minderungspotential bestimmter Techniken bis hin zu einer CO_2-Steuer für vergleichsweise schlecht abschneidende Techniken. Die frühzeitige Ankündigung einer solchen Maßnahmenkombination ermöglicht es den Betroffenen, die notwendigen Entscheidungen zu treffen.

3. In der Zeit der „Reparaturpolitik" waren schnelle Erfolge wichtig, um weitere Umweltschäden zu verhindern. Im Zeitalter der Integration sind langfristige Konzepte erforderlich, die unter Beteiligung der Betroffenen erstellt und deren Umsetzung regelmäßig überprüft werden sollten. Ein gesteigertes Umweltbewußtsein mag zum Erfolg dieser Umsetzung beitragen, ist aber keine hinreichende Bedingung. Insbesondere dann, wenn neuartige Instrumente eingesetzt werden, besteht die Notwendigkeit, aus den Erfahrungen zu lernen und gegebenenfalls Korrekturen vorzunehmen. Eine Integration der Umweltpolitik in andere Bereiche kann nur im Konsens, nicht im Konflikt, mit den Betroffenen erreicht werden. Konsens bedeutet allerdings nicht Unverbindlichkeit, sondern Festsetzung der Übernahme von Verantwortung und Kontrolle der Umsetzung.

Neue Kollektive Identitäten – Barrieren oder Brücken?

Michal Buchowski[1]

> „... was wir suchen, ist nicht Ruhm, sondern Identität ...“
> (Baudrillard 1994:21)

Einleitung: Das unaufhörliche Rätsel von Europa

Über kaum einen anderen Kontinent bestehen so viele Divergenzen zu Gestalt, Ausdehnung und Bedeutung wie über Europa. Geographisch betrachtet, scheint alles klar und einfach zu sein, wenn auch willkürlich: Europa reicht vom Ural im Osten bis zur atlantischen Küste im Westen, von Gibraltar im Südwesten, über Griechenland im Süden bis nach Spitzbergen im Norden. Dieser Kontinent ist faktisch eine Halbinsel Asiens. Werden von diesen Außenpunkten aus Linien durch Europa gezogen, so kreuzen sich diese irgendwo in der Mitte Polens. Ist hier somit das Herz Europas zu finden, wie der britische Historiker Davies (1986) dieses Land bezeichnete? Für einige Polen mag dies angehen, für die meisten Europäer hingegen mit Sicherheit nicht. Es ist interessant, daß viele andere Nationen – die Tschechen, Slowaken, Ungarn oder Österreicher – behaupten, ihr Land läge im Herzen dieses Kontinents, gerade so als könnte mit geographischen Parametern ein Land in das Zentrum des europäischen Universums gerückt werden. Im Bewußtsein der übrigen Europäer und der Nichteuropäer schlägt das Herz Europas indes eher in einer der westeuropäischen Hauptstädte – sei es in Paris, London, Berlin, oder auch in Brüssel. Es ist auffällig, daß jene, die an der Peripherie leben, die anderen davon überzeugen wollen, sie lebten in Wahrheit im Zentrum. Beim Durchqueren der großartigen Prärie von Kansas sind viele Plakate zu sehen, auf denen behauptet wird, dies wäre der Herzstaat der USA, und es wäre möglich, Milch aus dem Herzen Amerikas zu kaufen. Ähnliche Slogans finden sich in vielen anderen Staaten des mittleren Westens, die unter derselben gestreiften Flagge vereint sind. Faktisch liegt auch hier das eigentliche Zentrum von „Americaness“ für In- wie Ausländer am Rand des Kontinents, in New York, San Francisco, Washington D.C. oder in Hollywood und Disneyland im Bezirk von Los Angeles.

Offensichtlich ist eine rein geographische Definition von Europa so problematisch, wie die jeder anderen Region der Welt. Die Vorstellung der Menschen hat mehr Gewicht als geographische Koordinaten. Die Bedeutung Europas erschließt sich innerhalb verschiedener Kulturen und sozialer Schichten auf unter-

---

Der Autor hat die nachstehende Analyse als Stipendiat der Alexander von Humboldt-Stiftung am Institut für Europäische Ethnologie der Humboldt-Universität zu Berlin erarbeitet.

schiedliche Weise. Für viele Europäer repräsentiert Europa so etwas wie ein „Master-Symbol" von Turner: „an icon that embraces a whole spectrum of different referents and meanings" (Goddard et al. 1994:26). Um dieselbe Idee mit anderen Worten auszudrücken, doch weiterhin Turner folgend, würde ich hinzufügen, daß das Symbol von Europa vielschichtig in seiner Bedeutung und vielstimmig in seinen Äußerungen ist. Dies bedeutet, daß „a single symbol may stand for many things" (Turner 1967:50). Wenn also verschiedene Menschen ihr je eigenes Symbol Europa verwenden, verbinden sie damit sehr verschiedene Vorstellungen.

Die Frage „Was ist Europa?" wird seit Jahrzehnten wenn nicht seit Jahrhunderten diskutiert. Heute werden die Debatten indes lebhafter und hitziger geführt. Die Vereinigung von Westeuropa einerseits und der Zusammenbruch des Kommunismus in Zentral- und Osteuropa andererseits haben diese Frage erneut in den Vordergund gerückt. Gelehrte wurden gedrängt, einige „europäische" Kernfragen zu formulieren und zu beantworten, neue Grenzlinien zu ziehen, Kategorien zu bestimmen, Themen und somit auch sich selbst zu identifizieren. So muß es nicht verwundern, daß „the concept of 'Europe' has been used and misused, and interpreted and misinterpreted from so many different perspectives that its meanings appear to be both legion and contradictory" (Goddard et al.: 25).

Diese Arbeit möchte einige der sich neu herausbildenden Identitäten in Frage stellen. Insbesondere zielt unsere Fragestellung darauf ab, ob diese Identitäten Barrieren oder Brücken auf dem Weg zu einer europäischen Integration darstellen. Die Veränderungen der späten 80er Jahre waren enorm. Sie zerstörten die etablierte politische Ordnung in Europa. Die Hauptthese meiner Argumentation ist, daß sich der zur Zeit stattfindende Formationsprozeß der Identität trotz all dieser Veränderungen möglicherweise weiterhin entlang der alten, dualen Trennung zwischen Ost und West vollzieht. Das Niederreißen politischer Barrieren und die Aufnahme offizieller Kontakte zwischen den ehedem verfeindeten Staaten müssen nicht unbedingt auch die Vorstellungen der Menschen von sich und den anderen beeinflussen. Sich verändernde Identitäten orientieren sich zunächst stets an bereits vorhandenen Vorstellungen, welche dem sozialen Bewußtsein inhärent sind. Ich werde nicht den Versuch unternehmen, irgendwelche Vorhersagen zu treffen, sondern lediglich die Genealogie der derzeitigen Situation skizzieren und danach fragen, in welchem Maße diese den Formationsprozeß der Identitäten beeinflußten.

Einige wichtige Fragestellungen müssen hier ausgeblendet bleiben, so beispielsweise die Frage nach der Identität innerhalb eines sich formierenden Gesamt-Europa, die nach Erneuerung des Nationalgefühls oder nach der des RegionalismusDiese Fragen wurden und werden in der anthropologischen Literatur diskutiert. Ich konzentriere mich auf die Verschiebung von Identität durch die Revolution von 1989, durch das Ende des Kalten Krieges und durch Veränderungen, die die polnische Solidaritätsbewegung und die russische Perestroika verursacht haben. Aus dieser Perspektive wurde das Problem der Identität noch nicht untersucht. Der hier präsentierte Blick auf dieses Problem stammt von einem „Insider", der in einem Land lebt, welches als Teil Zentraleuropas betrachtet werden kann. Dies rechtfertigt, daß Fragen in bezug auf den „ferneren Osten" hier nicht weiter berücksichtigt werden.

Ich bin mir der oben erwähnten divergierenden Bedeutungen bewußt, die mit dem Begriff von Europa assoziiert werden. SharonMacdonald faßt in seiner Einführung zu einer Aufsatzsammlung über westeuropäische Identitäten einige Bedenken wie folgt zusammen: „Given the changes taking place in Europe, and their ramification for the whole concept of Europe, it is impossible to introduce a collection such as this without being acutely aware of the historically contingent nature of the categories within which we are working. Perhaps 'Western Europe' might already be said to be a category from the past. What is more, it is, of course, far from being unequivocally defined and unanimously agreed upon geographical or political entity today, never mind one which can be read back unproblematically into the past. (...) The various European – and it is *notable* that this term is so often used to *refer exclusively to West European* – economic and defence organisations, established since the Second World War, have involved discontinuous sets of countries, though a core remained fairly consistent. Historically the picture is complicated further by *Central Europe*, a middle region which *has dropped out of many conceptual maps of Europe* after the Second World War and the East-West polarisation." (1993:3-4; Hervorhebg. d. Verf.).[2]

Von seinen eigenen Worten keineswegs entmutigt, schreibt Macdonald über die Grenzen Westeuropas, daß sie mehr oder weniger mit der Trennlinie des Kalten Krieges übereinstimmen. Er zieht einfach eine Linie irgendwo von Triest bis zur Oder, der Ostgrenze des wiedervereinigten Deutschland. Es sei hier erwähnt, daß das ehemalige Territorium und die Menschen der Deutschen Demokratischen Republik in demselben Moment, in dem sie ein politischer Teil der Bundesrepublik Deutschland wurden, nachgerade automatisch zu Westeuropa gezählt wurden, obwohl sie unmittelbar zuvor eine der orthodoxesten Festungen des Kommunismus, des Ostblocks, waren. Die „mentale Landkarte" hat sich nach Osten bewegt, doch nur bis zu der politischen Ostgrenze der Europäischen Union. In der populären Vorstellung leben andere Völker der Region noch im-

---

2 Es ist interessant, inwiefern diese Beobachtung mit häufigen empirischen Untersuchungen von polnischen und deutschen Studenten über die Qualifizierung bestimmter Länder für Europa übereinstimmt. Auffallend ist, daß die Meinungen beider „Nationen" ebenfalls übereinstimmen. Nach den Untersuchungen können als europäisch angesehene Länder in drei Gruppen eingeteilt werden: 1) 80-100%: Österreich, Belgien, Dänemark, Finnland, Frankreich, Griechenland, Spanien, Holland, Irland, Island, Deutschland, Portugal, Schweiz, Schweden, Norwegen, England, Italien; 2) 60-80%: Tschechien, Slowakien, Polen, Ungarn, Türkei; 3) 40-60 %: Albanien, Weißrußland, Bulgarien, Estland, Jugoslawien, Litauen, Lettland, Rußland, Rumänien, Ukraine. (Roznowski/Turbilowicz 1995:203).

mer irgendwo 'außerhalb', in Ländern, die es nicht verdienen, „wirkliches" Europa genannt zu werden. Befinden sich diese Gesellschaften nun in Europa oder nicht? Und um welche Art von Europa handelt es sich hier?

Die während des Kalten Krieges vollzogene Spaltung Europas in zwei Hälften scheint nicht nur das alltägliche Bewußtsein zu durchdringen, sondern auch das der Politiker, Geschäftsleute, Soldaten und selbst der Gelehrten. Das überkommene duale Bild gehört nicht der Vergangenheit an, in den Köpfen der Menschen ist es noch immer präsent – Intellektuelle überall in Europa eingeschlossen. Das Beispiel von Ostdeutschland scheint darauf hinzuweisen, daß politische Schöpfungen die signifikantesten Faktoren für eine Grenzziehung in den Köpfen sind. Nichtsdestoweniger finden auch außerhalb politisch motivierter Auseinandersetzungen Kämpfe um neue Identitäten statt. Beispielsweise gehen von Brüsseler Führungskräften deutliche Versuche aus, innerhalb der Europäischen Union ein supranationales Bewußtsein aufzubauen. Es müssen hier nicht sämtliche neo-europäischen intellektuellen Auseinandersetzungen dargestellt werden; an ihrer Stelle kann die Ende 1990 erschiene Ausgabe des Daedalus (No. 119) für jene Probleme als exemplarisch dienen, auf die ich mich in diesem Aufsatz konzentrieren möchte. Diese Ausgabe steht unter dem Rahmenthema: „Eastern Europe ... Central Europe ... Europe"; hier versuchen einige prominente Denker das Rätsel zu lösen, wie Europa definiert werden sollte und inwiefern es geteilt ist. Einige Autoren, bemühen sich, teils Milan Kundera folgend, um eine Wiederbelebung des Konzepts *Mitteleuropa* (Ash 1990; Judt 1990; Rupnik 1990). Möglicherweise bedienen sie sich hier einer Art Ersatzkategorie für die durch den Kalten Krieg bewirkte Teilung. Dieses Unterfangen kann aber ebenso als ein Versuch gedeutet werden, die mentale Zweiteilung der vergangenen fünfzig Jahre zu unterlaufen. Sowohl ein Teil Westeuropas als auch das einfach mit dem Begriff Osteuropa belegte Gebiet bilden heute gleichzeitig einen Teil von Zentraleuropa. Auf diese Weise werden die ehemals rigide gezogenen Grenzen aufgelöst, und ehemals verschiedene Gebiete zusammengebracht. Dieses Bild entspricht sicherlich eher der kulturellen und sozialen Realität, als es die vorherige dichotomische Teilung tat. Die Frage indes, ob es auf diesem Wege möglich ist, den historisch noch weiter zurückliegenden Hintergrund heute wiederzuerfinden, bleibt dahingestellt. Kann es sinnvoll sein, sich auf eine Ideenwelt zu beziehen, welche auf der sozialen, politischen und kulturellen Realität der preußischen und habsburgischen Imperien und danach auf den Staaten Zentraleuropas der Vorkriegszeit fußt? Einige Autoren der Daedalus-Ausgabe scheinen ein derartiges duales Bild zu unterstützen, indem sie beispielsweise verschiedene politische Traditionen des Westens und des Ostens gegenüberstellen (Schöpflin 1990).

Die Daedalus-Ausgabe verdeutlicht mithin die Annahme, daß die Definition von Europa nicht eine Frage nach irgendeiner Realität, sondern vielmehr ein geistiges Problem ist. Untersuchungen über West-, Ost-, Süd- und Nordeuropa, den Balkan, den Mittelmeerraum, Skandinavien, etc., und über die jeweiligen Beziehungen dieser Gebiete untereinander hängen von sozial verankerten Vorstellungen über sie ab. Diese verwandten Themenbereiche sind inhärente Teile des gesamten Problems: Was ist Europa? Sie sind angereichert mit Stereotypen und kulturell definierten Annahmen. Es ist zweifellos schwierig, die Vorstellungen der Menschen zu verändern. Doch wollen Europäer wirklich neue europäische Identitäten schaffen, so muß diese Arbeit zielbewußt in Angriff genommen werden. Es ist indes paradox, daß sämtliche bisherige Versuche, die Konzeption von Europa zu definieren – so wie es die Autoren im Daedalus versuchen – zu einem widersprüchlichen Effekt führen: Einerseits vermehren sie unser Wissen und unser Bewußtsein von Europa, andererseits leisten sie ebenso einen Beitrag zu der zunehmenden Entropie von Ideen und Bedeutungen von Europa. Dies scheint nur ein weiteres Zeichen für die dialogische Eigenschaft der europäischen Kultur und der europäischen Tradition zu sein (Morin 1987). Die Geschichte des Kontinents ist bestimmt durch das Ringen nach Vereinigung und gleichzeitig durch die wachsende Differenzierung und Pluralisierung. Die ureigene „Natur" Europas liegt in dem Kampf dieser beiden Kräfte, der eine *unitas multiplex* produziert.

„Wir" und „Ihr" – die Frage nach Identitäten

Anthropologen haben die in sämtlichen Kulturen anzutreffende Einteilung in „Wir" und „Ihr" sorgfältig analysiert. Völker neigen dazu oder sind durch praktische und kognitive Gründe dazu gezwungen, sich von anderen zu differenzieren. 'Wir sind anders als diese Barbaren am Ende der Straße, auf der anderen Seite des Flusses, hinter diesen Hügeln ...' Die diesem Prozeß zugrundeliegenden Kriterien können variieren und beispielsweise rassistischer oder sprachlicher Art sein. So haben wir im Polnischen eine eigenartige Bezeichnung für die Deutschen: *Niemcy*. Dies ist ein Ausdruck, der sich von dem Adjektiv *niemy* herleitet, das „stumm" bedeutet. Für Slawen – ähnliche Namen für Deutsche existieren im Tschechischen wie im Slowakischen – sprachen die germanischen Stämme keine irgendwie verständliche Sprache. Gleichzeitig bezeichneten sich die Slawen als *Slowianie*, ein Wort, das sich von *slowo* (Wort) ableitet. Es bedeutet, daß die slawischen Völker im Gegensatz zu den Deutschen „wirklich" sprechen konnten. Derlei Abgrenzungen ermöglichen es, daß wir uns im sozialen Raum bewegen können. Dieser kognitive Prozeß ist auf mehreren Ebenen wirksam. Selbst das generelle „Wir" ist auf den unteren Ebenen erneut in „Wir" und „Ihr" aufgespalten. Es ist sehr schwierig, die kleinste Einheit dieses Teilungsprozesses zu bestimmen. Möglicherweise ist es die Familie, doch variiert die Definition von Familie von Kultur zu Kultur, und sogar innerhalb der Familien lassen sich weitere Unterteilungen aufgrund von Alter, Geschlecht oder ähnlichen Unterscheidungsmerkmalen feststellen, die in anderen Lebensbereichen ihren Ursprung haben. Diese letzte Eigenschaft verdeutlicht, daß der Teilungsprozeß multipel ist und viele Querverbindungen bestehen.

Das kognitive Ereignis der Wir-Ihr-Trennung findet nicht nur als eine abstrakte Vorstellung in unseren Köpfen statt, es ist vielmehr eine Funktion der sozialen Beziehungen, die sowohl die Idee der Hierarchie als auch die der Machtverhältnisse widerspiegelt. Gleichzeitig läuft auch der entgegengesetzte Prozeß: Vorstellungen werden Wirklichkeit. Worte besitzen eine symbolische Macht, und unsere Vorstellungen, unsere Konzepte beeinflussen die soziale Realität, ja formen diese sogar. Die Vorstellungen über die Gesellschaft, die sozialen Ideen, beschreiben nicht einfach nur die Gesellschaft und sind eine ihrer Funktionen, sie sind vielmehr ein konstitutiver Teil von ihr. Es existiert eine gewisse Dynamik zwischen den Ideen und sozialen Beziehungen, die nur analytisch getrennt werden können. Unsere Überzeugungen und Handlungen resultieren aus dieser Dynamik, leisten aber wiederum auch einen Beitrag zu deren Reproduktion und Rekonstruktion.

Die Identität steht in enger Beziehung zu der „Wir/Ihr"-Grenze des sozialen Universums. Gewöhnlich wird damit ein subjektiver Faktor assoziiert. Identität kann als das beschrieben werden, was jemand empfindet, wenn er sich fragt: „Wer bin ich?". Identität ist offensichtlich ein vielschichtiges Phänomen – mit russischen Puppen vergleichbar, bei denen in einer einzigen gleich mehrere zu finden sind. Ich kann mich identifizieren als Mitglied meiner Familie, meiner Klasse, meiner Berufsgruppe, meiner Region, meines Landes, Kontinentes, meiner Kultur und Rasse, etc. Eine Person stellt eine einzigartige Wesensform von Identitäten dar, die möglicherweise noch einzigartiger ist als ein Fingerabdruck. Verschiedene Schichten von Identität können sich widersprechen, wir erfahren sie als Konflikte und müssen diese durch Entscheidungen auflösen: Während eines Krieges müssen wir beispielsweise zwischen dem Patrioten und dem Pazifisten wählen.

Erwin Ardener (1992) hat festgestellt, daß Namengebung und Klassifizierungen in enger Verbindung mit der Identifikation stehen. Dabei kann das Problem der Bestimmung von Identität nicht auf die semantische Ebene reduziert werden. Menschen identifizieren sich zwar selbst, gleichzeitig werden sie aber auch durch andere identifiziert. Von „Natur" aus besitzen wir keinerlei Identität. Sie wird erst mit dem Prozeß unserer Entwicklung zu einem sozialen Wesen hervorgebracht, der mit dem Moment unserer Geburt oder möglicherweise bereits davor einsetzt. Die so gewachsene Identität ist abstrakt und objektbezogen; wahrgenommen als ein immanenter Teil unserer Persönlichkeit. Die Tatsache, daß wir von anderen und letzten Endes sogar durch gegebene soziale Beziehungen definiert werden, bedeutet indes nicht, daß wir zur Passivität verurteilt wären. Wir sind in der Lage, die Vorstellungen von uns selbst zu formen, doch diese Aktivität kann nicht von dem Zusammenhang der sozialen Praxis losgelöst werden, in der wir stehen. Während des Prozesses der Selbstidentifikation und des Identifiziertwerdens durch andere akzeptieren wir einige uns auferlegte

Michal Buchowski

Sanktionen. Nach derselben Regel formiert sich die Identität von sozialen Gruppen: Sie identifizieren sich durch den Kontrast zu den anderen, sind indes gleichzeitig auch durch jene anderen definiert. Klassifizierung und Identifizierung stehen nicht nur in Beziehung miteinander, sondern beide sind zugleich soziale Phänomene. Dies wiederum impliziert, daß sich einige soziale Ungleichheiten auf diesen Zusammenhang beziehen lassen. Auf der einen Seite werden die Schwächeren durch die Stärkeren klassifiziert, und auf der anderen Seite können sich die Stärkeren nur in Relation zu den anderen, den Schwächeren, selbst beschreiben. Somit entsteht eine wechselseitige Beziehung. Die Zuschreibung von Identität ist damit zwangsläufig mit Herrschaft verbunden: Eine Beziehung „between those classifying and classified belongs to the sphere of relations of power" (Ardener 1992: 30).

Ost und West – Die fortwährende Teilung

In der zweiten Hälfte des zwanzigsten Jahrhunderts ist Europa durch zwei Prozesse bewegt worden: durch die westeuropäische Integration sowie durch den Aufstieg und Fall des Kommunismus im östlichen Teil des Kontinents. Beide Entwicklungen waren wiederum durch die Zweiteilung Europas bedingt. Hier ist nicht der Ort, einen detaillierten Bericht über die Geschichte dieser beiden aufeinander bezogenen Prozesse zu geben. Die Feststellung mag ausreichen, daß die besondere, seit 1989 erneut Platz greifende Zweiteilung in gleicher Weise Ergebnis des Zweiten Weltkrieges und des direkt nachfolgenden Kalten Krieges ist. Die Zufälligkeit dieser Teilung ist offensichtlich. Sie verlief ungefähr entlang der von der Roten Armee erreichten Front-Linie. Finnland und Österreich entgingen knapp der Sowjetherrschaft dank der ihnen gewährten Neutralität, Ungarn wäre es 1956 beinahe gelungen, sich dem Einfluß der Sowjetunion zu entziehen. Die Feindschaft der beiden politischen und ökonomischen Systeme führte dazu, daß die Teilung augenfälliger wurde als irgendeine andere. Sie verlief quer durch Nationen, Sprachen, religiöse Eigenheiten, politische Traditionen, wirtschaftliche Entwicklungen, historisch gewachsene Grenzen, sie teilte ethnographische Eigenschaften wie Gewohnheiten des Wein-, Bier-, Wodka-, Tee- und Kaffeetrinkens, Roggen- und Weizenproduktion und Brotverzehr etc. Die vielschichtigen Facetten der europäischen Vielfalt wurden faktisch auf eine einzige Dimension reduziert. Die Macht dieser neuen Schöpfung dominierte sämtliche anderen Gedankenstrukturen von Europa; sie wurde zur zentralen Ikone der Identifikation.

Der Ost/West-Gegensatz stellt die Inkarnation eines archetypischen Falles von „Wir" versus „Ihr" dar. Der Kontinent war in zwei Hälften gespalten; für irgendeine weitere Kategorie blieb kein Raum. Somit repräsentierte Europa eine duale Organisation einer größeren Einheit, die bislang nur bei sich in Stämmen organisierenden Gemeinschaften bekannt war. Berlin wurde das Symbol dieser

142

dualen Teilung und wurde teilweise aus den erwähnten anthropologischen Perspektiven untersucht (Bornemann 1992:3-4). Die geschaffene mentale Grenze wurde von beiden Seiten durch Propaganda genährt und durch materielle Barrieren wie Stacheldraht oder die Mauer – tödliche Wachposten – verstärkt. Die sichtbaren Barrikaden hatten nicht nur die Funktion eines physischen und psychischen Hindernisses für den freien Fluß von Menschen und Ideen, sie waren ebenso ein Zeichen der Teilung. Die fühlbaren Grenzen sollten die politische Gegensätzlichkeit erzwingen und die Teilung offensichtlich demonstrieren; ebenso sollten diese Grenzen ein Symbol der Ewigkeit dieser Teilung darstellen. Die Schwierigkeiten der Grenzüberschreitung spielten dieselbe Rolle: Das Überschreiten einer Grenze kam einem *rite de passage* in eine neue Realität gleich, einem Überschreiten der Bewußtseins-Schwelle. Die andere Welt war für die gewöhnlichen Menschen unzugänglich, und die Vorstellung über sie basierte auf bestimmten Stereotypen. Diese Stereotypen wiederum waren entwickelt worden aus den von der Vergangenheit geerbten Archetypen, den Versuchen der Propaganda, diese erneut zu installieren, dem Widerstand gegen diese Versuche und den idealisierten oder verachteten Vorstellungen über die andere Seite. Tatsächlich basierten die jeweiligen Vorstellungen über die anderen nicht auf realen Erfahrungen. Selbstverständlich sind Bilder immer nur erfunden, doch in diesem Fall waren Augenzeugenberichte faktisch unmöglich.

Unter diesen Voraussetzungen ist es gleichgültig, wer die Teilung initiierte, da der Effekt der gleiche war: „Ihr" seid grundsätzlich anders als „Wir". Die erfundenen Vorstellungen leisteten ihren Beitrag zur Klassifikation des anderen sowie zur Selbstidentifikation. Zweifellos versuchte die kommunistische Propaganda absichtlich ein negatives Bild des Westens zu erzeugen; und ich bin mir auch nicht sicher, ob das im Westen verbreitete Bild des Ostens ganz ohne jede Absicht entstanden ist. Beide Seiten zeichnen hierfür verantwortlich: die eine für bewußt ausgedachte Lügen, die andere zumindest für bequeme Ignoranz. Gewisse Bilder setzten sich in den Köpfen der Menschen fest – aus welchen Gründen auch immer – dies trifft ebenso auf die Politiker zu. Dem demokratischen Gesetz entsprechend repräsentierten und artikulierten sie lediglich die öffentliche Meinung. Gefangen in der binären Wahrnehmung folgten sie diesem Schema auch in ihrer Politik. Dieses Bewußtsein war den Politikern ein Antrieb für ihr Handeln, womit sie wiederum nur die vorhandene Situation zusätzlich verfestigten. Und da sie auf diese Art und Weise als Verantwortliche dachten und *handelten*, spielte ihnen die Teilung schließlich auch noch in die Hände. Was als ein Zufall der Geschichte erschien, war eine Erfindung der Menschen und wurde durch aktives Handeln perpetuiert. Paradoxerweise wurde die Wahrnehmung des Westens von denjenigen, die in totalitären Regimen gefangen waren, häufig als falsch abgelehnt. Doch im Osten führte dies häufig zu einer Idealisierung des westlichen Lebens und der westlichen Gesellschaft. Zum Schluß glaubten nicht einmal mehr die kommunistischen Machthaber, daß das von ihnen befürwortete System besser wäre als die bürgerliche Demokratie. Sie

Michal Buchowski

verloren zwar ihren Glauben, förderten aber weiterhin aus pragmatischen Gründen die duale Teilung, die als eine historische Notwendigkeit galt (vgl. Buchowski 1991:433). Gleichzeitig war die Repräsentation des Ostens im Westen einseitig. Der Osten wurde als grundsätzlich falsch empfunden, verachtet, und er erweckte a priori nichts als Ablehnung.

Dieses Bild von einem zweigeteilten Europa war – aus vollkommen divergierenden Motiven heraus – vor dem Jahr 1989 auf beiden Seiten der Barrikaden vorherrschend. Im Westen herrschte ein Gefühl der Suprematie über das verrottete und untergehende wirtschaftliche, politische und kulturelle System des Ostens; den Osten hingegen lähmte ein Minderwertigkeitsgefühl gegenüber dem Westen. In diesem Zusammenhang kann nicht ohne bitteren Beigeschmack festgehalten werden, daß sich die im direkten Sinne nicht-intentionale Propaganda im Westen als wirksamer und langlebiger erwies als die hartnäckigen Versuche der Kommunisten, „das menschliche Bewußtsein umzupflügen". Dem Druck der Vertreter des „real existierenden Sozialismus" zum Trotz etablierte sich ein Bild von Demokratie und Kapitalismus, welches in den meisten Fällen konträr war zu jenem, welches die Manipulatoren durchsetzen wollten. Zumindest in Polen wurde den Medien von Anfang an mißtraut, so daß die Menschen ihnen gegenüber eine Immunität entwickelten. Dies ist eine Qualität, welche die westlichen Gesellschaften nicht erreicht haben. Dieser Mangel hätte durch die freie westliche Presse ausgeglichen werden können, doch die von ihr geschaffene Welt war noch immer geprägt von der binären Teilung.

Es ist erstaunlich, daß die Zusammenhänge zwischen der wachsenden Westintegration und dem Erscheinen und späteren Verschwinden des Ostblocks nicht voll erkannt wurden. Die beiden getrennten Teile waren interdependent; dialektische Logik unterstützte die Solidarität auf beiden Seiten. Zweifellos förderten auch globale wirtschaftliche Entwicklungen wie der amerikanische und asiatische Wettbewerb die plötzliche Spaltung Europas, doch gingen dieser die spiegelbildliche militärische Verflechtung und die wechselseitig bedrohlich artikulierten politischen Interessen voraus. Militärische, wirtschaftliche und politische Integrität trafen zusammen und wurden zudem durch kulturelle Ideen bekräftigt. Unsere Gedanken wurden Teil einer Realität, welche von diesen beschrieben wurde. Möglicherweise hätte der Westen heute ein ganz anderes Gesicht, hätte dieser Kontrast mit dem Osten nicht bestanden. Vielleicht hätten die Gesellschaften des Ostens niemals versucht, die Ketten des politischen Systems zu brechen, in dem zu leben sie gezwungen waren, wenn sie sich nicht danach gesehnt hätten, so zu leben, wie sie glaubten, daß die Bürger des idealisierten Westens leben würden. Die politischen Blöcke wurden zu Blöcken in der Vorstellung von uns und den anderen hinter den Stacheldrähten der Grenze.

Nach dem Zerfall

Die Frage ist nun, inwiefern sich die Vorstellungen der Menschen nach dem „Herbst der Nationen" 1989 verändert haben. Der Fall der Berliner Mauer, der ohne Zweifel durch den Sprung Lech Walesas über die Mauer der Schiffswerft von Gdansk ausgelöst wurde, als sich dieser im August 1980 einem Streik anschließen und ihn auch anführen wollte, sowie die indirekt darauf folgende „Solidaritäts"-Bewegung und die Gespräche am Runden Tisch in Polen 1989 haben die politische Ordnung in Europa dramatisch verändert. Signifikant ist, daß das Phänomen von Teilung oft durch eine Mauer symbolisiert wird, durch etwas, das überwunden oder zerstört werden muß, um die andere Seite sehen zu können. Entweder muß man über die Mauer hinwegspringen oder aber sie einreißen. Anfangs bestand nur die erste der beiden Möglichkeiten für diejenigen, die wie die anderen – wie im Westen – leben wollten. Mit der Ausnahme von Polen und später auch Ungarn war der Sprung über die Barriere, i.e. illegale Emigration, der einzige Weg, andere Horizonte als die eingeschränkten des eigenen Landes zu sehen. Sollte die Veränderung grundlegender, längerlebig und breiter sein, so schien die zweite Option die einzig mögliche, auch wenn sie kaum einem der politischen Experten und der gewöhnlichen Menschen als realisierbar galt. Dennoch fand eben diese Veränderung im Herbst 1989 statt. Die in aller Welt gesendeten Bilder machten die Entschlossenheit der Menschen deutlich, die Mauern niederzureißen. Das Symbol mußte mit Leidenschaft zerstört werden; doch auch das beständige Hämmern an der Berliner Mauer war ein magisches Handeln, welches durch die Kraft der Metapher eine sofortige Wirkung von Freiheit und Einigkeit haben sollte. Auf der politischen Ebene fand eben dies statt, und Deutschland wurde kurze Zeit später wiedervereinigt. Selbstverständlich mußte dies auch durch das Ritual eines Referendums sanktioniert werden, das den neuen Status quo legitimierte: Berlin wurde erneut zur Hauptstadt des Landes erklärt.

Ähnliches spielte sich in anderen Ländern des ehemaligen kommunistischen Lagers ab: Die Flaggen und Symbole wurden geändert, größtenteils unter Wiederbelebung alter Traditionen; die kommunistischen Zeichen der Macht wurden zerstört, i.e. die Monumente, Straßennamen, Parteien und Personen wie Ceausescu; freie Wahlen fanden statt, neue Gesetze wurden erlassen und Prozesse wurden angestrengt gegen diejenigen, die sich, während sie an der Macht waren, schuldig gemacht hatten oder nachträglich für schuldig erklärt worden waren. All dies wurde zum Zeichen und zu einer neuen Realität, eingesetzt durch die Rituale der Legitimation. Der Wind der Geschichte blies so stark, daß er einige politische Einheiten hinwegfegte (Ostdeutschland, Jugoslawien, Sowjetunion und die Tschechoslowakei). So entstand eine Reihe unabhängiger Staaten neu (Estland, Lettland, Litauen, Deutschland und die Slowakei) oder aber sie wurden erstmals in der Geschichte zu solchen (z.B. die Tschechische Republik, Bosnien, Slowenien, Kroatien, Makedonien, Weißrußland, Ukraine). Gleichzeitig wurde damit die Büchse der Pandora mit neuen Problemen geöffnet. Einige dieser Probleme werden durch den Filter der alten Stereotype wahrgenommen – wie die angeblich „osteuropäische" Krankheit des Nationalismus. In Wahrheit sind die Krankheiten, die den anderen attestiert werden, nur eine Weiterführung der Beschwörung von alten Geistern. Im Folgenden möchte ich – als Angehöriger eines Landes in Zentraleuropa – einige der auffälligsten und verdächtigsten Symptome dieser Krankheiten betrachten.

Die Geschehnisse von 1989 können als eine Zerstörung von stabilen Strukturen wahrgenommen werden; die zentraleuropäischen Länder bildeten einen ideologischen, politischen, militärischen, wirtschaftlichen und kulturellen Block. Sicherlich war diese Einheit des Ostens von oben aufgezwungen, doch sie funktionierte einige Dekaden lang und war relativ stabil. Auf beiden Seiten hatte man sich an die binäre Konfiguration gewöhnt. Nach der Revolution, als das Gitter entfernt worden war, verschwand die Einheit des östlichen Teils von Europa, und die meisten Verbindungen wurden abgebrochen; der Warschauer Pakt löste sich auf. Die Kooperation endete und statt dessen etablierte sich die Konkurrenz. Die Desintegration betraf nicht nur die internationalen Beziehungen, sondern ging sogar soweit, daß einige Länder zerfielen. Es greift zu kurz, das Problem lediglich mit dem wirtschaftlichen Niedergang und mit spezifischen politischen Tendenzen zu erklären, denn das Verhalten der Menschen spielt hierbei eine ebenso wichtige Rolle. Die neuen Führungskräfte reagierten spontan, lehnten die alte Politik der Zusammenarbeit ab und orientierten sich nach Westen. Die Menschen taten dasselbe: Sie wollten ihre Identität mit sofortiger Wirkung von der ungewollten und aufgezwungenen zu der Identität ändern, die sie als besser empfanden, die zu besitzen sie ersehnten.

Die ersten Jahre der 90er sind von einer tiefen Rezession in den postkommunistischen Ländern und einem weiteren Verfall ihrer Handelsbeziehungen geprägt. Der Comecon verschwand nicht nur mit seinen administrativen Strukturen, sondern auch als ökonomische Realität. Die marktbefürwortenden Reformen und ihre Kosten erklären diese Tatsache nicht ausreichend. Sie sind das Ergebnis politischer Handlungen, die von starker Symbolik unterlegt ist. Die Vergangenheit wurde abgelehnt und überschattete gleichzeitig die neue Situation, ohne daß es eine rationale wirtschaftliche Rechtfertigung für viele Entscheidungen gab. Dies führte zu einer Überschwemmung des östlichen Marktes durch westliche Produkte, die das bisherige Handelsgleichgewicht aushöhlten. Zweifellos konnten viele westliche Unternehmen – und können es noch heute – während der Übergangszeit des Ostens erhebliche Profite einstreichen. Erst nach dem ersten Schock entschieden einige Länder der Region, ihre geschwundenen Handelsbeziehungen erneut auszuweiten: Die Central European Free Trade Association – sie umfaßt die Mitgliedsländer Polen, Tschechische Republik, Slowakei, Ungarn und Slowenien; mit Aussicht auf einen möglichen Anschluß des Baltikums und einiger Balkanländer – ist ein Beispiel für die Wiedererrichtung einer wirtschaftlich lebensfähigen Region.

Die Gesellschaften begrüßten diesen Umschwung, das Glück von 1989. Die allgemeine Bevölkerung gab sich, wenn es ihre ökonomische Situation erlaubte, dem Konsum der so begehrten westlichen Güter hin: „Test the West" schlug eine Werbung für Zigaretten vor, und warum auch nicht, vor allem da die Menschen dies wünschten. Ein Besuch bei McDonald's kam für viele dem Besuch einer Kunstgalerie gleich. So diente der Konsum des Westens als Symbol für die neu erworbene Freiheit und die Akzeptanz der sichtbaren Zeichen westlichen Lebensstils entwickelte sich zu einem Ausdruck guten Geschmacks, zu einem neu gewonnenen sozialen und materiellen Status. Die *nouveaux riches* begannen, die für sie so attraktiven Verhaltensmuster westlicher Geschäftsleute, Fernsehserien und Filmstars zu imitieren, teilweise sogar in einer Form, welche Westlern als grotesk erschien (vgl. Sampson 1994).[3]

Ein idealisiertes Bild des Westens trug dazu bei, diese Situation zu erzeugen und sie fortzuführen. Bewohner des Ostens reisten neugierig in die westlichen Länder; sie suchten nach verschiedenen Gütern und nach Arbeitsgelegenheiten, und es war gleichzeitig eine Suche nach neuen Mustern des Lebens und Konsums; der Westen kam über sie mit all seinen Sünden und Lastern. Dennoch glaubten die Osteuropäer unerschüttert daran, daß der Westen ihnen gegenüber im absoluten Vorteil war und daß seinem Lebensmuster gefolgt werden müsse. Das verhaßte System war aufgegeben worden, und dies bedeutete die vollständige Ablehnung – zumindest auf offizieller Ebene – der damit verbunden Art des Lebens und dessen Organisation. Doch gerade dieses Verhalten bewirkte ein Gefühl der Minderwertigkeit.

Für die Westeuropäer bedeuteten all diese Entwicklungen eine Bestärkung ihres Gefühls der Überlegenheit. Der Eindruck der eigenen Überlegenheit basierte auf einer Anzahl überwältigender Fakten, womit in gewisser Weise alte Stereotypen bestätigt wurden: Der seit Jahrzehnten, wenn nicht Jahrhunderten, als unterentwickelt angesehene Osten erwies sich als unfähig, eine eigenständige Entwicklung einzuschlagen; das autoritäre System hatte die Menschen zu gefangenen Subjekten geformt; die von oben beherrschten Gesellschaften brachten anomische und desintegrative Entitäten hervor; das wirtschaftliche System stellte sich als uneffizient heraus; die Wohlfahrtsversprechen der Kommunisten erwiesen sich als unhaltbar; wissenschaftliche und technologische Errun-

---

3   Beispielsweise schreibt Sampson, als er die Situation in Rumänien darstellt: „The individual marking of status must derive from a lifestyle which is both different and somehow above the rest. This necessitates a common frame of reference; vulgarity or bad taste usually occurs when the person tries to copy the framework directly and doing so parodies it; when the copying is so exaggerated that it adds on existing elements. There may be individuals parodying the outfits and Mercedes of Western TV personalities from 'Dallas' or 'Die Schwarzwaldklinik'. Or it may be the quiant peasant summer house now overburdened with so much quasi-rustic elements that it has become kitch. Vulgarity and kitch are examples of the difficulty of obtaining cultural refinement" (1994:23). Die Frage, wer den Standard des guten Geschmacks bestimmt, lokale kulturelle Eliten oder wie in diesem Fall der westliche Experte (hier ist es Sampson), bleibt bestehen.

genschaften wurden unbedeutend und rückständig – mit Ausnahme vielleicht einiger auf das Militär bezogener Erfindungen; die kulturelle Produktion strahlte kaum bis in den Westen, weil sie unbekannt war, auch wenn einzelne Künstler des Ostens – beispielsweise Schriftsteller, Komponisten und Filmregisseure – international durchaus anerkannt waren.[4]

Vorstellungen wie diese wurden durch den permanenten Drang der Osteuropäer nach Westen bestätigt. Nur dort waren Vorteile und Fortkommen zu erwarten. Auch die eingefleischten Vorstellungen über die Rückständigkeit der aus dem Osten stammenden Menschen ließen sich noch anhand ihrer Probleme bezeugen, die sie mit der Adaption der westlichen kulturellen Verhaltensmuster hatten: von den hygienischen Gewohnheiten über ihren Respekt vor dem Gesetz, bis hin zum Ungeschick im Umgang mit technologischen Erfindungen. Die Krise des Ostens konnte überdies anhand der erodierenden Unterstützung der Linken festgestellt werden oder, um es deutlicher auszudrücken, anhand des Niedergangs der pro-kommunistischen Bewegung im Westen. Kurz gesagt, die Abdankung des Kommunismus bestärkte die Menschen in ihrem Vorurteil gegenüber dem Osten und seinem gegenüber dem Westen minderwertigen Rang.

Die Situation von 1989 während und nach der Revolution kann kurz auf folgende Weise charakterisiert werden: Die Bewohner Osteuropas waren von der Überlegenheit des Westens überzeugt, während die Westeuropäer sich in eben dieser eigenen Überlegenheit bestätigt sahen. Das Ergebnis einer solchen Beziehung konnte leicht vorhergesehen werden und ist auch tatsächlich eingetreten. Die Osteuropäer wollten so schnell wie möglich Westeuropäer werden. Doch letztere verhielten sich indifferent gegenüber solchen Versuchen. Die zentraleuropäischen Gesellschaften und Länder sollten, wenn sie sich denn dem Westen anschließen wollten, die Spielregeln des Westens akzeptieren und sich zuerst den Standards der Europäischen Union anpassen. Die von einigen politischen Analytikern während der Dämmerung des Kalten Krieges vorausgesagte mögliche Annäherung entpuppte sich als eine ungleiche, einseitige, wenn nicht sogar zwangsweise Anpassung. Daraus entwickelten sich einige Eigenschaften, die an eine beinahe kolonialzeitliche Situation erinnern. Sie beeinflußt die Art und Weise, wie sich die Menschen innerhalb dieses neuen Zusammenhangs verhalten und identifizieren. Mit anderen Worten, die Frage nach der Identität spielt eine wichtige Rolle in den sich entwickelnden Beziehungen.

---

4 Je nachdem, auf welches Publikum Bezug genommen wird, kann die Liste der Künstler länger oder kürzer sein. Dennoch sind die Namen von Schriftstellern wie Milan Kundera, Vaclav Havel, Andrzej Szczypiorski, Tadeusz Konwicki, Jaroslav Seifert, Filmregisseuren wie Milos Forman, Marta Mesaros, Istvan Szabo, Andrzej Wajda, Krzysztof Zanussi, Agnieszka Holland und Krzysztof Kieslowski sowie die Namen von Komponisten wie Krzysztof Penderecki, Witold Lutoslawski und Mikolaj Gornicki denjenigen bekannt, die sich für die entsprechenden Bereiche von Kunst interessieren. Bemerkenswert ist, daß nur wenigen Pop-Künstlern eine internationale Karriere gelang.

Neokolonialismus in Europa

Für die zentraleuropäischen Gesellschaften begann der Weg nach Europa tatsächlich 1989. Die Umstrukturierung der Wirtschaft sowie des Staates und der politischen Ziele war – und ist es auf vielerlei Weise noch heute – das offensichtlichste Merkmal der Regierungsprogramme. Als erstes führten die nichtkommunistischen Regierungen in Polen, Ungarn und der Tschechoslowakei ernste und liberale Wirtschaftsreformen durch, die von den westlichen Ländern empfohlen und gefördert wurden. Hier sind Anzeichen einer konzeptionellen Subordination auszumachen. Die ökonomischen Reformen, die von den lokalen Ökonomen entworfen und ausgeführt wurden, mußten durch die Autorität westlicher Experten legitimiert werden. Die berühmte „Schocktherapie" von Leszek Balcerowicz in Polen wurde der Öffentlichkeit sowohl in Polen als auch nach außen als eine von Jeffrey Sachs, einem Ökonomen der Harvard-Universität, gutgeheißene Maßnahme dargestellt. David Kideckel schreibt hierzu: „the Western *imprimatur* for Eastern policy decision is often uncoerced and a seemingly natural response to the respect for things Western and the mirrored revulsion of the socialist past" (1994:139). Die Europäische Union verlangte eine Liberalisierung der Handelsbeziehungen, obwohl sie gleichzeitig protektionistische Schutzmaßnahmen ergriff. Die Handelsbilanz mit zentraleuropäischen Ländern, die mehr importieren als exportieren, blieb unausgeglichen. Der gesamte Prozeß ist wie ein Übergangsritus, in welchem die ehemaligen Osteuropäer sich den Anweisungen ihrer Mentoren unterordnen wollen und müssen.[5]

Der Anschluß an die Elite von „wahren" Europäern scheint ein sehr komplizierter Prozeß zu sein. Die Feuerprobe für diejenigen, die dem Ritus unterworfen sind, ist streng und oft genug grausam und bösartig. Die politische Organisation, die Wirtschaftspolitik, die Gesetzgebung, der Aufbau des Militärs, das Bankensystem, die landwirtschaftlichen Strukturen und viele weitere Details müssen übernommen werden, bevor die höheren Weihen gespendet werden. Internationale Organisationen wie die NATO, die Europäische Union, der International Monetary Fund, die European Bank for Reconstruction and Development bestimmen die Normen, welche die Novizen erfüllen müssen, wollen sie vollentwickelte Mitglieder einer privilegierten Gruppe werden. Dies ist keine leichte Aufgabe.

Die ungleiche Position von Osten und Westen kann auch als die Beziehung zwischen Zentrum und Peripherie dargestellt werden. „The main dimension of the centre is its privileged status as the focus of attraction, while most of the traits of the periphery are derived from its being peripheral." (Jacyno 1994:61). Die Wirtschaftsbeziehungen erlangen nur in diesem Bild ihre Priorität, doch sanktionieren sie gleichzeitig die Dominanz in allen anderen Bereichen. Um mit

---

5 Zur Diskussion über zentraleuropäische Transformation als Übergangsritus vgl. Baumann 1992; 1993; Buchowski 1995.

Michal Buchowski

Bourdieu zu sprechen: Ökonomisches verwandelt sich in symbolisches Kapital; die materiellen Vorteile gehen in kulturelle über. Die westlichen Berater überfluteten die östlichen Länder, die meisten von ihnen gingen indes nicht weiter als in die luxuriösen Hotels der Hauptstädte. In Polen werden sie deswegen „Mariotts-Brigaden" genannt. Häufig ersetzen sie die lokale „Nomenklatura" in der Vorstellung des mythischen „Ihr". Die Tiefenwirkung reicht weit in die politische, soziale und kulturelle Ordnung. Den Osteuropäern wird beigebracht, eine zivile Gesellschaft zu schaffen, wie Forschung betrieben, wie die Armee organisiert und selbst, wie spioniert wird.

An diesem großen Ziel der Rekonstruktion wäre nichts auszusetzen, wenn die lokalen Traditionen nicht so blindlings geleugnet würden. Die zivilisierte Gesellschaft soll vollkommen neu aufgebaut werden, so als hätten die Menschen im Osten zuvor in einer sozialen Wüste gelebt; sie sollen Wissenschaft neu erlernen, so als wäre sie bis dahin inexistent gewesen, etc. Die exportierten Instruktionen regulieren sogar die Art und Weise, nach der sich die Menschen kleiden sollten. Mir wurde berichtet, daß das Unternehmen Procter&Gamble in Warschau in den Arbeitsvertrag mit seinen polnischen Angestellten eine Klausel schrieb, nach der es verboten war, während des Dienstes weiße Socken zu tragen – damals eine populäre Mode in einigen Zirkeln der Neuen Reichen Polens. Zur Zeit führen solche Begebenheiten unter den Osteuropäern zu gemischten Gefühlen von Bewunderung und Haß, Aspiration und Abneigung.

Der Osten brach unerwartet rasch in sich zusammen. Die östlichen Regime wurden nicht einmal besiegt, „they had only to be touched for them to realize that they no longer existed. (...) The communist systems did not succumb to an external enemy, nor even to an internal one (...) but their own inertia ..." (Baudrillard 1994:37). Das sichtbare Zeichen für die Dominanz des Westens wird nun in die eingängige Phrase „joining Europe" übersetzt, sie ist im gesamten postkommunistischen Block zu hören. „The idea of a „return to Europe" is the recognition of the centre's prestige" (Jacyno 1994:65). Letztendlich sind es die Osteuropäer, die sich Westeuropa anschließen wollen und nicht umgekehrt. Die Westeuropäer fühlen sich stark und mächtig, was zu einer lehrerhaften und paternalistischen Einstellung führt. „The West is the Best", wie eine Werbung für Zigaretten plakativ zum Ausdruck bringt.

Man kann sich fragen, ob nicht ein ähnlicher Fall eingetreten ist, wie ihn der oben angeführte klassische koloniale Hintergrund suggeriert: „The whole process of conquest and consolidation both elaborated and insisted upon the cultural differences between native and conqueror, and at the same time sought to destroy these distinctive native ways. The autonomy of native culture ... was an active reagent form in the colonial crucible: simultaneously a justification for domination and a framework for incorporation (the ways that native people were seen as different from Europeans was part of how they would be used). In addition, it was a form of, and a framework for, native resistance to and collaboration with domination." (Sider 1986: 30).

Neue Identitäten

Der alte Spiegel von Europa ist zersprungen. Die binäre Ost-West-Struktur entspricht nicht länger der neuen Situation. Eine Reihe von Staaten – die ehemaligen Satellitenstaaten der Sowjetunion – sind in Zentraleuropa entstanden. Sie verfolgen ihre eigenen unabhängigen Ziele: Sie haben die „die dunkle Seite des Kontinents" verlassen und begonnen, ihr Recht einzufordern, sensu stricto ein Teil Europas zu werden. Der Effekt hiervon ist, daß ein Neuformierungsprozeß der europäischen Konfiguration eingesetzt hat. Dieser Prozeß kann sich nicht allzu schnell entwickeln, und die neue Form ist – wenn auch nur aufgrund der Macht der mentalen Trägheit – von ehemaligen Konzeptionen inspiriert. Möglicherweise läßt sich dieser Prozeß anhand der Theorie der kognitiven Dissonanz verdeutlichen: Menschen lernen bestimmte Schemata, nach denen sie die Welt wahrnehmen, und es besteht die Möglichkeit, daß die Bezeichnungen, die nötig waren, um eine Situation zu beschreiben, nicht länger dafür taugt. Die von uns wahrgenommene oder vielmehr für und von uns geschaffene „Realität" korrespondiert nicht länger mit unseren Konzepten von ihr. Somit können wir entweder die Bezeichnung ändern, oder die Bedeutung und den Inhalt der Bezeichnung (vgl. Buchowski et al. 1994:561-563). Wie Leo Festinger, der den Begriff schuf, schreibt: „Cognitive dissonance is a motivating state of affairs. Just as hunger impels a person to eat, so does dissonance impel a person to change ... opinions or ... behaviour" (Festinger 1962:3). Und eben dies findet in Europa auf beiden Seiten des historischen Eisernen Vorhangs statt. Die duale Teilung ist zerstört worden und neue Identitäten, die der veränderten Situation adäquater sind, müssen sich herausbilden. Gleichzeitig formen diese Identitäten einen bedeutenden Teil der Situation. Dieser dialektische Prozeß braucht enorm viel Zeit.

Die unerwarteten Veränderungen von 1989 versetzten nicht nur die politischen Experten in Erstaunen, sondern ebenso die betroffenen Gesellschaften. Die Menschen wurden von der Geschichte gezwungen, die Bedeutung Europas neu zu definieren – von Osten und Westen, und von Zentraleuropa. Wie so häufig sind die Ereignisse schneller als die Gedanken der Menschen. Hierin liegt der Grund für die Unsicherheit der derzeitigen Situation; die alten Strukturen sind noch nicht vollständig überwunden und die neuen noch nicht etabliert, so daß mit ihnen wenigstens teilweise die einstige Beständigkeit der Verhältnisse noch nicht wieder erreicht ist. Im Besonderen trifft dies auf die Vorstellungen der Menschen zu. Selbst wenn die Neuformung der Vorstellungen ein endloser Prozeß ist, läßt sich dennoch feststellen, daß die Transformation des ehemaligen Osteuropa eine besondere Epoche ist. Der Ausdruck „Transformation" versucht lediglich, diese Besonderheit auszudrücken. Die Disziplinierung, die Unterordnung und sämtliche anderen oben erwähnten Rituale der Angleichung des Ostens an den Westen beschreiben nur einen Weg, die Unterschiede zu vermindern, um den Osten potentiell akzeptabel zu machen. Die Bewegung der

Ideen findet indes nur in einer Richtung statt. Mit der multidimensionalen Eroberung des Ostens durch den Westen wurde sichtbar, welche Art von Macht und Herrschaft an der Entwicklung neuer Identitäten beteiligt ist.

Das Schaffen dieser Identitäten ist ein komplexer Mechanismus, der aus Mißverständnissen, guten Intentionen und gegenläufigen Interessen besteht. Doch ein polnisches Sprichwort lautet: „Die Hölle ist mit guten Intentionen gepflastert". Die Osteuropäer initiierten den gesamten Prozeß und strebten danach, wie Westeuropäer zu leben: die Intellektuellen in einer Demokratie und gemeinsam mit den Massen in einer Konsumfülle. Indes ist dieses Bestreben eng mit einem Minderwertigkeitskomplex verknüpft; die östlichen Gesellschaften waren von nun an mit einem häufig wahren und grausamen Dilemma konfrontiert. „Should we emulate those we wish to equal in power (those spurning our own tradition), or should we, on the contrary, affirm the values of our own tradition at the price of material weakness?" fragt Gellner (1992:19). Da sie sich für die Option der Modernisierung entschieden, mußten sie viele ihrer Traditionen aufgeben, die nicht den geforderten Standards des Westens entsprachen. Allerdings geht die Aufgabe der eigenen Traditionen – und dies ganz unnötigerweise – häufig zu weit. Denn gleichzeitig handeln die Menschen nach der Mimikry-Methode, sie geben lediglich vor, mit den oktroyierten Werten konform zu gehen, um den „Lehrer" zufriedenzustellen und ihre unmittelbaren Ziele zu erreichen. So kann von vielen Lippen ehemaliger Kommunisten eine demokratische Rhetorik abgelesen werden. Für die aus dem Westen eingeladenen Eindringlinge soll so die kulturelle Unterwerfung total erscheinen. Als Pioniere des Fortschritts und Missionare der höheren Zivilisationsform sind sie von der absoluten Qualität des von ihnen gepredigten Evangeliums überzeugt. Die Eingeborenen wiederum können sich glücklich schätzen, erleuchtet zu werden. All dies wird mit Begriffen von Hilfe, Ratschlag und Beratung verschleiert. Unterdessen werden die wirtschaftlichen und politischen Interessen durchgesetzt und die dominante Kultur verbreitet.

Für die betroffenen Gesellschaften bedeutet dies freilich, daß neben den erwünschten Qualitäten ebenso die unterdrückten und unerwünschten Platz greifen. Diese Faktoren verursachen entweder Skeptizismus oder Kritik an der westlichen Suprematie; eine Art Angst vor dem Westen entsteht. Das so sehr benötigte westliche Kapital wird von den Menschen als Bedrohung ihrer nationalen Existenz wahrgenommen. Zweifellos besitzen diese Ängste eine historische Substanz: So können beispielsweise die Tschechen und Polen auf sehr schlechte Erfahrungen mit den Deutschen zurückblicken. Dennoch wird in dieser Region Kapital dringend benötigt, und ein Aphorismus Chapman's (1994:240) mag verdeutlichen, was gemeint ist: „there is only one thing worse than being exploited by foreign multinationals, and that is not being exploited by foreign multinationals". Gleichzeitig bedeutet die widerwillig vorangetriebene kapitalistische Privatisierung mit internationalen Investitionen oft einen Ausverkauf nationaler Vermögenswerte. Die Menschen fürchten, daß diese letztendliche Zementierung der neuen Verhältnisse die Zerstörung von nationalen Unternehmen und der nationalen Wirtschaft zum Ziel hat. Dieser Diskurs kann als eine Fortführung von dem der kommunistischen Vergangenheit angesehen werden: „it was axiomatic that „international capital" was a force of Oppression" (ebda:247). So kann seit kurzem eine Art „weicher Nationalismus" wahrgenommen werden (Buchowski 1994:78-79). Dieser Nationalismus neigt nicht sensu stricto zu chauvinistischen oder gar nationalistischen Ideen, vielmehr möchte er – gut oder nicht – die nationalen wirtschaftlichen Interessen schützen. Diese Tendenz ist sicherlich überall zu finden, indes entsprang sie hier einem spezifischen historischen Kontext, nach einer Welle der blinden Begeisterung für den Westen. Die durch die Transformation hervorgerufenen Schwierigkeiten verstärken diesen Einstellungswandel. Der inzwischen idealisierte, ehemalig kommunistische Staat der sozialen Sicherheit – so gering diese auch war – ist durch Unsicherheit, durch ein liberaleres und auf persönlicher Verantwortung basierendes System ersetzt worden. Bei aller Begierde nach „West"-Geschmack hat sich „West"-Dominanz dann doch zu unerwartet und anders als erwartet breit gemacht. So kam es dann zur Suche nach Verantwortlichen, und der Westen wurde einer von ihnen.

Das oben erwähnte Verhalten kann auch eine noch extremere Form annehmen: Diejenigen, die sich mit nationalen, kulturellen und/oder religiösen Werten auseinandersetzen, betrachten Europa als eine Bedrohung für die Tradition; gegenüber der anfänglichen Apotheose erscheinen konträre Haltungen: Michnik (1993:28) hat beobachtet: „At first, there was an idea: we're coming back to Europe, we'll be back in Europe. After a while, there's another thesis: we don't need to return to Europe. First, because we've always been there, and second, because Europe is nothing wonderful. For Europe is relativism, atheism, drugs, pornography, abortion, divorces, homosexuality – in short, Babylon, Sodom and Gomorrah". Hiergegen werden Selbstversicherungen als Schutzschilde aufgebaut: „Wir" sind diejenigen, welche die in der Konsumgesellschaft verlorengegangenen Werte bewahren. Und daher sollten „Wir" bei der Auswahl der von außen kommenden oberflächlichen „Segnungen" behutsam sein. Radikale Gruppierungen wie Skinheads gehen in ihrer Haltung so weit, daß sie jedwedes „Andere" in ihrer Umgebung nicht tolerieren können; so kam es schon zu gewalttätigen Auseinandersetzungen gegen Roma, Deutsche, Vietnamesen und Schwarze, glücklicherweise nicht allzu häufig. Ihre Ideologie besteht oft aus antiwestlichen und antisemitischen Ressentiments. Paradoxerweise übernahmen diese Jugendlichen und Neonazi-Gruppierungen ihre Handlungsmuster und Symbole zumeist aus dem Westen.

Der Westen begrüßte die überraschende Ablehnung des Kommunismus. Den rebellischen Nationen wurde viel Sympathie entgegengebracht. Gleichzeitig galt dies als sicherer Beweis dafür, daß die heiligen Werte der Freiheit sich immer bewahrheiten würden. Somit festigte sich die Supremate des Westens und eröffnete neue Möglichkeiten und Räume für die Eroberung. Die Westdeutschen umarmten ihre Brüder aus dem Osten. Doch der Vereinigungsprozeß stellte sich als weitaus verwirrender heraus, als angenommen wurde. Der Osten wird nicht einfach zum Westen; und letzterer wird nicht in der Form bestehen bleiben, die er einmal hatte. Gemeinsam begannen die beiden Deutschen, eine neue Eigenschaft zu entwickeln. Fallgruben wie die steigende Arbeitslosenrate sind lediglich der faßbare Teil der Entwicklung. Für Bornemann (1992:334) stellt sich die Problematik so dar: „One reason why unity is so difficult, from the West German perspective, lay in the resentment at the disintegration of their mirror-image, and the collapse of a moral order that always ascribed to them superiority – at least over the Ossies. And perhaps, from the East German perspective, the difficulty lay in their ignorance of and inability to decipher and manipulate a sign system whose construction, in part, was predicated on this very ignorance of an inability; in other words, on the very inferiority they bring with them into every interaction with West Germans. Given these initial terms of unity, it appears that durable forms of division have now been built into East-West distinction." Eine ähnliche Aussage trifft auch in einem weiter gefaßten Kontext auf die Ost-West Beziehungen zu. Der Unterschied zwischen den Deutschen läßt sich möglicherweise auf den gesamten Ost-West-Kontext über-tragen, denn niemand anders war so entschlossen, sich in Zentraleuropa ein-zugliedern. Der anfängliche Enthusiasmus hat sich in Abgeschlossenheit ver-kehrt: Die Zusagen zum NATO-Beitritt und zur Europäischen Union sind heute an die Notwendigkeit einer Anpassung und an eine Wartezeit gebunden; auch den russischen Interessen muß entsprochen werden. Doch sollte man nicht ver-gessen, daß für die Menschen in Mitteleuropa Rußland in einem anderen, „wirklich" östlichen Teil des europäischen Universums liegt. Nach den gegebe-nen historischen Erfahrungen wird dies als ein Risiko der eigenen pro-westlichen Orientierung wahrgenommen.

In diesem Kontext der Unschlüssigkeit sind die alten Hirngespinste wieder-belebt worden. Die Worte von Jean Baudrillard (1994:50) – auch wenn sie an-deren Gedankengängen folgen als meinen – illustrieren diese Entwicklung auf imaginative Weise. Aus der westlichen Perspektive besehen, sei der Kommu-nismus nicht verschwunden, sondern lediglich zersplittert: „the mirror of the empire is broken, but each fragment preserves its image." Das System ist in den Köpfen und Herzen der Menschen, ebenso wie die Institutionen dieser Gesell-schaft. Das kollabierende Regime „exported its own economic and political suicide. (...) From this point on, the barrier separating hell from heaven is liqui-dated. And in this case, of course, the liquefaction is general, and always sub-merges heaven" (ebda.:46). Es sei offensichtlich, daß der Osten die Hölle und der Westen der Himmel sei. Dieser Prozeß sei gefährlich: „The West is disco-vering the Eastern bloc countries, weak and drained, as once it discovered the survivors of the concentration camps. The danger is to feed them too quickly since this kills them. (...) they live in another space – shattered by catasrophe. They will never come back into ours. (...) The 'victory' of the West is not unli-

ke depressurizing of the West in the void of communism, in the void of history"
(ebda.:49). Aus dieser Perspektive erscheint die Eroberung des Ostens als ober-
flächlich. Denn tatsächlich führe sie zur Zerstörung des Westens, „which is
eminently penetrable" (ebda.:48). „Fusion always turns into confusion, contact
into contamination" (ebda.:46). Ergo ist Vorsicht vor dem postkommunistischen Europa angezeigt!

In der Wahrnehmung des Westens befindet sich Zentraleuropa in der Vor-
hölle: zwischen dem Westen – i.e. der Europäischen Union, der Schweiz und
Norwegen – und dem primordialen Osten, i.e. Rußland und einigen anderen
ehemaligen Ländern der Sowjetunion, mit Ausnahme der Baltischen Republiken. Dieses mittlere Territorium, Zentraleuropa, liegt nicht im Zentrum Europas, da dieses, wie ich bereits oben anführte, für „wirkliche Europäer" im
Westen zu finden ist, der in der hierarchischen Struktur die A-Kategorie darstellt. Zentraleuropa erscheint als etwas, das „weder Fisch noch Fleisch" ist.
Und Menschen sind, so lehrt uns die Anthropologie, vorsichtig in Bezug auf
Kategorien mit einem zweifelhaften Status, der zwischen „PLUS" und
„MINUS" liegt. Eine Art „NULL" „is not only 'in the middle', 'betwixt and
between'; it is of different kind" (Leach 1982: 8). „There is always some uncer-
tainty about just where the edge of Category A turns into the edge of Category
not-A" (Leach 1976:35). Es befindet sich am Rand, ist abnorm, zweideutig, riskant. Dieser zweideutige Grenzraum kann mit vielen Tabus gefüllt werden. Ein
unbestimmtes, unbekanntes Gebiet, welches sowohl von Osten als auch von
Westen her beeinflußt ist; auf gewisse Weise ähnlich, doch anders, kurz gesagt:
gefährlich. Weshalb sollten die Westeuropäer für das Wohlergehen dieser
Fremden bezahlen? Aus welchem Grund sollten sie irgendeine Form von Verantwortung übernehmen? Und warum sollten sie sich vollkommen mit ihnen
sozialisieren? Wozu sollten sie sich mit etwas identifizieren, das so anders ist?

Die Privilegierten können ihre Distanz zu den Unterprivilegierten zeigen,
somit wird mit der Definition von Identitäten eine Machtbeziehung sichtbar.
Das Zögern gegenüber denjenigen, die offen in Richtung Westen streben, verlängert die Zeit der Ungewißheit. Sie befinden sich im Wartezimmer und
durchleben einen demütigenden Übergangsritus. Diese Situation spielt den anti-
europäisch Gesinnten in die Hände. „... (they) reach back to their own typical
local traditions ... for confirmation of their own self-sufficiency" (Jacyno
199465). Diese rückbesinnende Konstruktion basiert indes auf variierenden,
manches Mal vermischten Ideen. Somit entsteht die Gelegenheit, die Büchse
der Pandora des Nationalismus zu öffnen, zum religiösen Fundamentalismus
und schließlich zu „pro-sozialistischen" Empfindungen, wobei die letztere die
am wenigsten radikale Art zu sein scheint.

Der Westen benötigt ein Spiegelbild; er benötigt ebenso eine Peripherie. Die
Integration in die Union auf der einen Seite und ein Assimilationsprozeß eines
Teiles des Ostens auf der anderen unterminieren die alten Vorstellungen und
stellen somit eine Gefahr für die europäischen Identitäten dar. Ein Sprung im

Spiegel macht Angst. Bleiben „Die" nicht genau so, wie „Wir" dachten, nicht einfach nur „unsere" Umkehrspiegelung, sind „Wir" möglicherweise ebenfalls verändert. Wer aber sind wir dann? Sollten wir nicht behutsam sein, nicht wie „Die" zu werden, diese umgekehrten „Wir". Neue Begegnungen erfordern neue Definitionen, und wenn sich Menschen in diesem Prozeß befinden, so beziehen sie sich zunächst auf das Altbewährte, i.e. auf den binären Code. Als zusätzlicher Faktor beeinflußt die Immigration aus aller Welt die stattfindenden Umdefinitionen. Der Prozeß der Herausbildung einer neuen, Europäische Union-spezifischen Identität ist mühsam, selbst für die Administratoren in Brüssel (vgl. Shore/Black 1994). Die Veränderungen in Zentral- und Osteuropa beeinträchtigen zwar die traditionelle binäre Vorstellungswelt, aber es liegt nahe, daß viele Europäer versuchen werden, ihre Identität auch durch Rückgriffe auf ihre lokalen Traditionen wiederzufinden. Daher ist der Nationalismus, der nach der Revolution dem Osten so übereifrig zugeschrieben wurde, nicht dessen alleinige Erfindung.[6]

Das kommt auch bei radikalem Chauvinismus und Fremdenhaß und anderen Verhaltensweisen zum Tragen, was die liberalen Intellektuellen als Ausdruck sozialer Probleme interpretieren. Diese Eigenschaften werden verkürzt als ein Problem betrachtet, das von außen, von diesen zwielichtigen, undefinierbaren Ostlern ausgeht. Wir Westler sind prima. Europa erscheint wie Dr. Jekyll und Mr. Hyde. Kann es dabei bleiben?

Die europäische Identität wird teilweise davon abhängen, wie lange die Zeit des Übergangs dauern wird. Sollte sie nicht bald zu einem Ende kommen, könnte die alte Dichotomie auf beiden Seiten wiederbelebt werden. Aufgrund der gegebenen Machtverhältnisse liegt der Schlüssel zur Lösung in den Händen des Westens. Die Frage, die sich nun erhebt ist, ob die „Wir-Europäer" entschlossen genug sind, das neue Europa zu bauen; die Frage der Identität spielt in diesem Prozeß eine tragende Rolle. Mindestens zwei Optionen sind möglich: Die erste – die positive und gutartige – beinhaltet, daß die europäischen Identitäten die duale Teilung überwinden. Sie wären somit gleichzeitig tiefer und entwickelter als die aus der Zeit des Kalten Krieges; die zweite – die eher skeptische – Option ist, daß die sich neu formierenden Identitäten sich wie zuvor auf die tief verwurzelte vormalige binäre Opposition stützen werden: Das entspräche der Wiederbelebung der alten Vorstellungen eines scharfen Gegensatzes zwischen den nicht ganz so guten „Ihr" und dem „Wir".

---

6 Hinweise hierauf liefern beispielsweise Nordirland und das Baskenland als extreme Fälle dieses Phänomens. Die Popularität von nationalistischen Parteien in Frankreich und Österreich ist indes ebenso auffällig, und die Gewalt gegen Immigranten in Deutschland ist nicht einfach nur eine „ärgerliche Tatsache"

Teil 3

Der globale Kontext

Vom Supermacht-Antagonismus zum Krieg der Wirtschaftsblöcke? Strukturen internationaler Beziehungen und ihre theoretische Deutung nach dem Ende des Kalten Krieges

Dieter Ruloff, Marc Holitscher

1. Einleitung und Überblick: Strukturen der Welt nach dem „Ende des Kalten Krieges"

Der Umbruch im Osten Europas 1989-1991 und der darauf hin sichtbare Wandel des internationalen Systems haben die Politikwissenschaft unvorbereitet getroffen. Kaum ein Experte hatte der alten Sowjetunion große Entwicklungschancen eingeräumt. Viele verfolgten das Reformexperiment Gorbatschows deshalb mit Sympathie, viele andere auch mit Skepsis. Doch das abrupte Ende der sozialistischen Welt „not with a bang but whimper", – womit der Dichter T.S. Eliot (1888-1965) zumindest für diese Recht behielt – hat die meisten Beobachter dennoch vollkommen überrascht. Kaum jemand war in der Lage, quasi aus dem Stand heraus die Konsequenzen einigermaßen überzeugend zu erfassen und darzulegen. Nach einiger Bedenkzeit herrschte zunächst verständlicherweise verständlicherweise Optimismus vor: Das sozialistische Experiment war gescheitert, die Welt erlöst vom Alptraum einer nuklearen Supermachtkonfrontation, die Teilung des Globus in Ost und West überwunden, Demokratisierungsbemühungen in vielen Staaten der Dritten Welt trugen erste Früchte. Der amerikanische Präsident sah angesichts der Zusammenarbeit von Sowjetunion und USA in der Golfkrise vom Sommer 1990 eine neue Weltordnung im Entstehen. Noch weiter voraus blickte der amerikanische Politikphilosoph Fukuyama (1992 und 1989:3ff), dem ein Ende der Geschichte jetzt absehbar schien. Früh schon meldeten sich jedoch auch Skeptiker, die – wie Mearsheimer mit seinem Lob auf die bipolare Stabilität, nach der man sich angesichts von Neonationalismus, Bürgerkrieg und wachsendem wirtschaftlichem Elend in den ehemals sozialistischen Ländern zurücksehnen werde – vermehrt Zustimmung fanden (Mearsheimer 1990:5ff; vgl. Gaddis 1987).

Inzwischen zeichnen sich in der Disziplin von den Internationalen Beziehungen Umrisse einer Synthese ab, was die Strukturen der Welt nach dem Ende des Kalten Krieges betrifft. Man kann diesen *conventional wisdom* auf das Format von fünf allgemeinen Thesen bringen, ohne damit allzu grob zu vereinfachen, und zwar beginnend (1) bei der These von der *politisch regionalisierten, multipolaren und polyarchischen Welt* und dem säkularen *Machtverlust der USA*: Der Kalte Krieg hatte die gesamte Welt in Ost und West geteilt. Der Supermachtantagonismus reichte bis in die entferntesten Winkel, seine Wirkung war global. Nach seinem Ende hat nun nicht nur eine Rückbesinnung auf lokale Probleme stattgefunden. Staaten und Regionen, vormals durch den übergeordneten Konflikt des Kalten Krieges „doppelt diszipliniert", verfügen jetzt über gesteigerte Handlungsfreiheiten und erhalten damit Spielraum für eigene Ambitionen (Czempiel 1993:56). Die internationale Politik ist nach dem Wegfall der Bipolarität unsicherer, weil schwerer überschaubar geworden. Größere Staaten werden zu regionalen Hegemonialmächten aufsteigen und in Zukunft nicht mehr zu übergehen sein; die Welt wird multipolar und polyarchisch werden. Die USA stellen zwar die einzige verbliebene Supermacht dar, sie haben sich jedoch mit ihren globalen Engagements übernommen – „imperial überdehnt" – und wenn nicht absolut, so doch relativ zu den neuaufstrebenden Akteuren an Einfluß eingebüßt.[1] Wegen innerer Probleme und der wachsenden Unfähigkeit, die Regeln des internationalen Systems weiterhin nach ihrem Dafürhalten zu bestimmen, ziehen sich die USA zunehmend von der weltpolitischen Bühne zurück (Andersson 1993).

Die neue, multipolare Welt wäre enorm gefährlich, gäbe es da nicht einige gegenläufige Entwicklungen, nämlich (2) Trends in Richtung Ökonomisierung, Globalisierung und Demokratisierung: Wirtschaftliche Probleme rücken gemäß der Ökonomisierungsthese an die Spitze der internationalen Agenda vor und verdrängen andere Fragen wie etwa jene von Sicherheit, Abrüstung und Ökologie. In einer wirtschaftlich global vernetzten Welt rentiert der Einsatz militärischer Macht nicht mehr. Schon aus diesem Grunde drohe der posthegemonialen Gesellschaft kein Absturz in die allgemeine Anarchie Hobbesscher Prägung. Probleme des Welthandels, der Stabilität des Weltfinanzsystems und der wirtschaftlichen Beziehungen zwischen Staaten und Regionen werden gemäß der Ökonomisierungsthese die internationalen Beziehungen dominieren. Zugleich gerät die Wirtschaft jedoch immer stärker in den Sog politisch-militärischer Bemühungen. Staatliche Interessen werden zukünftig mehr denn je mit wirtschaftlichen, namentlich mit handelspolitischen Mitteln verfolgt. Demokratie als Regierungsform setzt sich, weil historisch erfolgreich, zunehmend durch.

---

1 Die Idee des „imperial overstretch" wird seit Kennedy (1988) diskutiert; dazu ebenfalls Naisbitt /Aburdene 1991.

Parallel zur Ökonomisierung und als Folge von dieser entsteht (3) ein Trend in Richtung regionaler Blockbildung, Überwindung der Staatenwelt und Entterritorialisierung der internationalen Beziehungen: Verschiedene geographische Gebiete und Länder werden sich zu voneinander abgeschotteten Gruppen zusammenfügen, den Konkurrenten in wirtschaftlichen Fragen geschlossen gegenübertreten und auf diese Weise ihre spezifischen Anliegen besser wahrnehmen können. Diese Blöcke werden nach innen durch ein Netzwerk von Freihandelsabkommen zusammengehalten und grenzen sich gegen außen durch das protektionistische Verlangen ab, die erreichte Homogenisierung ihrer Mitglieder aufrechtzuerhalten, um daraus gebührenden Nutzen für sich selber zu ziehen. Dementsprechend macht die europäische Einigung nach der Stagnation der siebziger und frühen achtziger Jahre in neuester Zeit mit der Einheitlichen Europäischen Akte, dem Binnenmarkt und den Maastrichter Verträgen rasante Fortschritte. Die Anziehungskraft der Europäischen Union (EU) ist ungebrochen; in absehbarer Zeit wird die Union bis zu 25 Mitglieder zählen. Andere Regionen folgen dem Beispiel: Nord-, Mittel- und Südamerika schließen sich unter Führung der USA in der Nordamerikanischen Freihandelszone NAFTA zusammen und überholen damit die EU an Wirtschaftsstärke; in Ostasien nimmt das APEC-Projekt (Asia Pacific Economic Community), an dem sich auch die USA beteiligen, weiter Gestalt an. Der kooperative Multilateralismus hat als universelles Handlungsprinzip keine zugkräftigen Anreize mehr zu bieten, die Teilung der Welt in drei große Wirtschaftsräume, ihre Tripolarisierung, zeichnet sich damit ab.

Diese einschneidende Fragmentierung der internationalen (Wirtschafts-)Beziehungen führt (4) konsequent zur These vom unvermeidlichen Zusammenstoß der Blöcke in allen Dimensionen: Die Szenarien reichen dabei vom dramatischen „Kampf der Kulturen" (Huntington 1993) über die Vorstellung von einem schonungslosen „Kopf an Kopf-Rennen" (Thurow 1993) der Staaten im Wettstreit um Märkte und Direktinvestitionen bis hin zur Perspektive eines unerbittlichen „Weltwirtschaftskrieges" (Luttwak 1994) um regionale Hegemonie. Nach weitverbreiteter Meinung steht der Sieger dieses Wettbewerbs bereits fest: Der asiatisch-pazifische Raum, d.h. Japan, die vier „Tiger" (Hongkong, Singapur, Südkorea, Taiwan) und vor allem eine sich rasch modernisierende und liberalisierende Volksrepublik China (Naisbitt/Aburdene 1991:229-241). Angesichts dynamischen Wachstums und riesiger eigener Absatzmärkte werde Ostasien zunehmend auch nicht mehr auf den europäischen und amerikanischen Markt angewiesen sein. Verlierer dieser erbarmungslosen Rivalität ist ein stagnierendes, alterndes Europa, das zunehmend Mühe bei der Finanzierung seiner sozialen Sicherungssysteme bekommt und einen Neuanfang wegen fest eingegrabener Interessen kaum schafft (Olson 1982). Konkordanz, einstmals Garant sozialen Friedens, verhindert den überfälligen Richtungswechsel. Die USA hingegen reorientieren sich zunehmend in Richtung Pazifik, um aus dem Aufstieg dieser Region gebührenden Nutzen für sich selbst zu ziehen. Die transatlantischen Bindungen verlieren damit an Bedeutung

Was nun (5) die theoretische Deutung dieser neuen Verhältnisse internationaler Politik betrifft, kommen die meisten Fachvertreter ohne Schwierigkeiten mit althergebrachten Konzepten zurecht, nämlich einer Neuauflage des Neorealismus. Der Hauptansatz in Forschung und Lehre zu den Internationalen Beziehungen der vergangenen 25 Jahre bleibt damit überraschenderweise intakt und überdauert den epochalen Wandel internationaler Politik der jüngsten Zeit, vom Fall der Berliner Mauer bis zum Ende der Sowjetunion und dem Zusammenbruch der bipolaren Welt. Der Neorealismus entstand in den siebziger Jahren und war bereits selbst eine Anpassung an veränderte Umstände, eine Modifikation des klassischen Realismus unter Berücksichtigung der komplexeren Verhältnisse internationaler Politik zu Beginn der ersten Entspannungsphase in den Ost-West-Beziehungen und verschiedener Grand Debates, die in der Disziplin geführt worden waren. Der aktuelle, „neue" Neorealismus unterscheidet sich vom alten zwar hinsichtlich der Akteure, Mittel und Ziele: Große Wirtschaftsblöcke und transnationale Konzerne statt Staaten, Einsatz nicht politischer und militärischer, sondern wirtschaftlicher Machtmittel, Konkurrenz nicht um Sicherheit sondern um Wohlstand, usw. Die Logik dieses Kampfes bleibt jedoch dieselbe, und damit sollte also auch für die Theorie gelten: „Back to the future".

In den folgenden Kapiteln soll das soeben zugegebenermaßen grob skizzierte Bild internationaler Politik, das sich in der wissenschaftlichen Diskussion als Konsensus herauszukristallisieren scheint, einer fundamentalen Kritik unterzogen und darauf aufbauend eine alternative Betrachtungsweise des internationalen Systems nach dem Ende des Kalten Krieges entwickelt werden. Die Auswirkungen der veränderten Rahmenbedingungen auf die theoretische Deutung zwischenstaatlicher Beziehungen sind schließlich Gegenstand des letzten Kapitels.

2. Globalisierung – Ökonomisierung – Verregelung

Die Welt ist geschrumpft. Marshall McLuhans (1995) Vision eines globalen Dorfes wird zunehmend Realität; gut sichtbar in Finanz und Wirtschaft: Auf dem Weltbörsenplatz geht die Sonne nicht unter. Die Finanzmärkte Tokios warten auf die Vorlage von Wall Street; die Börsen von London, Frankfurt, Paris und Zürich schauen bei Öffnung auf den Schlußstand des Nikkei-Index; die New Yorker Wertpapierhändler haben am Morgen die Trends der europäischen Börsen vorliegen und ziehen daraus ihre Schlüsse. Großbanken offerieren ihren Kunden Service „rund um die Uhr": Wenn der Hauptsitz in Zürich schließt, tätigt die New Yorker Filiale das Geschäft. Dauert es dennoch länger, treten die Mitarbeiter der Bank in Tokio oder Singapur in Aktion. Technische Innovationen im Bereich der Kommunikation und des Transportwesens erlauben den rasch expandierenden, multinationalen Konzernen ihre Aktivitäten über weite Distanzen hinweg schnell und problemlos zu koordinieren und ermöglichen ihnen damit die Einrichtung weltumfassender Produktions- und Absatzmärkte. Die ohnehin schon gewichtige Rolle der länderübergreifend operierenden Finanzinstitute und Industrieunternehmen als Hauptakteure der Globalisierung gewinnt weiter an Bedeutung (Hauchler 1995:164).

Vom Globalisierungsprozeß betroffen ist indessen nicht nur eine polyglotte und kosmopolitische Führungsschicht in den weltweit tätigen Firmen. Als Konsumenten, mit CNN, Internet, günstigen Fernreisen und immer besserer und dennoch billigerer Unterhaltungselektronik, haben breite Kreise Zugang zu den *Segnungen der Globalisierung* erhalten, um nur einige Beispiele zu nennen. Dieselben breiten Kreise bekommen als Arbeitnehmer mit internationalem Konkurrenzdruck und massenhafter Abwanderung von Arbeitsplätzen ins Ausland aber auch die *Herausforderungen der Globalisierung* zu spüren. Die fortschreitende Internationalisierung der Wirtschaft erlaubt den großen Unternehmen, immer unabhängiger von einzelstaatlicher Kontrolle zu agieren und ihre grenzüberschreitenden Transaktionen quasi „im Stillen" abzuwickeln. Marktzugang und Höhe der Produktionskosten stellen dabei nach wie vor die ausschlaggebenden Anreize für diese Organisationen dar, ein bestimmtes Land als künftigen Standort auszuwählen und sich dort längerfristig niederzulassen. Auf diese Weise schaffen die multinationalen Konzerne in ihrer Gesamtheit Strukturen, welche die potentiellen Gaststaaten und ihre Regierungen unter enormen Anpassungsdruck setzen, wollen sie sich ebenfalls ein Stück vom vermeintlich größer gewordenen Kuchen sichern. Kapital, hoch qualifizierte Arbeit, technisch-wissenschaftliche Kenntnisse sowie die Eliten der einflußreichen Großunternehmungen sind ungemein mobil geworden. Mit kostspieligen Auflagen verstimmen und möglicherweise vertreiben möchte sie niemand, gelten ihre Direktinvestitionen doch als heiß begehrte Finanzspritzen und Wachstumsgarantien für nationale und regionale Wirtschaftsräume.[2] Mit den herkömmlichen Instrumenten des Staates wie der Geld-, Fiskal- und Zollpolitik läßt sich diesen neuartigen Herausforderungen nur noch bedingt beikommen. Die Spielräume der Regierungen zum Schutz einheimischer Arbeitsplätze schwinden, der vermeintliche *Zwang* zu weiterer Öffnung und Deregulierung wird unausweichlich, auch bei dramatischen Konsequenzen im sozialen Bereich. In der global vernetzten Welt sind sowohl Firmen als auch Staaten mit strategischen Entscheidungen konfrontiert, wobei die Entscheidungs*freiheit* der Behörden eher ab und jene von Privatpersonen und Unternehmen eher zunimmt. Trotz allem ist ein Abkoppeln vom dynamischen Weltmarkt inzwischen kaum mehr denkbar, wären doch die mittel- und langfristigen Wohlstandsverluste einer

---

2 „Governments are obliged, as never before, to bargain with firms for their economic success and survival, simply because it is the transnational enterprises that have control over technology, the privileged access to capital, and the established entry to rich markets that states need and must have." Aus: Strange 1994/1:211.

Isolation inakzeptabel. Außerdem befreit ein Abseitsstehen nicht von weltwirtschaftlichen Zwängen, wie die Beispiele von Afrika und Lateinamerika eindrücklich zeigen. Zu bremsen ist der globale Markt nicht. Der Geist ist aus der Flasche.

Pauschal betrachtet findet die sichtbare *Ökonomisierung* der Politik ihre Entsprechung im militärischen Bereich, zumal nach dem sogenannten Ende des Kalten Krieges Sicherheitsfragen auf der weltpolitischen Agenda weit nach unten gerutscht sind. Bei Rüstungskontrolle und Abrüstung sind große Fortschritte zu verzeichnen, die Militärausgaben sind global insgesamt gefallen.[3] Eine neue Form des Krieges werde das 21. Jahrhundert prägen, so der angesehene israelische Militärhistoriker Martin van Creveld; er sei bereits jetzt um uns herum und heiße „Bosnien, Somalia, Angola, Kurdistan, Libanon, Sri Lanka".[4] Die Regierungen der großen Industriestaaten sehen dies offenbar ähnlich, denn eine Reduzierung der Streitkräfte und ihre Umstrukturierung zu kleineren, mobilen Verbänden für die Intervention in weit entfernten, lokalen Konflikten ist im Gange. Die Neigung zu Auslandengagements zugunsten anderer nimmt dennoch ab, die *eigene* Zukunft, die wirtschaftliche vor allem, geht vor. Der neue *Ernstfall*, das ist die Bewältigung der Globalisierungsfolgen, lokal, national und international. An die Spitze der Prioritätenliste sind wirtschaftliche Problemstellungen gerückt. Nicht umsonst heißt das jährliche Treffen der sieben größten Industrienationen *Weltwirtschaftsgipfel.*[5]

Der staatlichen wie der zwischenstaatlichen Politik stellt sich folglich die schwierige Aufgabe, den resultierenden Wandel zu moderieren, Risiken unter Kontrolle zu halten und krisenhafte Umbrüche zu vermeiden. Die rasch voranschreitende Vertiefung zwischengesellschaftlicher Beziehungen hat zu einem enorm dichten Geflecht gegenseitiger Abhängigkeiten geführt, also zu jener Form der *komplexen Interdependenz*, die sich für Keohane und Nye bereits in den frühen siebziger Jahren abzeichnete (1988). Diese Entwicklung ist den betroffenen Führungsmächten indes absolut bewußt, die gemeinsame Einsicht, weltweit im selben Boot zu sitzen, war kaum jemals stärker ausgeprägt als gegenwärtig. Und dennoch stehen sich die Staaten im Wettbewerb um Märkte und die Direktinvestitionen transnationaler Konzerne, deren 100 größte inzwischen rund ein Drittel der globalen Industrieproduktion kontrollieren (Hauchler 1995:164), als Kontrahenten gegenüber. Die zwischenstaatlichen Beziehungen der Gegenwart zeigen erwartungsgemäß jenes Bild einer Mischung aus Konflikt

---

3 Genauere Angaben dazu finden sich in: von Bredow 1994.

4 In seinen neueren Schriften und letztlich auch in einem weit herum publizierten Interview, vgl. van Creveld 1995:54.

5 Der Weltwirtschaftsgipfel wurde in der Phase des ökonomischen Aufstiegs der westeuropäischen Staaten (Deutschland, Frankreich, Großbritannien, Italien) und Japans während dersiebziger Jahre gegründet und sollte den verstärkten Koordierungsbedarf mit Nordamerika (USA und Kanada) abdecken. Seither hat sich die Großveranstaltung zu einem exklusiven Rahmen der gegenseitigen Konsultation der wichtigsten Industrienationen auf höchster Ebene entwickelt. Aus: Ruloff 1988:51.

und Kooperation, das für kollektive Dilemma-Situationen typisch ist (Olson 1965). Zwang zur Zusammenarbeit mit dem Konkurrenten, dabei aber die starke Neigung, auf dessen Kosten, falls möglich, dennoch zu profitieren. Bezeichnend hierfür sind vielleicht die japanisch-amerikanischen Beziehungen. Der Handelsstreit zwischen beiden Staaten hat inzwischen eine Art Tradition entwickelt und informelle Regeln des Umgangs miteinander entstehen lassen: Gegenseitige Anschuldigungen, gegen Geist und Buchstaben des Freihandels zu verstoßen, dann Eskalation der Auseinandersetzung und schließlich Einigung im letzten Augenblick. Wenn echte Gefahr droht, spielt die Zusammenarbeit sofort, wie die Beistandserklärung des amerikanischen Federal Reserve zugunsten der japanischen Nationalbank für den Fall einer japanischen Bankenkrise oder die weitere Festigung der bilateralen militärischen Zusammenarbeit zeigt.

Wer nur die Schlagzeilen der Presse betrachtet, könnte angesichts ständiger Dispute auch zwischen eng miteinander verbundenen Staaten wie Japan und den USA den Eindruck gewinnen, das *neorealistische Modell* der Welt als einer „anarchischen Gesellschaft" (Bull 1883) sei am Ende des 20. Jahrhunderts trotz Globalisierung und Ökonomisierung noch durchaus brauchbar. Dieser Ansatz, der Blick exklusiv auf den medienwirksamen, spektakulären Aspekt von Weltpolitik, verstellt allerdings vollkommen die Sicht für die *eigentliche Revolution* der internationalen Beziehungen: ihre fast vollständige Verregelung in allen wichtigen Problemfeldern. Diese Regelwerke, *Internationale Regimes* genannt, wurden erst in den 70er Jahren von der Politikwissenschaft „entdeckt".[6] Noch vor zehn Jahren konnte man sie als „Inseln der Ordnung im Meer der Anarchie" beschreiben.[7] Inzwischen sind sie zu „Kontinenten" angewachsen, die Freiräume zwischen ihnen werden kleiner. Das Yearbook of International Organizations zählt insgesamt 3.648 internationale staatliche Organisationen, die jede für sich Kern eines oder mehrerer internationaler Regelungssysteme sind.[8] Darüber hinaus gibt es nach Zählung derselben Quelle 18.124 nichtstaatliche internationale Organisationen, die ebenfalls eigene grenzüberschreitende Beziehungen unterhalten. Trotz der enormen Zahl solcher trans- und multinationaler Netzwerke hat man allerdings deren eigentliche Leistungen aus dem Blickfeld verloren: die sukzessive Verlagerung komplizierter Vorgänge aus dem Bereich der höheren oder höchsten *Politik*, genauer der Bewältigung von Aufgaben mit staatlicher Bewilligung und Unterstützung von Fall zu Fall, in jenen der niederen oder niedrigsten *Routine*. Erst die Routine erlaubt die störungsfreie Abwicklung einer riesigen Menge von Transaktionen über Grenzen hinweg: Diplomatie, Handel, Finanztransfers, Informationsaustausch, Reisen, Kontakte auf allen

---

6 Der Begriff „Regime" findet sich zuerst im Völkerrecht, wurde dann von den Sozialwissenschaften übernommen. Der erste Politologe, der Regelsysteme in der internationalen Politik als „Regime" bezeichnete, war sehr wahrscheinlich Ruggie 1975:557-584.

7 Internationale Regime wurden noch vor zehn Jahren als „islands of order in a sea of anarchy" dargestellt, als ob sie Seltenheitswert hätten; vgl. Donnelly 1986:599-641.

8 Yearbook of International Organizations 1994/95:1739.

Ebenen zwischen einzelnen Ländern, internationalen staatlichen und nichtstaatlichen Organisationen, Unternehmen und Privatpersonen.[9] Ein Beispiel mag genügen, um diesen einschneidenden Wandel zu verdeutlichen: Wer früher als Importeur Devisen benötigte, mußte diese bei der für ihn zuständigen Zentral- oder Nationalbank vorbestellen und physisch abholen, wobei er das Währungsrisiko sogar noch selbst zu tragen hatte; heute kann er bei seiner Hausbank die notwendigen Devisen schon Monate voraus auf Termin kaufen oder eine Option auf diese erwerben und die Zahlung elektronisch erledigen lassen: Alles ist schneller, weitgehend risikofrei, und den Staat interessiert das ganze nicht mehr.[10] Er zieht sich zunehmend auch aus der Abwicklung grenzüberschreitender Transaktionen zurück.

3. Zweigeteilte, krisenanfällige Welt

Die vorher skizzierte „schöne neue Welt" – globalisiert, ökonomisiert, durchgeregelt und störungsfrei funktionierend – hat allerdings einen gravierenden „Fehler". Das Beziehungsnetz, von dem vorher die Rede war, ist wohl weltumspannend, nicht aber flächendeckend. Es reicht wohl geographisch um den Globus herum, in ost-westlicher oder west-östlicher Richtung, je nach Blickrichtung, „überfliegt" dabei aber die Mehrheit der Menschheit, ohne ihr auch nur im Ansatz Anschluß zu bieten, von einer Einbindung ganz zu schweigen. Angesichts der Fakten, von denen die nachfolgende Abbildung nur einen kleinen Eindruck vermitteln will, scheint der Begriff „Globalisierung" als Bezeichnung für die Vernetzung einiger hoch entwickelten Staaten – und um mehr handelt es sich nicht – schon etwas anmaßend.

Die OECD-Länder[11] und die „Vier Tiger" stehen zwar nur für rund ein Fünftel der Menschheit, vereinigen aber etwa 80 % des gesamten Welthandels und des Weltsozialproduktes auf sich. Die riesige Volksrepublik China schrumpft zur Bedeutungslosigkeit, wenn Indikatoren des vernetzten Computer-Kapitalismus herangezogen werden. Der übrigen Welt – Rest-Asien, Lateinamerika, dem Nahen Osten und Afrika – ergeht es nicht besser. „World wide web", zum Nennwert genommen, ist Ettikettenschwindel: Das neue elektronische Tuch, das die gesamte Welt umschlingen sollte, verschwindet bei Hochrechnung auf die Menschheit wie des Kaisers neue Kleider. Natürlich widerspiegeln Indikatoren dieser Art auch das Gefälle zwischen arm und reich, das erstaunt nicht. Die klar sichtbare Zweiteilung der Welt ist aber längst keine

---

9 Das fällige „Lob der Routine" für die internationalen Beziehungen (vgl. Luhmann 1964:1-33) bleibt noch zu verfassen. Ansätze finden sich bei Klaus Faupel 1984:94-104.

10 Zur Verregelung im internationalen Finanzbereich vgl. Lucatelli 1995.

11 Die OECD zählt gegenwärtig 28 Mitglieder: Australien, Belgien, Dänemark, Finnland, Frankreich, Großbritannien, Deutschland, Griechenland, Irland, Italien, Island, Japan, Kanada, Luxemburg, Mexiko, Norwegen, Neuseeland, Niederlande, Österreich, Portugal, Spanien, Südkorea, Schweden, Schweiz, Tschechien, Türkei, Ungarn und die USA.

Spaltung in „the West and the Rest", d.h. eine Art Fortsetzung kultureller, eventuell sogar rassistischer Diskriminierungen mit anderen Mitteln, wie dies Mahbubani zu erkennen meint (1992:3-12). Ihr Kennzeichen ist gerade eine erstaunliche kulturelle Indifferenz: Die ostasiatischen Industriestaaten sind in den hochentwickelten Teil der Welt umfassend eingebunden, ebenfalls die kleinen Verkehrs- und Finanzdrehscheiben am Persischen Golf und in der Karibik; große südamerikanische Staaten mit ihrem europäischen Kulturerbe sind dagegen abgekoppelt. Im globalen Wettbewerb zählen weder Rasse noch Religion oder Hautfarbe; nur die wirtschaftliche Leistung zählt, und sonst nichts. Angesichts des dramatischen Vernetzungsgefälles zwischen beiden Teilen der Welt bloß von ungleicher Globalisierung (vgl. Holm/Sørensen 1995) zu sprechen, ist eher beschönigend als erhellend. „Zentrum" und „Peripherie" träfe da schon eher zu Goldgeier/McFaul 1992:467-491), wird aber einem Faktum kaum gerecht, das die neue Zweiteilung der Welt von jener älteren, die ehemals Abhängigkeitstheoretiker im Blick hatten, stark unterscheidet: Zum nichtintegrierten Teil der Welt gehören große und mächtige Staaten, die sich selbst keineswegs als marginalisiert betrachten und dies auch faktisch gar nicht sind. Wer wollte Rußland, trotz aller inneren Probleme ein Koloß, der sich ost-westlich über elf Zeitzonen erstreckt und geographisch den größten Teil Europas[12] *und* Asiens ausmacht, zur Peripherie erklären? Für die vernetzte Welt andererseits taugen die Begriffe Zentrum und Peripherie ohnehin nicht. Gerade wegen der Vernetzung verschwindet die Bedeutung ehemaliger Zentren – alles ist mobil geworden: Arbeit, Finanzen, Menschen, Geschäfte. Vernetzung bedeutet virtuelle Omnipräsenz.

Als Fazit gilt: Die sogenannte Globalisierung ist nicht global; sie beschränkt sich überwiegend auf die OECD-Staaten mit einigen angekoppelten Partnern, und zwar den sogenannten emerging markets und ein paar Finanz- und Verkehrsdrehscheiben. Die anderen Länder sind ausgeschlossen und spielen in den Investitions- und Integrationsstrategien der modernisierten Staaten bzw. der weltweit operierenden Konzerne eine untergeordnete Rolle. Von diesem Rest des Globus als Peripherie zu sprechen, wäre jedoch nicht nur beschönigend, sondern grob irreführend, handelt es sich dabei doch keinesfalls um eine quantité négligeable, sondern um die *Mehrheit der Menschheit*. Diese hat ganz andere Sorgen als das industrialisierte Lager: Lateinamerika kämpft mit den Spätfolgen der Schuldenkrise; Afrika versucht zu überleben; der Nahe Osten sorgt sich um seine Sicherheit; Zentral- und Osteuropa sind mit dem Umbau der Gesellschaften und der Bewältigung des Neonationalismus beschäftigt. Umgekehrt kann sich die ökonomisierte Welt von den Vorgängen im anderen regionalisierten, politisierten, ungerelten und störungsanfälligen Teil, wie er hier einmal charakterisiert werden soll, nicht immunisieren. Die Grenzen verlaufen nicht

---

12 Traditionell nimmt man bekanntlich an, daß Europa geographisch vom Atlantik bis zum Ural reicht.

Dieter Ruloff, Marc Holitscher

fein säuberlich identifizierbar, sie sind z.T. sehr durchlässig. Es gibt Beziehungen verschiedenster Art: Handel, Tourismus, kultureller Austausch, aber auch
eine Reihe von Einflüssen, die den globalisierten Teil der Welt an seinen empfindlichen, z.T. sogar sehr verletzlichen Stellen treffen: terroristische Aktivitäten, Migrationsbewegungen, Probleme der Energieversorgung, die Verbreitung
von Massenvernichtungstechnologien und die Ausbreitung tödlicher Seuchen
(AIDS).

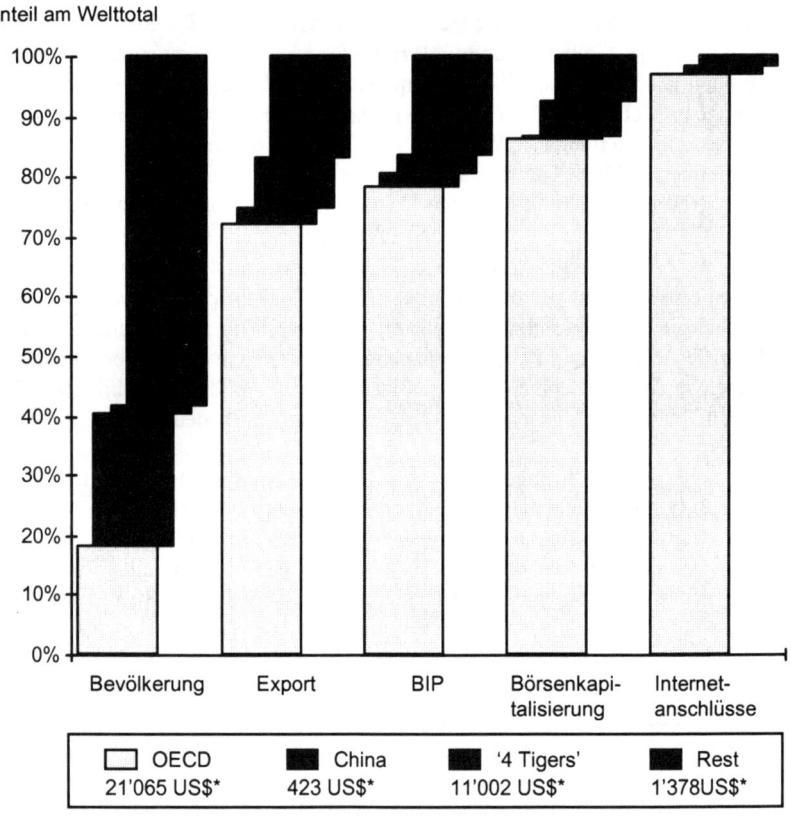

*BIP per capita
Quellen: IFC; Weltbank; WTO; eigene Berechnungen; alle Daten für 1994

Abbildung: Zweigeteilte Welt

4. Asiens Teilung

Was die Zwei- und eben nicht die vielfach behauptete Dreiteilung der Welt betrifft, drängt sich die asiatisch-pazifische Region (englisch: *the Asia-Pacific*) als Untersuchungsobjekt geradezu auf: Die Halbierung de – r Welt in eine stark vernetzte Gruppe entwickelter und reicher Staaten und einen davon abgekoppelten, meist armen Rest – geht mitten durch jene Gegend hindurch, der gemäß Standardmeinung als neuem Wirtschaftsblock die *Zukunft* gehören sollte. Der Doppelname bereits weckt falsche Hoffnungen auf irgendeinen gemeinsamen Nenner. Es gibt ihn nicht, schon gar nicht über den Pazifik hinweg. Geographisch erstreckt sich Asien vom östlichen Mittelmeer bis Okinawa, von Nordsibirien bis zu den Malediven. Wer von der asiatisch-pazifischen Region spricht, hat implizit nicht nur die größte Landmasse des Globus, sondern den größten Teil der Welt überhaupt im Visier, die bevölkerungsreichsten, die größten und die kleinsten, die reichsten und die ärmsten Staaten, die am schnellsten wachsenden Volkswirtschaften und Bevölkerungen, die hoffnungslosesten Fälle von Stagnation, Demokratien und Diktaturen, letzte Kolonien, Religionen aller Art – kurz, eine unermeßliche Vielfalt. Wer sich Asien als Block „verkaufen" läßt, jetzt oder in Zukunft, verwechselt Folklore mit Kultur und geht jenen asiatischen Führern auf den Leim, die mit dem Hinweis auf sogenannte asiatische Werte von den unschönen Seiten der eigenen Herrschaft ablenken.

Der Redlichkeit halber ist zu konzedieren, daß der Begriff „Asien" in seiner geopolitischen oder besser: geoökonomischen Verwendung (was angesichts der vermeintlich kompletten Ökonomisierung der Weltpolitik auf dasselbe hinauslaufen sollte) weit weniger meint, nämlich die wirtschaftlich aufstrebenden Staaten Ost- und Südostasiens und die Sonderwirtschaftszonen der VR China. Die Begriffskombination *the Asia-Pacific* unterstellt darüber hinaus eine Umorientierung der USA und Kanadas nach Osten – eine These, der an dieser Stelle zunächst nicht weiter nachgegangen werden kann. Das Interesse von Wirtschaft und Politik an „Asien"[13] hat natürlich seine Logik. Tatsächlich stellt die rasante Entwicklung einiger Staaten Südost- und Ostasiens eine Respekt gebietende Leistung dar. Japan ist weltweit die zweitstärkste Wirtschaftsmacht; Taiwan besitzt die zweitgrößten Devisenreserven der Welt; die Stadtstaaten Singapur und Hongkong haben als Finanzzentren bereits bedeutende europäische Börsenplätze wie Italien oder die Niederlande deklassiert. Südkoreas Schiffsbau ist weltweit fast konkurrenzlos. Die Liste der Superlative ließe sich mühelos fortsetzen. Der entwickelte Teil Asiens bildet jedoch noch *keinen Block* für sich; er war und ist mit den Industriestaaten Westeuropas und Nordamerikas aufs engste

---

13 Was mit „Asien" in der internationalen Politik offenbar neuerdings gemeint ist, verdeutlicht die Teilnehmerliste der ersten Asien-Europa-Konferenz (ASEM) vom 2. März 1996, auf der neben den sieben ASEAN-Staaten (Brunei, Indonesien, Malaysia, Philippinen, Singapur, Thailand, Vietnam) auch Japan, Südkorea und China vertreten waren.

verflochten. Dies gilt seit langem in erster Linie für Japan, für alle anderen rasch wachsenden Volkswirtschaften Asiens umso mehr.[14] Wenn Politiker in diesen Ländern westlichen Menschenrechtsbedenken sehr selbstbewußt mit dem Verweis auf die eigenen „asiatischen Werte" begegnen und mit ausschweifender Kritik an der „Dekadenz" der westlichen Demokratien kontern,[15] so übersehen sie dabei geflissentlich die Tatsache, daß sich der neue Reichtum ihrer Länder im wesentlichen dem ungehinderten Zugang zu den westlichen Märkten verdankt und das weitere Wohl ihrer Bürger maßgeblich davon abhängt, daß sich hieran nichts ändert. Das Wachstum der ostasiatischen Schwellenländer war wesentlich *exportorientiert*. Da es zudem vorwiegend Input-gestützt (Krugman 1994) erfolgte, also durch die Mobilisierung brachliegender Ressourcen zustande gekommen ist, während die Effizienzgewinne – an westlichen Niveaus gemessen – vergleichsweise gering blieben, ist auch ein Ende des exorbitanten Wachstums dieser Länder absehbar. Am Falle Japans ist diese „Normalisierung" bereits zu beobachten.

Der Hinweis, daß auch in Asien die Bäume nicht in den Himmel wachsen, erfolgte nun nicht zur Beruhigung aufgeschreckter Europäer, man könne in puncto Wohlstand doch noch überholt werden. Solche diffusen Ängste wären fehl am Platz, denn von andauerndem Wachstum asiatischer Volkswirtschaften könnten alle profitieren, auch die alten Industriestaaten Westeuropas und Nordamerikas. Sicherlich: Der Anpassungsdruck auf diese würde weiter zunehmen. Allerdings (siehe oben) ist ein „Ausstieg" aus der globalisierten Wirtschaftswelt ohnehin unpraktikabel und nur schwer durchsetzbar. Tatsächlich *wird* Asien wirtschaftlich weiter wachsen. Der „Wachstumsvirus" wird auf einige weitere Staaten übergreifen. Vietnam sei hier als Beispiel genannt. Weil bei 1,2 Milliarden Menschen auch relativ bescheidene Mobilisierungsanstrengungen für westliche Maßstäbe riesige Wirkungen zeitigen, bleibt die VR China ein Wachstumsland – falls politische Entwicklungen keinen Strich durch die Rechnung machen (vgl. dazu die Ausführungen unten).

In den weitaus meisten Staaten Asiens ist jedoch genau dies der Fall. Die inneren Zustände dieser Länder können hier mangels Platz nicht mit hinreichender Präzision kommentiert werden. Sie sind in jedem Falle nicht unbedingt wachstumsfreundlich. Ein Hinweis auf Indiens großen Versuch eines Aufbruchs möge hier genügen: Die Reformen sind im Ansatz stecken geblieben, weil total verfestigte korporatistische Strukturen den Spielraum für Deregulierung mini-

---

14 Die APEC-Staaten investierten 1992 zusammen rund 225 Milliarden US $ in den USA bzw. 163 Milliarden in der EU. Im Gegenzug erhielten die asiatischen Länder amerikanische und europäische Direktinvestitionen im Gesamtwert von 140 resp. 123 Milliarden US $. Aus: Montbrial/Jacquet 1995.

15 Beachte dazu: Florian Coulmas: Asianismus – das neue asiatische Selbstbewußtsein, in: Neue Zürcher Zeitung Nr. 40, 17./18. Februar 1996:17. Mit seiner Forderung nach einem „Ende der Überheblichkeit" der Europäer den Asiaten gegenüber rennt Wolf Lepenies aber wohl etwas offene Türen ein; vgl. Wolf Lepenies: Das Ende der Überheblichkeit, in: Die Zeit Nr. 48, 24. November 1995: 62.

mieren. Ebenfalls wirtschaftsfeindlich, zudem aber weltpolitisch bedeutsamer, sind die chronischen *Sicherheitsprobleme* Asiens, die sich nach Ende des Kalten Krieges nicht grundlegend vermindert haben. Eine Fülle von Dauerkrisen und latenten Konflikten harren der Lösung; hier sei nur kurz auf vier davon verwiesen:

– Die Krise um das nordkoreanische Nuklearprogramm und die Unsicherheit nach dem Tod des langjährigen nordkoreanischen Führers Kim Il Sung zur Jahresmitte 1994, haben klar gemacht, daß die Situation auf der *koreanischen Halbinsel* prekär bleibt. Die Entschärfung der Nuklearkrise mit dem Agreed Framework vom Oktober 1994 ist keine dauerhafte Lösung. Ein Zusammenbruch Nordkoreas in Analogie zu den Vorgängen von 1989/90 in Zentraleuropa ist nicht ausgeschlossen. Allerdings wäre Südkorea wohl kaum wie die BRD imstande, den vollständig heruntergewirtschafteten Norden in überschaubarer Frist zu sanieren.

– In der Folge des „privaten" Besuchs des taiwanesischen Premiers Lee Tenghui in den USA im Juni 1995 haben sich die Spannungen zwischen *Taiwan* und der *VR China* wieder merklich verschärft. Die VR China ist militärisch zur Zeit noch bei weitem nicht in der Lage, ernsthaft an eine Invasion Taiwans zu denken. Taiwan selbst ist zudem reich, groß (21 Mio. Bevölkerung), hoch gerüstet und wird von den USA weiterhin gemäß dem Taiwan Relations Act von 1979 unterstützt. Man darf die zeitweiligen Drohungen der Verantwortlichen in Peking nicht einfach als Theaterdonner abtun. Auch die neue Politikerschicht in Peking sträubt sich dagegen, von der Doktrin des „einen China" abzurücken und überlegt, mit welchen Mitteln, einschließlich ihrer Mittelstreckenraketen, die Führung in Taiwan von weiteren Schritten in Richtung Unabhängigkeit abgebracht und mit welchen Mitteln die USA von einer Intervention zu Gunsten des Inselstaates abgeschreckt werden könnten.[16]

– Eine größere Zahl der unbewohnten *Spratley- und Paracel-Inseln* und zugehöriger Korallenriffe und Sandbänke werden seit geraumer Zeit von verschiedenen Anrainerstaaten in Konkurrenz zueinander als eigenes Hoheitsgebiet beansprucht. Seit geologische Untersuchungen Rohölvorkommen in der Region vermuten lassen, betreibt die VR China eine aktive Politik der Verteidigung ihrer Ansprüche. In desem Zusammenhang kommt es in unregelmäßigen Abständen zu militärischen Zwischenfällen zwischen der VR China und verschiedenen ASEAN-Staaten. Im Juli 1995 erklärte der chinesische Außenminister zwar die Bereitschaft der VR China, in Richtung einer

---

16 Dem ehemaligen stellv. Verteidigungsminister Chas W. Freeman Jr. wurde nach eigenen Angaben bei einem Besuch in der VR China von offizieller Seite bedeutet, daß im Falle einer offensichtlichen nuklearen Gefahr den USA wohl mehr an Los Angeles als an Taiwan liegen dürfte. Vgl. „China's War Games", in: Newsweek (Internationale Ausgabe), 4. März 1996:52.

Lösung gemäß UNO-Seerechtskonvention (UNCLOS) arbeiten zu wollen. Allerdings sind Resultate noch abzuwarten. Währenddessen betreibt die VR China konsequent den Aufbau einer schlagkräftigen Hochseeflotte.

– Seit der Zeit der Trennung des asiatischen Subkontinents in zwei (später drei) Staaten haben sich Indien und Pakistan bisher drei größere Kriege geliefert – der letzte hat zur Sezession Ostpakistans geführt, das seit 1971 als Bangladesch einen unabhängigen Staat darstellt. Die Spannungen zwischen Indien und Pakistan haben alle Veränderungen der letzten Zeit – auch das sogenannte Ende des Kalten Krieges – überdauert. In den umstrittenen Himalaya-Regionen herrscht ein brüchiger Waffenstillstand; die Streitigkeiten um Jammu und Kaschmir halten an. Das pakistanische Nuklearprogramm hat alle Regierungswechsel des Landes überstanden und wird auch unter Benazir Bhutto weitergetrieben. Indien und Pakistan rüsten auf und nicht ab. Die inneren Probleme beider Länder erfordern zur Zeit die volle Aufmerksamkeit der Verantwortlichen; dies könnte sich allerdings sehr rasch ändern, wenn eine oder beide Seiten das indisch-pakistanische Dauerproblem als Ablenkungsobjekt oder Integrationsinstrument wiederentdecken sollten.

Mangels regionaler Sicherheitsarchitektur setzen weiter vorausschauende Politiker Ostasiens auf *Integration*. Dies entspricht dem Zeitgeist und mobilisiert Blockbildungsängste im Rest der industrialisierten Welt, die sich politisch nutzen lassen. In erster Linie aktiv ist hier die Vereinigung Südostasiatischer Staaten (ASEAN), 1967 als eine Art Schützbündnis gegen den Vormarsch des Kommunismus und die Unwägbarkeiten des Vietnamkriegs gegründet. Ähnlich wie die Europäische Union zieht ASEAN heute mehr Beitrittskandidaten an, als in nützlicher Frist verkraftbar scheinen, aber – wiederum wie die EU – hat die ASEAN sich zu diesem Phänomen in ein positives Verhältnis gesetzt und die Erweiterung begonnen. Vor Jahren wurde Sri Lanka offiziell „aus geographischen Erwägungen" eine Mitgliedschaft noch verweigert; im Sommer 1994 konnte das kommunistische Vietnam jedoch Vollmitglied werden. Das Militärregime Burmas möchte im Jahr 2000 dazustoßen, Laos und Kambodscha sollen trotz anhaltend schwelendem Bürgerkrieg folgen. Letztlich wollen die heute maßgebenden Politiker der ASEAN die Gemeinschaft für alle Staaten der Region öffnen – aber dies sind sehr ferne Ziele, wie Singapurs Präsident Goh Chok Tong am ASEAN-Gipfel in Bangkok im Dezember 1995 bemerkte; er sprach von „50 bis 100 Jahren".[17] Weiter noch gehen die Ambitionen des East Asian Economic Caucus (EAEC)[18] und vor allem der APEC. Gemäß Beschlüs-

---

17 Vgl. Neue Zürcher Zeitung, 20. Dezember 1995:23.

18 Die EAEC entstand zu Beginn der neunziger Jahre auf Initiative Malaysias und verkörpert den Versuch, die damaligen ASEAN-Staaten zusammen mit Vietnam, Laos, Kambodscha, China, Taiwan, Hongkong, Südkorea und Japan in einem einzigen Wirtschaftsblock zu vereinigen. Auf diese Weise sollte die asiatische Seite der europäischen und amerikanischen Blockbildung mit

sen von Bogor im November 1994 und Osaka vom November 1995 soll die APEC bis zum Jahr 2010 eine Freihandelszone für Industrieländer und bis 2020 für alle anderen Staaten werden. Allerdings kommt das APEC-Vorhaben nur mühsam über den vagen Projektstatus hinaus, und es bleibt weiterhin offen, ob alle beteiligten Staaten tatsächlich gewillt sind, ihre Zölle bis zum festgelegten Datum einer substantiellen Reduktion zu unterziehen.

Die kombinierte Wirtschaftskraft dieser Staaten ist beachtlich. Die ASEAN ist bei gegenwärtig sieben Mitgliedern immer noch eine „kleine Familie", für europäische Maßstäbe aber bereits riesig: mit 420 Mio. Bevölkerung größer als EU und NAFTA, mit einem Handelsvolumen von 111 Mrd. US $ allerdings fast zehnmal kleiner als die Union und bei nur 20 % inner-ASEAN-Handel doch noch beträchtlich auf Japan, die USA und Europa als Markt (in genau dieser Reihenfolge) angewiesen. Ähnliches gilt auch für die EAEC, welche mit über 1,8 Mrd. Einwohnern zwar durch ihre überwältigende Größe zu beeindrucken vermag, bezüglich der kumulierten Wirtschaftsleistung (BIP 1994: 6.719 Mrd. US $) allerdings immer noch hinter den USA (BIP 1994: 7.306 Mrd. US $) zurückliegt. Auf die APEC-Länder schließlich entfallen schon jetzt 47 % des gesamten Welthandels. Als Freihandelszone wäre die APEC bei weitem der größte Wirtschaftsraum der Welt. Der Respekt vor diesen Zahlen schwindet jedoch rasch, wenn man sich klarmacht, daß es sich dabei um *bloße Additionsübungen* handelt. Reale Strukturen müßten sich erst noch entwickeln. Sowohl im Infrastrukturbereich als auch betreffend Umweltschutz, adäquater Vertretung auf multinationaler Ebene sowie der eigenständigen Heranbildung von hochqualifiziertem Humankapital zeichnen sich bereits heute ernstzunehmende Engpässe ab, die nur unter immensen Anstrengungen überwunden werden können. Ob dies in nur 15 Jahren gelingt, selbst wenn Krisen keinen Strich durch die Rechnung machen sollten, bleibt eher zweifelhaft.

Regionale Integration ist ein schwieriges Unterfangen, vor allem bei einer größeren Zahl von Teilnehmern mit riesigen Unterschieden aller Art. Fast alle Projekte regionaler Integration außerhalb des europäischen Einzugsgebietes sind bisher gescheitert, Neuanfänge (z.B. in Lateinamerika) befinden sich im Stadium allererster „Gehversuche". Das neue asiatische Selbstbewußtsein und der vom wirtschaftlichen Erfolg beflügelte Versuch der Definition identitätsstiftender „asiatischer" Werte (Coulmas 1996:17) kann nicht davon ablenken, daß die realen Probleme immens, die Interessen divergent und die national-kulturellen Unterschiede enorm sind. Eine faktische Bereitschaft zur Abtretung souveräner Rechte an irgendeine übergeordnete Behörde ist in Asien nicht gegeben.

---

gleichen Mitteln gegenübertreten können. Das gigantische Vorhaben wurde jedoch von Japan und den übrigen ASEAN-Staaten mit großer Zurückhaltung aufgenommen, und die EAEC fungiert seither als eine formelle Gruppierung, die sich für die Rettung des Freihandels in der Welt einsetzt.

Als Fazit gilt: Asien ist kein Block und wird keiner werden. Der eine Teil Asiens ist integraler Bestandteil des globalisierten, ökonomisierten und störungsfrei funktionierenden Lagers entwickelter und reicher Staaten, der andere Teil gehört zum regionalisierten, politisierten, ungeregelten, krisen- und kriegsanfälligen, unterentwickelten und armen Rest der Welt.

5. China – quo vadis?

Die Schicksalsfrage Asiens – vielleicht sogar der Welt – ist zweifellos die *Zukunft Chinas*. Wirtschaftlich geht es in China steil aufwärts – zumindest scheint es so, wenn man die Wirtschaftszahlen betrachtet. Berechnet nach Kaufkraftparität, wie neuerdings von der Weltbank vorexerziert, ist China die drittgrößte Volkswirtschaft der Welt nach den USA und Japan (unter Einbezug der EU wäre China auf Platz 4). Die Wirtschaft Chinas wächst gegenwärtig mit über 10 % p.a. Der neue Reichtum verdankt sich wesentlich der wirtschaftspolitischen Kurswende der chinesischen Führung zu Mitte der achtziger Jahre, und diese wiederum bestand im Kern in der Strategie, eine Art Kapitalismus auf Probe in Sonderwirtschaftszonen zuzulassen. Begonnen wurde 1984 mit der Küstenprovinz Guangdong, größer als Frankreich mit seinen 65 Mio. Menschen, aber mit 5 % der Bevölkerung das Landes für chinesische Verhältnisse ein noch überschaubares Experimentierfeld. Vorerst letzte Etappe dieser Politik ist der Ausbau Schanghais und seiner Sonderwirtschaftszone Pudong, einem Landstück von 522 Quadratkilometern zwischen Huangpu, Jangtse und dem Ostchinesischen Meer, dessen riesige Hoch- und Tiefbauprojekte der Ökonomienobelpreisträger Milton Friedman 1992 bei einem Besuch als Potemkinsches Dorf bezeichnet hat,[19] vielleicht nicht ohne Grund. Wenn ein bloßes Kapitalismusexperiment die chinesische Wirtschaft bereits mit zweistelligen Wachstumsraten zu „bewegen" vermag, so sagt dies zunächst einmal etwas über den pitoyablen Zustand des Restes der chinesischen Wirtschaft aus. China ist ein Entwicklungsland und wird dies auf absehbare Zeit auch bleiben. Seine Volkswirtschaft entspricht von der Größe her – nach aktuellen Wechselkursen berechnet – jener Belgiens. Mehr noch und wichtiger jedoch: *Die Trennung der Welt in arm und reich, in wirtschaftlich vernetzt und abgekoppelt, in ökonomisiert und politisiert, geht mitten durch die Volksrepublik China hindurch.*

Zudem überschatten die negativen Begleitumstände des für chinesische Verhältnisse noch bescheidenen Wachstumsexperiments inzwischen mächtig die wirtschaftlichen Resultate. Ungleichgewichte haben sich eingestellt, krisenhafte Entwicklungen sind nicht ausgeblieben, riesige Wanderungsbewegungen vom Norden in den Süden in Gang gekommen. Die Slums an den Rändern der Städte wuchern unkontrolliert. Die Kriminalität nimmt überhand; Korruption ist allgegenwärtig. Ethnische Minderheiten an den Rändern des Reiches begehren auf.

---

19 Vgl. NZZ Folio Nr. 12, 7. November 1994:6ff.

Hinzu kommen die Altlasten aus den Zeiten „reiner" sozialistischer Kommandowirtschaft, etwa die defizitären Riesenbetriebe in der Schwerindustrie, deren Unterhalt Unsummen verschlingen. Das politische Zentrum hat Mühe, die Kontrolle nicht zu verlieren. Politische Unwägbarkeiten kommen hinzu. Der absehbare Generationenwechsel in der politischen Führung wird zusätzliche Unsicherheiten bringen. Ob es der VR China gelingen wird, aus ihren Schwierigkeiten schlicht „herauszuwachsen", ist doch zweifelhaft.

Ein Blick auf die Außenbeziehungen der VR China nährt zusätzliche Zweifel. Die chinesische Führung unternimmt traditionell große Anstrengungen, die weitreichenden Ziele der VR China als durch und durch friedlich darzustellen. Die Rüstungsprogramme der VR China, die einen nicht geringen Teil des neuen Reichtums verschlingen, aber auch die militante Rhetorik gegenüber Taiwan und die Aktionen um die Inseln im Südchinesischen Meer (siehe oben) sprechen eine andere Sprache. China baut einen eigenen Flugzeugträger – seine voraussichtliche Kampfkraft dürfte allerdings eher gering sein – und bemüht sich um die Beschaffung eines weiteren im Ausland. Zu einer Konfrontation zwischen einem amerikanischen Flugzeugträger (Kitty Hawk) und einem chinesischen U-Boot ist es bereits Ende 1994 gekommen. Den neuen Staaten Zentralasiens gegenüber, voran Kasachstan, verhält sich die VR China enorm selbstbewußt. Indien und Vietnam, auch Pakistan haben traditionell schlechte Erfahrungen mit China.

Dies alles läßt den folgenden Schluß zu: Die VR China verfolgt offenbar weitreichende hegemoniale Ambitionen, die mit dem wirtschaftlichen Aufbau und dem Ausbau der Handelsbeziehungen im ostasiatischen Raum nicht harmonieren. Krisenhafte Entwicklungen in China selbst oder in den Beziehungen der VR China mit ihren Nachbarn könnten die Region um Jahre zurückwerfen, wie die Ereignisse vom Sommer 1989 auf dem Tiananmen-Platz gezeigt haben. Mit Guangdong und Pudong ist die VR China in den Welthandel[20] eingebunden, auf Märkte angewiesen, faktisch interdependent, scheint aber eher abgeneigt, diese auch zu akzeptieren und die eigene Politik in jedem Falle den wirtschaftlichen Opportunitäten unterzuordnen. Der Umgang mit dem wirtschaftlich für China enorm bedeutenden Hongkong und seiner Demokratiebewegung nach dem Sommer 1997 ist wohl der Lakmus-Test, ob China dem wirtschaftlichen Aufbau oder aber der Stabilität der jetzigen Führung und ihren weitreichenden hegemonialen Zielen Priorität einräumt. Die EU und Japan betreiben mit Blick auf ihre eigenen beschränkten Einflußmöglichkeiten und die wirtschaftlich schädlichen Konsequenzen allzu klarer Sprache der VR China gegenüber eine überaus vorsichtige Politik. Angesichts des latenten Konfliktpotentials in der zukunftsträchtigen ostasiatischen Region könnte es sich allerdings als verhäng-

---

20 China konnte 1995 einen Außenhandelsüberschuß von rund 19.8 Mrd. US $ verbuchen und erhielt im selben Jahr rund zwei Fünftel aller Direktinvestitionen, die weltweit in Entwicklungsländern getätigt worden sind (38 Mrd. US $). Aus: Neue Zürcher Zeitung Nr. 61, 13. März 1996:21.

nisvoll erweisen, die politisch-militärischen Aspekte im Kontakt mit der VR China den eigenen ökonomischen Interessen allzusehr unterzuordnen. Auch die südostasiatischen Nachbarstaaten der VR China verzichten auf eine klare Sprache; Michael Stürmer (1995:7) hat die Politik dieser Staaten der VR China gegenüber wohl mit einigem Recht als „Lektion in Anpassung und Beschwichtigung" charakterisiert. Allein die USA sind in der Lage, die Führung in Peking in ihren Entscheidungen maßgeblich zu beeinflussen. Die Politik der Vereinigten Staaten, die VR China einerseits in die internationale Zusammenarbeit einzubinden, ihr anderseits aber für den Fall der offenen Verletzung internationalen Rechts oder gar militärischer Abenteuer Konsequenzen in Aussicht zu stellen, bewegt sich auf einem sehr schmalen Pfad. Zu viel vom einen oder zu wenig vom anderen könnte schlimme Konsequenzen haben, für Asien, aber auch für die übrige Welt, und zwar auch für das Lager der alten Industriestaaten, das sich unverhofft in einen großen regionalen Konflikt hineingezogen sehen könnte.

6. USA: Block trotz Machtverlust?

Nach dem Ende des Kalten Krieges sind die Vereinigten Staaten die einzig verbliebene Supermacht. Dennoch sind die USA nach politikwissenschaftlicher Standardmeinung weniger als je imstande, weltpolitisch wirksam Einfluß zu nehmen. Der Rückzug aus Somalia, das lange Zaudern in Bosnien, sinkende Rüstungsausgaben, globalstrategische Umorientierung, die Fixierung auf innere Probleme, die populäre Forderung nach Aufgabe aller internationalen Engagements, bei denen nicht direkt amerikanische Interessen betroffen sind: All dies scheint die These vom Rückzug aufgrund schwindender Machtbasis zu belegen. Vor übereilten Schlußfolgerungen muß aber gewarnt werden. Zunächst einmal gehört es zur intellektuellen Kultur der liberalen amerikanischen Elite, ab und an den Niedergang des eigenen Landes vorherzusagen, sei dies infolge imperialer Überdehnung (Kenndy 1988), der „Brasilianisierung" des Landes, wie eine aktuelle These lautet,[21] oder weil die USA wirtschaftlich den Anschluß verpaßt hätten (Luttwak 1994). Wer derartige Selbstzweifel zu ernst nimmt, anekdotische Evidenz der vorher genannten Art vorschnell extrapoliert oder Macht über die simple Addition einiger Banalindikatoren[22] zu messen versucht, verstellt sich jedoch den Blick auf die tatsächliche Situation.

---

21 Gemeint ist damit der Rückzug der reichen Elite in schwer bewachte Luxus-Ghettos mit umfassender privater Infrastruktur, „nicht anders als eine lateinamerikanische Oligarchie", während draußen vor den Mauern das Land verlottert und die Kriminalität triumphiert. Vgl. auch Hart 1996:45.

22 Ein Beispiel ist Ray Cline: Pp = (C + E + M) x (S + W). Pp = perceived power; C = critical mass (population + territory); E = economic capability; M = mlitary capability; S = strategic purpose; W = will to pursue national strategy. Einige weitere Hinweise, z.B. die Tatsache, daß Cline die Sowjetunion vollständig überschätzt hat. Aus: Cline1980.

Macht ist ein kompliziertes Konzept. Bei Max Weber bedeutet Macht „jede Chance, innerhalb einer sozialen Beziehung den eigenen Willen auch gegen Widerstreben durchzusetzen, *gleichviel worauf diese Chance beruht".[23]* Niklas Luhmann versteht Macht als die „Möglichkeit, durch eigene Entscheidung für andere eine Alternative auszuwählen, für andere Komplexität zu reduzieren". Bei Karl Deutsch ist „Macht ... das Zahlungsmittel der Politik. So wie der Wert des Geldes den Gütern entspricht, die man damit kaufen kann, ist Macht nicht mehr wert als die Zusammenarbeit, die sie bewirken kann." Amitai Etzioni unterscheidet *brachiale Macht* (Gewaltandrohung oder -einsatz), *pretiale Macht* (Beeinflussung durch Belohnung) und *symbolische Macht* (normative und soziale). Wenn man nun Macht ganz allgemein definiert als die Fähigkeit, Mittel aller Art für die Durchsetzung politischer Zwecke zu mobilisieren und als den glaubwürdigen Willen, diese Mittel notfalls auch einzusetzen, dann kann von einem absoluten Machtverlust der USA nicht die Rede sein, und auch die These vom relativen Machtverlust der USA sieht nicht mehr ganz so überzeugend aus. Augenscheinlich sind die Spielräume für den Einsatz „brachialer Macht" zu Ende des 20. Jahrhunderts aus verschiedenen Gründen enger geworden. Im globalisierten und weitgehend störungsfrei funktionierenden Teil der Welt bewirkt militärische Macht zur Interessenverwirklichung nichts. Boykott des Ministerrates wegen „Gelatine, Talg und Stieren-Sperma, ... das sind die Waffen, mit denen heute noch in Westeuropa Kriege ausgetragen werden".[24] Oder eben im Falle der USA die Androhung von Strafzöllen auf einige Luxusautos. Dagegen sind in der politisierten Welt der aufstrebenden Staaten mit ihren hegemonialen Ambitionen die Risiken für den Einsatz militärischer Machtmittel enorm gewachsen. Während die Rüstungsausgaben in den Industriestaaten stetig abnehmen, investieren die prosperierenden Schwellenländer Ostasiens immer mehr in den Ausbau und die Modernisierung ihrer Streitkräfte. Hier vermag auch die Macht der USA noch viel zu bewirken, hält sie doch z.B. die VR China gegenwärtig vor militärischen Abenteuern in Richtung Taiwan ab.

Der Einsatz „pretialer Macht" (Etzioni) in den internationalen Beziehungen wird von den reichen Staaten gerade erst als Hebel so richtig entdeckt. Besonders die USA messen diesem Mittel große Bedeutung bei, wie die Beendigung der letzten Koreakrise durch Einsatz von viel Geld gezeigt hat (vgl. oben). Bedeutungsvoller in der hochgradig vernetzten Welt ist jedoch die von Etzioni so benannte „symbolische" Macht, die Nutzung normativer und sozialer Hebel. Man darf nicht vergessen, daß die USA die internationalen Beziehungen seit dem Ende des Zweiten Weltkriegs in allen wesentlichen Bereichen entscheidend geprägt haben, und zwar durch den Aufbau jener globalen Regelungssysteme und ihre organisatorische Handhabung, auf die oben bereits hingewiesen worden ist. Tatsächlich befinden sich die USA in diesem Netzwerk immer noch

---

23 Hervorhebung: d. Verf..
24 Neue Zürcher Zeitung, 1./2. Juni 1996:1.

an zentraler Stelle. Im Sicherheitsrat der UNO sind die Vereinigten Staaten die wichtigste Stimme. In Weltbank und Währungsfond haben die USA das größte Gewicht. In der WTO sind sie treibende Kraft. Eine NATO ohne die USA ist kaum vorstellbar – mit Projekten wie dem Partnership for Peace (PFP) haben die USA auch in der schwierigen Zeit nach dem Ende des Kalten Krieges das Bündnis intakt und beweglich gehalten. Der US-Dollar ist weiterhin Weltleitwährung, trotz säkularem Wertverlust. Die Wertpapiere der amerikanischen Regierung haben weiterhin beste Kreditratings, trotz Rekordverschuldung der USA. Das Vertrauen der Finanzwelt in die USA ist offenbar unerschütterlich. Die USA sind weiterhin Heimatbasis für die weitaus meisten der transnational operierenden Unternehmungen und ziehen die meisten Direktinvestitionen an.[25]

Unter diesen Rahmenbedingungen ist es eher unwahrscheinlich, daß die USA zu einem zweitrangigen Akteur im internationalen System herabsinken und ihre Führungsposition mittelfristig werden aufgeben müssen. Allerdings haben es die USA in Zukunft mit komplizierten Herausforderungen verschiedenster Art zu tun, zu deren Bewältigung sie zunehmend auf die Unterstützung von anderen Staaten angewiesen sein werden. An eine Problemlösung im Alleingang ist unter den Vorzeichen der komplexen Interdependenz und Globalisierung in vielen Bereichen nicht mehr zu denken. Die Vereinigten Staaten müssen sich darauf einrichten, daß sie ihren Führungsanspruch zukünftig trotz wiedergewonnenem Selbstvertrauen nach der Golfkrise von 1992 mit anderen Akteuren des internationalen Systems werden teilen müssen.

Die Schwierigkeiten mit den Europäern beim Abschluß der Uruguay-Runde, die andauernde Widerspenstigkeit der Japaner und neuerdings das sehr selbstbewußte Auftreten der Chinesen sind Indizien in diese Richtung, die allerdings gleichzeitig auch zur Versuchung beitragen, in Zukunft vermehrt auf unilaterale Vorgehensweisen zur Durchsetzung amerikanischer Interessen zurückzugreifen und den übrigen Wirtschaftsmächten das eigene Verständnis von fairem Handel aufzuoktroyieren. Die Drohung, den amerikanischen Markt für ausländische Dienstleistungen und Güter zu schließen, stellt in dieser Hinsicht ein potentes Politikinstrument dar. In jedem Falle sind die Amerikaner mit ihrem relativ geringen Außenhandelsanteil von nur knapp 10 Prozent auf eine weiterreichende Weltmarktliberalisierung nur in sehr beschränktem Masse angewiesen. Der amerikanische Nationalökonom Paul Krugman weist diesbezüglich darauf hin, das sich die wirtschaftliche Stärke, resp. der Lebensstandard von Nationen wie den USA, welche einen nur relativ geringen internationalen Handel betreiben, nicht in erster Linie über ihre Konkurrenzfähigkeit auf dem Weltmarkt, sondern vor allem aus der Produktivität der heimischen Wirtschaft herleitet. Seiner Ansicht nach stellt es eine gefährliche Obsession dar, wenn sich die Regierungen solcher Länder vorschnell die Unternehmerperspektive zu

---

25 Vgl. United Nations: World investment report: Transnational corporations, employment and the workplace, New York/Geneva 1994.

eigen machen und ihre Aktivitäten übermäßig auf die internationale Konkurrenzfähigkeit der eigenen Wirtschaften fokussieren.[26] Vor diesem Hintergrund gewinnt die Argumentation, daß es sich bei der NAFTA eher um einen außen- denn wirtschaftspolitischen Schachzug der USA handelt, zunehmend an Plausibilität: Den Europäern soll so klar gemacht werden, daß man selber sehr wohl dazu entschlossen ist, einer möglichen „Festung Europa" mit ebenbürtigen Mitteln entgegenzutreten. Inzwischen zeichnet sich jedoch ab, daß die Hoffnungen der NAFTA-Initianten, Mexiko über die Anbindung an die USA in ein modernes Industrieland zu verwandeln und damit die nordamerikanische Staatengruppe zu einem Wirtschaftsblock auf vergleichbarem Niveau zusammenzuschmelzen, verfrüht sind. Die Grenze zwischen den beiden Welten, der globalisierten und der regionalisierten, der ökonomisierten und der politisierten, verläuft eben auch quer durch die NAFTA: Mexiko wird in den USA mehr denn je als Herd der Armut und Korruption betrachtet, aus dem sich die illegale Immigration und der Drogenhandel über das eigene Land ausbreiten. Die Beziehungen zwischen den beiden Staaten sind auf einem Tiefpunkt angelangt, und der innenpolitische Druck nach einem stufenweisen Rückzug der Amerikaner aus dem Freihandelsabkommen wird zunehmend größer. Damit erweist sich die Besorgnis, daß sich die NAFTA in absehbarer Zukunft zu einem neuen Block verfestigen könnte, als vollkommen unberechtigt. Wenn auf dem nordamerikanischen Subkontinent überhaupt ein Staat über die notwendigen Voraussetzungen dazu verfügt, um als eigentlicher Block mit einer einheitlichen Wirtschaftspolitik aufzutreten, dann trifft dies am ehesten noch für die USA selber zu.

In jüngster Zeit machen sich allerdings sowohl auf amerikanischer als auch europäischer Seite zunehmend Bemühungen breit, welche darauf abzielen, gegenseitige Blockbildungsängste abzubauen und die vitale Notwendigkeit einer engen, atlantikübergreifenden Zusammenarbeit hervorzuheben. In Zentrum dieser Entwicklung steht die „Neue Transatlantische Agenda", welche Ende 1995 von den USA und der EU verabschiedet worden ist und beiden Akteuren die weitergehende Ausbildung und Vertiefung der gegenseitigen Wirtschaftskooperation vorschreibt. Darin verpflichten sich sowohl die USA als auch die EU, der unbedingten Aufrecherhaltung des multilateralen Handelssystems im Rahmen der WTO-Bestimmungen große Beachtung zuzuwenden und keine einseitigen Aktionen zu unternehmen, welche den Austausch von Waren und Dienstleistungen auf unzulässige Weise behindern würden. Hüben wie drüben ist das Bewußtsein, im selben Boot zu sitzen und zur weiteren fruchtbaren Entwicklung aufeinander angewiesen zu sein, offenbar doch sehr intakt.

Im Gegensatz zu Europa sind die USA aber auch im anderen Teil der Welt, im regionalisierten und krisenanfälligen, ein wichtiger Akteur, vielleicht der einzige, der überhaupt in allen Regionen glaubhaft Einfluß nehmen kann. Dies gilt in erster Linie für Asien. Die sicherheitspolitische Struktur Asiens bestand

---

26 Krugman, Paul: Competitiveness: A Dangerous Obsession, in: Foreign Affairs 73/2:48-45.

wesentlich aus einem System bilateraler Arrangements der USA mit regionalen Verbündeten, vorab Japan und Südkorea. Mit Hilfe dieses sogenannten San Francisco-Systems gelang es bisher, die Situation zu stabilisieren. Inzwischen hat sich die Machtkonstellation in Asien dramatisch verändert. Angesichts des beträchtlichen Machtzuwachses dieser Staaten, vor allem aber auch angesichts der maritimen Ambitionen der VR China, sind Revisionen am San Francisco-Regime notwendig. Für multilaterale Arrangements im Stile der NATO oder der OSZE ist es zu spät. Das europäische Netzwerk von Allianzen, Konferenzen und Verträgen ist über Jahrzehnte gewachsen. In Ostasien lassen die Machtverhältnisse den Aufbau einer umfassenden Sicherheitspartnerschaft vom Reißbrett weg nicht zu. Ob sie es wollen oder nicht: Die USA werden sich dem absehbaren Ringen um Hegemonie und Machtgleichgewicht in Asien nicht entziehen können.[27]

7. Kein Block Europa: Vereinheitlichung statt Vereinigung

Europa ist der wirtschaftliche Kern des hochgradig interdependenten und vernetzten einen Teils der Welt. Über 43 % des gesamten Welthandels finden innerhalb Westeuropas statt. Selbst wenn man den Binnenhandel der EU herausrechnet, so entfällt noch immer rund ein Viertel des Welthandels auf Europa. Dies ist ein allzu großer Teil, als daß Szenarien einer „Festung Europa" realistisch wären. Die Wohlstandseinbußen wären weit enormer als jene Entlastung von den negativen Auswirkungen der Globalisierung, die man realistisch erwarten könnte. Ein „Block" im Sinne neorealistischer Deutung der Welt nach Ende des Kalten Krieges ist selbst der wirtschaftliche und politische Kern Europa, also die Europäische Union, im wirtschaftlichen Sinne nicht und schon gar nicht im politischen. Obschon oft von Legislative, Exekutive und Judikative der EU gesprochen wird, kann die Struktur der EU-Organe mit nationalen politischen Strukturen der EU-Mitgliedsstaaten kaum verglichen werden: Das EU-Parlament ist bestenfalls Legislative im Wartestand, denn die eigentliche Gesetzgebungsarbeit der EU geschieht im Ministerrat, d.h. auf den regelmäßigen Treffen der EU-Fachminister. Der Rat ist die „Clearingstelle für den nationalen Interessenausgleich" (Bungarten 1978:163) zwischen den EU-Mitgliedsstaaten und, namentlich in der Form des Europäischen Rates als Treffen der EU-Regierungs- bzw. Staatschefs, bei weitem wichtigstes Organ der EU. Wenn man einmal davon absieht, daß bestimmte Ratsbeschlüsse noch der Zustimmung der nationalen Parlamente bedürfen, so bilden die nationalen Exekutiven die supranationale Legislative. Auf die Entscheidungen des Rates hat das EU-Parlament nur eingeschränkten Einfluß. Es kontrolliert vor allem die Kommission, namentlich über den Haushalt der EU, der vom Parlament verabschiedet werden muß. Die Brüsseler Kommission selbst aber stellt nurmehr eine Exeku-

---

27 Vgl. den Artikel von Michael Stürmer in der Neuen Zürcher Zeitung vom 5. Dezember 1995:7.

tive mit stark beschränkten, vor allem administrativen Befugnissen dar. Der Europäische Gerichtshof schließlich, die Judikative der EU, ist zuständig für die Auslegung der EU-Verträge, steht aber nicht über den Verfassungsgerichten der Mitgliedstaaten. Auf diesem Niveau haben sich die Strukturen der EU jetzt deutlich verfestigt. Unter den Randbedingungen wachsender Mitgliedschaft wird es eher schwerer als leichter werden, hier die Dinge voranzutreiben.

Sicherlich hat der europäische Einigungsprozeß nach der Stagnationszeit der siebziger und frühen achtziger Jahre mit der Einheitlichen Europäischen Akte, dem Binnenmarkt und den Maastrichter Verträgen deutliche Fortschritte gemacht. Wenn man aber die ursprünglichen Hoffnungen der neofunktionalistischen Integrationstheoretiker als Meßlatte anlegt, sind heute die Stagnationsanzeichen kaum mehr zu übersehen, es gibt sogar Anzeichen einer schleichenden Rückwärtsentwicklung. An dieser Stelle sei nur auf einen Punkt verwiesen: Galt vor Abschluß der Maastrichter Verträge noch die Doktrin von der „Vertiefung vor Erweiterung", der allenfalls mit institutionellen Maßnahmen, etwa „konzentrischen Kreisen", Nachdruck verliehen werden sollte, so war die Devise nach den Mühen von Abschluß und mehr noch Ratifikation der Maastrichter Verträge zumindest informell das genaue Gegenteil: Erweiterung vor Vertiefung. Die Geschichte scheint sich nun zu wiederholen: Mit Blick auf die kommende Osterweiterung soll die institutionelle Reform der EU vorangetrieben werden, um die Neumitglieder direkt auf die veränderten Spielregeln verpflichten zu können und die EU „den Gegebenheiten von heute" und „den Erfordernissen von morgen" anzupassen: Vertiefung vor Erweiterung. Die EU-Kommission hat dies in ihrem Positionspapier zur laufenden Regierungskonferenz in deutlichen Worten formuliert: „Die Erweiterung darf nicht unter Preisgabe der Errungenschaft von vierzig Jahren europäischer Einigung vollzogen werden."

Konkret geht es bei dem Ende März 1996 vom Europäische Rat in Turin in Gang gesetzten Prozeß der Revision der Maastrichter Verträge vor allem darum, Mehrheitsentscheide auch in wichtigen Fragen zur Regel zu machen. Ohne dieses Prinzip wäre eine EU der dann bald gegen 20 Mitglieder kaum mehr handlungsfähig. Die Geschichte des Mehrheitsentscheids in der EU ist jedoch eine wenig hoffnungsvolle. Die Römischen Verträge (etwa Art. 148 des EWG-Vertrags) sahen bereits in vielen Angelegenheiten eine Beschlußfassung im Rat mit einfacher oder qualifizierter Mehrheit vor. Der auf 1966 vorgesehene Übergang zu generellen Mehrheitsbeschlüssen wurde von Frankreich bekanntlich jedoch verhindert. Der später vereinbarte „Luxemburger Kompromiß" räumt jedem EU-Mitglied de facto ein Vetorecht in Fragen „vitalen Interesses" ein; welche diese seien, kann nämlich jedes Mitglied von Fall zu Fall selbst bestimmen. Dabei ist es bis heute im Prinzip geblieben, und eine kleine Minderheit von EU-Mitgliedern hält dies auch für richtig, vor allem im Bereich der zweiten und dritten „Säule" der EU. Die Vorgaben der sog. Reflexionsgruppe lassen vermuten, daß sich in Sachen Entscheidungsverfahren wohl kaum viel ändern wird. Allenfalls wird man sich wohl auf das Prinzip einigen, daß kein EU-Mitglied

Entscheide einer großen Mehrheit blockieren dürfe, wobei dem „übergangenen" Mitglied dann aber die Möglichkeit des „opting out" zugestanden werden müßte. Dramatisch wäre auch dies nicht. Man hat sich inzwischen damit abgefunden, daß weitere Integrationsschritte, vor allem die Währungsunion, auf weithin absehbare Zeit nur in sehr kleinem Kreise realisierbar sind. Mit einer Fülle von Ausnahmen, Spezialregelungen, Anpassungszeiten und Möglichkeiten zur Abkopplung sind Strukturen „variabler Geometrie" in der EU seit langem akzeptierte Realität. Mit den Hürden vor der Währungsunion, den sog. Konvergenzkriterien, die unmöglich alle EU-Staaten in absehbarer Zukunft zu nehmen imstande sein werden, hat die EU das Prinzip der mehreren Geschwindigkeiten quasi offiziell abgesegnet. Umgekehrt gedeutet, als Recht auf das Nichtmitmachen, ergibt dies faktisch die Mitgliedschaft à la carte. Auch diese muß der Einheit der Europäischen Union nicht zuwiderlaufen, wenn diese inneren der konzentrischen Kreise für alle EU-Mitglieder, die mitmachen wollen und können, prinzipiell offen bleiben. Das soll auch sein. Faktisch dürften die Abstände zwischen den EU-Mitgliedern jedoch immer größer werden und die Chancen gemeinsamer Politik nach innen und vor allem nach außen immer geringer.

Die EU ist kein Staat über den Staaten und wird auch keiner werden. Aber ist sie ein ernstzunehmender politischer Faktor, ein Wirtschaftsblock? Tatsächlich ist nichts falscher, als vom üblichen Lamento über das „real existierende Europa der Bürokraten" (Präsident Mitterrand bei seinem Deutschlandbesuch im Oktober 1987) und die Dominanz nationalstaatlicher Egoismen tatsächlich auf eine Existenzkrise der Gemeinschaft zu schließen. Solche Ansichten dokumentieren vielmehr das Unvermögen, mit herkömmlichen, an Integrationshoffnungen orientierten Vorstellungen das Phänomen EU noch zu begreifen: Die supranationalen „Äste" der Gemeinschaft werden zwar kurz gehalten; aber mit ungeheurer Dynamik wachsen die „Wurzeln" der EU, entsteht ein Konglomerat von Regeln und Prozeduren, vor allem im wirtschaftlichen Bereich. Das Projekt einer Europäischen Union, die diesen Namen wirklich verdient, entschwindet langsam am Horizont der Geschichte. Die europäische Einigung macht aber ganz enorme Fortschritte, wenn man „Einigung" im Sinne von Vereinheitlichung versteht. Die Marschrichtung der EU hat sich geändert, aber Europa kommt „voran" und läßt die Gravitationskräfte der EU spürbar wachsen. Ein nach außen politisch und militärisch handlungsfähiger „Block" ist die EU nicht und wird es auf absehbare Zeit nicht werden. Dennoch muß man sich bewußt bleiben, daß die EU von Außenstehenden sehr wohl als sich ausbildender Wirtschaftsblock im eigentlichen Sinne wahrgenommen werden kann und daher zu entsprechenden Gegenmaßnahmen verleitet.

Diesbezüglich stellen die Ansätze der Neuen Transatlantischen Agenda, der europäisch-asiatischen Konferenz und auch die regelmäßigen Konsultationen im Rahmen der WTO geeignete Instrumente dar, um gegenseitiges Vertrauen aufzubauen und vorschnelle Blockbildungsängste im vornherein zu zerstreuen.

Auf diese Weise kann sichergestellt werden, daß sowohl die gegenwärtigen wie auch die zukünftigen Freihandelszonen und Wirtschaftsunionen im Wesentlichen *außenorientiert* und nicht nach innen gerichtet aufgebaut sein werden und damit das multilaterale Handelssystem eher ergänzen, als mit ihm in direkte Konkurrenz zu treten. Parallel hierzu müssen die Strukturen und Regeln der WTO dermaßen gestärkt werden, daß Unsicherheiten für die einzelnen Staaten über ihren Marktzugang in der Weltwirtschaft so weit wie möglich ausgeschaltet werden können. Unter diesem „shadow of the future" wird die Verlockung der regionalen Abschottung auch noch ihre letzten Anreize verlieren und keine ernstzunehmende Handlungsoption für wachstumsorientierte Staaten mehr darstellen.

8. Schlußfolgerungen:
Zwei Welten, viele Probleme und noch mehr Theorien

Internationale Beziehungen meint zweierlei: Eine Disziplin und ihren Gegenstand. Die Beurteilung der Disziplin, was ihre Theoriesituation betrifft, hängt wesentlich davon ab, was man von einer Theorie erwartet. Hängt man die Erwartungen tief, versteht man unter „Theorie" jede generalisierende Aussage über Teilphänomene des Gegenstandes Internationale Beziehungen, so leidet die Disziplin an einem massiven Überangebot von Theorien, an einem Ausufern von Ansätzen zu einer kaum mehr überschaubaren Vielfalt. Wenn man als „Theorie" aber ein empirisch gehaltvolles, generalisierend-formalisierendes, prognosefähiges und sparsames bzw. einfaches System von Aussagen über internationale Politik versteht, das einen Vergleich mit Theoriegebäuden in den Nachbardisziplinen aushält, z.B. der neoklassischen Wirtschaftstheorie, so besassen und besitzen die Internationalen Beziehungen nur eine einzige derartige Theorie[28] : den *Realismus* bzw. in seiner aktuellen Version den *Neorealismus.* Realismus, das war und ist „the Theory with a capital T", wie es der schwedische Politologe Kjell Goldmann einmal formuliert hat.[29]

Ideengeschichtlich läßt sich die Tradition des Realismus bis zu den Klassikern der griechischen Philosophie zurückverfolgen. Die bis heute maßgeblichen Grundannahmen des Realismus findet man tatsächlich schon bei Thukydides in seiner Geschichte des Peloponnesischen Krieges (vgl. Keohane 1986:158ff). Erstens sind (Stadt-)Staaten die einzig relevanten Akteure damaliger griechischer und kleinasiatischer Politik; zweitens suchen Staaten Macht und Einfluß, entweder als Mittel zum Zweck oder als Zweck in sich selbst, und drittens handeln sie rational, d.h. sie verhalten sich intelligent, egoistisch, nutzenmaximie-

---

28 Meyers nennt diese Art von Theorien „Großtheorien"; vgl. Meyers1990:48-68.

29 So zitiert in: Holm, Hans-Henrik/Sørensen, Georg: International Relations Theory in a World of Variation, in: Dies.: Whose world order? Uneven globalization and the end of the cold war, Boulder 1995:187-206.

rend. Mehr an Grundannahmen braucht es nicht; alle übrigen Aussagen lassen sich deduktiv aus diesen ableiten. Der Realismus als Theorie ist also einfach, fast elegant und dennoch enorm erklärungskräftig. Thukydides verhalf er beispielsweise zu der frappant modern anmutenden Einsicht, die eigentliche Ursache für den Beginn des Peloponnesischen Krieges 432 v.Chr. sei der Verlust des militärischen Gleichgewichts durch den Machtzuwachs Athens, der Sparta zum Präventivkrieg motiviert habe, nicht die verschiedenen Streitigkeiten über Grenzen, Land, Inseln.

Die politische Philosophie der folgenden fast 2500 Jahre brachte weitere Präzisierungen des Realismus, von denen hier nur in Stichworten einige[30] zu nennen sind: Aristoteles trennt in seiner Philosophie Ethik und Politik, was manche Merkmale des rational-nutzenmaximierenden Verhaltens politischer Akteure verständlich macht. Das Mittelalter brachte den Souveränitätsgedanken: Der Staat als nur eigenverantwortliche, rechtlich letzte Instanz, die keine Richter über sich duldet. Entgegen manchen Meinungen ist auch diese Idee nicht überholt, sondern findet sich in der internationalen Politik immer wieder bekräftigt, etwa in der UNO-Charta und in der Schlußakte von Helsinki. Schließlich die Vorstellung des säkularen Partikularstaates, als Gegenstück zum Gedanken der civitas dei bei Augustin: Nicht der Weltstaat, sondern die Staatenwelt ist der weltordnungspolitische Normalzustand. Aufklärung über die Technik des Machtgebrauchs und Machterhaltes brachte Machiavelli. Bei Hobbes ist der Mensch des Menschen Wolf – innerstaatlich ist dieser unerfreuliche Naturzustand durch die Schaffung großer „Leviathane" zu überwinden, also die Errichtung von Staaten mit dem Monopol auf legitime Gewaltanwendung. *Zwischen* den Staaten fördert aber gerade dies den Dauerkonflikt als Naturzustand. Bei Pufendorf, einem der Väter des modernen Völkerrechts, begegnet uns der Staat als persona ficta: Wenn man heute in der Politikwissenschaft von der Vorstellung des Staates als einheitlichem Akteur (unitary actor) spricht, der Interessen, Ziele, Mittel besitzt und ein typisches „Verhalten" zeigt, dann sind hier die Quellen dieser Vorstellung zu finden. Im 19. Jahrhundert entwickelt sich dann die Idee der Staatsräson und die Vorstellung vom Primat der Außenpolitik, vor allem im deutschen Historismus. Daß die Weltordnungspläne des Präsidenten Wilson scheitern mußten, weil sie quasi gegen die „realistische" Natur des Staates waren, zeigte Edward Hallet Carr mit seinem Werk über die Krise der dreißiger Jahre. Schlußstein dieser Entwicklung ist zweifellos Hans Morgenthau mit seinem Hauptwerk „Politics Among Nations" (Morgenthau 1972), dem großen Versuch also, den Realismus zu einer eigentlichen sozialwissenschaftlichen Theorie der internationalen Beziehungen auszubauen, die staatliches Verhalten auf anthropologische Fundamente zurückführt: Internationale Politik sei ein Machtkampf zwischen Staaten, so Morgenthau, nicht nur weil dies der immanenten Logik von Weltpolitik entspreche, sondern weil der

---

30 Vgl. die Übersicht bei Meyers 1990: 48-68.

Mensch einen unbezähmbaren Durst nach Macht besitze (Morgenthau 1946:194), der bis in die große Politik quasi durchschlage. Auch wenn dieser Reduktionismus nicht weiter zu überzeugen vermochte, so blieb doch der Realismus die entscheidende „Großtheorie" (Meyers) in den Internationalen Beziehungen, weit einflußreicher als z.B. der sog. Idealismus, dessen Traditionen sich ebenfalls bis zu den Klassikern der politischen Theorie in der Antike zurückverfolgen lassen, der aber immer in Appellen und z.t. phantastischen Alternativentwürfen einer friedlichen Welt steckenblieb (vgl. Raumer 1953) und reale Machtpolitik nicht erklären, sondern bloß verurteilen wollte und konnte.

Internationale Beziehungen als Machtkampf zwischen rational agierenden Staaten erklärte über weite Strecken vor allem den *Kalten Krieg*. Kein Wunder also, daß nach dessen Ende Bestrebungen entstanden sind, das realistische Erklärungsmuster auch in die Zeit danach hinüberzuretten, nicht aus nostalgischen Gründen, sondern weil die neue Welt der alten frappant zu gleichen scheint: Wirtschaftsblöcke statt Ost und West; Wirtschaftskrieg und Kampf der Kulturen statt Kalter Krieg; Einsatz wirtschaftlicher Macht statt militärischer. Wie weit aber trägt diese Parallele? Ist der Realismus wirklich noch zu retten? Geht es auch theoretisch rückwärts in die Zukunft? Die vorhergehenden Ausführungen wollten zeigen, daß sich die Welt nach dem Ende des Kalten Krieges zu sehr verändert hat, als daß solch einfache Rezepte wirklich noch taugen. Die Argumentation sei zur Erinnerung noch einmal kurz zusammengefaßt:

– Die Globalisierung der Märkte und die Ökonomisierung der Weltpolitik haben in der Tat ein enormes Ausmaß erreicht. Diese bringt Chancen, birgt auch enorme Risiken und Gefahren. Die betroffene Staatenwelt, globalisiert, ökonomisiert, vernetzt und durchgeregelt, funktioniert bei „business as usual" weitgehend störungsfrei; man weiß, daß man im selben Boot sitzt und honoriert diesen Umstand in der Politik. Konflikte zwischen den Staaten verhindert dies natürlich nicht, diese bleiben aber kontrollierbar und werden zunehmend in institutionelle Kanäle gelenkt. Die hoch vernetzte Welt hat jedoch z.T. enorme Strukturwandlungsschübe zu verkraften, die einzelne ihrer Mitglieder schweren Zerreißproben aussetzt.

– Das entstandene Beziehungsgeflecht ist wohl weltumspannend, nicht aber flächendeckend. Die globalisierte, ökonomisierte, durchgeregelte und weitgehend störungsfrei funktionierende Welt umfaßt wesentlich die reichen OECD-Staaten und die rasch wachsenden Wirtschaftsplätze Ostasiens sowie einige kleine Finanzdrehscheiben. Der Rest der Welt ist abgekoppelt, er ist regionalisiert, politisiert, weitgehend ungeregelt, störungs-, krisen- und kriegsanfällig, unterentwickelt und meist arm. Von „marginalisiert" zu sprechen empfiehlt sich nicht, weil dies Trugschlüssen Vorschub leisten könnte: Beim so bezeichneten „Rest" der nicht oder nur mäßig einbezogenen Welt handelt es sich nicht um eine quantité négligeable, sondern um die Mehrheit der Menschheit einschließlich großer Staaten mit gewichtigen Ansprüchen, auch außenpolitischen. Immun gegen krisenhafte Entwicklungen in diesem Teil des Globus ist der andere Teil der Welt, die globalisierte und interdependente Wirtschaftswelt, nun gerade eben nicht.

– Asien ist das beste Beispiel dafür: Die Zweiteilung der Welt geht geradewegs durch jenes geographische Gebiet hindurch, dem gemäß weit verbreiteter Meinung die Zukunft gehört. Asien ist kein Block und wird trotz weitreichender Integrationsambitionen nicht zu einem solchen heranwachsen. Daß Globalisierung und Ökonomisierung nicht vor krisenhaften Rückschlägen schützen, zeigt gerade Asien: Für seine Sicherheit ist es mehr noch als für den Absatz seiner Waren auf den Westen angewiesen.

– Die Teilung der Welt geht zudem, was vielleicht von noch größerer Tragweite und Tragik sein könnte, mitten durch den bevölkerungsreichsten Staat der Welt hindurch, die Volksrepublik China. Faktisch sind Guangdong und Pudong Teil der hoch vernetzten Weltwirtschaft, akzeptieren will die gegenwärtige Führung in Peking diese faktische Interdependenz jedoch nicht, sondern betreibt statt dessen Repression nach innen und klassische Großmachtpolitik nach außen.

– Diese Tendenzen in ihre Schranken zu verweisen ist einzig den USA zuzutrauen. Von Machtverlust der USA kann nur sprechen, wer einen falschen Machtbegriff verwendet. Wenn man in der neuen Welt nach Ende des Kalten Krieges überhaupt einen homogenen Wirtschaftsblock ausmachen will, so stellt diesen die USA. Die USA sind darüber hinaus die einzige Macht, die nachhaltig auch in allen Regionen des anderen Teils der Welt ihren Einfluß geltend zu machen imstande ist. Mehr noch: Die Vereinigten Staaten sind der wichtigste Akteur in beiden Teilen der Welt.

– Europa ist ein Wirtschaftsblock und eigentliches Zentrum der vernetzten Wirtschaftswelt; fast 40 % des internationalen Handels entfallen auf die EU. Die politischen Ambitionen der Union stoßen jedoch zunehmend auf Hindernisse; die europäische Einigung verschleißt sich bislang weitgehend in Vereinheitlichung, von Einigkeit (etwa in Fragen der Außen- oder weniger noch der Sicherheitspolitik) ganz zu schweigen. Da die EU trotz der Bedeutung des Binnenmarktes fast ein Fünftel ihres Handels mit Nicht-EU-Staaten abwickelt, sind Strategien protektionistischer Scheinbewältigung sozialer Globalisierungsfolgen („Festung Europa") enge Grenzen gesetzt.

Wenn man von Weltpolitik spricht, ist also zu präzisieren, welche der beiden Welten gemeint ist: die durchgeregelte und weitgehend störungsfrei funktionierende Welt der reichen OECD-Staaten einschließlich der rasch wachsenden Wirtschaftsplätze Ostasiens, oder der regionalisierte, störungs-, krisen und kriegsanfällige, unterentwickelte und meist arme andere Teil der Welt. Nun verlaufen die Grenzen zwischen beiden Welten nicht fein säuberlich, im Gegenteil.

Es gibt einen Fülle von Beziehungen zwischen hüben und drüben; vor allem die Probleme der regionalisierten Welt schwappen in die globalisierte Welt hinüber. Statt von zwei Welten spricht man deshalb vielleicht besser von zwei *Weltbühnen*, auf denen unterschiedliche Stücke aufgeführt werden: Auf der einen Bühne läuft der Einakter „globale Weltwirtschaft", auf der anderen das Drama „neue Weltunordnung" mit Exkursionen in die verschiedenen Regionen der Welt, Akt für Akt. Die USA sind Hauptdarsteller auf beiden Bühnen, die rasch wachsenden asiatischen Industriestaaten besitzen Nebenrollen im zweiten Stück, dem Drama – das ist ihre Tragik. Die Westeuropäer haben im ersten Stück die Hauptrolle, neben den USA; im zweiten Stück haben die Westeuropäer im Akt „Bosnien" kläglich versagt und sich zurückgezogen. Die Abläufe im Stück „globale Weltwirtschaft" erklärt der Realismus natürlich nicht. Nun hat jedoch auch der Realismus Wandlungen durchgemacht. Drei sog. grand debates (Maghrori/Ramberg 1982) haben ihm nichts anhaben können, sondern ihn eher noch gestärkt, d.h. methodisch und theoretisch verfeinert. Neorealismus steht heute für eine reiche Tradition von Erklärungsansätzen, die der Komplexität der modernen internationalen Politik sehr wohl Rechnung zu tragen vermögen (Gilpin 1986:301ff), in wesentlichen Punkten aber mit den Klassikern weiterhin einig geht: daß neben allen übrigen nichtstaatlichen Akteuren internationaler Politik der Staat immer noch der bedeutendste ist; daß Modelle rationalen Verhaltens staatliche Aktionen immer noch weitgehend erklären, und daß in allen politischen Fragen am Ende Macht der entscheidende Faktor ist. Wenn im Bereich der globalen Weltwirtschaft nun Konflikte entstehen und eskalieren, z.B. jener zwischen den USA und Japan über Automobile, Supercomputer oder Elektronikchips, dann vermag der neue Realismus sicherlich einen Teil des Phänomens zu erklären, nämlich solange, wie sich die Akteure so verhalten, als ob es die globale Wirtschaftswelt noch nicht gäbe. Der Realismus, wie ihn Richardson (1960:12) für den Rüstungswettlauf und andere Eskalationsvorgänge auf das Format zweier einfacher Differentialgleichungen gebracht hat, sagt lediglich „... what people would do if they did not stop to think." Wenn die Akteure zu denken anfangen, sich ihrer gegenseitigen Abhängigkeiten bewußt werden, dann versagt der Realismus. Er versagt ohnehin, wenn es gilt, den Alltag der reibungslosen Abwicklung einer riesigen Menge von Interaktionen und Transaktionen zu erklären, den Rückzug des Staates aus vielen dieser Bereiche, die zunehmende Selbstregulierung einer Menge grenzüberschreitender Aktivitäten durch nichtstaatliche Akteure, Integrationsbestrebungen, Entterritorialisierung von Politik usw. Die neuen Realitäten dieses Teils der Welt sind zu komplex, als daß sie auf eine einzige allgemeine Theorie komprimiert werden könnten. Bis auf weiteres wird es einen Pluralismus von Theorien mittlerer und geringer Reichweite geben, mit dem man zufrieden sein muß.

Anders stehen die Dinge in Sachen neuer Weltunordnung im anderen, im regionalisierten und politisierten Teil der Welt. Wo sich die Machthaber wie in Bosnien, Tschetschenien, am Horn von Afrika, in der Golfregion, im Regenwald Perus oder im Südchinesischen Meer als Realisten aufführen und klassische Machtpolitik betreiben, da reicht der Realismus als Generaltheorie vollkommen aus. Dies sagt auch etwas über die Zustände aus, die er erklärt; sie sind bedauerlich. Komplizierter noch sind die Beziehungen zwischen beiden Welten. Vieles ist neu und wirkt geradezu grotesk, etwa die Gleichzeitigkeit ungleichzeitiger Kontrahenten. Da versucht die letzte Supermacht, am Horn von Afrika eines Feudalherrschers habhaft zu werden, und zwar ohne Erfolg, weil die Technologie des automatisierten Schlachtfelds nichts im Straßengewirr einer Dritt-Welt-Metropole nützt. Da mühen sich die offenen Gesellschaften Westeuropas, die so stolz auf die neue Freizügigkeit sind, sich der Unterwanderung durch Massenmigration aus dem zweiten Teil der Welt zu erwehren. Theorien, die jene neuen Phänomene an den Schnittstellen beider Welten bündig erklären, gibt es noch nicht. Die aktuelle Umbruchzeit gibt der Wissenschaft eine Fülle neuer Rätsel auf; das macht die Arbeit schwierig, aber eben auch interessant.

Was wird aus der ökonomischen Fragmentierung?

Hartmut Elsenhans

Im folgenden Beitrag[1] wird gezeigt, daß das sich einigende Europa einen spezifischen, für die „erfolgreicheren" unter den Entwicklungsländern aber unwichtigen Beitrag für die Überwindung von Unterentwicklung leisten wird und dabei auch die eigenen Möglichkeiten zur Erschließung von Zukunftsmärkten – bei hochtechnologischen Produkten – eher vernachlässigt. Zum Nachweis werden zunächst die Herausforderungen von Globalisierung bestimmt, weil hier (auch in der Sozialwissenschaft) eine erhebliche Verwirrung über die Relevanz von nationalen Lohn- und anderen Kosten für die Wettbewerbsfähigkeit einer Volkswirtschaft besteht. Obwohl Globalisierung ein für die kapitalistische Weltwirtschaft grundsätzlich zu erwartender und auch nicht völlig neuer Prozeß ist, entsteht mit Vordringen einer Reihe von Entwicklungsländern auf den Märkten für Industrieprodukte die Gefahr einer unterkonsumtiven Krise (Elsenhans 1981), auf die Europa – wenigstens in der Tendenz – mit Abschottung reagieren wird. Eine solche Gefahr kann durch eine Verknüpfung von Entwicklungspolitik mit Exportorientierung gemildert werden, wobei sich zeigen läßt, daß die neue Marktorientierung des Washington-Konsensus nur eine Variante des allgemeineren Problems der produktiven Verwendung von bei Unterentwicklung stets auftretenden Renten ist. Gerade wegen der möglichen Überlegenheit einer solchen Verwendung von Renten für die Stützung von Exporten statt für staatliche Investitionsmaßnahmen ist die Gefahr besonders bedeutsam, ein mit Umstrukturierung kämpfendes Europa werde sich ohne breite transnationale Bündnisse von Arbeit solchen zusätzlichen Exporten aus der Dritten Welt eher verschließen.

1. Handhabbare Globalisierung
und die Bedeutung komparativer Kostenvorteile

Mit dem Begriff der Globalisierung wird die Vorstellung verbunden, in globalen Märkten entstünde zwangsläufig eine Tendenz zur Angleichung der Arbeits- und Lebensbedingungen, die – angesichts von Armut und Arbeitslosigkeit im Süden – zu einer Angleichung nach „unten" führen müsse. Als Lösung werden dann Technologieoffensiven und Lohnsenkungen in den führenden Industrieländern gefordert, durch die die „deutsche", „französische" Arbeit usw. wieder weltwirtschaftlich wettbewerbsfähig werden soll.

---

1 Zu einer ausführlichen Darstellung mit Literaturhinweisen siehe Elsenhans 1996a.

Wäre deutsche Arbeit zu teuer, hätte Deutschland ein Handelsbilanzdefizit (Elsenhans 1996b). Die hohen Überschüsse der deutschen Handelsbilanz sind Folge niedriger deutscher Lohnstückkosten im Vergleich zum Rest der Welt. Arbeitslosigkeit ist also nicht Folge allgemein zu hoher deutscher Arbeitskosten, sondern Folge der nachlassenden Wachstumsdynamik der traditionellen deutschen Exportsektoren, die noch zu gut verdienen, als daß die Überschüsse der Handelsbilanz nachhaltig zurückgingen und die D-Mark abgewertet werden könnte, die aber nicht mehr gut genug verdienen, als daß sie in Deutschland zu wachsender Beschäftigung beitragen könnten. Die internationalen Kosten von Arbeit hängen im wesentlichen nicht vom Ergebnis national sich bildender Lohnsätze, sondern vom Wechselkurs ab, der bei dauerhaften Handelsbilanzüberschüssen steigt (Mundorf 1995:2; Neuthinger 1989; Flassbeck 1988, 1995; Deutsches Institut für Wirtschaftsforschung 1992; Elsenhans 1995a, 1995b).[2]

Internationale Spezialisierung ist nicht Folge von „absoluten" Kostenteilen oder den in inländischer Währung ausgedrückten Kosten, sondern Folge von komparativen Kostenvorteilen. Ricardo (1817, Kap 7) zeigt, daß England trotz im Vergleich zu Portugal höherer Produktivität sowohl in der Tuch- als auch in der Weinproduktion dennoch ein Interesse an Spezialisierung auf Tuchproduktion hat, weil hier sein Vorsprung gegenüber Portugal relativ höher ist als bei der Weinproduktion. Damit allerdings die englischen Weinkäufer portugiesischen statt englischen Wein kaufen, müssen – gleiche Geschmacksqualität vorausgesetzt – die Kosten portugiesischen Weins trotz des in seiner Herstellung höheren Faktoreinsatzes niedriger sein als die Kosten englischen Weins. Dies ist nur möglich, wenn die eingesetzten portugiesischen Produktionsfaktoren billiger als die englischen sind, bei Ricardo Arbeit. Ist Kapital international mobil, so daß sein nationaler Preis überall dem einheitlichen Weltmarktpreis entspricht, muß Arbeit im weniger produktiven Land billiger sein. Dies wird über den Wechselkurs erreicht. Das in allen Produktionen bei der Produktivität führende Land macht Handelsbilanzüberschüsse mit der Folge der Verknappung seiner Währung. Dies führt zur Aufwertung, so daß nun auch das weniger produktive Land absolute Kostenvorteile auf dem Weltmarkt haben kann.

Ersetzen wir im Beispiel Ricardos England mit Deutschland, Portugal mit den ostasiatischen Tigerländern, Tuche durch Werkzeugmaschinen und Wein durch Erzeugnisse der Mikroelektronik: Deutschland müßte sich nunmehr auf Werkzeugmaschinen spezialisieren und die zukunftsträchtigere Mikroelektronik aufgeben, obwohl hier vielleicht ursprünglich seine Produktivität auch höher gewesen war als in den ostasiatischen Tigerländern, allerdings nicht in gleichem Ausmaß höher als bei den Werkzeugmaschinen.

Beim Auftauchen neuer Technologien, die im führenden Land auch erstmals gelernt werden, ist ein Vorsprung gleichen Ausmaßes wie bei den alten Technologien unwahrscheinlich, obwohl die Theorie des Produktzyklus dies angenom-

---

2 Vgl. weiter Handelsblatt 29./30.12.1995:11; 3.8.1994:9; 11.8.1994:2; 5.6.1993:13.

men hatte. Theorien, die technischen Fortschritt in die Produktionsfunktion einführen, enthalten als nicht in die Kosten inkorporierten technischen Fortschritt (disembodied technical progress) immer Elemente, die auf Routine und Erfahrung zurückzuführen sind. Ein auf solchen Ursachen erreichter Produktivitätsvorsprung des früher produktiveren Landes ist also auch in der Theorie bei gleichzeitig in beiden Ländern neu eingeführten Technologien ausgeschlossen, wenn man von Allgemeinplätzen wie der Disziplinierung von Arbeit und ähnlichem mehr absieht.

Mit Lohnzurückhaltung kann der geringere Vorsprung bei den neuen Technologien nicht kompensiert werden, weil der Wechselkurs bei allgemeiner Lohnentwicklung weiter ansteigt, wenn das angestrebte Ziel der Steigerung der Exporte gelingt.

Solche Länder befinden sich in der Situation von Ölländern, die unter sog. „dutch disease" leiden (Sid Ahmed 1989, Bd. 1:83; Saleh-Isfahani 1989). Ein traditioneller Exportsektor verdient auf dem Weltmarkt zuviele Devisen mit der Folge von Aufwertungen, die die Diversifizierung der Wirtschaft und damit den Einstieg in neue Zukunftsbranchen verhindern. Diese können sich einer für zukünftiges Wachstum ungünstigen Spezialisierung nur entziehen, wenn sie traditionelle Exporte verteuern und aus den Erlösen ihre Zukunftsbranchen unterstützen, also Industriepolitik betreiben. Länder mit bisher weniger wettbewerbsfähigen Exportsektoren sind also begünstigt. Dies und nicht eine überlegene Organisation der Zusammenarbeit zwischen Industrie und Politik erklärt den japanischen Erfolg auf dem Weltmarkt.[3] Deutschland hat bis in die Zeit nach dem Zweiten Weltkrieg hinter Großbritannien bei der durchschnittlichen Produktivität gelegen (Dollar/Wolff 1988:552–553), aber beim Weltmarktanteil an den Produkten der sogenannten zweiten industriellen Revolution (Chemie, elektrische Produkte) England schon in den 90er Jahren des 19. Jahrhunderts überholt, obwohl viele der für diese Branchen entscheidenden Neuerungen in England erfunden wurden (Fremdling 1991: 39).

Die parallele Reduzierung des Reallohnanstiegs in allen führenden Industrieländern trifft die neuen High-tech-Produkte besonders, weil sie eher von den Kunden in reicheren Industrieländern mit hohen Masseneinkommen, nicht aber von den armen Massen im Süden gekauft werden. Gleichzeitig treffen sie aber auch die unterentwickelten Länder, deren Absatzmärkte für den Export von für sie neuen Gütern durch steigende Reallöhne in den Industrieländern wüchsen.

Die Fehlinterpretation der Globalisierungstheorie – (zu) hohe Reallöhne in den Industrieländern, statt richtig: komparative Kostenvorteile bei den „falschen" Produkten – löst parallele Strategien der Wiedergewinnung von Wettbewerbsfähigkeit auch in den führenden Industrieländern über Einstieg in

---

3 So lag Japan bis Ende der 70er Jahre in allen Branchen bei der Produktivität hinter den USA zurück, vgl. Dollar/Wolff 1988:552–554; Watanabe 1991:58 f; Audretsch/Yamawaki 1988:446.

technische Führungsbranchen aus, in deren Folge durch Kostenrepression das Wachstum der Produktionskapazität das Wachstum der Konsumtionskapazität übersteigt. Dies muß zu einer auf Unterkonsumtion beruhenden, von den Industrieländern und ihren Regierungen selbst ausgelösten Wirtschaftskrise führen.

2. Neue internationale Wettbewerbsfähigkeit unterentwickelter Länder als besondere Herausforderung

Den Arbeitern in den westlichen Industrieländern wird heute Lohnzurückhaltung mit dem Hinweis auf niedrige Arbeitskosten in den unterentwickelten Ländern angeraten. Die Armen des Südens erscheinen als „Jobkiller", so daß ihr Zutritt auch zu den Arbeitsmärkten der Industrieländer mit vielfältigen, letztlich an Rassismus orientierten Mitteln verhindert werden müsse. Daß die niedrigen Löhne in internationaler Währung in Malaysia, Thailand oder den Philippinen nicht notwendig mit einem in Produkten gemessenen niedrigen Lohn zusammenhängen, wird schon daran deutlich, daß in diesen Ländern die in Produkten gemessenen Löhne sehr unterschiedlich sind, und daß diese Löhne (erst recht allerdings die Lohnstückkosten) niedriger als z.B. im subsaharischen Afrika sind, auch wenn die reale Güterversorgung der Masse der Bevölkerung in den beiden erstgenannten Ländern aufgrund der Kaufkraft der Löhne und damit der Produktivität der lokalen Lohngüterproduktion (insbesondere der Landwirtschaft) deutlich höher ist.

Die neue Wettbewerbsfähigkeit der asiatischen Länder ist nicht Folge besonders niedriger Reallöhne, sondern des Werts ihrer Währungen. Nicht zufällig hat sich die Spezialisierung auf den Export verarbeiteter Produkte zunächst in Ländern des Südens durchgesetzt, die nicht über reiche Rohstoffe verfügten, sich folglich beim Export keine hohen Rohstoffrenten aneignen konnten. Entscheidend ist also weniger die Frage, wie hoch die Löhne in den unterentwickelten Ländern sind, sondern warum plötzlich – wahrscheinlich früher schon bestehende – komparative Kostenvorteile von diesen Ländern durch Abwertung in absolute Kostenvorteile verwandelt werden (können).

Für Abwertungen gibt es Grenzen in der lokalen Lohngüterproduktion und damit bei noch niedrigen Reallöhnen (Nahrungsmittelanteil am Verbrauch von Arbeitnehmerhaushalten bei 50 – 60 %) in der Produktivität der Landwirtschaft und ihrer Fähigkeit, einen Nahrungsmittelüberschuß zur Ernährung der Exportarbeiter zu erzeugen. Seit Beginn der Industrialisierung in den wirtschaftlich führenden Ländern haben sich die komparativen Kostenvorteile der heute unterentwickelten Welt ständig verändert, wie z.B. der Aufstieg der Textilindustrie in Bombay in den 80er Jahren des 19. Jahrhunderts belegt. Doch wurde dieses Phänomen nie Gegenstand systematischer außenwirtschaftstheoretischer Untersuchungen, weil in früheren Zeiten die meisten Länder der Dritten Welt entweder nicht abwerten mußten – weil sie für ihre Importbedürfnisse über ausreichende Erlöse aus Rohstoffen verfügten – oder weil sie nicht abwerten konnten.

Ein Land, das seine eigenen Nahrungsmittel produziert, kann so lange praktisch unbegrenzt abwerten und sogar negative Grenzerlöse hinnehmen, wie seine Arbeitskräfte wegen fehlender alternativer Beschäftigungsmöglichkeiten nur „Subsistenzlöhne" erhalten, die sie überwiegend für Nahrungsmittel und wenige, meist auch lokal hergestellte Produkte verwenden (wichtigste Posten: Bekleidung, Hausrat, Behausung, je ungefähr ¼ der nicht für Nahrungsmittel getätigten Ausgaben). Die Grüne Revolution mit ihren erheblichen Ertragssteigerungen macht heute in Ostasien beliebige Abwertungssätze zur Transformation komparativer in absolute Kostenvorteile möglich. Ein Land, das wenigstens einen Teil der Nahrungsmittel für die Exportarbeiter herstellt, kann solange abwerten, wie die Grenzerlöse positiv sind und die Erlöse die Differenz zwischen dem Überschuß der lokalen Nahrungsmittelproduktion und dem Subsistenzbedarf der Exportarbeiter (und der für diese zusätzliche Lohngüter produzierenden gewerblichen Produzenten, z.B. im informellen Sektor) abdecken.

Wer hingegen seine Exportarbeiter aus dem zusätzlichen Export ernähren muß, kann nur solange abwerten, bis der Erlös nach Bezahlung aller übrigen Kosten noch die Subsistenzkosten der Exportarbeiter abdeckt. Steigt in den führenden Industrieländern die Produktivität in der Landwirtschaft schneller als in einem Teil der Industrie, werden auf dem Weltmarkt Nahrungsmittel relativ billiger als die Produkte dieses Teils der Industrie. Bestehende komparative Kostenvorteile können auch in diesem Fall vermehrt in absolute Kostenvorteile verwandelt werden, weil für die Exportprodukte größere Mengen an Nahrungsmitteln importiert werden können.

Selbstverständlich wirken Fortschritte unterentwickelter Länder bei der Steigerung der Produktivität in der verarbeitenden Industrie, die Folge der Tätigkeit von multinationalen Unternehmen (billigere Methoden des Technologietransfers) und der Anstrengungen von Regierungen zur Verbesserung von Infrastruktur und Ausbildung sind, in dieselbe Richtung, weil durch Verbesserung des Produktionsergebnisses pro Arbeiter die Schwelle steigt, bei der aus den zusätzlichen Exporterlösen noch ein zusätzlicher Exportarbeiter ernährt werden kann.

Ein Aspekt der weltweiten technischen Entwicklung ist die Verschiebung der Konfiguration der komparativen Kostenvorteile. Eine Wirtschaft kann komparative Vorteile in einer Vielzahl von Produktionszweigen bei überall niedrigen Produktivitätsvorsprüngen, kombiniert mit einem hohen komparativen Kostennachteil in einer für die eigene Gesamtnachfrage eher kleinen Branche haben. Lange Zeit hing die Anwendung von industrieller Technologie von qualifizierten Arbeitskräften ab. Zu Beginn der industriellen Revolution hatte das führende England in einer Vielzahl von Branchen komparative Kostenvorteile bei noch niedrigen Produktivitätsvorsprüngen. Damals hatten die Länder der Dritten Welt komparative Kostenvorteile bei einer Reihe von Rohstoffen; heute

Hartmut Elsenhans

läßt sich ausgereifte Technologie nahezu überall mit ähnlicher Produktivität anwenden, weil kapitalistische Unternehmen immer auch in die Banalisierung von Technologie investieren, um die Abhängigkeit von knappen, hochqualifizierten Arbeitskräften zu vermindern. Früher wuchsen die Märkte für Produkte der Dritten Welt langsamer als die Gesamtnachfrage in den Industrieländern, so daß ihre Exporte die Arbeitsplätze in den führenden Industrieländern nicht bedrohten, sondern dort über Terms-of-Trade-Verbesserungen sogar den Spielraum für Reallohnsteigerungen erweiterten; heute hat der Süden einen zwar hohen Produktivitätsrückstand – allerdings bei einer nur kleinen Palette von Produkten, insbesondere bei Spezialmaschinen und Hightech-Gütern, die Industrieländer dagegen einen zwar hohen Produktivitätsvorsprung – allerdings nur noch bei einer kleinen Palette von Produkten, so daß die Nutzung komparativer Kostenvorteile zu großen wertmäßigen Exporten aus den Industrieländern führt, ohne daß dabei Vollbeschäftigung entstünde. Insbesondere bei der Anwendung moderner (kapitalintensiver) Technologie sind die Produktivitätsunterschiede (entgegen der Faktorproportionentheorie) gering (Boatler 1978:61; Clague 1991:527; Siggel 1984).

3. Washington und die Konstanz der Probleme

Die neue Konkurrenzfähigkeit der unterentwickelten Länder eröffnet Chancen, führt aber nicht notwendig zur Überwindung von Unterentwicklung. Dem von Keynesianern für möglich gehaltenen (und von Marxisten als notwendig behaupteten) Auseinanderklaffen von Vollbeschäftigungsniveau der Produktion und effektiver Nachfrage (Produktionskapazität und Konsumtionskapazität) einer Wirtschaft wird von den neoklassischen Ökonomen mit der Grenzproduktivitätsthese des Lohns widersprochen: Die Unternehmer würden solange Arbeitskräfte nachfragen, wie deren Grenzprodukt höher als ihre Kosten seien. Vollbeschäftigung würde durch angemessen niedrige Kosten von Arbeit erreicht. Hier braucht nicht zu interessieren, inwieweit die Grenzproduktivitätsthese auch in entwickelten Wirtschaften nur für bestimmte Phasen des Konjunkturzyklus zutrifft. Entscheidend ist, daß in unterentwickelten Wirtschaften für einen substanziellen Teil der Arbeitsfähigen das Grenzprodukt unter den Subsistenzkosten liegt.[4]

Liegt das Grenzprodukt von Arbeit unter den Subsistenzkosten,[5] kann der Lohn für durchschnittlich qualifizierte Arbeit nicht auf deren individuelles Grenzprodukt steigen, wenn dieses über den Subsistenzkosten liegt, weil Arbeit weiterhin zu den Subsistenzkosten angeboten wird. Eine solche Situation ist auf abnehmende Erträge in der Landwirtschaft zurückzuführen. Es gibt Überschußbevölkerung bzw. marginalisierte Arbeitskräfte. Dies ist sogar das entscheiden-

---

4 Eine ausführliche Diskussion befindet sich mit Literatur in Schäfer 1983:bes. 5–23.
5 Zu einer ausführlichen Darstellung des Modells Elsenhans 1994a.

de Kennzeichen von Unterentwicklung. In unterentwickelten Wirtschaften funktionieren also wichtige Mechanismen nicht, die für kapitalistisches Wachstum maßgeblich sind, nämlich entweder über den Markt oder über Verhandlungen durchgesetzte Lohnsteigerungen für die Masse der Erwerbsfähigen.

Allerdings gibt es bei Marginalität einen Überschuß der Landwirtschaft, weil trotz abnehmender Erträge ein Teil der landwirtschaftlich Erwerbstätigen einen Überschuß produziert. In vorkapitalistischen Gesellschaften wurde dieser Überschuß für „Kultur", Luxus und militärische Machtinstrumente eingesetzt. Sobald die Luxusgüter und die Waffen weiter fortgeschrittener Ökonomien den lokal produzierten überlegen wurden, wurden für solche Güter eingesetzte Arbeitskräfte freigesetzt, ohne in der Landwirtschaft Beschäftigung zu finden. Die Überlegenheit der Industrie des Westens schien die Ursache dieses vor allem in der zweiten Hälfte des 19. Jahrhunderts beobachteten Prozesses zu sein. Tatsächlich hat ausbleibende Industrialisierung in Wirtschaften mit produktiven Landwirtschaften keineswegs zu solcher Freisetzung geführt, sondern führte hier über landwirtschaftliche Produktion auch zu Vollbeschäftigung, steigenden Reallöhnen und letztlich auch industrieller Entwicklung.

Sobald der Überschuß der Landwirtschaft nicht ausreicht, um die Importnachfrage (v.a.) der Privilegierten zu befriedigen, müssen sich solche Wirtschaften auf neue Produkte spezialisieren. Die Spezialisierung auf Rohstoffe (sich verschlechternde natürliche Produktionsbedingungen in den Industrieländern und Möglichkeit des Technologietransfers) schuf hier früh Wettbewerbsfähigkeit rückständiger Länder, führte jedoch nur in bevölkerungsarmen und im Verhältnis dazu ressourcenreichen Ländern zu Vollbeschäftigung, wie in der „Staple-theory-of-growth" angenommen.

Exporte verarbeiteter Produkte stellen deshalb eine Chance dar, für die in der Landwirtschaft marginale Bevölkerung Arbeitsplätze zu schaffen, über die diese Menschen Zugriffsrechte auf einen wenigstens Subsistenz sichernden Lohn erhalten. Bis zu welchem Grad dies gelingt, hängt allerdings davon ab, inwieweit entweder die Produktivität in der Industrie der unterentwickelten Länder bzw. die Produktivität der Landwirtschaft in den Industrieländern oder die Möglichkeit zur Abwertung aufgrund des eigenen landwirtschaftlichen Überschusses zunehmen.

Die Überwindung von Unterentwicklung durch exportorientierte Industrialisierung hängt also von ähnlichen Bedingungen ab wie die Überwindung von Unterentwicklung durch steigende Massenproduktion für einen wachsenden Massenmarkt, nämlich von der Steigerung des landwirtschaftlichen Produktionspotentials (Elsenhans 1992).

Zwischen einer auf innere Massenmärkte setzenden Strategie und einer auf Exporte setzenden Strategie gibt es nur geringe, zwischen diesen beiden und der gängigen Modernisierungstheorie dagegen große Unterschiede. Die ökonomische Modernisierungstheorie stand vor dem Problem, daß in unterentwickelten Wirtschaften keine freien Produktionskapazitäten für zusätzliche Lohngüter kurzfristig eingesetzt werden konnten. Beschäftigungssteigerung, die Keynes mit staatlichen Investitionen erreichen wollte, setzt dann auch Steigerungen der Produktionskapazitäten voraus (nicht nur die stärkere Auslastung vorhandener Kapazitäten). Theoretisch konsequent wäre statt eines unspezifischen Wachstumsziels mit ungewissen Trickle-down-Effekten in Form zusätzlicher Beschäftigung nur die Steigerung der Lohngüterproduktion gewesen, um beschäftigungspolitisch intervenieren zu können und damit den bei Marginalität verfügbaren Überschuß für Beschäftigung und Produktivitätssteigerungen in der Lohngüterproduktion zu nutzen.

Der Washingtoner Konsensus behauptet, daß auch eine solche inhaltlich klar definierte Allokation von Investitionsmitteln gesellschaftlich und politisch in unterentwickelten Ländern nicht durchsetzbar und deshalb die Verwendung des Überschusses der Landwirtschaft zur Stärkung der Exportfähigkeit vorzuziehen sei, weil nur dies die Aneignung des Überschusses für die Privilegien der herrschenden Klasse verhindere. Abwertung auf der Grundlage von Selbstversorgung bei Nahrungsmitteln bis zu Werten unter die Schwelle, bei der die Erlöse für Arbeit noch den Kauf der Subsistenzgüter auf dem Weltmarkt erlauben, bedeutet selbstverständlich Verwendung des Überschusses der Landwirtschaft zur Subvention von Exportarbeitern. Sie läßt sich rechtfertigen, wenn dabei Vollbeschäftigung und Überwindung von Unterentwicklung erreicht werden. Die damit einhergehende Verschlechterung der Terms-of-Trade führt zu Verlusten an Volkseinkommen, v.a. in der Form niedrigerer Renten. Ob ein mit Rentenaneignung verknüpfter Weg aus Unterentwicklung notwendigerweise einer nur auf Export und Markt setzenden Strategie unterlegen ist, hängt vom Verhältnis zwischen Absenkung der Kapitalproduktivität in der Folge weniger effizienter Staatsklassen und Steigerung der Investitionsmittel in der Folge von Rentenaneignung ab.

In einer Hinsicht ist der Washingtoner Konsensus aber einfacher zu handhaben als eine auf staatlichen Investitionen und Binnenmarktentwicklung setzende Strategie. Bei verstärkter Exportorientierung wird auch technischer Fortschritt in der Landwirtschaft, der nur oder überwiegend den Überschuß steigert, nicht aber die Marginalitätsschwelle (die Zahl der Arbeitskräfte, deren Grenzprodukt noch über dem Subsistenzlohn liegt) und damit die Beschäftigung anhebt, über den Markt beschäftigungswirksam, weil die Nachfrage nach Arbeitskräften durch höhere Abwertungssätze steigen kann. Steigende Beschäftigung wird dagegen in einem auf Wachstum des Binnenmarkts orientierten Modell automatisch über den Markt nur im Fall der Anhebung der Marginalitätsschwelle erzielt, während bloße Steigerungen des Überschusses zu wachsender Beschäftigung nur dann führen, wenn die Staatsklassen solche Überschüsse auch beschäftigungswirksam verwenden.

Nimmt man das inzwischen bekräftigte Eintreten der Weltbank für einen zwar schmaleren, aber effizienten Staat hinzu, bleibt von einem Paradigmenwechsel wenig: Die Hauptaufgabe von Entwicklungspolitik besteht unverändert in einer optimalen Kombination von Markt und Plan, um Renten in produktivitätssteigernde Maßnahmen zu transformieren, wobei eine Orientierung an Massenkonsum mit einer relativ egalitären Einkommensverteilung zu geringerer Importneigung und rascherer Technologieentwicklung führen.

4. Fortdauer von Rentenaneignung und Fragmentierung

Solange im „neuen" Marktparadigma nicht reflektiert wird, daß der Markt nur insoweit zur Überwindung von Unterentwicklung beitragen kann, wie er Marginalität reduziert, wird die neue Marktorientierung nur begrenzte Erfolge haben. In einer Reihe von Ländern Ost- und Südostasiens werden sich wachstumsfähige kapitalistische Wirtschaften bilden, weil Marginalität dort inbesondere über Agrarreformen beseitigt wurde. Agrarreformen können bei noch niedriger Produktivität marginale Arbeit sogar dadurch beseitigen, daß durch Internalisierung der marginalen Arbeitszeit in den Betrieben diese Arbeitszeit effektiv geleistet wird, zu höherer Erwerbstätigkeit, höherer Produktion, allerdings auch geringerem Überschuß führt (Elsenhans 1979:552-555). Die Wirkungen sind ähnlich denen der englischen Armengesetze (Elsenhans 1980:286-296). Gerade solche Erfolge vermindern aber den Druck in Richtung auf Demokratisierung in den wirtschaftlich erfolgreicheren Ländern des Südens (Kelliher 1993; Boukhobza 1992) wie in Deutschland und Japan im 19. Jahrhundert, wobei die Betonung der besonderen, nichtdemokratischen kulturellen Faktoren (Konfuzianismus, als Beispiel: Pye 1985:59) dies ähnlich wie in Deutschland und Japan im 19. Jahrhundert noch begünstigen.

Die lateinamerikanische Situation ist durch die Abschirmung einer breiten Mittelklasse von den Armen des informellen Sektors gekennzeichnet. Diese haben jede Hoffnung auf den Staat verloren und geben Institutionen der Nichtmarktökonomie nur noch im lokalen und damit politisch übersehbaren Bereich (Selbsthilfeorganisationen) eine Chance. Eine breitere Demokratisierung scheint hier unwahrscheinlich.

Im subsaharischen Afrika sind Träger von Marktorientierung und Demokratisierung oft die alte, von den Staatsklassen verhätschelte, städtische Klientel und teilweise „emigrierte" Mitglieder von Staatsklassen. Sie pflegen einen an 1776 und 1789 angelehnten Diskurs, um neue Renten (Transferzahlungen aus den Industrieländern) zu erhalten. Sie haben keine Perspektive, durch Abwertung einen exportorientierten oder durch Förderung der Landwirtschaft einen binnenmarktorientierten Wachstumsprozeß zu initiieren, und wählen deshalb die Ideologie, dank derer sie international die höchsten Finanzbeiträge einwerben können.

In der überwiegenden Mehrzahl der übrigen Länder, v.a. Asiens und Nordafrikas, bleibt Marginalität bestehen. Vergeudung und Privilegien der alten, westlich orientierten Staatsklassen (mit unterschiedlich starken sozialistischen

Reformneigungen) haben zur Erschöpfung der Verteilungsspielräume geführt. Bisher auf Kooptation hoffende Mittelklassen werden von Zuwendungen ausgeschlossen. Sie fordern heute die Zurückdrängung des Staats, den sie nur noch als räuberischen Fiskus wahrnehmen können. Gegenüber den Marginalisierten verteidigen sie ihre Eigentumsrechte durch ein Bündnis mit den Marginalisierten gegen den Staat, dessen Kitt vorzugsweise die Religion oder andere traditionelle Werte sind. Die Religion hat den Vorteil, die Armen nicht mit einem ökonomisch-gesellschaftlichen Projekt mobilisieren zu müssen, auf das die nach ihrer Stellung im Produktionsprozeß (im Unterschied zum europäischen Proletariat des 19. Jahrhunderts) sehr heterogenen Armen nur schwer festgelegt werden könnten, und bricht mit den diskreditierten westlichen Werten von wirtschaftlicher Entwicklung, politischer Partizipation und auch Menschenrechten. Weil wegen Fortdauer von Marginalität funktionsfähige Marktwirtschaften nur ausnahmsweise entstehen, halten die Mittelklassen durchaus an Elementen der Staatsökonomie fest.

In diesem Teil der Welt werden deshalb in der Zukunft zwei Modelle konkurrieren: ein kulturalistisch-nativistisches, das die Ziele von Wirtschaftswachstum, Armutsbeseitigung und Überwindung von Unterentwicklung relativiert und Armut eher als Aufgabe von Nächstenliebe betrachtet, sowie ein sozialreformerisches, tendenziell säkulares, das sich auf die Beseitigung von Marginalität konzentrieren dürfte (Elsenhans 1996c:46–58). Diese Konkurrenz spiegelt sich heute schon in den unterschiedlichen Orientierungen der Nichtregierungsorganisationen des Südens wider.

Eine Hinwendung zur Religion kann über die Bedeutung von Nächstenliebe durchaus, ähnlich wie die englischen Armengesetze, zur Überwindung von Marginalität führen. Hier gilt dieselbe Beobachtung, die auch im Hinblick auf die Überlegenheit der Nichtregierungsorganisationen gegenüber dem Staat zu unterstreichen ist: Die Nichtregierungsorganisationen haben keine Perspektive einer gesamtwirtschaftlichen Entwicklung und verfügen damit über dieses sehr geeignete Feld zur Bereicherung der Eliten nicht, da sie keinen Aushandlungsprozeß über nichtrentable Investitionen organisieren können, der notwendigerweise zu Privilegien führt. Deshalb investieren sie aber nicht effizienter, sondern schleusen nur, dann allerdings effizienter, Teile von Renten an die Marginalen durch, stärken sie damit wirtschaftlich und tragen zu ihrem politischen Aufstieg über die Ressource Organisation und Konfliktfähigkeit bei (Elsenhans 1995c).

Zwei Konsequenzen dieser Fortdauer von Rentenaneignung bei gleichzeitigem Niedergang der westlich orientierten Staatsklassen sind für die Entwicklungsdynamik des internationalen Systems hervorzuheben. Mit dem Rückgang des Einflusses westlich orientierter Staatsklassen gerät das einzige Instrument zur Staatsbildung auf der Grundlage der gegenwärtigen Grenzen im Süden in die Krise. Kulturalistisch und ethnisch orientierte Bewegungen bedrohen die

Existenz der bisherigen Staaten und deren Grenzen. Staatszerfall und ethnische Krisen werden zunehmen.

Die politische Solidarität der Dritten Welt wird weiter abnehmen, weil die Hoffnung auf Überwindung von Unterentwicklung mit Hilfe von Transferzahlungen, die dem Westen abgepreßt werden könnten, schwindet. Schon vor dem Ende des Ost-West-Gegensatzes im Norden ließ die Rivalität der Blöcke in bezug auf den Süden nach, ohne die die Steigerung der Ölpreise 1973 wohl nicht hätte durchgesetzt werden können, wie das Verhalten des Ostblocks bei den Forderungen nach einem integrierten Rohstoffprogramm und erst recht bei der Schuldenkrise belegt. Die gemeinsame Vertretung der Forderung nach Reparation des historischen Unrechts der Kolonisation durch Transferzahlungen, insbesondere Hilfe und bessere Rohstoffpreise, war der Kitt für diese Form von politischer Aktionseinheit der Dritten Welt nach dem Ende der Dekolonisation gewesen. Niemand investiert aber gern in aussichtslose Strategien, und deshalb tritt an die Stelle der recht und schlecht solidarischen Dritten Welt politische Regionalisierung. Regionale Führungsmächte werden vom Westen gestützt, wenn sie durch Verzicht auf Atomwaffen und ihre Trägersysteme die Sicherheitsbedürfnisse des Westens nicht antasten und durch starke konventionelle Kräfte eine Eskalation lokaler Konflikte auf die Weltebene verhindern können.

5. Zur Rolle eines sich einigenden Europas bei der Überwindung von Fragmentierung

Hält man an der Hypothese fest, daß man den Süden nur durch Beseitigung von Massenarmut zu einem Partner bei der Lösung der weltweiten Probleme machen kann, die unter dem Stichwort „Globalisierung" angesprochen werden, dann müssen die Partner im Norden die Überwindung von Marginalität mit folgenden Maßnahmen begünstigen:

- Öffnung der eigenen Märkte für Exporte aus unterentwickelten Ländern, weil diese Exporte Marginalität zurückdrängen können und andere sozialreformistische Strategien, z.B. Agrarreformen, allein schon durch Reduzierung von Marginalität im Süden begünstigen;

- Bereitschaft zu einer langfristig ausgerichteten Entwicklungspolitik, die sich nicht am Ziel orientiert, Eliten für eigene weltpolitische Prestigeziele zu gewinnen, sondern Marginalität reduziert. Dabei kommt den bevölkerungsstarken Räumen Asiens, China und Indien, Vorrang zu. Ihr Übergang zu wachsenden (kapitalistischen und deshalb sozialreformistischen) Marktwirtschaften könnte zur Folge haben, daß der bloße Anteil des Teils der Welt, der über eigene Antriebskräfte zur Steigerung von Massennachfrage verfügt, relativ zunimmt.

Mit der europäischen Wirtschafts- und Währungsunion (WWU) wird der Außenwert der gemeinsamen Währung durch die Wettbewerbsposition der technisch führenden Branchen Europas auf dem Weltmarkt bestimmt. Sie sind ungleich auf das Gebiet der EU verteilt. In einem nationalen Rahmen wird eine solche regionale Differenzierung durch Wanderung von Arbeitskräften kompensiert. Zwischen unterschiedlichen Sprachräumen, aus denen sich die EU zusammensetzt, dürften solche Wanderungen nur für zwei Kategorien von Arbeit eher bewältigbar sein: Arbeitskräfte mit sehr geringer Qualifikation benötigen für die Erbringung hoher Produktivität wenig Sprachkompetenz in der lokalen Sprache; Arbeitskräfte mit sehr hoher Qualifikation dürften schon heute über die Fremdsprachenkenntnisse verfügen, um in nahezu jedem Sprachgebiet der EU ohne nennenswerte Hindernisse ihre Aufgaben konkurrenzfähig zu erfüllen. Für die Erreichung von Vollbeschäftigung ist angesichts der Informatisierung vieler Produktionsschritte jedoch vor allem der Teil des Arbeitsmarkts wichtig, wo mittlere Qualifikation mit Sprachkompetenz gefordert ist. Auch wenn die wechselseitige Anerkennung von Ausbildungsabschlüssen gelingt, wird Sprachgrenzen überschreitende Mobilität von Arbeit in diesem Teil Arbeitsmarkt gering bleiben. Das Vollbeschäftigungsziel muß deshalb im Rahmen von Regionalpolitik angestrebt werden, die auf ein überdurchschnittliches Beschäftigungswachstum in den strukturschwachen Regionen der EU orientiert sein müßte.

Diese strukturschwachen Regionen leiden mit Einführung der WWU unter dem hohen Wechselkurs der europäischen Währung gegenüber dem Rest der Welt als Folge hoher Konkurrenzfähigkeit der traditionellen Exportbranchen der wirtschaftlich führenden Regionen. Hinzu kommt, daß Strukturwandel in weniger fortgeschrittenen Wirtschaften mit größeren Anpassungsfriktionen verbunden ist als in den technisch fortgeschritteneren, die über ein höheres Maß an Flexibilität verfügen, wie dies durch regelmäßige Abwertungen innerhalb von Schlange und europäischem Währungssystem und die dadurch bei festen Wechselkursen regelmäßig wiederhergestellten absoluten Kostenvorteile der deutschen Industrie belegt wird (de Cecco 1989:98).

Mit der WWU sind Anpassungen in den wirtschaftlich schwächeren Gebieten nur noch über die Beschäftigungsmenge möglich (Busch 1992:218). Für den Einsatz des hier geforderten Instruments der Regionalpolitik sind die Kohäsionsfonds der EU im Vergleich zu den Größenordnungen z.B. des deutschen Länderfinanzausgleichs sehr gering. Die nächstliegende Lösung ist deshalb Protektionismus zugunsten der auf technisch rückständige Industrien spezialisierten Regionen.

Diese Lösung ist um so wahrscheinlicher, als sowohl das institutionelle Gefüge, das im Vertragswerk vorgesehen ist, als auch die gesellschaftlichen Kräfte, die es ausfüllen könnten, nicht zu einer tatsächlichen Vergemeinschaftung der Wirtschaftspolitik der EU führen werden. Weiterhin bleiben der Europäische Rat und der Ministerrat die entscheidenden Instanzen. Strukturwandel in der EU wird sich grenzüberschreitend vollziehen. Der Wegfall von Arbeitsplätzen durch ein neues Spezialisierungsmuster in einem Land der Gemeinschaft wird nicht notwendig zu neuen Arbeitsplätzen in demselben Land führen, sondern zu Arbeitsplätzen in anderen Mitgliedsländern. Transnational organisierte Parteien eines Europäischen Parlaments könnten durch Förderung von Strukturwandel hoffen, Wählerstimmenverluste in einer Region durch Gewinne in einer anderen zu kompensieren, nationale Regierungen aber nicht. Für sie müssen sich Vorteile und Nachteile für ihr jeweiliges nationales Wählergebiet einigermaßen ausgleichen. Bei solchen Aushandlungsprozessen werden deshalb die nationalen und – unter den gemeinschaftlichen – die von nationalen Vertretern beschickten Instanzen gestärkt.

Dazu trägt eine geringe Transnationalisierung der Arbeiterbewegung im europäischen Rahmen bei, die mehr als die Kapitalseite des Zugangs zu politischen Instanzen bedarf, um ihre Interessen durchzusetzen. Der Maastricht-Prozeß beruhte auf der zutreffenden Annahme, daß weitere Schritte beim Integrationsprozeß nur möglich sind, wenn Fragen wie die Herstellung gemeinsamer Normen in der Sozialpolitik und die damit notwendige Einigung der Vertreter der Arbeiterbewegungen auf ein gemeinsames Konzept entbehrlich würden (Petersen 1991:525; Rhodes 1992:47). Ob die implizierte Annahme zutrifft, daß nach Durchsetzung eines sozialpolitisch nicht harmonisierten Wirtschaftsgebietes später die nationalen Organisationen sich auf solche Normen einigen werden müssen, ist aus zwei Gründen zweifelhaft. Die historisch bedingten kulturellen Werte, organisatorischen Strukturen und Formen der Durchsetzung von Zielen sind auch im Rahmen der EU national recht unterschiedlich. Beim Versuch der Vereinheitlichung verfügen miteinander verhandelnde nationale Organisationen oft gar nicht über die Möglichkeit, die für die Angleichung wichtigen Parameter zu beeinflussen.

Versuche, den Integrationsprozeß auf anderen Politikfeldern wie der Außen- und Sicherheitspolitik voranzutreiben, stoßen auf das Hindernis, daß schon zwischen den größeren Mitgliedsländern gerade hier Statusunterschiede vorhanden sind. Großbritannien und Frankreich sind Nuklearmächte mit Sitz im UN-Sicherheitsrat. Sie haben diese Reste ihres früheren Großmachtstatus durch weise Anpassung an die Veränderungen in der Dritten Welt nach 1945 gerettet. Offensichtlich sind sie nicht bereit, diese Position auf eine europäische Exekutive zu übertragen. Eine Fusion der Außen- und Sicherheitspolitik kann erst am Ende der Bildung einer europäischen politischen Gesellschaft erfolgen.

Eine bloße Koordinierung der nationalen und bloß formal vergemeinschafteten Außen- und Sicherheitspolitik wird auf Probleme des Ausgleichs von Einflußmöglichkeiten innerhalb der europäischen Architektur stoßen, wie die derzeit diskutierte Kombination von Ost- und Süderweiterung zeigt. Für Deutschland ist die Osterweiterung vorrangig, weil sie auch den wirtschaftlichen Aufschwung der neuen Bundesländer fördern würde. Die Osterweiterung würde die schon jetzt bestehende Zentralität Deutschlands weiter stärken.

Frankreich und die südeuropäischen Mitgliedsländer fordern deshalb eine Öffnung gegenüber den südlichen Anrainern des Mittelmeers. Deutschland wird seine Priorität nur dann durchsetzen können, wenn es die Priorität Frankreichs und der südeuropäischen Länder respektiert, schon allein deshalb, weil aus historischen Gründen viele der zentraleuropäischen Länder eine starke Stellung Deutschlands in der EU durch eine Stärkung der anderen Mitglieder, vor allem Frankreichs, kompensiert sehen möchten.

Die Realisierung beider Optionen in Verbindung mit verstärktem Protektionismus zugunsten strukturschwacher Regionen innerhalb der EU hat zur Folge, daß für den Rest der Welt – und dabei sind insbesondere die Länder des Südens betroffen, die nicht über Sonderbeziehungen mit der EU verfügen – der Zugang zu den Märkten der EU genauso wie der Zugang zu Transferzahlungen begrenzt bleibt. Die EU wird deshalb privilegierte Beziehungen zu Osteuropa, den Mittelmeeranrainern und den eng mit Frankreich verbundenen Ländern des subsaharischen Afrikas unterhalten. Dabei wird die Öffnung der Märkte auch für diese Partnerländer eher begrenzt bleiben können, weil sie nicht zu den Vorreitern exportorientierter Industrialisierung gehören und Transferzahlungen und andere Renten (Ölländer) zumindest für absehbare Zeit einer Öffnung der Märkte für verarbeitete Produkte vorziehen werden.

Daß in Teilen Zentraleuropas eine mit den ostasiatischen Tigerländern vergleichbare exportorientierte Industrialisierung verwirklicht werden kann, ist denkbar. Zunächst fehlen aber nach dem Zusammenbruch des „real existierenden Sozialismus" und dessen vorherigem Plattwalzen aller ihm vorhergehenden Mechanismen gesamtgesellschaftlicher Integration in den meisten dieser Länder Institutionen der Nichtmarktökonomie, die einen verläßlichen Rahmen für die Entfaltung von Markt bieten, ohne gleichzeitig für rasch wachsende mafiose, auf Renten beruhende Strukturen instrumentalisiert zu werden, während die gesellschaftlichen Folgen der Umstrukturierung fortdauernd politischen Bewegungen neue Ansatzpunkte verschaffen, die analog zur früheren Einheit von Wirtschafts- und Sozialpolitik den Konkurrenzmechanismus zur Abmilderung sozialer Härten einschränken möchten.

Die privilegierten Partner Europas im Süden sind auch wiederum Länder, in denen die Überwindung von Unterentwicklung durch Steigerung der Masseneinkommen wenig wahrscheinlich erscheint. Sie hängen weiterhin von Renten und Transfers ab, die mit politischem Wohlverhalten beeinflußt werden können. Sie laden deshalb zu einer Nutzung solcher Transfers für außenpolitische Ziele ein, zu denen die weltpolitische Rolle einzelner Mitglieder der EU gehören kann, die sich hierzu Klienten im Süden halten. Die EU wird sich also in besonders starkem Maße an die eher wenig dynamischen Regionen außerhalb der OECD-Welt binden.

Diese Bindung durch außenpolitische Profilierung dort oder in anderen Regionen der Welt zu durchbrechen, dürfte schwer fallen. Die Gesellschaften, die sich in der EU zusammenschließen, sind noch für lange Zeit durch Unterschiede in der Interpretation ihrer Vergangenheiten und ihrer früheren außenpolitischen Freund-Feind-Bilder geprägt. Sie eint der Wille, die europäische Zersplitterung und die derzeit auftretenden Gegensätze einzuebnen, um einen neuen kriegerischen Konflikt in Europa auszuschließen. Bei außenpolitischen Engagements in Krisengebieten werden sie die schon in der Jugoslawienfrage deutliche Erfahrung machen, daß eigenes Profil der Union – zudem, wenn mit Rivalität gegenüber den Vereinigten Staaten verbunden – die im Verhältnis zu einer nationalen Gesellschaft noch dünne Schicht erlebter Gemeinsamkeit innerhalb der EU gefährdet. Wie die USA im 19. Jahrhundert außenpolitische Verwicklungen, die die aus unterschiedlichen Ländern eingewanderten Bürger zu entzweien drohten, konsequent vermieden, muß das sich bildende gemeinsame Europa seinen Einigungsprozeß durch außenpolitische Zurückhaltung fördern.

6. Verschärfung des Kampfs um Rente statt Herausbildung weltweiter Dominanz von Zivilgesellschaft

Der Beitrag Europas zur Überwindung der Fragmentierung des Weltsystems durch Bildung einer Weltgesellschaft wird zwangsläufig begrenzt bleiben. Die Bildung einer solchen Weltgesellschaft ist im Hinblick auf die Entwicklung ökonomischer Verflechtungen zwar durchaus denkbar. Sie führt aber solange nicht zur Überwindung des Staats, ob Nationen repräsentierend oder nicht, solange der Staat wichtigste Instanz zur Behandlung von zwei Problemen bleibt:

– In der Auseinandersetzung um Gewinnung absoluter Kostenvorteile bei den zukünftigen Wachstumsbranchen kann die Nichtmarktökonomie, also der Staat, eine entscheidende Rolle bei der Veränderung komparativer Kostenvorteile spielen (z. B. durch Subventionen).

– Für soziale Gruppen, die über den Marktprozeß benachteiligt werden, sind die bestehenden Staaten einziger Ansprechpartner, um Forderungen nach Ausgleich wenigstens partiell verwirklichen zu können.

Solange Marginalität im Süden weiterbesteht, dauert auch die Gefahr der „Auslagerung" von Arbeitsplätzen durch kompetitive Abwertungen und damit einhergehend auch industriepolitische Beeinflussung der komparativen Kostenvorteile an, sowohl im Norden als auch im Süden. Die Fortdauer von Marginalität illustriert, daß es dem Westen nicht gelungen ist, sein auf wechselseitiger Stärkung von Arbeit und Kapital gegründetes Gesellschaftsmodell auf die Welt zu übertragen. Kapital und Arbeit stützen sich in einer kapitalistischen Wirtschaft wechselseitig durch die selbstsüchtige Verfolgung ihrer Interessen, ohne daß sie sich koordinieren müßten oder eines koordinierenden Staates als Arena für gesellschaftliche Auseinandersetzungen zu bedürften. Unternehmer investieren und schaffen Arbeitsplätze und kurzfristig mehr Einkommen als zusätzliche Produktionskapazitäten; die Reallöhne steigen. Arbeit setzt steigende Reallöhne

Hartmut Elsenhans

durch, die rentablen Investitionsmöglichkeiten nehmen zu, was wieder Investitionen anregt. Die Entlastung des Staates von Detailinterventionismus ist auf diese Fähigkeit zur Selbststeuerung gegründet. Autonomie von Zivilgesellschaft/bürgerlicher Gesellschaft hat hier ihre Grundlage.

Wenn sich in beträchtlichen Teilen einer ökonomisch eng verflochtenen Welt Zivilgesellschaft wegen Marginalität nicht autonom konstituieren kann, ist die Erwartung, dies könne auf Weltebene erfolgen, erst recht unrealistisch. Vielmehr schlägt die Unfähigkeit des Westens, sein Modell durch Absorption von Marginalität auf die unterentwickelte Welt zu übertragen, heute auf ihn in der Form deren neuer Wettbewerbsfähigkeit zurück.

Auch im Westen vollzieht sich Schwächung der Automatismen von Marktregulierung und Aufstieg von Rentenaneignung, und zwar nicht nur in der Form von Industriepolitik: Die vom Arbeitsmarkt über die Höhe des Wechselkurses ausgegrenzten Teile der Bevölkerung wenden sich an den Staat und wollen abgesichert werden. Da Eingliederung über den Marktmechanismus auch bei niedrigen Löhnen wegen des Wechselkurses nur begrenzt möglich ist, kann sich ein auf Wählermehrheiten beruhender Staat diesen Forderungen nur begrenzt entziehen.

Ein globaler Aufstieg der Zivilgesellschaft kann nur auf der Grundlage von Ansätzen diagnostiziert werden, die politologisch verengt den Rückzug des Staates aus Wirtschaft und Gesellschaft, nicht aber die ökonomischen Grundlagen der Autonomie von Zivilgesellschaft betrachten. Die nichtautonome Zivilgesellschaft ist nicht die Zivilgesellschaft des Kapitalismus. Eine solche sich dem Staat entziehende Vorform von Zivilgesellschaft hat es seit langem in den alten tributären Produktionsweisen gegeben. Der Staat war hier vorwiegend an Revenuemaximierung interessiert und intervenierte in der Wirtschaft nur in den Bereichen, in denen er offensichtlich seine Einnahmen erhöhen konnte. Möglich wäre eine globale Zivilgesellschaft erst nach dem Ende von Marginalität im Süden, in deren Folge Arbeit auch im Süden konfliktfähig würde und in allen Wirtschaften über Massenkonsum Antriebskräfte für Wirtschaftswachstum entstünden, wobei hier unerheblich ist, ob dieses qualitativ oder quantitativ, an Wachstum der Löhne oder an Verminderung der zu leistenden entfremdeten Arbeit orientiert wäre.

Eine solche Zivilgesellschaft kann durch das Entstehen weltweit operierender nichtstaatlicher Organisationen nicht ersetzt werden. Diese können auf Regierungen Druck ausüben, in Einzelfragen auch die öffentliche Meinung in anderen Ländern beeinflussen, nicht aber den Staat aus seiner Verantwortung für die Aufrechterhaltung gesamtwirtschaftlicher und gesamtgesellschaftlicher Balancen verdrängen, in die er durch die Schwächung kapitalistischer Automatismen auch in den Industrieländern verstärkt gedrängt wird.

Solche Organisationen und auch lockere Vereinigungen sind eine weitere Kategorie von Akteuren im internationalen System, die neben weltweit operierenden Produktionsunternehmen, Banken, Kapitalanlegern usw. die Fähigkeit

der Staaten einschränken, Mehrheitswillen territorial zusammen lebender Bevölkerungen, so überhaupt ermittelt, in Maßnahmen umzusetzen.

Das plausible Szenario (Elsenhans 1994b) ist deshalb ein Zusammenwirken
von mit verschiedenen rechtlichen und davon noch zu unterscheidenden realen
Kompetenzen ausgestatteten (staatlichen, regionalen, lokalen) „Regierungen",
internationalen Unternehmen und sehr verschiedenartigen internationalen Organisationen mit je nach Einzelfragen unterschiedlichen Durchsetzungsmög-
lichkeiten bei Versuchen, Rentenaneignung und Verbesserung von Wettbewerbsfähigkeit, gestützt auf die Effektivierung der lokalen Arrangements zur
Behandlung des Verhältnisses zwischen Lohnarbeit, Kapital und Nichtmarktökonomie, zu optimieren. Einige Gesellschaften werden dabei wegen der erreichten Stellung in der internationalen Arbeitsteilung und als kulturell deter-
miniert angesehenen Verhaltensmustern innergesellschaftlich operierender Akteure, aber auch wegen der schieren Größe ihrer nach außen abgeschirmten
Binnenmärkte erfolgreicher sein als andere, die mit neuen Kombinationen von
Renten und Erringung absoluter Kostenvorteile Zurückbleiben auszugleichen
versuchen. Eine weltweite Dynamik gleichzeitiger Betonung von Markt- und
Nichtmarktökonomie, gleichzeitiger partieller Öffnung und partieller Abschlie-
ßung nach außen und wechselnder Allianzen zwischen staatlichen und nichtstaatlichen Akteuren ist zu erwarten, bei der das Prinzip der politischen Ver-
antwortlichkeit immer mehr an Geltung verliert, weil keiner Instanz hinlänglich
genau eine wenigstens vorrangige Zuständigkeit zugerechnet werden kann. Ein
solches System erinnert an feudale Strukturen des europäischen Mittelalters.
Auch dort gab es „Zivilgesellschaft", nicht aber Autonomie von mit anerkannten Menschenrechten ausgestatteten Akteuren.

Europas Beitrag zur Überwindung einer solchen vielleicht zeitlich befristeten Destrukturierung von Gesellschaft im Weltmaßstab wird nicht deshalb begrenzt bleiben, weil es sich an der Konstitution internationalisierter Bereiche zu
wenig beteiligte, sondern weil es kein Konzept eigenen Strukturwandels für Beseitigung von Marginalität im Süden entwickelt und in seinen Beziehungen
Regionen privilegiert, in denen solche Beiträge zur Beseitigung von Marginalität für die weltweite Lösung dieses Problems eher unerheblich bleiben, selbst
wenn sie erfolgreich angestrebt werden sollten. Mit seiner für absehbare Zeit
fortdauernden internen Struktur, in der weder die nationalen Regierungen noch
die Institutionen der Union eindeutig zurechenbare Verantwortlichkeiten haben
werden, die demokratische Kontrolle und Transparenz ermöglichen, wird Europa sogar eher eine „kulturelle" Legitimierung für die hier aufgezeigten Tendenzen zur Feudalisierung des internationalen Systems liefern.

Globale Umweltprobleme –
Sanfte Landung oder Katastrophe

Udo Ernst Simonis

„Ehe eine Weltregierung handlungsfähig werden könnte, müßten wohl erst
die Katastrophen eintreten, zu deren Verhinderung sie gebraucht würde."
Hans-Peter Martin, Harald Schumann

1. Weltumweltpolitik – Ein neues Politikfeld

„Noch nie zuvor", schreibt Henry Kissinger in seinem Buch *Die Vernunft der
Nationen* (1994), „mußten in die Gestaltung einer neuen Weltordnung so unterschiedliche Vorstellungen einfließen, und noch nie zuvor hatte eine Weltordnung eine so globale Dimension." In der Tat, die neue Ära des ökonomischen,
sozialen und ökologischen Globalismus beginnt mit einer verwirrenden Vielfalt
von Veränderungen, mit neuen politischen Philosophien, Zielvorstellungen und
Akteurskonstellationen. Viele wollen mitmachen und werden mehr denn je darauf einwirken: nicht nur die 192 Nationalstaaten und die großen Regionalgrup-
pierungen, sondern auch eine Vielzahl nichtstaatlicher Akteure, die als Unternehmen, Verbände und Institutionen das Geschehen einer neuen Ära mit prägen
werden.

Eine Weltumweltpolitik im strikten und umfassenden Sinne gibt es bisher
nicht. Allerdings werden erste Umrisse sichtbar, Umrisse eines neuen Politik-
feldes, das noch fragmentiert, aber im Grundsatz global angelegt ist: ein Politikfeld mit einzelnen Bausteinen, in dem ökologische Probleme vertiefend analysiert und in ihren ökonomischen, sozialen und politischen Kontext gestellt werden, in dem naturwissenschaftliche Erkenntnisse mit sozialwissenschaftlichen
Modellen verknüpft und lösungsorientiert aufbereitet werden. Weltumweltpolitik beschreibt eine sich ausbreitende Wahrnehmungsweise weltpolitischer Vorgänge und Zusammenhänge. Neben der Perzeptionsebene ist dabei eine Pro-
zeßdimension auszumachen, die allmähliche Verwandlung der bisherigen nationalen und regionalen Umweltpolitik in Weltumweltpolitik.

Zahlreiche Berichte über einzelne globale Umweltprobleme haben für diese
Politikformulierung die Grundlagen gelegt; Zukunftsszenarien haben die Dringlichkeit des Handelns aufgezeigt und die Gefahren verdeutlicht, die Nichthan-
deln oder verspätetes Handeln heraufbeschwören. Ein Problem, das zentrale
Problem, des kommenden Jahrhunderts besteht darin, daß ohne einen ökologischen Umbau der Wirtschaft der Industrieländer, der Ersten und Zweiten Welt,

und ohne eine ressourcen- und energiesparende nachholende Entwicklung in den Entwicklungsländern, der dritten Welt, die ökologische Katastrophe für die Welt als Ganzes vorprogrammiert ist. Eine Fortsetzung des gewohnten, wachsenden Ressourcenverbrauchs und der zunehmenden Umweltverschmutzung führt in eine ökologische Sackgasse, in den partiellen oder totalen Zusammenbruch der Weltökologie. Und wenn es eine Entwicklung gibt, die den Globus bis in die letzten Winkel mit tiefgreifenden Auswirkungen in das ökonomische und soziale Geschehen erfaßte, dann ein solcher ökologischer Kollaps, der auch die Beziehungen unter den Staaten zutiefst destabilisieren müßte.

Eine globale Problematik läßt sich durch lokale und nationale Initiativen mildern, doch nur durch globale Politikansätze wirklich lösen; das Weltökologieproblem kann deshalb zum wichtigsten Problem in der Ära des zunehmenden Globalismus werden. Selbst wenn noch auf Jahre hinaus viele Auseinandersetzungen, Spannungen und Konflikte um ökologische Themen regional begrenzt bleiben sollten, beispielsweise solche um die Wasserversorgung und grenzüberschreitende Luftverschmutzung, so wird sich auf längere Sicht die Lage doch grundlegend ändern: Naturgesetze lassen sich auf Dauer nicht überlisten, das sich verschärfende Umweltproblem wird zu einer zentralen Frage der internationalen Politik werden.

Es gilt, sich diesem Katastrophenszenario zu stellen, es erkennen, verstehen und zu mildern versuchen. Obwohl nahezu alle ökologisch relevanten globalen Trends – vom Bevölkerungswachstum über den Ressourcenverbrauch bis zur Technologieanwendung – noch immer in die falsche Richtung zeigen, muß eine Trendumkehr politisch möglich werden – oder sie wird uns früher oder später aufgezwungen. Erste kleine Schritte sind unternommen worden: Ressourcen- und Energieeffizienzsteigerungen sind inzwischen mehr als nur verbale Konzepte; Lebensstiländerungen, Genügsamkeit im Konsum, Suffizienz also, sind für zunehmend größere Teile der Bevölkerung kein Schreckgespenst mehr; und höhere Konsistenz im Stoffwechsel der Industriegesellschaft mit der Natur, im Zusammenhang von Ökonomie und Ökologie, ist mittlerweile mehr als nur ein theoretischer Gedanke; Recycling ist zu einem gesellschaftlichen Projekt avanciert, Dematerialisierung, Entkopplung von Wertschöpfung und Rohstoff- sowie Energieeinsatz sind zu sich selbst tragenden Prozessen gereift.

Baut man auf einer solchen, grundsätzlich positiven Einschätzung der ökonomischen, sozialen und politischen Optionen auf, ergeben sich keine Untergangs-, wohl aber teils harte Anpassungsszenarien. Ein Kurswechsel ist nötig, ein Kurswechsel ist möglich – dies ist im historischen Rückblick, in der Momentbetrachtung und in der Zukunftsprojektion zu verdeutlichen. Der Blick auf diese relevanten Wegmarken aber ergibt noch kein einheitliches, wohl konzipiertes Bild, eher das eines bunten Flickenteppichs, eines *patch-work* getrennter Teilstrategien. Die globale Sicht der Dinge ist in den verschiedenen Umweltpolitikbereichen ungleich weit gediehen. Dramatik führt Regie, sich anbahnende Brüche und Irreversibilitäten lenken das Geschehen, unterschiedliche Geschwindigkeiten sind im Spiel. Während einzelne globale ökologische Entwicklungen mit Langfristwirkung – wie beim Klimaproblem – zu kurzfristigen Reaktionen des politischen Systems geführt haben, konnten bereits eingetretene gravierende Schädigungen – wie beim Bodenproblem – noch keine nennenswerten politischen Initiativen auslösen.

Man muß das Politikfeld Weltumweltpolitik also als sich in jeweils unterschiedlichen Stadien befindend beschreiben: Deskriptive Ansätze koinzidieren mit normativen Ansätzen; Politikformulierung und Institutionalisierung sind sektoral orientiert, unterschiedlich weit gediehen und von der Implementierung unterschiedlich weit entfernt; partielle Ansätze überwiegen und drohen, das grundsätzlich Zusammenhängende, die Ökologie, wieder zu trennen, in unverbundene Kompartimente aufzuteilen. Die Summe sektoraler globaler Umweltpolitiken macht daher noch keine integrierte Gesamtpolitik aus. Um so mehr sind Koordination und Integration angesagt; internationale Umweltpolitik muß vom Ansatz her als Gemeinschaftsaufgabe begriffen werden. Nichts macht diese Notwendigkeiten besser deutlich als der Titel selbst: *Weltumweltpolitik*.

Aus der Betrachtung der einzelnen Bausteine der sich entwickelnden Weltumweltpolitik ergibt sich, daß die dabei aufzeigbaren positiven Trends sich auch wieder ändern können; jüngste Ereignisse, wie Meeresverschmutzung und Ausweitung des Ozonlochs, haben erneut eine Lektion erteilt über die Volatilität erreichter Beschlußlagen. In dieser neuen Ära des Globalismus verbindet sich wachsende Interdependenz mit anarchischen Tendenzen und dem Problemdruck ungelöster Fragen. Prozesse globalen Zusammenwachsens und weltweiter Interaktion stehen neben solchen der Fragmentierung und Selbstisolierung; Ordnungserfolge gehen mit zunehmender Unordnung einher, Gemeinsamkeiten mit sich verhärtenden Gegensätzen. Doch eine Fortführung des *status quo*, so hieß es oben, mündet langfristig in die ökologische Sackgasse, was niemand, nicht der einzelne Bürger, die Zivilgesellschaft, nicht der Staat und nicht die Staatengemeinschaft wirklich wollen kann. Weltumweltpolitik steht also auf der Tagesordnung. Sie wird nicht weniger kontrovers als nationale Umweltpolitik sein, aber sie sieht die Konflikte anders lokalisiert und als mit anderen Methoden lösbar an.

2. Globale Umweltprobleme

2.1 Ein Überblick

Weltumweltpolitik ist erst noch ein Politikfeld im Entstehen und dementsprechend wenig übersichtlich. Das gilt zunächst für die Ursachen und die Auswirkungen der globalen Probleme, es gilt aber auch für deren politische Wahrnehmung, insbesondere was die Festlegung bestimmter Prinzipien, die Formulierung von Zielen, den Einsatz von Instrumenten und die Errichtung von Institutionen angeht. Es mag daher sinnvoll sein, mit der Frage zu beginnen, was globale Umweltprobleme von lokalen und nationalen Umweltproblemen unterscheidet.

Der „Wissenschaftliche Beirat Globale Umweltveränderungen" hat seiner Arbeit die folgende Definition zugrunde gelegt und diese in ein globales Beziehungsgeflecht eingebracht: „Globale Umweltprobleme sind Veränderungen in der Atmosphäre, in den Ozeanen und an Land, die dadurch gekennzeichnet sind, daß ihre *Ursachen* direkt oder indirekt menschlichen Aktivitäten zuzuschreiben sind, daß hierdurch *Auswirkungen* auf die natürlichen Stoffkreisläufe, die aquatischen und terrestrischen Lebensgemeinschaften und auf Wirtschaft und Gesellschaft entstehen, die zu ihrer Bewältigung der *internationalen Vereinbarungen* (Kooperation) bedürfen" (WBGU 1993, meine Hervorhebung). *Globale* Umweltprobleme sind also zunächst von *universell auftretenden* Umweltproblemen zu unterscheiden. Für globale Umweltprobleme ist daher nur eine global konzipierte Politik ursachenadäquat und zielführend.

Angesichts weiter anwachsender Weltbevölkerung und deren räumlicher Mobilität, der physischen Vielfalt von Schadstoffen und des steigenden Niveaus der Produktion (Skaleneffekt) wie auch angesichts der vielseitigen Interaktionen der einzelnen Bereiche der Natursphäre (Atmosphäre, Hydrosphäre, Biosphäre und Lithosphäre/Pedosphäre) können lokale *Ursachen* (eine Vielzahl lokaler Ursachen), die in der Anthroposphäre entstehen, globale Effekte auslösen (beispielhaft hierzu: Abbildung 1). Die Zahl der Umweltprobleme bzw. Trends der Umweltveränderungen, die wir heute als „global" bezeichnen, kann sich mit verbesserter Analytik in Zukunft auch weiter erhöhen; ihre *Auswirkungen* werden sich auf jeden Fall deutlicher darstellen und beschreiben lassen. Was die notwendige *internationale Kooperation* bei Weltumweltproblemen angeht, so ist diese grundsätzlich in vielfältiger Weise möglich. In der relativ kurzen Geschichte globaler Umweltpolitik (insbesondere seit 1972) sind u.a. die folgenden strategischen Lösungen vorgeschlagen und (teilweise) umgesetzt worden: *Negativlisten, technische Vorschriften, Nutzungsrechte, Preispolitik, Steuern und Abgaben, Zertifikate, Reduzierungsraten, Produktionsstopp.* Es war und ist jedoch eine offene Frage, welche Lösungen bei welchem Umweltproblem am wirkungsvollsten sind bzw. in welcher Kombination sie eingebracht werden sollten. Offen ist auch die Frage, ob bei der Bewältigung der Umweltprobleme *Präventivstrategien* oder *Anpassungsstrategien* überwiegen werden. Die anschließend beschriebenen Umweltprobleme lassen beides zu, machen letzteres jedoch eher wahrscheinlich.

Udo Ernst Simonis

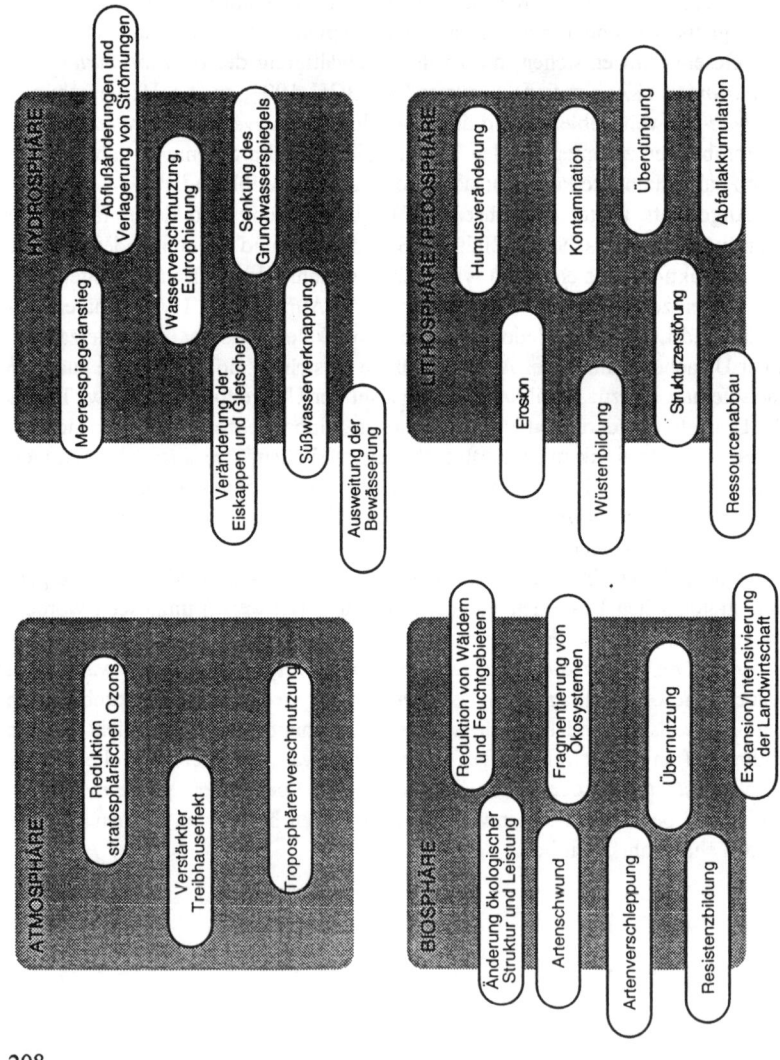

Abbildung 1: Globales Beziehungsgeflecht – Grundstruktur

HYDROSPHÄRE

- Meeresspiegelanstieg
- Abflußänderungen und Verlagerung von Strömungen
- Wasserverschmutzung, Eutrophierung
- Senkung des Grundwasserspiegels
- Veränderung der Eiskappen und Gletscher
- Süßwasserverknappung
- Ausweitung der Bewässerung

LITHOSPHÄRE/PEDOSPHÄRE

- Humusveränderung
- Überdüngung
- Kontamination
- Abfallakkumulation
- Erosion
- Strukturzerstörung
- Wüstenbildung
- Ressourcenabbau

ATMOSPHÄRE

- Reduktion stratosphärischen Ozons
- Verstärkter Treibhauseffekt
- Troposphärenverschmutzung

BIOSPHÄRE

- Reduktion von Wäldern und Feuchtgebieten
- Fragmentierung von Ökosystemen
- Übernutzung
- Expansion/Intensivierung der Landwirtschaft
- Änderung ökologischer Struktur und Leistung
- Artenschwund
- Artenverschleppung
- Resistenzbildung

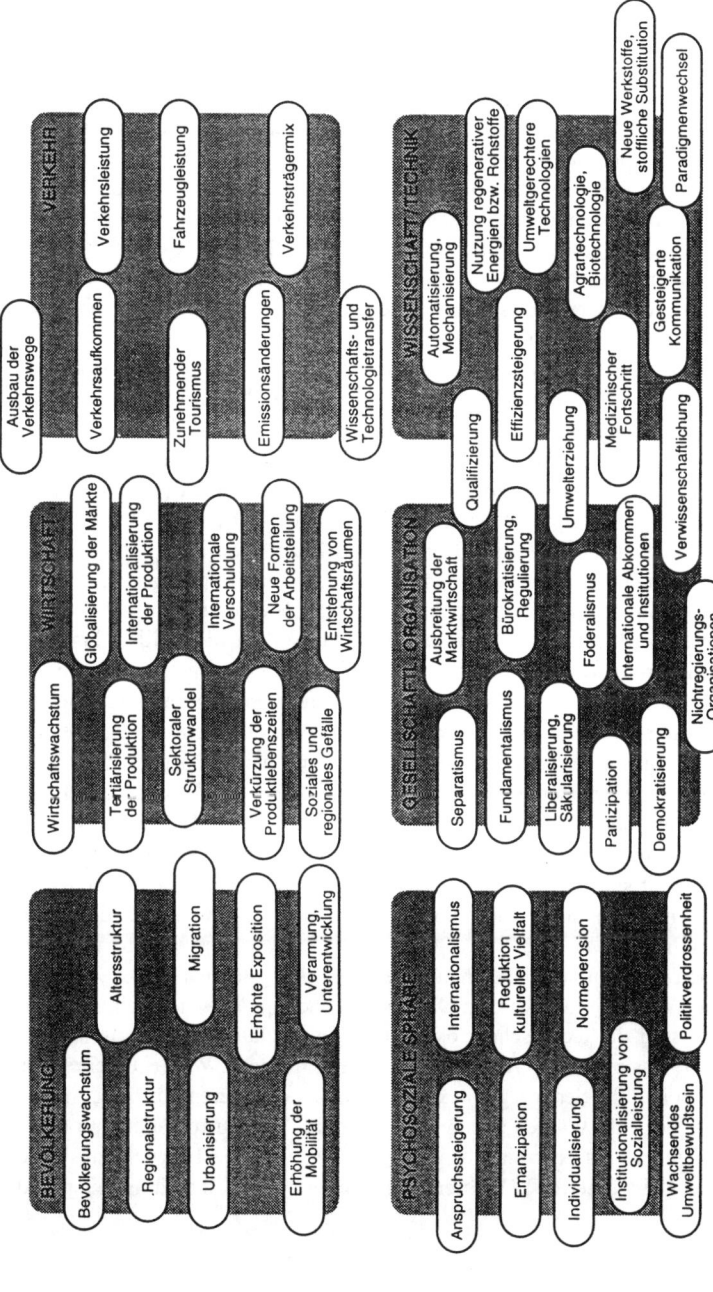

Abbildung 1: Globales Beziehungsgeflecht — Grundstruktur (Fortsetzung)

2.2 Problem: Klimaänderung

Das bisher meistdiskutierte Weltumweltproblem ist die Klimaänderung (zur Klassifikation globaler Umweltveränderungen vgl. WBGU 1993:10f, zu den Trends vgl. Abbildung 1). Die steigende Konzentration bestimmter Spurengase in der Atmosphäre wird in den nächsten Jahrzehnten zu einer signifikanten Erhöhung der durchschnittlichen Erdtemperatur führen, woraus weitreichende ökologische, ökonomische, soziale und politische Konsequenzen erwachsen werden. Die Wirkung der Gase im Klimasystem wird allerdings wegen langsam ablaufender Akkumulationsprozesse nicht sofort offenbar. Wenn die künstliche Erwärmung aber große Ausmaße angenommen hat, ist es für Reduzierungsmaßnahmen zu spät. Hier zeigt sich ein Dilemma globaler Probleme besonders deutlich: teure aber späte Nachsorge *(Anpassung)*, mögliche aber verzögerte Vorsorge *(Prävention)*.

Die emittierten klimawirksamen Spurengase – wie insbesondere Kohlendioxid, Methan, Fluorchlorkohlenwasserstoffe (FCKW), Methylbromid und Stickoxide – reichern sich in der Atmosphäre an und stören den Wärmehaushalt der Erde, indem sie die Wärmeabstrahlung in den Weltraum zum Teil blockieren (daher: *zusätzlicher Treibhauseffekt*). Den größten Anteil (ca. 50 Prozent) an diesem Erwärmungsprozeß hat das Kohlendioxid (CO_2). Durch Verbrennung fossiler Brennstoffe in Industrie, Verkehr und Haushalten, durch Brandrodung von Wäldern u.a.m. werden derzeit pro Sekunde rund 1.000 Tonnen zusätzlichen Kohlendioxids in die Atmosphäre eingeleitet. Stickoxide, die vor allem bei ungeregelter Verbrennung in Motoren und Kraftwerken frei werden, bewirken eine Anreicherung von Ozon in den unteren Atmosphäreschichten. Fluorchlorkohlenwasserstoffe, die in Sprays und Kühlaggregaten eingesetzt oder bei der Aufschäumung von Kunststoffen und beim Einsatz als Reinigungsmittel frei werden, tragen mit ca. 14 Prozent zur Erwärmung der Atmosphäre bei. Beim Reisanbau, beim Verdauungsprozeß in den Mägen der Rinder, bei der Öl- und Gasgewinnung oder aus Mülldeponien entweichen große Mengen an Methan, das zur Zeit mit ca. 18 Prozent zur künstlichen Erwärmung der Atmosphäre beiträgt. Damit sind die wesentlichen Verursachungsfaktoren des Treibhauseffektes benannt. Was aber macht ihre Eindämmung so schwierig oder gar unwahrscheinlich?

Idealiter müßten alle Treibhausgase von einer internationalen Reduzierungsvereinbarung erfaßt werden. Das aber ist eher unwahrscheinlich. Zu unterschiedlich sind die technischen, ökonomischen, sozialen und politischen Aspekte der Emissionsreduzierung bei den einzelnen Gasen. Während bei einigen die Quellen *und* die Senken gut bekannt sind, ist bei anderen nur das eine *oder* das andere der Fall. Während beim Kohlendioxid die Industrieländer mit ca. 80 Prozent Hauptverursacher sind, sind es beim Methan die Entwicklungsländer (Reisfelder, Rinderherden). Während bei einigen Gasen die Emission grundsätzlich kontrolliert werden kann, ist es bei anderen nur die Produktion. Während bei einigen ein schneller und vollständiger Ausstieg (z.b. FCKW) notwendig erscheint, ist bei anderen bestenfalls eine stufenweise Reduzierung (z.b. CO_2) möglich.

Entsprechend wurde eine globale *Rahmenvereinbarung* zum Treibhauseffekt vorbereitet, in der die Probleme beschrieben, die Handlungsnotwendigkeiten anerkannt, die erforderlichen Forschungs- und Monitoringprogramme auf den Weg gebracht worden sind. Diese „Klimarahmenkonvention", die auf der UN-Konferenz über Umwelt und Entwicklung 1992 in Rio de Janeiro verabschiedet wurde und im April 1994 in Kraft trat, enthält eine potentiell mächtige Definition der Stabilisierungsbedingungen (Artikel 2); sie muß nun durch mehrere *Protokolle* umgesetzt werden, die konkrete Zielvorgaben und Maßnahmen zur Reduzierung der Emissionen *(Quellen)* bzw. zur Erhöhung der Absorptionskapazität der Natur *(Senken)* enthalten.

Von seiten der Wirtschaftswissenschaft sind hierzu mehrere strategische Vorschläge entwickelt worden, vor allem zum Kohlendioxid, die von der Einführung nationaler und globaler *Ressourcensteuern* (bzw. *Emissionsabgaben*) über internationale *Quotensysteme* bis zu transnational handelbaren *Emissionszertifikaten* reichen. Diese Vorschläge haben drastische Änderungen im Wachstumspfad der Industrie- und auch der Entwicklungsländer *(ökologischer Strukturwandel der Wirtschaft)* zur Voraussetzung und zur Folge.

Zur praktischen Umsetzung solch dynamisch angelegter Emissionsminderungskonzepte kommt eine Reihe von technischen Maßnahmen in Betracht, vor allem die Reduzierung des Verbrauchs fossiler Brennstoffe durch Erhöhung der Effizienz der Energienutzung bei Transportenergie, Elektrizität, Heizenergie; die Installation neuer Energiegewinnungstechnik, wie Blockheizkraftwerke, Fernwärme, Fernkühlung, Gasturbinen; die Substitution fossiler Brennstoffe durch erneuerbare Energien, wie Biomasse, Windenergie, Photovoltaik, Wasserstoff und die Erhaltung bzw. Vergrößerung der CO_2-Senken, insbesondere durch Stopp der Regenwaldvernichtung und ein weltweites Aufforstungsprogramm.

Während die *Ursachen* der künstlichen Erwärmung der Atmosphäre relativ gut bekannt sind, besteht über deren *Auswirkungen* noch erhebliche Unsicherheit. Der erwartete Temperaturanstieg von 2 Grad Celsius im globalen Mittel (mittleres IPCC-Szenario) bis 3,5 Grad Celsius (höchstes IPCC-Szenario) brächte wahrscheinlich gravierende Folgen mit sich (vgl. IPCC 1996). Die Winter in den gemäßigten Zonen könnten kürzer und wärmer, die Sommer länger und heißer werden. Die Verdunstungsraten würden zunehmen und im Gefolge davon die Regenfälle. Die Tropen und die gemäßigten Zonen dürften feuchter, die Subtropen trockener werden. In Tundragebieten könnte der gefrorene Boden auftauen, was zu organischer Verrottung und einer weiteren Vermehrung von Treibhausgasen führen würde.

Die sich vollziehende Klimaänderung wird somit aller Voraussicht nach die schon bestehenden, regional gravierenden Probleme wie Wetterextreme, Trokkenheit, Desertifikation oder Bodenerosion verschärfen und die nachhaltige ökonomische Entwicklung in vielen Ländern der Welt gefährden.

Weitere schwerwiegende Auswirkungen globaler Erwärmung wären das Schmelzen des Eises (Gletscher und Polkappen) und die thermische Ausdehnung des Ozeanwassers. Nach den neuesten Berechnungen aufgrund von Klimamodellen wird ein Temperaturanstieg von 2 Grad Celsius den Wasserspiegel der Ozeane um etwa 50 Zentimeter anheben, ein Temperaturanstieg von 3,5 Grad Celsius würde einen Anstieg um etwa 95 Zentimeter bewirken. Da etwa ein Drittel der Weltbevölkerung in nur 60 Kilometer Entfernung von der Küstenlinie lebt, wären deren Wohn- und Arbeitsverhältnisse betroffen, für einzelne Länder und Inselstaaten könnte sich die Existenzfrage stellen. In Abhängigkeit vom Erfolg oder Mißerfolg der möglichen *Präventivmaßnahmen*, die oben genannt wurden, werden mehr oder weniger umfangreiche *Anpassungsmaßnahmen* erforderlich. Diese Maßnahmen, die technischer, ökonomischer, sozialer und politischer Art sind, haben eine regional erheblich differenzierte Ausprägung und führen damit aller Wahrscheinlichkeit nach zu neuen *internationalen Verteilungskonflikten*.

2.3 Problem: Schädigung der stratosphärischen Ozonschicht

Die stratosphärische Ozonschicht fungiert als Filter für die von der Sonne ausgehende ultraviolette Strahlung; sie trägt auch zur Regulierung der Temperatur in der Atmosphäre bei. Dieser „Ozonschutzschild" wird von langsam aufsteigenden Gasen angegriffen, insbesondere von FCKW und Methylbromid, die von der chemischen Industrie für verschiedenartige Nutzungen produziert worden sind und in vielen Staaten noch immer produziert werden.

Die Schädigung der stratosphärischen Ozonschicht hat vielfältige *Auswirkungen*, die weltweit auftreten können: Zunahme von Sonnenbrand, Beeinträchtigung des Sehvermögens, vorzeitige Alterung der Haut, Schwächung des Immunsystems bei Mensch und Tier, steigende Häufigkeit und Ernsthaftigkeit von Hautkrebs usw. Auch auf die Pflanzen- und Tierwelt hat ultraviolette Strahlung eine Fülle von Auswirkungen (vgl. IPCC 1991 und 1996).

Im Rahmen insgesamt etwa zehnjähriger Verhandlungen wurden zwei internationale Verträge, die „Wiener Konvention" (1985) und das „Montrealer Protokoll zum Schutz der Ozonschicht" (1987), abgeschlossen sowie weitreichende Revisionen des Protokolls (1990 und 1992) vorgenommen (vgl. Benedick 1991). Zu Beginn hatte eine Gruppe kleinerer Industrieländer Vorschläge zu einer Konvention vorgelegt, die den Gedanken eines dynamischen internationalen Umweltregimes beinhalteten. Es entstand das Konzept einer Zweiteilung des rechtlichen Instrumentariums in einen stabilen, institutionellen Teil

(Rahmenkonvention) und einen flexiblen, instrumentellen Teil (Protokoll). Das im September 1987 angenommene „Montrealer Protokoll" forderte die Unterzeichnerstaaten auf, den Verbrauch von FCKW bis zum Jahre 1999 um 50 Prozent gegenüber 1986 zu reduzieren, ließ jedoch zugleich die Übertragung von Produktionen in andere Staaten zu. Die Konferenz der Protokollstaaten in Helsinki leitete 1989 die geplante Revision ein, die für FCKW einen vollständigen Produktionsstopp sowie eine Regelung für die schrittweise Reduzierung anderer ozonschädigender Stoffe vorsah; auf den Nachfolgekonferenzen in London (1990) und Kopenhagen (1992) wurden weitere Verkürzungen der Ausstiegszeit beschlossen (vgl. Abbildung 2).

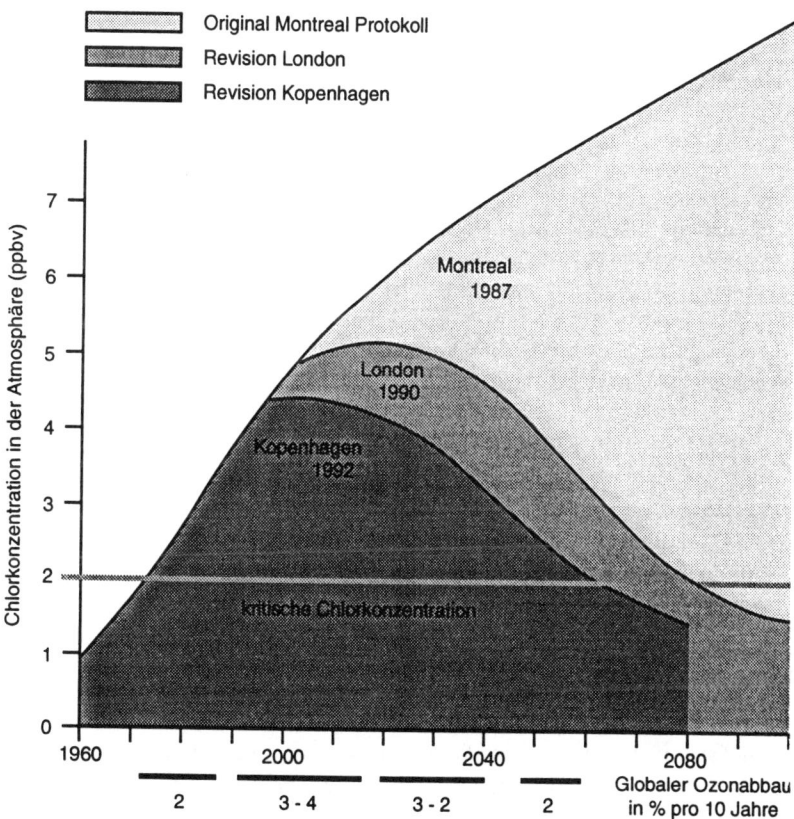

Abbildung 2: Ozonabbauraten pro Dekade bei Einhaltung der Vereinbarungen von Montreal (1987), London (1990) bzw. Kopenhagen (1992)

Quelle: WBGU (1995, S. 132)

Neben verschärften Reduzierungsvereinbarungen war jedoch eine Ausweitung der internationalen Kooperation geboten, weil sich nur Industrieländer den Regeln unterworfen hatten, nicht aber Entwicklungsländer, darunter Brasilien, China und Indien, die über einen potentiell großen Binnenmarkt für Autos, Kühlschränke und Klimaanlagen verfügen, für die nach herkömmlicher Technik FCKW verwendet werden. Um diesen Ländern den Beitritt zu erleichtern, beschlossen die Vertragsstaaten, einen Mechanismus zur Finanzierung und zum Zugang zu moderner Technologie zu entwickeln. Auf der Konferenz von London 1990, an der bereits 60 Vertragsstaaten teilnahmen, wurde ein multilateraler Fonds eingerichtet, mit dem die erhöhten Kosten (incremental costs) gedeckt werden sollen, die Entwicklungsländern bei der Umstellung ihrer Produktion auf ozonverträgliche Stoffe und Verfahren entstehen. Seit der Konferenz von Kopenhagen, an der 81 Staaten teilnahmen, soll der Fonds diese Umstrukturierung beschleunigen helfen. So beschloß denn auch Indien im September 1993 den Ausstieg aus der FCKW-Produktion und -Verwendung.

Die Schädigung der stratosphärischen Ozonschicht bleibt dennoch ein globales Umweltthema – einmal, weil die in die Atmosphäre gelangten FCKW Verweilzeiten von 55 bis 115 Jahren haben und von verschiedenen Ersatzstoffen ebenfalls Schäden ausgehen; hinzu kommen noch möglicherweise Implementationsdefizite des Montrealer Protokolls in der Zukunft. So mag sich denn der traditionelle Konflikt zwischen Vereinbarung und Einhaltung gemeinsamer Umweltstandards, wie wir ihn aus der Diskussion um den Abgaskatalysator für Pkw, die Sicherheit von Atomkraftwerken oder die Reinhaltung der Weltmeere kennen, in anderer Form erneut stellen.

2.4 Problem: Verlust an Wäldern und biologischer Vielfalt

Weltweit gehen nach neueren Studien jährlich 20,4 Millionen Hektar tropische Wälder verloren, ein großer Teil davon in Amazonien (World Resources 1990/91); das sind 79 Prozent mehr, als eine jahrelang in der Diskussion zugrundegelegte Studie der FAO (11,4 Millionen Hektar) besagte. Das Verhältnis von Abholzung bzw. Brandrodung zu Wiederaufforstung liegt weltweit gesehen derzeit bei etwa 5:1.

Der Verlust an tropischen Wäldern resultiert aus einer Vielzahl von Gründen: Neben der Abholzung zu Exportzwecken, die auf unzureichenden Konzessionsverträgen oder auf staatlichen Subventionen für Landnutzung beruhen, sind es vor allem die Brandrodung zur Anlage von Plantagen, für Weideland und Ackerbau, aber auch die Einrichtung von Industrie- und Energiegewinnungsanlagen (Stauseen) und von Siedlungen (Enquete-Kommission 1990). Hinter diesen Nutzungsansprüchen stehen ein allgemein zunehmender Bevölkerungsdruck und ein im Gefolge von Verschuldungskrisen auftretender diffuser Exportdruck: Die Notwendigkeit, Deviseneinnahmen zu erzielen, treibt viele

Entwicklungsländer zu einer erheblichen Übernutzung ihrer Ressourcenbestände. Wenn Maßnahmen zur Regeneration dieser Ressourcen aus ökonomischen Gründen *(mangelhafte Nutzungsrechte)* nicht ergriffen werden oder aus ökologischen Gründen nicht greifen *(mangelnde Regenerationsfähigkeit)*, führt dies zum Rückgang der Nachhaltigkeit der Ressourcennutzung, d.h. zu bleibenden Verlusten am „natürlichen Kapitalstock". Da in den tropischen Regenwäldern 40 oder mehr Prozent aller Tier- und Pflanzenarten der Welt beheimatet sind, verursacht dieser Raubbau riesige Verluste an biologischer Vielfalt.

Der Raubbau an den tropischen Wäldern hat oft auch die Vertreibung oder Vernichtung waldbezogener Lebensgemeinschaften zur Folge – wie insbesondere durch die tragische Geschichte der Indianer Amazoniens belegt ist.

Diese (und andere) Probleme der Waldnutzung sind in dem Sinne globaler Art, als ihre Ursachen in der globalen ökonomisch-ökologischen Interdependenz liegen oder aber ihre Auswirkungen global sind und nur durch internationale *Kooperation* eingedämmt werden können. Die in Rio de Janeiro 1992 verabschiedete „Wald-Erklärung" ist hierzu ein erster Schritt, dem rasch weitere folgen müßten, vor allem eine „Wald-Konvention", die den Schutz der Wälder und ein weltweites Aufforstungsprogramm zum Inhalt hat. Die in Rio de Janeiro 1992 verabschiedete „Konvention über biologische Vielfalt" hat inzwischen die erforderliche Zahl der einzelstaatlichen Ratifizierungen (30 Länder) erfahren und ist im Dezember 1993 in Kraft getreten. Ihrer praktischen Umsetzung stehen viele ökonomische, patentrechtliche und informatorische Hindernisse entgegen, doch kann dieser verbindliche internationale Vertrag sehr wohl seine eigene Dynamik entfalten.

2.5 Problem: Belastung der Böden und Gewässer

Nach vorliegenden Schätzungen dehnen sich die Wüstengebiete der Welt jährlich um ca. 6 Millionen Hektar aus. Bis zu zwei Fünftel der Nicht-Wüstengebiete Afrikas und zwei Drittel in Asien sowie ein Fünftel in Lateinamerika könnten sich in Zukunft in Wüsten verwandeln *(Desertifikation)*. Die Zunahme der Bevölkerung, aber auch der Viehbestände in diesen Regionen hat die Vegetation beeinträchtigt und damit wiederum die Bodenerosion beschleunigt. Mitte der achtziger Jahre lebten etwa 850 Millionen Menschen in Trockengebieten, 230 Millionen davon waren von der Wüstenausdehnung direkt oder indirekt betroffen (World Resources 1992/93). Die damit einhergehende Störung der ökologischen Systeme beeinträchtigt die ohnehin schwache Wasseraufnahme der Böden zusätzlich, beschleunigt den Wasserabfluß, senkt den Grundwasserspiegel und reduziert die Qualität und den Nährstoffgehalt der Böden. Unter solchen Bedingungen verstärken sich die Effekte längerer Trockenheit, temporärer Nahrungsmangel kann in akute Hungersnot umschlagen.

Die Erforschung dieser Prozesse hat gezeigt, daß hierbei ökonomische, politische und soziale Faktoren im Vergleich zu natürlichen Faktoren weit bedeutsamer sind als früher angenommen (WBGU 1994). Daher sind nicht nur technische Maßnahmen erforderlich, sondern auch institutionelle Innovationen, wie vor allem geeignete Landnutzungsrechte, wenn die Wüstenausdehnung, von der gerade die ärmsten Gebiete der Welt betroffen sind, gestoppt werden soll. Diesen Fragen soll sich die „Konvention gegen Wüstenausdehnung" widmen, die, insbesondere auf Drängen afrikanischer Länder formuliert, im Juli 1994 unterzeichnet worden ist und deren Sekretariat in Bonn eingerichtet werden soll.

Neben dem quantitativen Verlust gibt es die qualitative Verschlechterung ehemals ertragreicher Böden. In Afrika nördlich des Äquators gelten rund elf Prozent des gesamten Landes als von Wassererosion und 22 Prozent von Winderosion substantiell geschädigt; im Nahen Osten liegen die entsprechenden Werte sogar bei 17 bzw. 35 Prozent; in den Industrieländern sind teilweise gravierende Belastungen der Böden mit Schwermetallen und anderen Stoffen zu verzeichnen, die die Bodenproduktivität beeinträchtigen. Diese Probleme des mangelnden Bodenschutzes sind durch ungeeignete Landbewirtschaftung verstärkt worden, insbesondere durch die Substitution von Mischkulturen durch Monokulturen, die übermäßige Mechanisierung der Landwirtschaft sowie die Vernachlässigung eines vorsorglichen Wassermanagements.

Zahlreiche Länder der Welt haben inzwischen ernste, wenn auch sehr verschiedenartige Wasserprobleme (WBGU 1993). In vielen Fällen wird das quantitative Wasserdargebot zunehmend kritisch, verursacht durch Dürre, Übernutzung von Wasservorräten und Entwaldung, während die Wassernachfrage aufgrund künstlicher Bewässerung, Urbanisierung und Industrialisierung sowie anwachsenden individuellen Wasserverbrauchs weiter ansteigt. Weltweit werden derzeit etwa 1.300 Milliarden Kubikmeter Wasser pro Jahr für künstliche Bewässerung verwendet; wegen der damit einhergehenden Verdunstungs- und Transportverluste wird den vorhandenen Wasservorräten jedoch mehr als die doppelte Menge entzogen.

Die Wasserqualität verschlechtert sich weltweit und teils auf dramatische Weise. Oberflächengewässer und Grundwasser sind in vielen Ländern mit Nitrat und Pestiziden aus der Landwirtschaft, durch Leckagen aus städtischen und industriellen Wasser- und Abwassersystemen, aus Kläranlagen und Mülldeponien belastet. Die von der Weltgesundheitsorganisation (WHO) empfohlenen Grenzwerte werden immer häufiger überschritten, die von der EU-Kommission gesetzten Grenzwerte werden von Tausenden von Wasserbrunnen in Europa nicht eingehalten – die folglich geschlossen werden müßten. Auch und gerade bei der Wasserproblematik zeigt sich, daß *Vorsorge* besser ist als *Nachsorge*, zumal die Reinigung einmal verschmutzter Grundwasservorräte selbst in den reichen Ländern der Welt kaum finanzierbar sein dürfte.

Wassermanagement hat auch insofern eine besondere internationale Dimension, als es mehr als 200 grenzüberschreitende Flußeinzugsgebiete und eine große Zahl von Seen und Gewässern mit regionalem Einzugsbereich gibt und weil die Ozeane, in die sich alle Schmutzfrachten der Flüsse ergießen, generell als „globale Gemeinschaftsgüter" gelten, wenn man von den durch die Seerechtskonvention von 1994 definierten „Ausschließlichen Wirtschaftszonen" einmal absieht.

Neben den Anforderungen an geeignete technische Maßnahmen zur quantitativen und qualitativen Sicherung der Wasservorräte für eine weiter anwachsende Weltbevölkerung – wie insbesondere Erschließung neuer Quellen, Schaffung integrierter Wasserkreisläufe bei der industriellen Produktion, Verhinderung der Wasserverschmutzung durch Schadstoffe vielfältiger Art – wird es in Zukunft deshalb auch um eine systematische Reduzierung des spezifischen Wasserverbrauchs in Landwirtschaft, Industrie und Haushalten gehen müssen *(Nachfragemanagement)*. Hierzu sind durchgreifende institutionelle Innovationen erforderlich – vor allem eine gezielte *Wasserpreispolitik*, eine *Neudefinition der Wassernutzungsrechte* und die Initiierung des Transfers von *Wasserspartechniken*, die in der Formulierung und Implementierung einer globalen „Wasserkonvention" münden könnten.

2.6 Problem: Zunahme und Export gefährlicher Abfälle

Viele Industrieprodukte und chemische Abfälle sind nicht oder nur schwer abbaubar bzw. nicht dauerhaft lagerungsfähig. Nicht alle Einrichtungen zur Behandlung solcher Stoffe sind technisch relativ sicher und risikofrei. Aus alten Lagerstätten entweichen toxische Substanzen aufgrund von Leckagen und belasteten Böden, Grund- und Oberflächenwasser. Das Mischen von toxischem Müll und Hausmüll hat zu zahllosen Unfällen und zu Krankheiten geführt, eine getrennte Sammlung und Behandlung der verschiedenen Abfallarten wird erst in wenigen Ländern der Welt praktiziert. Etliche gefährliche Stoffe und Produkte, deren Verwendung in Industrieländern selbst verboten wurde, werden weiterhin in die Entwicklungsländer exportiert. Die zunehmend zum Einsatz kommende Verbrennungstechnik *(Müllverbrennungsanlagen)* kann das Abfallvolumen zwar quantitativ reduzieren, erzeugt ihrerseits aber konzentrierte toxische Abfälle und bei unsachgemäßer Handhabung gefährliche Luftschadstoffe; Quantität schlägt dann in eine neue Qualität um.

Die Entwicklungsländer produzieren, importieren und deponieren toxische Abfälle in immer größerem Umfang. In den meisten dieser Länder fehlt es jedoch nicht nur an Bewußtsein und Information über die Toxizität solcher Stoffe, sondern auch und vor allem an Wissen und Technik zu deren sicherer Handhabung.

Nach Jahrzehnten der mehr oder weniger unkontrollierten (wilden) Deponierung gefährlicher Abfälle haben die meisten Industrieländer, aber erst einige Entwicklungsländer, die Kosten und Risiken solcher Ignoranz erkannt. Eine

Reduzierung der gefährlichen Abfälle an der Quelle ihrer Entstehung – das heißt: Abfallvermeidung – ist der einzig verläßliche Weg zur Verbesserung der Situation. Trotz einiger Beispiele der erfolgreichen Einführung relativ sauberer Technologien ist Abfallvermeidung aber weder in den Industrie- noch in den Entwicklungsländern zu einer echten gesellschaftlichen Aufgabe avanciert, im Gegenteil: Müllexport wurde zu einem Multi-Millionen-Geschäft, die etablierten Müllverbrennungsanlagen verlangen gar, hinreichend beschickt zu werden.

Die wirksame Kontrolle des Transports gefährlicher Abfälle gilt generell als schwierig; nach erfolgtem Grenzübertritt unterliegen sie oft ganz unterschiedlichen und gelegentlich sich widersprechenden Regulierungen. Die bestehenden Exportmöglichkeiten mindern zugleich die (zu schwachen) ökonomischen Anreize zur Abfallvermeidung; sie transferieren das Risiko, ohne aber das Wissen und die Technik zu dessen Behandlung zu transferieren.

Angesichts dieser Problematik ist die Verabschiedung der „Baseler Konvention über die Kontrolle des grenzüberschreitenden Verkehrs mit Sonderabfällen und ihrer Beseitigung" (1989) ein Fortschritt. Die Schwierigkeit liegt aber in der Umsetzung dieses Abkommens. Hierin müßten effektive technische und institutionelle Vorkehrungen getroffen werden, um die latent vorhandene Bereitschaft zur Umgehung von Transportkontrollen zu verringern und eine für Mensch und Umwelt möglichst risikofreie Behandlung weiterhin anfallender Abfälle zu gewährleisten. Der grenzüberschreitende Transport gefährlicher Abfälle und deren Behandlung bleibt, so scheint es, auch für die nähere Zukunft ein ungelöstes – und insofern ein globales – Umweltproblem.

3. Globale Umweltpolitik – Bisherige Erfahrungen

Implizit war in den obigen Abschnitten schon von Lösungsstrategien die Rede, von partiellen oder integralen, von technischen und gesellschaftlichen Lösungen. Dies steht jeweils für sich. Worauf aber kann die zukünftige Weltumweltpolitik aufbauen, was sind die bisherigen Erfahrungen mit Umweltschutzabkommen, an denen Industrie- und Entwicklungsländer beteiligt waren – und wie sind diese einzuschätzen?

Die Zahl der wirksamen internationalen Umweltschutzabkommen, die über eine begrenzte Region, wie beispielsweise Flußeinzugsgebiete, oder über einzelne Projekte, wie Debt-for-Nature-Swaps oder den Tropenwald-Aktionsplan, hinausgehen und an denen Industrieländer *und* Entwicklungsländer beteiligt waren, d.h. von ihrer Struktur her für eine Weltumweltpolitik paradigmatisch sind, ist eher begrenzt. Volkmar Hartje, der diese Frage überprüft hat, nennt nur deren vier (Hartje 1989):

- die Londoner Dumping-Konvention (1972),
- die Abkommen zur Verhütung der Meeresverschmutzung durch Schiffe (1973 und 1978),

- die UN-Seerechtskonferenz (1973 bis 1982),
- die Wiener Konvention zum Schutz der stratosphärischen Ozonschicht (1985) und das Montrealer Protokoll (1987).

Diese Abkommen beinhalten innovative Vorkehrungen und Instrumente – und zwar sowohl technischer als auch rechtlicher und ökonomischer, preislicher und mengenmäßiger Art. Das Montrealer Protokoll (mit den nachfolgenden Revisionen) ist gelegentlich gar als Modellfall eines internationalen Umweltregimes bezeichnet worden (Gehring 1990) bzw. als Beispiel intelligenter globaler Umweltdiplomatie (Benedick 1991).

3.1 Die Londoner Dumping-Konvention

Die Londoner Dumping-Konvention (1972) regelt die Voraussetzungen für das Einleiten von Abfällen von Schiffen in die Weltmeere. Sie enthält zwar keine Mengenbegrenzung, teilt die Abfälle aber in zwei zu unterscheidende Gruppen (sogenanntes Negativlistenverfahren) ein: Die *Schwarze Liste* enthält die Stoffe, die mit einem verbindlichen Einleitungsverbot belegt sind, wie unter anderem chlorierte Kohlenwasserstoffe, Quecksilber, Cadmium, hochradioaktive Abfälle. Die *Graue Liste* benennt die Stoffe, für die die Unterzeichnerstaaten eine Einleitungserlaubnis erteilen müssen, wie unter anderem arsen-, blei- und kupferhaltige Abfälle. Die Konvention formuliert allgemeine Kriterien, die für die Festlegung von Immissionsgrenzwerten relevant sind, gibt solche aber nicht verbindlich vor. Die Überwachung der Emissionserlaubnis liegt bei den Unterzeichnerstaaten selbst, internationale Sanktionsmöglichkeiten sind nicht vorgesehen.

Die Initiative zu dieser Konvention ging 1971 von den USA aus; sie wurde nach kurzer Verhandlung 1972 beschlossen. Die Entwicklungsländer hatten sich allerdings nur am Rande daran beteiligt, und dies wohl aus zwei Gründen (Hartje 1989:54). Das Dumping von Abfällen ins Meer wird ökonomisch dann interessant, wenn es kostengünstiger ist als die Deponierung an Land und/oder wenn eine Beseitigung an Land aus Gründen der Umweltbelastung nicht mehr gestattet ist. Diese letztere Situation ist in den meisten Entwicklungsländern noch nicht gegeben. Deshalb kommen bisher alle Abfälle, die nach dieser Konvention im Meer versenkt und auch gemeldet (!) werden, aus den Industrieländern (einschließlich der umstrittenen Verklappung bzw. Verbrennung von Schadstoffen auf See). Ob und in welchem Umfang die Entwicklungsländer von der daraus folgenden (rechtlich erlaubten) Meeresverschmutzung betroffen sind, ist strittig bzw. nicht bekannt.

3.2 Die Abkommen zur Verhütung der Meeresverschmutzung durch Schiffe

Auf zwei internationalen Konferenzen (1973 und 1978) sind Vereinbarungen getroffen worden, wie durch technische Maßnahmen die Einleitung von Öl aus Tankern in die Weltmeere verringert werden kann. Eine explizite mengenmäßige Begrenzung dieser Art der Umweltverschmutzung wurde indes nicht vereinbart.

Bei den technischen Optionen zur Emissionsreduzierung standen damals zwei Maßnahmen mit relativ geringen Kosten für die Schiffahrt, aber mit begrenzter ökologischer Effektivität, sowie eine kostenaufwendigere Maßnahme mit erheblich höherer ökologischer Effektivität zur Debatte (Hartje 1989:55). Die erste kostengünstigere Maßnahme – „Load on Top" (LOT) ist eine Öl-Wasser-Trennung, die während der Fahrt vom Schiff betrieben wird und für deren Effektivität das getrennte Öl im Hafen entsorgt werden muß, wobei die Kosten für die entsprechenden Entsorgungsanlagen beträchtlich sind. Die zweite Maßnahme – „Crude-Oil-Washing" (COW) – wird im Entladehafen angewendet, läßt sich leicht überwachen, verlängert aber die Liegezeit des Schiffes erheblich. Die dritte Maßnahme, der Einbau separater Ballasttanks (SBT), versprach wegen der fehlenden Manipulationsmöglichkeit die höchste ökologische Effektivität, hätte die Schiffseigner aber bis zum Zehnfachen der anderen Verfahren mit Kosten belastet.

Das MARPOL-Abkommen von 1973 war dementsprechend ein Kompromiß. Es machte LOT zur Pflicht und schrieb SBT für Neubauten von über 70.000 Bruttoregistertonnen vor. Auf der Konferenz von 1978 wurden diese Anforderungen verschärft; die Mindestgröße für SBT bei Neubauten wurde auf 20.000 Bruttoregistertonnen gesenkt, und der vorhandene Tankerbestand mußte ab 40.000 Bruttoregistertonnen „nachgerüstet" werden, wobei die Schiffseigner die Wahl zwischen COW und SBT erhielten.

Während die Entwicklungsländer 1973 kein besonderes Engagement gezeigt hatten, nicht einmal die von Meeresverschmutzung potentiell betroffenen Küstenstaaten, machten sie sich 1978 für das kostengünstigere COW-Verfahren stark. Zu scheitern drohte diese Konferenz jedoch nicht an Konflikten zwischen Industrie- und Entwicklungsländern; die Konfliktlinie verlief vielmehr zwischen den USA als Küstenstaat und Norwegen, Schweden und Griechenland als Schiffahrtsstaaten.

Der schließlich gefundene Kompromiß berücksichtigte die Interessen der Entwicklungsländer insofern, als die Mindestgröße für die Nachrüstung (über 40.000 Bruttoregistertonnen) es den meisten ihrer Tanker erlaubte, mit LOT weiterzuarbeiten. Die Reduzierungspflichten („Ausrüstung" bzw. „Nachrüstung") trafen primär die Industrieländer, wobei die Kostenverteilung sich nach dem Umfang des Schiffsneubaus und der Größe des Tankerbestandes richtete;

die Entwicklungsländer waren somit von den Emissionsminderungskosten ganz oder weitgehend ausgenommen.

3.3 Die UN-Seerechtskonferenz

Die zum Abschluß der nahezu zehn Jahre dauernden UN-Seerechtskonferenz 1982 vorgelegte Konvention ist kein Umweltschutzabkommen im eigentlichen Sinne; sie regelt vielmehr nationale und internationale Zuständigkeiten bei der Vergabe von Nutzungsrechten in den Meeren und auf dem Meeresboden. Diese Konvention ist erst 1994 in Kraft getreten, weil sie von mindestens 60 Ländern ratifiziert werden mußte. Die Ergebnisse der Seerechtskonferenz sind für die zukünftige Weltumweltpolitik von höchster Relevanz, was die Teilnehmerzahl und die Interessenstruktur, die Komplexität der Fragen und die ökonomische Bedeutung angeht – aber auch wegen der dabei *nicht* gelösten Verteilungskonflikte (Biermann 1994).

Die Konvention sah ein Parallelsystem vor, in Form einer internationalen Meeresbehörde, die Prospektionsrechte an private (nationale) Bergbauunternehmen vergeben soll. Zusammen mit weiteren Vorgaben über Technologie- und Finanztransfers brachte die befürchtete restriktive Vergabepraxis einer Meeresbehörde teils massiven Widerstand der Industrieländer hervor. Das von diesen Ländern (darunter die Bundesrepublik Deutschland) favorisierte liberale Vergabeverfahren hätte demgegenüber zu Verteilungswirkungen zuungunsten der Entwicklungsländer geführt, in deren Einzugsbereich die entsprechenden Metalle gefördert werden. Die Wahrnehmung des Meeresbodenregimes als „Nullsummenspiel" veranlaßte einen Teil der Industrieländer dazu, die Kooperation zu verweigern, was sich erst änderte, als sich herausstellte, daß die ökonomische Bedeutung des Meeresbergbaus überschätzt worden war.

Dieses Ergebnis stand im Gegensatz zu der Einrichtung einer 200-Meilen-Nutzungszone (sogenannte Ausschließliche Wirtschaftszone), die prinzipiell kaum Verteilungskonflikte aufwarf, weil sie die Nationalisierung von potentiellen Ressourcen ermöglichte und insofern von vornherein nicht als Nullsummenspiel wahrgenommen wurde.

3.4 Die Wiener Konvention und das Montrealer Protokoll zum Schutz der stratosphärischen Ozonschicht

Die Wiener Konvention (1985) und das Montrealer Protokoll zum Schutz der Ozonschicht (1987) sowie weitreichende Revisionen des Protokolls auf Folgekonferenzen in London (1990) und Kopenhagen (1992) verbinden rechtliche und ökonomische Regelungen mit einem Mechanismus, der diese Regelungen zugleich dynamisiert (vgl. Gehring 1990).

Im Jahre 1974 war der Zusammenhang zwischen der Emission von FCKW und der Zerstörung der stratosphärischen Ozonschicht erstmals theoretisch begründet worden (zur Geschichte vgl. Benedick 1991). Mehrere Länder reagierten schnell und unterbanden im Laufe der siebziger Jahre einseitig die Nutzung von FCKW als Treibmittel in Spraydosen. Doch der Verbrauch von FCKW stieg weltweit so rasch an, daß zu Beginn der achtziger Jahre die erzielten Einsparungen bereits wieder übertroffen wurden. Im Jahre 1981 legte eine Gruppe kleinerer Industrieländer Vorschläge zu einer Konvention vor, die ein dynamisches internationales Regime vorsah. Es entstand das Konzept einer Zweiteilung des Instrumentariums in einen stabilen, institutionellen Teil *(Rahmenkonvention)* und einen flexiblen, technischen Teil *(Protokoll)*.

Die Rahmenkonvention wurde 1985 in Wien unterzeichnet. Das 1987 in Montreal angenommene Protokoll verpflichtete die Unterzeichnerstaaten, den Verbrauch von FCKW bis zum Jahre 1999 um 50 Prozent gegenüber 1986 zu reduzieren, sah jedoch für die Entwicklungsländer eine Ausnahmeregelung vor: Sie wurden angesichts geringen Ausgangsniveaus nicht sofort zur Reduzierung verpflichtet, sondern konnten diese um zehn Jahre verschieben, so daß die Emissionsminderungskosten zunächst nur die Industrieländer trafen; es wurde jedoch eine Produktionsobergrenze von 0,3 Kilogramm pro Einwohner festgelegt, die nicht überschritten werden darf.

Zur Durchsetzung des in der Präambel bereits vorgesehenen Ziels des vollständigen Verzichts auf FCKW wurde ein Mechanismus zur Anpassung des Rechts eingeführt *(Dynamisierungsklausel)*. Zunächst für 1990 und dann mindestens alle vier Jahre sah das Protokoll eine Überprüfung der Kontrollmaßnahmen vor. Die Konferenz der Unterzeichnerstaaten in Helsinki 1989 leitete die geplante Revision ein, die für FCKW einen vollständigen Ausstieg bis zum Jahr 2000, für Halone einen Ausstieg ohne Zieldatum sowie eine schrittweise Regelung für die Reduzierung weiterer ozonschädigender Stoffe erbrachte.

Neben der Dynamisierung stand jedoch eine Erweiterung der Vereinbarungen an, weil sich bisher nur Industrieländer den Regeln unterworfen hatten, nicht aber die Entwicklungsländer, die über einen potentiell großen Binnenmarkt für Autos, Kühlschränke, Klimaanlagen verfügen. Um diesen Ländern den Beitritt zu erleichtern, beschlossen die Vertragsstaaten einen Mechanismus zur Finanzierung und zum Zugang zu moderner Technologie. Nach der Londoner Konferenz 1990 wurde ein *multilateraler Fonds* eingerichtet, der durch Beiträge der Industrieländer sowie einiger Entwicklungsländer finanziert wird. Dieser Fonds hat die Aufgabe, die erhöhten Kosten zu mildern bzw. abzudekken, die Entwicklungsländern bei der Umstellung ihrer Produktionsstruktur auf nicht-ozonschädigende Stoffe entstehen *(agreed full incremental costs)*, und den Zugang zu entsprechenden Techniken zu ermöglichen (vgl. Biermann 1996).

3.5 Bisherige Umweltschutzabkommen –
Konsequenzen für die zukünftige Weltumweltpolitik

Die Teilnahme von Entwicklungsländern an mehreren internationalen Umweltschutzabkommen unterstreicht generell deren Bereitschaft zur Kooperation.
Diese Kooperation war und ist aber mit der Absicht verbunden, die Kosten der
anstehenden Regulierung ganz oder zeitweise abzuwehren bzw. zu minimieren.
Die bisherigen Abkommen hatten auch insofern nur relativ geringe Bedeutung
für die Entwicklungsländer, als sie kaum Pflichten zur Reduzierung von Emissionen übernehmen mußten. Das Montrealer Protokoll macht hier einen Anfang
– allerdings mit aufschiebender Wirkung und abgefedert durch Informations-
und Technologietransfers. Mit der Klimakonvention kommen auf die Entwicklungsländer dagegen bereits erhebliche Anpassungen zu – und zwar sowohl in
der Produktions- als auch in der Technologiestruktur. Ähnlich dürfte es in den
anderen Bereichen der Weltumweltpolitik (Biodiversität, Böden, Abfall, Wasser, Meere) sein. Die Regelung der Kostenfrage dürfte insofern ein zentraler
Streitpunkt aller weiteren Verhandlungen zur zukünftigen Weltumweltpolitik
sein. Auch dies beeinflußt die Beantwortung der Frage: Sanfte Landung oder
Katastrophe?

4. Theoretische Verknüpfungen

Zum Abschluß soll eine theoretische Verknüpfung der verschiedenen, oben angesprochenen Vorschläge vorgenommen werden, wozu hier Konzepte der ökonomischen Theorie und der Katastrophentheorie herangezogen werden.

4.1 Ökonomische Theorie

Auch für die Weltumweltpolitik sind, was die denkbaren ökonomischen Anreiz-
und Sanktionsmechanismen angeht, grundsätzlich Preis- *oder* Mengenlösungen
die beiden „idealen" Ausprägungen (Bonus 1991): Entweder werden die Preise
bestimmter Umweltnutzungen fixiert, und es wird dem Markt überlassen, wie-
viele Emissionen sich bei solchen Festpreisen noch rechnen (= *Preislösung*);
oder es werden die insgesamt zulässigen Emissionsmengen kontingentiert, und
es wird dem Markt überlassen, welche Preise von Umweltnutzungen sich unter
diesen Umständen herausbilden *(= Mengenlösung)*.

Diese beiden grundsätzlichen ökonomischen Lösungen sind symmetrisch,
jedoch nicht äquivalent. Ein Parameter – Preis oder Menge – wird jeweils fixiert, der andere dem Markt überlassen. Welcher dieser beiden Parameter aber
soll bei welchem Umweltproblem zweckmäßigerweise fixiert werden? Die
Kernfrage bei einer Preislösung ist die der richtigen Höhe des zu fixierenden
Preises *(= Umweltabgaben)*. Die Kernfrage bei einer Mengenlösung besteht

223

Udo Ernst Simonis

darin, daß mit der Festlegung von Höchstmengen *(= Kontingentierung)* Emissionen in bestimmter Höhe erlaubt werden, und diese können höher liegen als die Absorptionskapazität des ökologischen Systems (z.B. des Klimasystems). Preis- wie Mengenlösungen können ihr eigentliches Ziel, d.h. Erhalt, Stabilisierung oder Wiederherstellung der Funktionsweise des ökologischen Systems, also verfehlen.

Weil das so sein kann, werden im Laufe der anstehenden (langjährigen) Verhandlungen über die oben beschriebenen globalen Umweltprobleme vermutlich sowohl Preis- als auch Mengenlösungen in die Diskussion eingebracht werden. Was beispielsweise die Klimaveränderung angeht, stehen bisher Mengenlösungen *(bestimmte Emissionsreduzierungen)* im Vordergrund, während die Diskussion um konkrete Preislösungen (*globale Ressourcensteuern, internationale CO_2-Abgabe*) erst begonnen hat. Zudem ist festzustellen, daß bei den Mengenlösungen ordnungspolitische Vorstellungen (= *Reduzierungspflichten*) überwiegen; marktwirtschaftliche Vorstellungen *(= Emissionszertifikate)* kommen aber zunehmend ins Gespräch, wonach ökologische Rahmendaten (Beispiel: bestimmter Temperaturanstieg) in regional oder national differenzierte Emissionskontingente umgesetzt würden. Diese Kontingente könnten sodann in Zertifikate gestückelt werden, die den Inhaber (hier: eine Ländergruppe, ein Land, einzelne Unternehmen) jeweils zur (jährlichen) Emission einer bestimmten Menge eines bestimmten Schadstoffes (z.B. CO_2) berechtigen. Diese Zertifikate könnten regional oder global übertragbar gemacht, verkauft oder geleast werden *(= Börse)*; sie würden am Markt entsprechende Knappheitspreise erzielen, d.h. Einnahmen, die für die Substitution von emissionsreichen gegen emissionsarme Produkte und Techniken verwendet werden könnten. Die zertifizierten Mengen addieren sich gerade zu den ökologischen Rahmendaten *(= globales Emissionslimit)*, so daß diese eingehalten werden könnten. Die gehandelten Zertifikate entsprächen im konkreten Fall also einer Kompensation für einen (partiellen oder vollständigen) Produktions- bzw. Nutzungsverzicht; sie würden einen Markt etablieren (zum Schutz *globaler Umweltgüter*), wo bisher kein Markt existiert.

4.2 Katastrophentheorie

Katastrophen sind eine Extremform sozialen Wandels, d.h. eines gründlichen (radikalen), beschleunigten (rapiden) und magisierten (ritualisierten) Wandels (Clausen 1991). Schwere, aber die Gesellschaft in ihrer Basis nicht verwandelnde Schäden sind dann noch keine Katastrophen, wenn diese Schäden als begrenzbar geplant wie auch als unüberraschend und kraft verwissenschaftlichter Erfahrung antizipierbar erscheinen. Demgegenüber stellen Katastrophen die gesellschaftliche Organisation als unzureichend heraus.

224

Ein Langfristmodell leitet Katastrophen als unvermeidliche Gefahr (nicht: unvermeidliche Gewißheit) ab, indem es zur Diagnose und Prophylaxe sechs Stadien unterscheidet (Clausen 1991): *Friedensstiftung, Alltagsbildung, Klassenformation, Katastropheneintritt, Ende* kollektiver Abwehr, *Liquidation* der Werte (= FAK_1K_2EL). Die Definitionsmerkmale von Katastrophen werden auf drei Dimensionen verortbar angenommen: auf der Radikalitätsdimension mit den Polen „gründlich wirksame/ganz vereinzelte Ereignisse"; auf der Rapiditätsdimension mit den Polen „hochbeschleunigter/verlangsamter Wandel"; auf der Magisierungsdimension mit den Polen „magisch-kausale/säkularisiertkausale Erklärungen".

Friedensstiftung (F) benennt ein Stadium, in dem eine große Gefahr überwunden und ein Gleichgewicht wiederhergestellt wurde; hier ist die Frontbildung zwischen „Helfern" und „Opfern" unproblematisch. Im Stadium Alltagsbildung (A) differenzieren sich „Falleliten" und „Schutzlaien", die beide erfahrungsarm werden, wenn die Gefahr „gebannt" ist. Im Stadium der Klassenformation (K_1) immunisieren sich die Facheliten gegen Kritik und schotten sich gegen die Schutzlaien ab; in beiden Gruppierungen entstehen jedoch Kritiker: reformerische Experten und sektiererische Laien. Es folgt das Stadium Katastropheneintritt (K_2), wenn die Facheliten sich über ihr eigenes Problemlösungspotential täuschen und bei den Schutzlaien die Nebenfolgen und Folgerisiken keine glaubhaften Warner mehr finden. Jetzt (spätestens) werden Machteliten angerufen („Katastrophen-Sheriffs"), von denen man charismatische Lösungen (Rückkehr zum Stadium F) erwartet. Gegenseitige Ungläubigkeit und die Unwirksamkeit der Maßnahmen haben das Ende kollektiver Abwehr (E) zur Folge: „Rette-sich-wer-kann"-Strategien greifen um sich, Hilflosigkeit vernichtet gegenseitige Achtung und Selbstachtung. Es resultiert die Liquidation der Werte (L): Agonie macht sich breit, Widerstand erlischt, Völkertod, Massenflucht, Umweltkollaps treten auf. Wenn jetzt keine neue Friedensstiftung erfolgt (erfolgen kann), endet gesellschaftliche Organisation.

Vorhersagbare Abweichung vom Verlauf F => L sind Bestandteil dieses Katastrophenmodells. So ist im Stadium K_1 eine Rückkehr nach A möglich, wenn reformerische Lösungen Überhand gewinnen, aber andererseits auch der Sofortübergang nach E, wenn antagonistische Lösungen Platz greifen. Im Stadium K_2 haben Übergänge nach A *(äquivalente Lösungen)* oder nur nach K_1 *(restaurative Lösungen)* bessere Chancen als andere, während vom Stadium E aus versagende Lösungen nach K_2 zurückführen können *(suizidale Lösungen)*.

Die Katastrophentheorie erlaubt die Zuspitzung, daß der Schutz vor globalen Umweltkatastrophen eines erfolgreichen Warnens *(self-destroying prophecy)* ebenso bedarf wie der Herbeiwarnung einer Katastrophe *(self-fulfilling prophecy)*. Dafür sind in der Literatur mehrwertige Logiken vorgeschlagen worden (Clausen/Dombrowsky 1983; Clausen 1991). Die zu verbindende Praxisnähe und Abstraktionshöhe sind jedoch ohne frühzeitige institutionelle Innovationen nicht leistbar. Befände sich die Weltgesellschaft schon im Stadium des Katastropheneintritts (K_2), so wären solche Institutionen legitimationsgefährdet, letztlich also Sündenböcke.

Vorsorge *(Prävention)* statt Nachsorge *(Anpassung)* ist also nicht nur aus Sicht der ökonomischen Theorie, sondern auch und besonders aus Sicht der Katastrophentheorie eine zentrale Kategorisierung der Weltumweltpolitik, an der sich die Frage des Titels „Sanfte Landung oder Katastrophe" entscheidet.

Mittelmeer – *Mare Nostrum* oder Festungsgraben zwischen Europa und dem Orient?

Petra Weyland

Zentrales Thema dieses Beitrags sind kulturelle Grenzziehungsprozesse entlang der Linie „islamisch"-„westlich/europäisch", die sich seit dem Ende des bipolaren Koordinatensystems zwischen Europa und den süd(öst)lichen Mittelmeeranrainerstaaten verstärkt beobachten lassen. Die strukturellen Konfliktpotentiale ökonomischer, (sicherheits-)politischer oder sozialer Natur sollen dabei keineswegs negiert werden. Hier geht es jedoch primär um den Mechanismus, mit dem im öffentlichen Diskurs eine zivilisatorische Andersartigkeit der Gesellschaften diesseits und jenseits des Mittelmeers konstruiert wird. Zentrales Thema der folgenden Ausführungen ist also die Beobachtung, daß die Vorstellung von einer unüberwindlichen kulturellen Differenz als Erklärungsansatz für Konfliktpotentiale und deren Bedrohung für die jeweils eigene Gesellschaft inzwischen dabei ist, paradigmatischen Charakter zu erhalten. In meinen Ausführungen werde ich mich dabei vor allem auf den deutschen Diskurs als ein Beispiel der europäischen Sichtweise beziehen. Die besondere Brisanz dieser kulturellen Grenzziehungsprozesse liegt darin, daß es sich hierbei keineswegs um folgenlose kollektive Imaginationen handelt, sondern daß diese in Handeln und in Strukturen übertragen werden, was zu einer Zuspitzung der strukturellen Krisen führt.

Ich werde im folgenden zunächst aufzeigen, wie Europa in einem öffentlichen Diskurs, der zunehmend von einer sicherheitspolitischen Perspektive überschattet ist, auch nach dem Ende des Ost-West-Konflikts als potentiell gefährdet beschrieben wird. In einem zweiten Schritt zeige ich auf, wie die verwirrende Vielfalt der krisenhaften Entwicklungen in den Gesellschaften der süd(öst)lichen Mittelmeeranrainer, die als Gefährdungspotential für Europa diagnostiziert werden, durch den Rekurs auf den Islam bzw. den islamischen Fundamentalismus erklärt wird. Hierbei handelt es sich um eine klassische Feindbildproduktion, in deren Zentrum eine imaginierte europäisch-westliche bzw. islamische Wesenhaftigkeit steht. Zusätzliche Brisanz erhält diese Entwicklung durch die Tatsache, daß sich ähnliche Feindbildkonstruktionen unter umgekehrten Vorzeichen auch in den nordafrikanischen und nahöstlichen Gesellschaften abzeichnen. Perspektivische Chancen im Hinblick auf eine friedvolle Zukunft Europas und seiner Nachbarn können nur darin liegen, daß sich alle Beteiligten darüber bewußt werden, daß sie selbst zutiefst in die Feindbildproduktion involviert sind. Einer Bewußtwerdung der fatalen Konsequenzen der Feindbildproduktionen müßten vielfältige Anstrengungen, diese abzubauen, folgen. Letztlich bedeutet dies, das Mittelmeer in einer sich globalisierenden Welt als gemeinsamen Raum zu verstehen und aufzubauen.

Europa als Schauplatz der neuen Bedrohung des Westens

Aus der heutigen Perspektive scheint es zur längst vergessenen, abgeschlossenen Geschichte zu gehören, daß sich mit dem Zusammenbruch der Sowjetunion die zweigeteilte Welt – hier der Westen und seine Verbündeten, dort der Kommunismus mit seinen Satellitenstaaten – auflöste. Wir wissen inzwischen, daß sich die Hoffnungen auf das „Ende der Geschichte", auf ein Zeitalter, in dem die Demokratie unter kapitalistischem Vorzeichen global gesiegt hat, wohl kaum erfüllen werden. Heute sieht sich der Westen neuen Gefahren ausgesetzt.

Fest steht, daß damals wie heute in Europa als integralem Bestandteil des Westens einer der zentralen Schauplätze der potentiellen Konfrontation gesehen wird, daß Europa die Frontlinie globaler Gefahren darstellt. Früher lief die Konfrontationslinie als Eiserner Vorhang mitten durch Deutschland, heute ist es das Mittelmeer, das trennt und nicht als Zentrum einer gemeinsamen Region gesehen wird, als *Mare Nostrum*, sondern immer deutlicher als unüberwindbarer Graben.[1] Besonders die südeuropäischen Staaten sehen sich zunehmenden Gefahren von den südlichen Ufern des Mittelmeers ausgesetzt, die für sie die Einforderung der Solidarität nicht nur der übrigen europäischen Länder, sondern der gesamten westlichen Welt auf die Tagesordnung bringt. Nur gemeinsam im europäischen Rahmen und innerhalb des westlichen Bündnisses, so die Argumentation, könne illegalen Wirtschaftsflüchtlingen, Waffenproliferation, dem Austragen einheimischer Konflikte auf europäischem Boden, den Folgen der Unterentwicklung, Überbevölkerung, religiösem Fundamentalismus oder anderen aus dem Süden drohenden Gefahren begegnet werden.

Damit ist auch schon der zentrale Unterschied zwischen der früheren, der Ost-West-, und der heutigen Nord-Süd-Konstellation angedeutet. Als Warschauer Pakt erschienen der Feind und sein Vorgehen trotz der immensen Bedrohlichkeit, trotz der Unmenschlichkeit (Frei 1985) des Kommunismus berechenbar und definierbar, und damit gab es eine reelle Chance einer effektiven Gegenstrategie: im Aufbau eines Gleichgewichts des Schreckens, ein Kalkül, in dem man letztlich auf die Rationalität des Feindes vertraute: Ein Erstschlag würde unvermeidbar mit einem für das angreifende System tödlichen Gegenschlag enden. Demgegenüber hat die heutige Bedrohung für Europa als primärem Austragungsort von Konflikten zwischen dem „freien Teil der Welt" und dem Rest der Welt ganz andere Dimensionen. Heute gibt es keinen klar benennbaren Feind mehr, kein klar umrissenes Feindesterritorium, keine konkrete

---

1 So heißt es etwa bei Stenhouse (1993:771): „Increasingly the Mediterranean appears to be a frontier separating North from South, a divide partly attributable to religious and political differences but one also intensified by economic disparities and demographic trends."

Bedrohung. Die heutige Gefahr für Europa wird als ungleich diffuser, vielschichtiger, unberechenbarer angesehen. So heißt es etwa im Weißbuch des deutschen Bundesministeriums der Verteidigung von 1994:

> „Europa ist auch nach dem Ende des Ost-West-Konfliktes keine Insel des Friedens in einer konfliktträchtigen Welt. Es gilt nun, Vorsorge gegen neue Risiken zu treffen, die eine völlig andere Qualität haben als das Risiko, das in der Vergangenheit zu Recht das westliche Sicherheitsdenken bestimmte. Das heutige breite Spektrum akuter und potentieller Krisen und Konflikte entspricht nicht der Bedrohung, die in Europa in der Zeit des Kalten Krieges bestand.
>
> An die Stelle des Risikos eines großen Krieges in Europa sind eine Vielzahl von Risikofaktoren anderer Art getreten, die sich regional sehr unterschiedlich ausprägen. Insgesamt wächst die Zahl instabiler Regionen in Europa, Asien und Afrika. Die Bereitschaft, militärische Mittel einzusetzen, nimmt vielerorts zu. Die Entwicklung von Risiken und der Verlauf von Krisen und Konflikten lassen sich meistens weder exakt voraussagen noch in ihren Folgen beurteilen" (Bundesministerium der Verteidigung 1994:25).

Wie aus dem Zitat ablesbar, brachte diese Einschätzung, über die in der Öffentlichkeit zunehmende Einstimmigkeit herrscht, auch eine neue sicherheitspolitische Begrifflichkeit hervor, die den kontingenten Charakter der Bedrohung für Europa deutlich zum Ausdruck bringt. Auch die Begrifflichkeit ist längst nicht mehr auf den militärischen Sprachgebrauch beschränkt, sondern findet zunehmend ihren Widerhall in weiten Bereichen der öffentlichen Vorstellung, zumal es sich dabei um der Alltagssprache entnommene Wörter handelt. Im Zentrum dieser neuen Sprache steht das Bild des „Krisenbogens". Wie ein Gürtel legen sich die Zonen, aus denen die Gefahr droht, von Gibraltar im Westen bis in den Indischen Ozean, bis nach Pakistan und zu den zentralasiatischen Republiken der früheren Sowjetunion um Europa. Die Unberechenbarkeit und Komplexität der heutigen Bedrohungspotentiale, die sich in diesem Bogen um Europa legen, kommt in der Definition des Begriffs „Krise" zum Ausdruck, dem heute anstelle des Begriffs der Bedrohung zentrale Bedeutung zukommt. Demgemäß handelt es sich aus sicherheitspolitischer Perspektive bei der Krise um

> „ein sich zwischen den Staaten oder Staatengruppen zuspitzendes Spannungsverhältnis unterhalb der Ebene des bewaffneten Konflikts. Dabei geht es hauptsächlich um politische, wirtschaftliche, gesellschaftliche und militärische Vorteile" (Buchbender et al. 1992:88).

Solche *Krisenpotentiale* sind zunächst von lokaler Bedeutung, können sich jedoch jederzeit zu Risiken für Europa verdichten. Hier handelt es sich um einen zweiten zentralen sicherheitspolitischen Begriff, der

> „seit 1991 vor dem Hintergrund der politischen Veränderungen und Neuorientierungen in Europa den traditionellen Begriff der Bedrohung (ersetzt). Die Beurteilung von Risiken aus militärischer Sicht setzt eine Analyse des gesamten politischstrategischen Umfeldes voraus" (Buchbender et al. 1992:129).

Krisenpotentiale können sich also zu mittelbaren und unmittelbaren Risiken verdichten, die dann zu Bedrohungen werden können. Zwar sei Europa seit dem Ende der Ost-West Konfrontation keiner direkten Bedrohung – nämlich „der politische(n) Haltung eines Staates, einer Staatengruppe oder eines Bündnisses, die u.a. gestützt auf militärische Machtmittel, für die Souveränität und Integrität eines anderen Staates oder einer Staatengruppe große Gefahren birgt" (Buchbender et al. 1992:25) – ausgesetzt. Aber es gilt, die Entwicklung von Krisen und Risiken zu beobachten (und einzudämmen), damit diese sich nicht zu einer Bedrohung für die Sicherheit der europäischen Staatengemeinschaft entwickeln.

Auch der Sicherheitsbegriff hat sich verändert. So war die Sicherheit der Staaten Europas, d.h. deren Souveränität und Integrität, sowie damit auch die des Westens allgemein, im Ost-West-Konflikt militärisch existentiell bedroht. So wie der Krisenbogen sich heute durch eine wesentlich gesteigerte Komplexität auszeichnet, ist auch der Begriff der Sicherheit heute wesentlich umfassender definiert: Heute spricht man aus sicherheitspolitischer Perspektive von einem *erweiterten Sicherheitsbegriff*, der die Gesamtheit der politischen, ökonomischen, ökologischen Dimensionen in globalem Maßstab berücksichtigt (Bundesministerium der Verteidigung 1994:26).

Eine wesentliche weitere Dimension dieses Begriffs ist außerdem, daß er sich implizit auch auf den Schutz des europäischen bzw. westlichen Wertesystems, also auf Freiheit und Demokratie bezieht. Des weiteren beinhalten die westlichen Sicherheitsinteressen auch die Sicherstellung der Zufuhr von Rohstoffen und der freien Handelsbewegungen (Bundesministerium der Verteidigung 1994:36).

Zu konstatieren ist in diesem Zusammenhang, daß, soweit es die Analyse der Rahmenbedingungen durch die Bundeswehr betrifft, sehr deutlich gemacht wird, daß eine Konfliktprävention nur gemeinsam und unter Heranziehung politischer, ökonomischer, ökologischer und sozialer Maßnahmen geschehen kann und daß die Anwendung militärischer Mittel nur eine *ultima ratio* sein könne (Naumann 1995:12). Daß diese Setzung von Prioritäten auch von anderen Seiten geteilt wird, und daß einige, wenn auch relativ zaghafte, Schritte in dieser Richtung unternommen werden, dafür war nicht zuletzt die Mittelmeeranrainerkonferenz im November 1995 in Barcelona ein wichtiges Beispiel.

Zusammenfassend ist zu bemerken, daß in der Öffentlichkeit Europa als derjenige Teil innerhalb der „westlichen Wertegemeinschaft" angesehen wird, der in zunehmendem Maße neuen Gefährdungen ausgesetzt ist, diesmal von jenseits des Mittelmeers.

Die Relevanz des Islam innerhalb des Krisenszenarios

Eines der scheinbar größten kognitiven Probleme, das mit dem post-bipolaren Gefahrenszenario verbunden ist, ist die Schwierigkeit, die vielfältigen Krisenpotentiale in einen kohärenten Erklärungsansatz einzuordnen, sozusagen eine allen diesen disparaten Krisenphänomenen gemeinsame Ursache oder Sinnstruktur auszumachen. Als eine solche Tiefenstruktur kristallisiert sich nun in der öffentlichen Diskussion immer deutlicher der kulturelle Faktor heraus, in Form von den Menschen (vermeintlich) ureigenen Werten diesseits und jenseits der neuen Trennlinie – ein Prozeß, der sich durchaus auf beiden Seiten des Mittelmeers feststellen läßt. Hierbei entstehen Feindbilder, weil nicht von einer Perspektive ausgegangen wird, die die Ursachen für Konflikte in den historischen, regionalen, ökonomischen, sozialen, politischen Strukturen sucht, und dabei auch die eigene Verantwortung für krisenhafte Entwicklungen in den Blick bekommt. Sie ergeben sich daraus, daß die Ursachen für Konflikte auf einen einzigen Aspekt zurückgeführt werden, der im Bereich der Kultur liegt. Diese unterstellte kulturelle Essenz jenseits des Mittelmeers ist der Islam, der somit zum potentiellen Feind wird.

Den Islam in engem Zusammenhang mit den Konflikten zu sehen, erscheint dabei vordergründig als durchaus plausibel: Die Mehrzahl der Gesellschaften innerhalb des Krisenbogens ist muslimisch, und auch auf dieser Seite des Mittelmeers sind es die Staaten mit einem hohen muslimischen Bevölkerungsanteil, die unter hohem Bevölkerungswachstum, Arbeitslosigkeit, Armut, Verletzung der Menschenrechte, Gewalt und anderen Konfliktpotentialen leiden – während andererseits das westliche Europa nicht nur der Ausgangspunkt des wissenschaftlich-technischen Fortschritts und der Säkularisierung war, sondern bis heute durch hohe Entwicklung gekennzeichnet ist. Dies wiederum sind Eigenschaften, die nur das nicht-islamische Israel im Nahen Osten teilt. So wird denn häufig dem Begriff „Krisenbogen" das Adjektiv „islamisch" vorangestellt (vgl. Stürmer 1993:6). Diese Sichtweise, nach der der Islam in engem Zusammenhang zu den Krisen und Konflikten – angefangen von der Überbevölkerung bis hin zum Radikalismus – steht, war (und ist) vor allem nach dem Zweiten Golfkrieg in den Medien und in populärwissenschaftlichen Veröffentlichungen häufig zu finden.

Diese inhaltliche Verknüpfung ist inzwischen vor allem von der seriösen Orientforschung wiederholt als neue Feindbildproduktion kritisiert worden (Hippler/Lueg 1993, Hörner 1993, Klemm/Hörner 1993, Schulze 1991). Das Feindbild Islam, so wird argumentiert, entsteht gerade dadurch, daß der Islam für alle negativen Entwicklungen verantwortlich gemacht wird, bzw. dadurch, daß Islam und islamischer Fundamentalismus nicht deutlich begrifflich getrennt werden.

Diese ungenügende Trennschärfe ist auch dann zu konstatieren, wenn – wie dies inzwischen durchaus häufiger zu finden ist – einer Beschäftigung mit dem Krisenbogen die Aussage vorangestellt ist, daß es sich bei dem Islam und dem islamischen Fundamentalismus um zwei unterschiedliche Phänomene handele. Die Argumentation ist dann etwa folgendermaßen: Der Islam sei eine Weltreligion mit durchaus friedlichen Zielen, während der islamische Fundamentalismus eine Ausrichtung sei, der nur eine prozentual kleine, aber umso radikalere, fanatische Minderheit in den einzelnen Ländern anhänge. Bei letzterem habe man es mit einer Neubesinnung des Islam zu tun, die sich bewußt antiwestlich und antimodernistisch verstehe. Nicht im Islam, sondern im islamischen Fundamentalismus liege eines der Hauptkrisenpotentiale. Gerade wenn politische und militärische Entscheidungsträger sich öffentlich zur Sache äußern, ist diese Unterscheidung inzwischen zu so etwas wie zu einer Standardaussage geworden. Es sei dahingestellt, ob diese Unterscheidung das Ergebnis eines Informationsprozesses ist, oder ob es sich um eine Strategie handelt, die nach dem Zweiten Golfkrieg häufig geäußerten Vorwürfe zu entkräften, daß gerade militärische Kreise zwecks Macht- und Ressourcenerhalts das Feindbild Kommunismus durch das Feindbild Islam ersetzten, oder ob es sich vielleicht auch darum handelt, befreundete islamische Regierungen nicht durch eine negative Sicht des Islams zu brüskieren.

Eine solche begriffliche Trennung ist problematisch. Zunächst liegt dies an der allenthalben zu konstatierenden Uneinigkeit über den Inhalt der Begriffe: Jeder versteht unter Islam, islamischem Fundamentalismus, Islamismus, islamischem Radikalismus, Integrismus etwas anderes. So konstatiert der frühere Generalinspekteur der Bundeswehr, Klaus Naumann, unter dem Titel „Fundamentalismus im Vormarsch – Konfliktherde vom Maghreb bis zum Indischen Ozean":

> „Eine besondere Gefahr gewissermaßen vor der Tür Europas, die darüber hinaus konfliktverschärfend wirken könnte, bildet der islamische Fundamentalismus, nicht aber der Islam als solcher. Fundamentalistische Moslems unterscheiden sich von ihren Glaubensbrüdern dadurch, daß sie im Islam nicht nur eine Religion, sondern eine Gesellschaftsordnung, ein politisches System sehen." (Naumann 1994:70)

Durch die Begriffsunschärfe entsteht die weit verbreitete Einschätzung, dem Islam seien fundamentalistische Deviationen quasi inhärent. Hierbei spielt die Vorstellung vom „Fundament" eine große Rolle, geht es doch bei der Rückbesinnung der Menschen auf ihren Glauben um die Rückkehr zum „Fundament" des Islam im Koran, d.h. zu dem Anfang des siebten Jahrhunderts geoffenbarten Wort Gottes. Da der unveränderliche Text als ewiges Gesetz Gottes das Fundament bilde, müssen in der westlichen Vorstellung alle diejenigen, die sich auf ihre Religion als Quelle ihrer Identität berufen, *ipso facto* zu islamischen Fundamentalisten werden. Es ist diese Konzeption vom Text, also der im Koran verschriftlichten Offenbarung Gottes, nach der der Islam den Anspruch erhebt, Weltliches und Transzendentes gleichermaßen zu regeln. Da aus einem solchen Blickwinkel dem orthodoxen Muslim nur eine wörtliche Interpretation zusteht, sozusagen der Text vor der Vernunft rangiert, führt islamischer Glaube zwangsläufig immer wieder in die Tradition, ist Fortschritt im Sinne einer Trennung von Religion und Politik, der Anerkennung individueller Menschenrechte, der Aufgabe der *Scharì'a* zugunsten eines weltlichen Gesetzes nicht möglich. In dieser Vorstellung ist es das Wesen, die Essenz des Islam, die immer wieder Fundamentalismus generieren muß, und dies ganz besonders in Zeiten von gesellschaftlichen, ökonomischen, kulturellen und politischen Krisen. Der Islam ist in dieser Vorstellung die unabhängige Variable, während den Krisen der Charakter von abhängigen Variablen zukommt.[2] Hier wird der Islam auf eine einzige Deutungsart reduziert, eine Reduktion, die besonders auch deswegen im „Westen" von solcher Übermacht ist, weil sie sich weitgehend deckt mit der Islam-Interpretation radikaler sozialer Gruppen auf der anderen Seite des Mittelmeers. Weil für die Medien nur das vermarktbar ist, was – wenn auch in der Minderheit, was die Zahl der Anhänger betrifft – spektakulär, gewalttätig und traditionell ist, wird fast ausschließlich diese Form der Interpretation medial repräsentiert, was unsere Sichtweise dieser Weltreligion erheblich verzerrt.

Das derzeit wohl einschlägigste Beispiel für die Macht der Medien und der Experten für ein solches global transportiertes, autoritatives Interpretationsangebot ist die 1993 veröffentlichte Huntingtonsche These vom kommenden *Clash of Civilizations*. Zwar ist diese in weiten Kreisen der Orientwissenschaften und der kritischen Öffentlichkeit als unwissenschaftlich zurückgewiesen worden, zwar ist vor deren Sprengkraft als „self-fulfilling profecy" gewarnt worden. Aber gerade Huntingtons Position als Wissenschaftler mit überaus großem Gewicht in der Politikberatung hat dazu geführt, daß die oben skizzierten Zusammenhänge zwischen Islam und islamischem Fundamentalismus eine wissenschaftliche, seriöse, internationale Bestätigung erfuhren (vgl. kritisch Paech 1994; Weyland 1995). So gipfelte Huntingtons These in der Vorausschau, daß die unvereinbare Wesenhaftigkeit zwischen islamischer (und konfuzianischer) Zivilisation einerseits und der westlichen Zivilisation andererseits unvermeidbar zu neuen globalen Konflikten führen werde: Wenn es denn einen Dritten Weltkrieg geben werde, so Huntington, dann fände dieser zwischen den Zivilisationen statt – eine Einschätzung, der er mit der Aussage, das Reich des Islams habe von jeher blutige Grenzen, noch vermeintlich historische Tiefe gab.

Es ist dieses Denkmodell, das, mehr oder weniger explizit ausgeführt, immer wieder und trotz gegenteiliger Behauptung dazu führen muß, daß radikale Bewegungen, die sich des Islam als Legitimation bedienen, und die islamische Religion gleichgesetzt werden. Hierzu trägt weiterhin bei, daß nicht nur in den

---

2 So heißt es z.B. im NATO *Brief* von Mai 1996: „Die größte Herausforderung, mit der die NATO konfrontiert ist, besteht jedoch möglicherweise in der Frage, wie sie mit dem Islam und dem Nationalismus in den Anrainerstaaten des Mittelmeerraumes umgehen soll. ... *Heute ist der islamische Faktor in der Sicherheitsgleichung des Mittelmeerraumes von zentraler Bedeutung.* Nicht, wie manche vielleicht meinen, infolge eines unvermeidlichen 'Zusammenstoßes der Zivilisationen', sondern vielmehr aufgrund *der Tatsache, daß er den wichtigsten Motor für Veränderungen, möglicherweise auch für gewaltsame Veränderungen,* in entscheidenden Staaten sowie eine von vielen neuen polarisierenden Kräften in den an Europa angrenzenden Gebieten darstellt. *Fundamentalistische Bewegungen,* die Gewalt anwenden, bedrohen die Stabilität in einer Reihe von Staaten, vor allem in Algerien." (Asmus/Larrabee/Lesser 1996:26, 28) (Alle Hervorhebungen P.W.)

Medien, sondern auch in populärwissenschaftlichen Veröffentlichungen, auf Tagungen und in den Aussagen sog. „Nahostexperten" das Thema „Fundamentalismus" im Vordergrund steht, nicht aber die Vielfalt der gelebten Interpretationen des Islam. Für Laien, die sich mit dem Phänomen beschäftigen wollen, ist es sehr schwierig, an alternative Sichtweisen zu gelangen.

Das Problem der Feindbildkonstruktion erhält dadurch zusätzliche Brisanz, daß sich auf der anderen Seite des Mittelmeers vergleichbare Prozesse abzeichnen. Auch dort gewinnt eine sehr ähnliche Sichtweise an Bedeutung, die jedoch mit der entgegengesetzten Wertung arbeitet. Gemäß der dortigen Perzeption wird der Islam als bedrohlicher Feind ersetzt durch die westliche Zivilisation, welche mit Aggression, Kreuzzugsmentalität, Dekadenz und Frauenunterdrükkung konnotiert wird (Rotter 1996).

Um meine Position deutlich zu machen: Es ist unübersehbar, daß in den Ländern des Maghrebs und des Maschreks eine Vielzahl gefährlicher Krisenpotentiale u.a. im sozio-ökonomischen, politischen Bereich existieren. Diese sind von großer Brisanz und gefährden zweifelsohne die nicht-europäischen Gesellschaften in starkem Maße, was letztlich nicht ohne Konsequenz für Europa bleiben kann. Hier gilt es, einen umfangreichen Katalog vorbeugender Maßnahmen zu entwickeln und umzusetzen. Dies alles hat jedoch mit „dem Islam" nichts zu tun, weil es diesen nicht gibt. Nicht der Koran leitet Menschen zu (aggressivem) Handeln an, sondern die an Zeit und Raum gebundenen Interpretationen dieser Religion. Insofern ist kein Unterschied zwischen dem Islam und jeder anderen Ideologie festzustellen.

Dimensionen der neuen Polarisierung

Seit dem Ende der Bipolarität sieht der Westen Europa – und Europa sich selbst – zunehmend als künftigen Schauplatz von Bedrohungen, deren Ursprung auf der anderen Seite des Mittelmeers liegt. Die vielfältigen Krisenpotentiale in den Gesellschaften des Nahen Ostens und Nordafrikas sind jedoch nichts Neues. Neu ist nur die Aufmerksamkeit, die diese Konfliktkonstellationen seitens des Westens erfahren. Wegen der vorrangigen Beschäftigung mit dem Feind im Osten vor 1989 und der Tatsache, daß man in jener Zeit im Nahen Osten nur ein Gebiet für Stellvertreterkriege sah, wurden die Krisen am süd(öst)lichen Mittelmeerufer kaum als bedrohlich für Europa wahrgenommen.

Tatsächlich haben die Vorstellung, daß die Ursache der Konflikte letztlich in engem Zusammenhang mit dem Islam steht, sowie die Stigmatisierung und Stereotypisierung des Islam eine jahrhundertealte Tradition in Europa (Rotter 1993). Neu indessen ist das Ausmaß der Beachtung, die Islam und islamischer Fundamentalismus heute erfahren. Neu ist die Massivität der Feindbildproduktion.

Im Versuch, Konsequenzen aus dem Krisenszenario zu ziehen und Auswege zu suchen, ist Europa fraktioniert. Nicht zuletzt aufgrund unterschiedlicher nationaler Interessen in Osteuropa bzw. im Maghreb tut sich Europa schwer dabei, eine gemeinsame tragfähige Mittelmeerpolitik zu konzipieren und in diesem Rahmen wirkungsvolle Wege der ökonomischen, sozialen, politischen und kulturellen Kooperation zwischen allen Mittelmeeranrainern zu entwickeln.[3] Die negativen Effekte mangelhafter Kooperation verstärken die kulturelle Bipolarität, die wiederum im Bereich der militärischen Sicherheitspolitik ihre höchst konkreten Konsequenzen findet.

So scheint die militärische Sicherheitspolitik der einzige Bereich zu sein, wo durch den Ausbau der NATO-Südflanke, den Aufbau von multinationalen Truppenverbänden der EU/WEU und die Aufstellung der EUROFOR und EUROMARFOR, der von Frankreich, Italien, Spanien und Portugal getragenen Land- bzw. Seestreitkräfte, konsequent und effektiv Vorbereitungen getroffen werden. Während die ökonomischen, sozialen und kulturellen Kooperationen mit dem Ziel der Krisenentschärfung nur langsam vorankommen, widmet sich die NATO ihren Aufgaben im Rahmen der Krisenprävention umso effizienter. In der militärischen Logik liegt zwangsläufig der Ausbau des Mittelmeers zum Verteidigungsgraben eines Europas, das dadurch zum Süden immer mehr zur Festung ausgebaut wird. Die militärischen Maßnahmen zwecks „Sicherheitsvorsorge" führen zwangsläufig zu einem „Sicherheitsdilemma", das heißt dazu, daß die Aufrüstung der europäischen Südstaaten bei den südlichen Mittelmeeranrainern zusätzliche Bedrohungsängste auslöst. Damit dreht sich unweigerlich auch die Spirale der Feindbildproduktion weiter, weil in der militärischen Prävention ein weiteres Indiz für „christliche Kreuzzugsmentalität" gesehen wird.

Eine weitere fragwürdige Konsequenz der Konstruktion des Islam als bedrohlichem Anderen liegt in Europa selber. Hier lassen sich auch Grenzziehungsprozesse feststellen, und zwar in bezug auf die muslimischen Einwanderungscommunities.[4] Auch wenn diese muslimischen Immigranten inzwischen schon in der dritten Generation in Europa leben und es kaum vorstellbar ist, daß sie eines Tages wieder „in ihre Heimat zurückkehren" werden, haben die jeweiligen europäischen Mehrheitsgesellschaften große Probleme damit, kulturelle Praktiken und Symbole zuzulassen, die den Anspruch auf universelle Gültigkeit der eigenen Werte infragestellen könnten. Die „Kopftuchdebatte" in Frankreich

---

3 So mahnte das World Economic Forum, Genf, an, daß „Deutschland Nordafrika und den Nahen Osten nicht vernachlässigen (dürfe, PW) ... Deutschlands Einfluß in der EU hat zu Beginn der neunziger Jahre dazu geführt, daß Osteuropa Vorrang gegeben wurde" (Schwab, Klaus / Giese, Martin: Bei aller Bedeutung der osteuropäischen Länder: Bonn darf den Mittelmeerraum nicht vergessen. Der Agrarlobby wehren, In: Die Zeit, 28.7.1995). Ein anderes Hindernis ist nach Einschätzung des Forums der Widerstand der europäischen Agrarlobby gegen die Konkurrenz aus dem Süden, die zu einem „selektiven Protektionismus" führe, durch den die südlichen Mittelmeeranrainer daran gehindert würden, gerade die Produkte zu exportieren, die sie konkurrenzfähig produzieren können (ebda).

4 Dies gilt nicht nur für die muslimischen, sondern auch für andere Einwanderer.

sowie die Diskussion um die doppelte Staatsangehörigkeit in Deutschland sind Beispiele hierfür. Der postulierte Dualismus von Islam und westlicher Zivilisation führt auch hier zu beidseitigen Abgrenzungstendenzen und Mißtrauen.

Die allgemeine Fixierung auf den Islam hat einen ähnlichen Effekt wie das Aufstellen von Vogelscheuchen: Sie lenken ab vom eigentlich Wichtigen. Die exzessive und nahezu ausschließliche Beschäftigung mit den Gefahren, die Europa durch das Anwachsen des islamischen Fundamentalismus drohen, blendet aus, daß es sich hierbei um eine Wirkung und nicht um die Ursache handelt. So ist das Phänomen des Islamismus zu verstehen als der Ausdruck der Kämpfe der zivilen Gesellschaften gegen ihre extrem autoritären Regime, die jegliche Beteiligung an der ökonomischen und politischen Macht verhindern. Daß dieser Kampf immer militantere und unakzeptablere Formen annimmt, ist angesichts der durch Polizei und Militär in diesen Ländern ausgeübten Brutalität nicht verwunderlich. Mit dem Verweis auf den Islamismus sind diese Regime jedoch in der Lage, sich Europa gegenüber immer wieder als das „kleinere Übel" zu präsentieren. Beispielhaft in dieser Hinsicht dürfte gewesen sein, wie die französische Regierung auch nach dem Wahlsieg der algerischen Islamisten 1991/1992 weiter auf das algerische Regime setzte.

Die „Vogelscheuchenfunktion" bezieht sich aber auch auf Europa bzw. den Westen selbst. So bleibt durch die Konfliktreduktion auf den Fundamentalismus die jahrhundertealte eigene Involviertheit in die Konfliktgenese ausgeblendet. Hierbei braucht nicht unbedingt auf den Kolonialismus rekurriert zu werden; ein aktuelles Beispiel ist eine Definition von europäischer Sicherheit, die darunter den Schutz nicht nur der eigenen Sicherheit, sondern auch der eigenen *Interessen* „out of area", also weltweit, versteht. Ausgeblendet bleibt hier auch die Frage, wie es denn mit der Glaubwürdigkeit der europäischen Gesellschaften bestellt ist, wenn sie genau diejenigen Rechte, die sie als zentral für ihre westlich-europäische kollektive Identität sehen, denjenigen Menschen verwehren, die schon seit Jahrzehnten in ihrer Mitte leben und arbeiten, und die sich hier heimisch fühlen.

Die Ausblendung dieser Fragen verweist auf einen weiteren „blinden Fleck", der durch die permanente Thematisierung einer unüberbrückbaren kulturellen Differenz entsteht, und der mir von einiger Bedeutung zu sein scheint. Hier geht es darum, daß durch die Konstruktion der islamischen Anderen jenseits des Mittelmeers und innerhalb der Immigrantencommunities im Herzen Europas, die nur durch Aufgabe des islamischen Glaubens und Annahme „unserer" Werte integriert werden könnten, letztlich von der Ahnung abgelenkt wird, daß uns selbst längst unsere säkularen Glaubensgewißheiten abhanden gekommen seien könnten, daß wir es sind, die sich inmitten einer tiefen Sinn- und Wertekrise befinden.

Chance Mittelmeerraum?

Die Eskalation der strukturellen Krisen der Drittwelt-Gesellschaften auf der anderen Seite des Mittelmeers sowie die zunehmende Konstruktion einer kulturellen Differenz diesseits und jenseits des Mittelmeers geben wenig Anlaß zu Optimismus. Feindbilder werden im Moment eher weiter aufgebaut als abgebaut. Zuviele Gründe gibt es hierfür auf beiden Seiten: Das Streben nach Macht- und Ressourcenerhalt von Politikern, Militärs, Nahostexperten, islamistischen Führern, das Ablenken von den eigentlichen Problemen, das Vermarktungsinteresse der Medien, die Trägheit des Denkens, sind hier nur die wichtigsten. Sie alle führen gleichzeitig aber dazu, daß aktiv Grenzziehungen, Verteidigungsmaßnahmen, Abwehrvorbereitungen getroffen werden. In dieser Hinsicht lassen sich in der derzeitigen Entwicklung kaum Chancen ausmachen – weder für die Gesellschaften jenseits, noch für die diesseits des Mittelmeers. Es scheint so, als könnten Chancen nur in einem bewußten Umdenken, in einer aktiven Arbeit an Alternativen liegen, in einem dezidierten Infragestellen der eigenen kulturellen Arroganz und der Beantwortung der Frage, welchen Sinn denn im Zeitalter der Globalisierung eine explizite, genau umrissene europäische beziehungsweise islamische Identität hat, noch dazu eine, die sich nur negativ vor dem Spiegel des Anderen definieren kann.

Es stellt sich die Frage, ob nicht an die Stelle des verstärkten Ausbaus eines Grabens zwischen europäischen und nordafrikanischen bzw. nahöstlichen Ländern eine Zukunftsvision vom gemeinsamen Mittelmeeraum treten sollte. Sicher ist hierfür die Mittelmeerkonferenz von Barcelona (27.-29.11.1995) mit der Einigung darauf, bis zum Jahre 2010 einen „euro-mediterranen Wirschaftsraum" zu schaffen, der Weg in die richtige Richtung. Über derartige Grundsatzerklärungen hinaus sind jedoch derzeit keine greifbaren Fortschritte ersichtlich, insbesondere auch nicht dahingehend, daß die südlichen Länder als wirklich gleichberechtigte Partner gesehen würden (Meyer/Schlotter 1996). Hierzu würde es gehören, die islamische Religion als zugehörig zu akzeptieren und zwar sowohl jenseits des Mittelmeers als auch in Europa. Hierzu gehört es sogar, sich in gewisser Weise mit dem Islamismus als einer politischen Ideologie zu arrangieren, was durchaus solange möglich ist, wie dies im demokratischen Rahmen geschieht. Zuzulassen, daß die islamische Religion und islamistische politische Ideologien sich am Markt der sinnstiftenden Angebote und der politischen Ideologien beteiligen, ist zwar derzeit schwer zu akzeptieren, trotzdem scheint es mir dazu keine haltbare Alternative zu geben. Dem könnten einige vorteilhafte Dimensionen abgewonnen werden. Zunächst sollte auf die Stärke einer funktionierenden zivilen Gesellschaft vertraut werden, die letztlich Gewalt befürwortenden politischen Ideologien eine Absage erteilen wird. Zweitens ist nur so eine Modernisierung des Islam möglich. In diesem Sinne liegt eine Chance darin, wenn freiheitliche Gesellschaften in Europa islamischen Gelehrten, die in ihrer Heimat keine Möglichkeit haben, sich ohne Gefahr für Leib und

Leben öffentlich zu äußern, Foren der Diskussion, des Austauschs, der wissenschaftlichen Arbeit zur Verfügung stellen. Gerade weil in Europa Menschenrechte in sehr weitem Umfang verbürgt sind, was auf der anderen Seite des Mittelmeers nicht der Fall ist, können nur hier muslimische Intellektuelle und Gelehrte neue, zeitgemäße Interpretationen des Islam diskursiv erarbeiten – eine wichtige Aufgabe, die aufgrund der Repressionen von Andersdenkenden in den nahöstlichen Gesellschaften nicht erfüllbar ist.

Eine weitere Chance sehe ich darin, anstatt einen „kritischen Dialog" mit den Herrschenden zu pflegen, diejenigen sozialen Bewegungen, Frauenorganisationen, Menschenrechtsinitiativen, Umweltorganisationen usw. zu unterstützen, die für eine friedvolle Veränderung und Stärkung der zivilen Gesellschaften innerhalb der Länder des Nahen Ostens und des Maghrebs arbeiten. Dies bedeutet auch, daß eine Ausgrenzung der Islamisten weder diesseits noch jenseits des Mittelmeers langfristig Sinn macht. Vielmehr müßten diese zusammen mit allen anderen politischen und sozialen Kräften in konkrete Projekte eingebunden werden und durch ihre Erfolge für sich werben können, bzw. sich durch ihre Mißerfolge in der Öffentlichkeit disqualifizieren – ein Experiment, an dessen Anfang die Türkei gerade steht.

Alles in allem bedeutet dies, sich zu verabschieden von einer mentalen und praktischen Konstruktion des Mittelmeers als einer Grenze und statt dessen darin das Zentrum eines gemeinsamen Raumes entstehen zu lassen. Die Vorstellung, jenseits des Mittelmeeres läge „Nicht-Europa", ist eine Fiktion, denn dort hat längst die Moderne, die Überzeugung von der Universalität der Menschenrechte, von der Überlegenheit demokratischer Systeme Einzug gehalten. Säkularismus und westliche Lebensstile sind dort viel tiefer verankert, als viele es hier wahrhaben wollen. Eine Chance sehe ich darin, an die Stelle einer eurozentrischen Geschichtsschreibung eine Mittelmeergeschichte treten zu lassen, die deutlich macht, daß dieses Meer tatsächlich nicht seit grauen Vorzeiten Trennlinie unterschiedlicher Kulturen war, sondern daß es die Menschen kulturell und ökonomisch verbunden hat. Eine Chance sehe ich darin, in der Auseinandersetzung mit den Gesellschaften am südlichen und südöstlichen Rand des Mittelmeers das Feld nicht der Sicherheitspolitik allein zu überlassen, sondern diese tatsächlich auf den Platz einer *ultima ratio* zu verweisen, in deren Vorfeld eine Vielzahl von Kooperationen aufgebaut werden muß.

Teil 4

Blick in die Zukunft

Europa und die Konfliktmuster der Zukunft*

Peter Wallensteen

1. Veränderung der historischen Proportionen

Ein so fundamentales Ereignis wie das Ende des Kalten Krieges, das in schneller Abfolge zwischen 1989 und 1991 zustandekam, fordert zum historischen Vergleich heraus. Bis zu diesem Zeitpunkt schien die Spaltung Europas und der Welt durch den Kalten Krieg so gut wie ewig, existentiell und unüberwindbar. Doch plötzlich war diese Trennung hinfällig. Von der Friedensperspektive aus betrachtet war die Vermeidung eines nuklearen Endes der Menschheit nicht länger die drängendste Frage. Existiert ein historischer Präzedenzfall für eine solch monumentale Veränderung? Man erinnert sich an das Ende des Zweiten Weltkrieges, das einen ebenso dramatischen Wechsel einleitete und gleichfalls zu völlig neuen Konstellationen führte. Da damit der Beginn des Kalten Krieges eingeleitet wurde, liegt es nahe, beide miteinander zu vergleichen. Ein solcher Vergleich wäre aber irreführend; denn es hieße, einen äußerst gewaltsamen Wechsel einem größtenteils gewaltlosen, und internationale Eroberung mit innerer, nationaler Transformation gegenüberzustellen. Die Kausalbeziehungen gerieten durcheinander. Der Kalte Krieg endete aufgrund einer internen Transformation einer der beiden Opponenten, nicht durch Sieg und Besetzung des anderen.

Ein interessanterer und von daher eher zulässiger Vergleich ist der mit dem revolutionären Jahr 1848. Es markierte das Ende einer Epoche von internationalen wie auch nationalen Entwicklungen. Bei genauerem Hinsehen zeigt sich, daß die inneren, nationalen Veränderungen von 1989 und 1848 einige Parallelen aufweisen. Die Revolutionen von 1848 in West- und Zentraleuropa breiteten sich rapide von Land zu Land aus; etablierte Herrschaftsdynastien wurden gestürzt oder von den nationalen Wellen der Unzufriedenheit hinweggespült. Hoffnungen und Erwartungen verbreiteten sich über den Kontinent, nicht zuletzt durch neue Möglichkeiten der Kommunikation. Auch die politische Sze-

239

nerie wurde auf dramatische Weise neu geformt: Liberales und nationales Gedankengut bestimmten von nun an die Tagesordnung.[1]

Bemerkenswerterweise fand eine eher rasche Rückkehr zu konservativen Regierungen statt, wenn auch nach neuen politischen Regeln: Von nun an waren Wahlen und Parlamente die Fundamente der politischen Macht.[2] Dieses Muster wiederholte sich in Mittel- und Osteuropa 1989-1990. Die Veränderungen waren zunächst lokalen Ursprungs. Doch die Bewegung griff schnell auf die Länder über, die sich in einer vergleichbaren Situation befanden. Das Ergebnis war eine Welle liberalen Denkens – vermischt mit Nationalismus. Dies führte in der Folge zum Auseinanderbrechen der Staaten: dem Ende der sowjetischen, jugoslawischen und tschechoslowakischen Unionen. Dementsprechend veränderten sich auch die internationalen Beziehungen.[3] Bereits nach wenigen Jahren kam es zur Restauration der alten Parteien, allerdings unter den neuen Bedingungen. Wie in den 1990er Jahren taten sich auch in den 1850ern neue Risiken und Gelegenheiten für den Frieden in Europa auf.

Der Kalte Krieg war eine Epoche, die durch den kontinuierlichen Wechsel zwischen Konfrontation und Entspannung gekennzeichnet war. Eine auffällige Tatsache ist, daß der Generalsekretär der Sowjetunion, Michael Gorbatschow, die Reformen im Jahr 1985 – vornehmlich aus inneren Gründen – initiierte, d.h. also zu einem Zeitpunkt, als die Beziehungen zum Westen kompliziert waren. Der Westen reagierte auf die Reformen mit Entspannung, nicht mit Konfrontation. Der innere Weg zur friedlichen Transformation wurde von Gorbatschow eingeschlagen – und vom Wohlwollen des Westens begleitet. Das revolutionäre Ergebnis überraschte sowohl den Architekten der Reformen wie diejenigen, die ihn unterstützten. Es machte das Jahr 1989 zu einer Zäsur in den Beziehungen der Großmächte. Eine Periode der kooperierenden, „universalistischen" Politik der führenden Mächte, die zur Vermeidung des nuklearen Krieges gepflegt worden war, verwandelte sich in Kooperation zur Bewältigung der neuen Probleme. Dennoch, wie auch 1848 der Fall, verlangten neue Bedingungen neue Führungspersonen. Mit der Auflösung der Sowjetunion gegen Ende des Jahres

---

*   Dieser Artikel ist Teil eines noch fortlaufenden Projektes über „The Causes and Dynamics of Conflict", welches zum Teil durch die Ford-Stiftung finanziert wird. Hinweise von Wolf-Dieter Eberwein und Kjell-Ake Nordquist haben zu diesem Artikel erheblich beigetragen. Die Verantwortung für die dargelegten Ansichten liegt indes allein beim Autor.

1   Hobsbawm (1979, Kapitel 1) „The Springtime of Peoples" liefert einen lebendigen Bericht des revolutionären Jahres 1848.

2   Hobsbawm (1979:8) schreibt, daß diese Revolutionen „all succeeded and failed rapidly, and in most cases totally". Dies legt einen Vergleich mit den Revolutionen in Osteuropa von 1989 nahe. Innerhalb von fünf Jahren hatten sich die kommunistischen Parteien neu gruppiert und eroberten sich eine starke politische Position in Litauen, Ungarn, Polen, Rußland und Ostdeutschland zurück, doch nun in Übereinstimmung mit den neuen Gesetzen des politischen Lebens.

3   Hobsbawm 1979, Kapitel 4 und 5, betont die Nationbildung, die während dieser Periode begann.

1991 stürzte Gorbatschow, weniger als ein Jahr später wurde US Präsident George Bush abgewählt.

Der Vergleich von 1848 mit 1989 vermittelt eine bedeutende Lektion: Die Beziehungen der Großmächte sind in starkem Maße von der jeweils amtierenden Regierung abhängig, deren Position wiederum eher auf der Innenpolitik beruht als auf internationalen Beziehungen. Das heißt, das Verhalten der Großmächte ist eher innenpolitisch bestimmt, während für weniger bedeutende Akteure die internationalen Beziehungen weitaus größeres Gewicht für ihre internen Bedingungen haben. Daher beeinflussen interne revolutionäre Veränderungen der Großmächte die internationalen Beziehungen, unabhängig davon, ob internationale Überlegungen im Spiel sind oder nicht.[4]

Der Vergleich sollte aber auch nicht überstrapaziert werden. Die Veränderungen von 1848 führten zum Ende einer Periode des Universalismus, einer Zeit, in der die Herrschenden bereit waren, die „legitimen" Sicherheitsinteressen der anderen Seite zu verstehen und in ihre Überlegungen mit einzubeziehen, um konstruktive Beziehungen aufrechtzuerhalten. Dieses kooperative Klima unter den Großmächten wurde nach 1848 durch Partikularismus ersetzt, wo jede Regierung und jedes Land nach dem eigenen Verständnis handelte, während die „legitimen" Interessen der anderen von den neuen Regierenden kaum berücksichtigt wurden. Somit schwand auch die Einsicht, daß Konsultation und Kooperation unter allen Beteiligten notwendig seien. Der Krimkrieg von 1854-1855 riß Gräben zwischen den Großmächten auf. Dieses Muster bestimmte die folgenden zwei Jahrzehnte (Wallensteen 1984).

Die 1989 nachfolgende Periode ist eine vollkommen neue Epoche der internationalen Beziehungen – generell und in Europa im besonderen. Die ideologisch belastete Konfrontation mit dem Kommunismus ist beendet, eine pragmatischere Debatte ersetzt die vormalige Trennung. Die realpolitischen Themenbereiche der militärischen Konfrontation, militärischen Provokation und Angst unter den Großmächten ist in den Hintergrund gedrängt worden, und ein System zur Handhabung militärischer Spannungen ist ausgearbeitet worden, i.e. Vertrauensbildende Maßnahmen in Stockholm 1986 und generelle Prinzipien in Paris 1990. Auch die geopolitische Situation hat sich gewandelt: Rußland hat sich geographisch so weit aus Zentraleuropa zurückgezogen wie seit einigen Jahrhunderten nicht mehr, während die Vereinigten Staaten zum distanzierten Partner Westeuropas geworden sind, wie es seit den dreißiger Jahren nicht mehr der Fall war. Die europäische Debatte und die Sorge der Bevölkerung konzentrieren sich nun auf das Gebiet der Kapitalpolitik, i.e. auf Arbeitslosigkeit, industrielles Wachstum, und Ökopolitik, i.e. eine Sorge über die Ökosysteme, deren Teil wir alle sind. Keines dieser Probleme war historisch jemals in enge

---

4 Eine Studie belegt, daß Veränderungen der Idealpolitik von Großmächten die Variable darstellt, die am engsten mit dem Beginn eines Krieges verbunden ist, gemeinsam mit einer Reihe anderer Indikatoren, die aus dem Bereich der Geo-, Real- und Kapitalpolitik stammen; Wallensteen 1981.

Verbindung mit dem Ausbruch von Krieg gebracht worden.[5] Dies bedeutet, daß Raum für Gelegenheit und Optimismus gegeben sein sollte; das vorherrschende Verhalten der Europäer ist indes von Risiko und Pessimismus geprägt. Dieser Aufsatz wird sich eingehender mit Europa und seinen heutigen Konflikten beschäftigen, um zu verstehen, was die Zukunft versprechen könnte – positiv oder negativ.

2. Europa zwischen Euphorie und Tragödie

Die Zeit nach dem Kalten Krieg war für Europa eine Zeit der widersprüchlichen Erfahrungen. Zwischen dem Fall der Berliner Mauer im November 1989 und der Unterzeichnung des Friedensvertrages für Bosnien-Herzegowina im Dezember 1995 in Paris lag eine dramatische Ereignisfolge. Die Art und Weise, wie der Kalte Krieg endete, verdeutlichte das Potential für gewaltlose Veränderung, so wie bereits die Eindämmungspolitik eine Möglichkeit verdeutlichte, wie mit wahrgenommenen Aggressionen umgegangen werden kann, ohne einen größeren Krieg auszulösen. Euphorie brach aus, die sich in der friedlichen Wiedervereinigung Deutschlands ausdrückte, in dem Vertrag von Paris über die Beziehungen der europäischen Länder, in dem Vertrag von Maastricht für eine erweiterte und konsolidierte Europäische Union und in dem Ziel, eine europäische Währung zu schaffen. Schon bald, so schien es für viele, würde Europa zu einer starken demokratischen Staatenkonföderation mit verschiedenen Ebenen der Zusammenarbeit sowohl zwischen den Völkern als auch zwischen den Menschen vereint sein.

Innerhalb eines Jahres nach dem Fall der Mauer tauchte eine ganz andere Melodie auf, die zunehmend lauter zu hören war. Die Invasion Kuwaits durch den Irak am 2. August 1990 zeigte, daß in den neuen Zeiten nicht alles nur gutartig war. Die beginnende Auflösung von Jugoslawien und die Spannungen in der Sowjetunion warfen kommende Schatten einer nationalistischen und chauvinistischen Ära voraus. Und dies sollte in den großen Kriegen im ehemaligen Jugoslawien und in einigen der Nachfolgestaaten der Sowjetunion manifest werden. Europa fiel wieder zurück in seine traditionelle Rolle der Mittelmäßigkeit und der Unfähigkeit, seine Zerrissenheit zu überwinden.

Die Europäische Union geriet in Schwierigkeiten, noch bevor sie recht begonnen hatte. 1992 wiesen die dänischen Wähler die erste Version des Vertrages ab, und die französischen Wähler hätten dies beinahe ebenso getan. Die Unfähigkeit, den Krieg in Bosnien-Herzegowina einzudämmen und die anhaltende generelle wirtschaftliche Krise, welche die Arbeitslosenzahlen in niemals vorher gekannte Höhen trieb, trugen ihrerseits zur Wahrnehmung eines in einer schweren Krise befindlichen Kontinents bei. Der Krieg in Bosnien-Herze-

---

5   Wallensteen 1981 zeigt, daß wirtschaftliche Rivalität in Konfrontationen enden konnte, doch selten zu einem Krieg eskalierte.

gowina schien alte Spannungen in Europa erneut an die Oberfläche zu spülen, mit Rußland auf der einen Seite, Deutschland auf der anderen, England zwischen beiden und einem nicht einzuordnenden Frankreich. 1995 brachte eine große Erleichterung, als dieser in höchstem Maße ernste europäische Konflikt (vorerst?) zu Ende verhandelt wurde: in Dayton, Ohio, unter amerikanischer Schirmherrschaft.

Das Abkommen von Dayton löste verschiedene Reaktionen in Europa aus. Wieder einmal war Europa gezwungen, so bemerkten einige Beobachter, sich hilfesuchend an die Vereinigten Staaten zu wenden, um seine Probleme lösen zu können. Sie erinnerten an die Jahre 1917, 1941 und 1947, als die demokratischen Staaten sich der stalinistischen Bedrohung ausgesetzt sahen. Andere vertraten die Ansicht, daß die USA wieder einmal zu spät eingegriffen und daß früheres Handeln möglicherweise viele Opfer erspart hätten. Wieder andere meinten, die USA hätten sogar einen Beitrag zu den neuen Konflikten geleistet, und zwar durch die Art und Weise, wie sie die vorherigen Konflikte beendet hatten: Der Versailler Vertrag, die Abkommen von Jalta und Potsdam waren alle nicht von langer Dauer gewesen. Doch damals wie heute wird der transatlantische Dialog fortgeführt. Dabei lautete die indirekte Botschaft, daß sich weder die Vereinigten Staaten aus Europa zurückziehen könnten, noch Europa seine eigenen Angelegenheiten ohne die USA regeln könnte. Die USA blieben eine „europäische" Macht.

Ebenso offensichtlich war, daß Rußland ein Teil der europäischen Gleichung war, ob als Feind (während der Konfrontation des Kalten Krieges) oder als Freund (am Ende des Kalten Krieges), oder als unbekannter Faktor (wie es in zunehmendem Maße seit der Mitte der 90er Jahre der Fall ist). In Europa kann ohne Rußland keine dauerhafte Sicherheitsstruktur errichtet werden. Dies war eine weitere alte europäische Schlußfolgerung, die erneut ihre Bestätigung fand.

Gegen Mitte der 90er Jahre hatten die Europäer bereits widersprüchliche Erfahrungen mit der dem Kalten Krieg folgenden Periode gemacht. Den Optimisten wurden die Grenzen der europäischen Institutionenbildung auf schmerzhafte Weise vor Augen geführt, auch wenn klar war, daß die europäischen Institutionen nicht zerbrechen würden. Die mittlerweile historische Freundschaft zwischen Frankreich und Deutschland blieb auch weiterhin der Schlüssel zur europäischen Sicherheit. Und die EU war *die* Form, diese Kooperation zu sichern und gleichzeitig zu verhindern, daß sie auf Kosten von anderen stattfand. Für die Pessimisten schienen sich die einschlägigen Szenarios zu bestätigen: Alte nationale Rivalitäten brachen wieder hervor, so wie sie es vorhergesehen hatten. Doch blieben die Rivalitäten in einem überraschend hohen Maße lokal begrenzt. Die Balkankrise weitete sich nicht zu einer Konfrontation der Großmächte aus; tatsächlich waren gerade die Großmächte bestrebt, dies zu verhindern.

Die Liste der Argumente könnte fortgeführt werden, und jede Seite könnte
Beispiele zur Bestätigung der eigenen Position anführen, so wie es die Pessimisten und Optimisten mit ihren parallelen Monologen zur Entwicklung in Europa über Jahre hinweg getan haben. Dabei schien niemand irgendjemandem
anderen zuzuhören (Mearsheimer 1990). Doch wenn wir uns das Konfliktproto-
koll der letzten Jahre ansehen, können möglicherweise Schlußfolgerungen über
die Konfliktbereiche der realen Welt abgeleitet werden, welche in der nahen
Zukunft wahrscheinlich sind. Relevante europäische Akteure erhielten somit
Hinweise darauf, wie sie inhaltlich die Agenda der Konfliktvorbeugung und der
Konfliktresolution zu gestalten hätten.[6]

3. Europa nach dem Kalten Krieg: Das Konfliktgeschehen

In seiner jüngeren Geschichte ist Europa niemals ein isolierter Kontinent gewesen. Im Gegenteil, Europa stand stets in regem Kontakt mit den meisten Teilen
der Welt. Zwar nimmt Europa nicht mehr die dominante Position des 19. Jahrhunderts ein, dennoch kann die Region noch immer nicht isoliert analysiert
werden. Europa trägt Konflikte aus, die aus seinem Inneren hervorgehen, aber
Europa ist ebenso abhängig von Konflikten, die in der direkten Nachbarschaft
ausgetragen werden, und reagiert auf diese Konflikte. Tatsächlich scheint Europa ein „Near Abroad" und ein „Far Abroad" zu besitzen; dies sind Begriffe, die
der russischen Debatte über die Sicherheitsangelegenheiten des Landes entlehnt
wurden. Mit der Einbeziehung der angrenzenden Regionen in das Verständnis
von Europa schärft sich das traditionelle Bild eines vom Atlantik bis zum Ural
reichenden, den Kaukasus einschließenden Europa. Das *Near Abroad* konstituiert sich aus dem Nahen und Mittleren Osten und Nordafrika, den Regionen, die
direkt an Europa grenzen. Zum *Far Abroad* gehören das Afrika der Sahara und
die sich südlich anschließenden Gebiete; ein Kontinent, der von Europa geformt
wurde und nun Europa formt, wie wir im weiteren Verlauf sehen werden. Für
eine historische Betrachtung brauchen wir zudem eine strikte Definition des
„bewaffneten Konflikts", eine solche Definition ist durch das Uppsala Conflict
Data Project gegeben (Sollenberg 1995). Sie ist die Grundlage der folgenden
Analyse.

Während des Kalten Krieges war die Erfahrung Europas mit manifesten,
gewaltsamen Konflikten begrenzt. Europa war stattdessen der Schauplatz eines
potentiellen Krieges von enormem Ausmaß, während das Gewaltpotential in
anderen Teilen der Erde – teils unter Beteiligung europäischer Potentiale – zumindest auf der Ebene der konventionellen Kriegsführung konkret eingesetzt
wurde. Europa erlebte während der 1970er und 1980er Jahre nur einen größeren

---

6 Das Aufstellen der Agenda ist ein bedeutender Teil der Debatte. Galtung analysiert die verschiedenen Agenden der Periode nach dem Kalten Krieg, siehe: „Geopolitics after the Cold
 War: an Essay in Agenda Theory", in: Clesse et al. 1994:195-209.

bewaffneten Konflikt, den in Nordirland, der politisch immer als interne Angelegenheit Englands (und Irlands) behandelt wurde. Erst im Jahr 1989 kam ein weiterer Konflikt in Europa hinzu, der kurze Bürgerkrieg in Rumänien, der zum Umsturz des Ceausescu-Regimes führte. Diese Konflikterfahrung markiert indes nur den Anfang der danach einsetzenden Gewalteskalation, wie aus Tabelle 1 hervorgeht.

.	1989	1990	1991	1992	1993	1994	1995
Europa	2	1	2	4	6	5	3
Near Abroad	5	5	7	5	7	7	7
Far Abroad	10	11	11	7	6	6	5
übrige Regionen	19	20	16	17	14	14	15
Gesamt	36	37	36	33	33	32	30

Tabelle 1: Konfliktentwicklung 1989-1995 – Häufigkeit größerer bewaffneter Konflikte

Quelle: Conflict Data Project, Dept. of Peace and Conflict Research, Uppsala University, Sollenberg / Wallensteen 1996.

Tabelle 1 regt zu einer Reihe von Überlegungen an. Erstens ist zu erkennen, daß Europa Erfahrungen gesammelt hat, die es deutlich von anderen Regionen der Periode nach dem Kalten Krieg unterscheidet. Der Großteil der Regionen, auch nahe an Europa gelegene, weist eine stabile oder abnehmende Anzahl von größeren Konflikten auf. Nur in Europa fand ein kontinuierliches Wachstum statt, wobei das Jahr 1993 den vorläufigen Höhepunkt dieser Entwicklung darstellt. Darin könnten die Pessimisten eine Bestätigung für ihre Einschätzung der Lage sehen, während sich Optimisten durch die Entwicklung in den anderen Regionen der Welt möglicherweise bestätigt sehen könnten. Allgemein bedeutete das Ende des Kalten Krieges, daß Konflikte, die Produkte des Kalten Krieges waren, sich in die Richtung einer Beendigung entwickelten, oder zumindest an Intensität verloren. Viele dieser Konflikte, insbesondere in Mozambique, Afghanistan, Kambodscha und Zentralamerika, nährten sich aus dem Macht-Dreieck USA-China-Sowjetunion. Das ermöglichte ihnen, Unterstützung entlang einer links-rechts Achse zu mobilisieren. Gegen Ende des Kalten Krieges versiegten die Quellen der Finanzierung in Form von Militärausbildung, Waffenlieferungen und Militärbasen. Die lokalen Akteure begannen deswegen, in Verhandlungen um Friedensvereinbarungen einzutreten. Als sich die militärischen Verhältnisse änderten, wurden in einigen Fällen sogar Regime gestürzt, die sich während des Kalten Krieges noch an der Macht hatten halten können.

Das europäische Szenario war ein anderes. Das Ende des Kalten Krieges wurde zwar von einem Prozeß der Demokratisierung begleitet, doch ebenso von einer Welle des Nationalismus, die sehr schnell längst eingefrorene Konflikte freilegte. Die Konflikte in dieser Region wurden reaktiviert, die Gelegenheiten für eine „Befreiung" wurden ergriffen. Einige Konflikte eskalierten innerhalb kurzer Zeit zu militärischer Gewalt. Der einfache Zugang zu Waffendepots und die militärische Ausbildung während des Kalten Krieges konnten jetzt für „wirkliche" Aktionen genutzt werden, doch nicht gegen externe Feinde, wie ursprünglich gedacht, sondern gegen die eigenen Landsleute.

Das *Near Abroad* ist eine Region, in welcher England und Frankreich bis vor kurzem noch Kolonisatoren gewesen waren und in welcher europäische Mächte wie Rußland und die Türkei „traditionelle" Interessen auch heute noch wahrnehmen. Es ist weiterhin – und dies muß nicht extra betont werden – eine Region, die reich an Ressourcen ist. Dort werden viele Konflikte ausgetragen, wobei der zwischen Israel und Palästina nur einer von vielen ist. Für viele europäische Länder haben Israel und Palästina indes eine besondere Bedeutung, trotz des Mangels an Ressourcen wie Öl. Aus der Perspektive der Konflikthäufigkeit betrachtet, weist das Near Abroad Europas ein Muster ohne große Schwankungen auf. Dennoch zeigen die Daten auch einige interessante Entwicklungen. Hier ist es in der Periode nach dem Kalten Krieg zu einem klassischen Typ zwischenstaatlichen Krieges gekommen, dem Golfkrieg, während dem sich die Entspannung zwischen den Großmächten ernsthaft bewähren mußte, und es auch tat. England, Frankreich und die Vereinigten Staaten entsandten Kampfeinheiten auf das Schlachtfeld und erlitten dabei nur geringe Verluste. Ihre Bereitschaft zu handeln beweist, wie eng der Mittlere Osten mit Europa verbunden ist. Eine intensive Debatte, vor allem in Holland und Deutschland, wie auf diesen Konflikt reagiert werden könnte, und insbesondere, ob andere Mittel als militärische eingesetzt werden sollten, hat diesen Krieg von Anfang an begleitet.

In der Region Near Abroad spielt noch ein weiterer Themenbereich, der in Abschnitt 5 behandelt wird, eine bedeutende Rolle für die Zukunft: der Aufstieg des politischen Islam, der Europa besonders augenfällig über die Konflikte in Algerien und ihre Auswirkungen auf Frankreich betrifft. Auch andere Konfliktfelder strahlen auf Europa aus, insbesondere die Zwangslage der Kurden. Diese Situation der türkischen und kurdischen Bevölkerungsgruppen verbindet vor allem die Türkei mit Deutschland.

Europas *Far Abroad*, der überwiegende Teil Afrikas, besteht aus einem zeitgenössischen Staaten- und Beziehungssystem, welches größtenteils durch Europa geprägt wurde: Kolonialismus und Apartheid. Hierin liegt der Grund dafür, daß sich Europa nicht von Afrika und seinen Konflikten lösen kann. Im Gegenteil, europäische Akteure zeigen sich tief in viele der auf dem afrikanischen Kontinent ablaufenden Konflikte verwickelt, i.e. in Südafrika, Zentralafrika (Ruanda, Burundi) und Westafrika. Das Handeln der europäischen Regierungen beeinträchtigt ihren Stand im eigenen Land. So hat die Entwicklung Südafrikas innenpolitische Implikationen in Großbritannien. Frankreich agiert weiterhin in Westafrika, manchmal in Konkurrenz zu Nigeria. Belgische Interessen sind in Zentralafrika noch immer lebendig. Italienische Friedenssicherungstruppen stehen in Somalia. Aus Tabelle 1 geht hervor, daß das Ende des Kalten Krieges mit der Verminderung der Konflikte in Afrika verbunden ist, gegenläufig zu den Entwicklungen in Europa. Tatsächlich zeigt eine kurze Untersuchung der Verläufe von Tabelle 1, daß während der Periode nach dem Ende des Kalten Krieges eine negative Korrelation zwischen Europa und dem Far Abroad besteht. Steigt die Anzahl bewaffneter Konflikte in Europa, so sinkt sie im Far Abroad, und umgekehrt. Diese Korrelation könnte mehr als nur ein statistisches Phänomen sein; möglicherweise signalisiert sie einen realen Zusammenhang, der mit den oben erläuterten Konsequenzen des Endes des Kalten Krieges bereits angesprochen wurde. In Südafrika hatten die Verteidiger des status quo geringere Chancen, europäische Unterstützung gegen den Afrikanischen Nationalkongreß (ANC) und Nelson Mandela zu erhalten, weil die europäischen Regierungen mehr in europäische Probleme involviert waren. Umgekehrt lag für führende europäische Staaten eine Aufrechterhaltung der Herrschaft der weißen Minorität möglicherweise eher während des Kalten Krieges in ihrem Interesse als danach.

Tabelle 1 zeigt somit einige der Verbindungen zwischen Europa und seiner Umgebung auf. Auch in Zukunft wird die Entwicklung dieser Regionen der Welt von besonderer Bedeutung für Europa sein, so sehr sich die Europäer auch von dem Rest der Welt abkapseln möchten. Dabei wäre es strategisch sinnvoller, darüber nachzudenken, wie sich Europa konstruktiver zu seiner Umgebung verhalten kann.

Dieser Ansatz erforderte aber eine genauere Untersuchung der Konfliktmuster unter dem Gesichtspunkt: Welche Konflikte sind in Europa selbst „initiiert" worden und welche wurden von „außen" stimuliert? Die erste Reihe von Fragen bezieht sich auf Konflikte im Zuge der Staatenbildung, die zur Zeit in Europa vorherrschend sind. Solche Konflikte rühren aus der Neugründung von Staaten oder aber aus einer drastischen Veränderung des Verhältnisses von zentralen und regionalen Interessen. Die zweite Fragenreihe bezieht sich auf Problembereiche der Regierungskontrolle und neuer Anforderungen an die Zusammensetzung der Regierung, die nicht zuletzt von einer religiösen Neubelebung abgeleitet sind. Diese beiden Problembereiche, die insbesondere bei innerstaatlichen Konflikten, aber ebenso bei anderen relevanten innerstaatlichen Situationen, zum Tragen kommen, haben verschiedene Implikationen für die Konfliktlösung selbst. Dieser Problematik wollen wir uns nun zuwenden.

4. Die Herausforderung der Staatenbildung

Die größeren bewaffneten Konflikte, die in Tabelle 1 aufgeführt wurden, können nach dem Streitgegenstand differenziert werden, was unter dem Begriff „Inkompatibilität" gefaßt wird (Heldt 1992). Auch unter diesem Gesichtspunkt findet sich in Europa ein anderes Muster als bei der übrigen Welt, wie aus Tabelle 2 entnommen werden kann.

	1989	1990	1991	1992	1993	1994	1995
Europa	50	100	100	100	100	100	100
Übrige Regionen	44	47	50	45	44	44	48

Tabelle 2: Territorialkonflikte – Inkompatibilität größerer bewaffneter Konflikte, 1989-1995 – Anteil aller Konflikte um territoriale Kontrolle in Prozent

Hinweis: Konflikte um territoriale Kontrolle beinhalten regionale Forderungen nach Autonomie, Unabhängigkeit oder Assoziierung mit benachbarten Staaten.
Quelle: Conflict Data Project, Dept. of Peace and Conflict Research, Uppsala University, Sollenberg/Wallensteen 1996.

Tabelle 2 zeigt einen deutlichen Kontrast zwischen Europa und den übrigen Regionen: Bei den größeren bewaffneten Konflikten in Europa geht es am häufigsten um territoriale Fragen. Im Vorfeld kommt es zum Zusammenstoß der Regierungen, die die existierenden Staaten erhalten wollen, und „Freiheitsbewegungen", die Selbstbestimmung bis hin zu Änderungen der Staatsgrenzen fordern. Diese Konflikte können als Konflikte über Staatenbildung verstanden werden. Sie entsprechen weder dem Muster des traditionellen klassischen Krieges zwischen zwei Staaten noch dem des klassischen Bürgerkrieges, der um die Kontrolle der Regierungsgewalt in einem gegebenen Staat geführt wird. Für viele stellt das erneuerte Interesse an der Staatenbildung eine Rückkehr zu einem historischen Entwicklungsstrang dar, in welchem der Kalte Krieg nur eine „Atempause" bedeutete, nämlich des hinausgezögerten Konflikts zwischen den Nationalitäten Europas. Dies ist nicht notwendigerweise eine korrekte Erklärung. Höchstwahrscheinlich hat der „Staat" heute eine andere Bedeutung (Giddens 1985). Er wird selbstverständlich immer noch als Garant gegen externe Bedrohungen und interne Kriminalität angesehen. Er nimmt darüber hinaus auch andere Funktionen wie Erziehung, Kultur und soziale Wohlfahrt i.e. in Bereichen wahr, die für große Teile der Bevölkerung von Interesse sind. Kurz, der Staat ist eine wichtige Ressource, nicht nur für dessen inhärente politische Macht, sondern auch für die Entlohnung von Teilen der Bevölkerung. Den Staat zu kontrollieren, ist daher bedeutender als je zuvor. Einen Staat neu zu kreieren bedeutet demnach, daß sich eine bestimmte Gruppe der Bevölkerung Ressourcen verschafft und vorbehält, die ihr in der existierenden Entität nicht zugänglich sind.

An dieser Stelle muß ein weiterer Umstand angesprochen werden: Die Problembereiche, die die aktuellen europäischen Konflikte bestimmt haben, liegen nicht im zwischenstaatlichen Bereich, sondern vielmehr *innerhalb* der Staaten. Derzeit haben wir es nirgends mit einem ernsthaften zwischenstaatlichen Konflikt der „klassischen" Art – i.e. ein Staat fordert eine Revision seiner Grenze zu einem benachbarten Staat – zu tun. Die Konflikte werden bestimmt von Gruppierungen, die innerhalb eines international anerkannten Staates Autonomie, Selbstbestimmung oder Trennung von dem derzeitigen Staat fordern. In vielen dieser Fälle lassen sich leicht Verbindungen zu benachbarten Staaten verfolgen, in Form von politischer Unterstützung, Intrigen, Waffenlieferungen oder finanzieller Hilfe. Hierbei fällt auf, daß diese Konflikte von den darin verwickelten Parteien oft als innere Angelegenheiten betrachtet werden, nicht als internationale. Dies hat Folgen für die Konfliktlösung. Es muß nicht erwähnt werden, daß Konflikte, welche um die Staatenformierung ausgetragen werden, für das übrige Staatensystem von Bedeutung sind. Das Auseinanderbrechen eines Staates könnte ein Präzedenzfall für andere Staaten werden.[7]

Da es innerhalb Europas eine größere Anzahl von Konflikten dieser Art gibt als irgendwo sonst auf der Welt, ist es notwendig, die Besonderheit der Staatenbildung in Europa zu untersuchen. Tabelle 3 gibt einige Einblicke dazu.

	Anzahl der Staaten		Staaten je Millionen km^2		Staaten je 20 Millionen Einwohner	
	1989	1995	1989	1995	1989	1995
Europa	33	46	3,1	4,3	1,0	1,4
Near Abroad	18	17	1,8	1,7	1,8	1,8
Far Abroad	46	47	1,9	2,0	2,0	3,0
Americas	35	35	0,8	0,8	1,0	1,0
Asia	28	33	0,7	0,8	0,2	0,2
Oceania	11	14	1,2	1,6	8,0	10,4

Tabelle 3: Staatenbildung nach dem Kalten Krieg 1989-1995

Hinweise: Near Abroad = Naher und Mittlerer Osten (13 Staaten 1989, 12 Staaten 1995) mit Nord-Afrika (5 Staaten); Far Abroad = Afrika ohne Nord-Afrika.

20 Millionen Einwohner – Daten nach dem jeweils letzten verfügbaren Zensus (für 1989 und 1995 gleich).

Quelle: Conflict Data Project, Dept. of Peace and Conflict Research, Uppsala University, Sollenberg/Wallensteen 1996.

---

7 Ragionieri (1994:41-44) listet 29 Konflikte in Europa auf, wobei die meisten als zwischenstaatlich definiert werden, hingegen alle Staatenformierungsprobleme beinhalten. Die Auflistung sollte möglicherweise noch länger sein, indem beispielsweise der griechisch-makedonische Konflikt, die Dispute am Kaukasus sowie ernsthafte Dispute um Regierungen hinzugefügt werden könnten (i.e. in Moskau 1993). Es sollte angemerkt werden, daß nur fünf der von Ragionieri aufgezählten Konflikte zu einem größeren oder kleineren bewaffneten Konflikt während der Jahre 1989-1995 führten.

Tabelle 3 enthält Informationen über die Beziehung zwischen international anerkannten Staaten und der mittleren Größe von Regionen (Fläche bzw. Einwohner), die von besonderem Interesse sind. Die ersten beiden Spalten enthalten die Veränderungen der Anzahl von Staaten. Während der Periode nach dem Ende des Kalten Krieges entstanden in jeder Region neue Staaten, nur im amerikanischen Raum (Americas) nicht. In einer Region führten diese Staatsbildungsprozesse zu einer niedrigeren Anzahl von Staaten (Naher und Mittlerer Osten: Vereinigung Jemens). Die Angaben in der Spalte „Staaten je Millionen Quadratkilometer" zeigen, daß Europa die höchste Staatsdichte besitzt; es läßt jede andere Region weit hinter sich. Nach dem Kalten Krieg ist diese Diskrepanz noch größer geworden. In der modernen europäischen Geschichte sind innerhalb der kurzen Zeitspanne von sechs Jahren mehr neue Staaten gegründet worden als zu irgendeiner anderen Zeit, sieht man von der Zeit direkt nach dem Ende des Ersten Weltkrieges ab. All diese Staaten befinden sich indes in Mittel-, Südost- und Osteuropa. In Westeuropa sind die Grenzen seit 1919 bemerkenswert stabil.

Wird Rußland ausgeschlossen, so ist der durchschnittliche Territorialstaat in Europa kleiner als 150.000 km², daß heißt ein wenig größer als Griechenland. Der globale Durchschnitt liegt bei mehr als 700.000 km². Europa ist daher, mehr als jede andere Region, die Wiege der Staatenbildung und des „Mikro-Nationalismus", um einen Ausdruck zu verwenden, den beispielsweise der UNO-Generalsekretär Boutros Boutros-Ghali verwendet hat. In anderen Worten: Entspräche die weltweite Staatendichte der Europas (einschließlich Rußlands), so gäbe es heute weltweit 540 Staaten anstelle der circa 200. Staatenbildung in Europa war viel enger mit Gewalt verbunden als in anderen Teilen der Welt. Beispielsweise verlief der Prozeß der Dekolonisation von Südamerika im letzten Jahrhundert und von Afrika in den 60er Jahren unter Anwendung von weniger Gewalt als in Europa während des Ersten und Zweiten Weltkrieges.

Die besondere europäische Erfahrung kann anhand der beiden Spalten nachvollzogen werden, welche die Beziehung zwischen Bevölkerungsgröße und Staatenbildung verdeutlichen. Das Verhältnis von Staat und Bevölkerung ist auffällig ähnlich in Europa, im Near Abroad und im Far Abroad. In Amerika, einem Gebiet der Welt, das zumindest von der europäischen Erfahrung der Staatenbildung geprägt worden ist, liegt dasselbe Muster vor. In diesen Regionen existieren für je 20 Millionen Menschen ein oder zwei Staaten, in Europa hat die Dichte noch zugenommen. Sie stehen im Gegensatz zu Asien, wo weniger Staaten vorhanden sind, und zu Ozeanien, wo sie weitaus häufiger sind. Dies spiegelt grundlegende demographische und geographische Unterschiede wider. Die Durchschnittsbevölkerung eines asiatischen Staates liegt bei mehr als 80 Millionen Einwohnern. In Ozeanien sind es weniger als zwei Millionen. In diesen Regionen mußte die Staatenbildung entweder die Hürde der großen Bevölkerungszahl oder die geographische Fragmentierung eines Archipels überwinden. Indonesien und die Philippinen verbinden beides.

Der europäische Staat hat eine mittlere Bevölkerungsgröße von ungefähr 15 Millionen Einwohnern. Wäre dies die Norm, bestünde die Welt aus etwas mehr als 350 Staaten, dies bedeutete nahezu eine Verdoppelung der heutigen Anzahl, doch möglicherweise ist dieser Aspekt einfacher zu handhaben, als wenn wir Gebietsgrößen verwendeten. Da Europa Vorreiter für den Großteil der Staatsbildung der Welt war, begann es mit einem Modell von geringer Bevölkerungszahl und kleiner Territorien. Das für die Staatenbildung verfügbare Territorium veränderte sich selbstverständlich nicht, wohl aber die Bevölkerung. Die frühesten europäischen Staaten, die um das Jahr 1500 gegründet wurden, waren erstaunlich klein, doch viele von ihnen unverwüstlich: Im Lauf der Jahrhunderte überlebten sie, gingen unter und tauchten in unterschiedlichen Sequenzen wieder auf. Diese europäische Staatengeschichte kontrastiert mit der Asiens, das heute aus einigen sehr großen und vielschichtigen Staaten besteht, wovon einige aus Vorläufern der früheren Geschichte hervorgegangen sind. Wäre Asien die Norm, bestünde die Welt heute aus nur 50 Staaten, einem Viertel der heutigen Anzahl. Daher wäre es in höchstem Maße erkenntnisreich, die asiatische und europäische Form der Staatenbildung zu untersuchen. Wir können weiterhin feststellen, daß Europa, das bereits eine Reihe kleinerer Staaten einschließt, der Kontinent ist, der auch heute noch die meisten Staatengründungen hervorgebracht hat,[8] während in Asien die Anzahl der Staaten so gut wie konstant blieb.[9]

Das Ergebnis ist, daß 57 % aller Staaten heute zu Europa und seinen beiden angrenzenden Regionen zählen, obwohl der Anteil an der Weltbevölkerung nur etwas mehr als ein Viertel beträgt. Dies bedeutet, daß Europa mehr als jede andere Region der Herausforderung der Staatenbildung ausgesetzt war und ist. Die Entwicklung der ersten Jahre nach dem Ende des Kalten Krieges legt nahe, daß Europa noch immer nicht der damit verbundenen Aufgabe gewachsen ist. Die Auflösung von Jugoslawien mag unvermeidbar gewesen sein, die Kriege waren es nicht. Die friedliche Auflösung der sowjetischen und der tschechoslowakischen Union sind ein konkreter Beweis für diese Annahme. Die Schlüsselfragen müssen aber dennoch klar verstanden werden. Die weiteren Erfahrungen der *de facto* unabhängigen Staaten wie der Transdnjester Republik (Moldavien), Abchasien (Georgien), Nagorny-Karabach (Aserbeidschan) und, für eine gewisse Zeit, Tschetschenien (Rußland) unterstreichen die vielfältigen Ausdrucks-

---

8   Dies ist nicht unbedingt neu. Tilly schätzt, daß die Anzahl der souveränen Entitäten im Europa des 15. Jahrhunderts um die 500 betrug (Tilly 1975, Kapitel 1). Andere Quellen zeigen, daß etwa 200 Entitäten von Staaten am Wiener Kongreß teilnahmen. Doch besitzen Staaten heute, wie wir argumentierten, viele Funktionen, welche sie von den historischen Fürstentümern unterscheiden.

9   Es findet eine Debatte um „asiatische Werte" statt, derzufolge in Asien vollkommen andere Herrschaftstraditionen als im Westen vorherrschen. Oft bilden solche Argumente eine Verschleierung für autoritäre Herrschaftsformen. Dennoch suggerieren die präsentierten Daten, daß möglicherweise ein bedeutender Unterschied vorhanden ist, der mit der „politischen Größe" zwischen Ost und West zu tun hat.

möglichkeiten desselben Prozesses. Würden diese möglichen Staaten international anerkannt, so würde die Dichte der Staaten in Europa weiter zunehmen. Es spricht heute nichts dagegen, daß dies innerhalb der nächsten zehn Jahre Realität werden könnte.[10] Wenn ein europäisches „Modell" zur Handhabung von Vielfalt existiert, dann scheint es so, als läge sie darin, widerstrebend die Schaffung von Staaten für jede (selbstdefinierte) Gruppe zu akzeptieren, die ihn fordert. In diesem Zusammenhang erscheint auch ein sich selbst verstärkender Mechanismus zu greifen: Je mehr Staaten akzeptiert werden, desto unlogischer erscheint es, zusätzliche Staaten nicht mehr zuzulassen. Die Fragmentierung hat ihre Eigendynamik.[11] Widerstand des Zentrums kann den Prozeß nur verzögern und erhöht die Kosten, so wie beispielsweise für Rußland derzeit im Fall von Tschetschenien.[12]

Die Implikationen eines solchen Prozesses müssen verdeutlicht werden. Die Befürworter könnten argumentieren, daß dies eine unvermeidbare und im Grunde positive Entwicklung ist, denn es bedeutet eine Verringerung der Distanz zwischen Regierenden und Regierten. Innerhalb kleinerer und in gewisser Weise auch homogenerer Entitäten sind die Regierenden möglicherweise eher in der Lage, den Wünschen der Regierten gerecht zu werden. Kurz, die Fragmentierung basiert auf dem Willen der Bevölkerung und dieser Prozeß fördert, wenn er erfolgreich ist, das demokratische Wachstum. Ein eher negatives Argument liegt darin, daß keine notwendige Verbindung zwischen Größe und Demokratie existiert. Die Welt hat bislang vermutlich mehr kleine als große autoritäre Staaten gesehen. Hinzu kommt die mögliche Gefahr, welche die auf „Homogenität" basierenden neuen Staaten in gewisser Weise in sich bergen, ein Klima der Exklusivität und der Xenophobie zu schaffen, das zum Nachteil für die Minoritäten und die Opposition gerät. Menschen werden somit Gefangene in Ländern, von denen sie nicht akzeptiert werden, oder sehen sich gezwungen, zu flüchten, um der Verfolgung oder sogar dem Tod zu entkommen. Mit anderen Worten, es muß möglich sein, Lösungen für Selbstbestimmungskonflikte

---

10 In anderen Teilen der Erde existieren ebenfalls solche aufstrebenden Staaten. Die Unabhängigkeit von Eritrea hat möglicherweise Somaliland und den südlichen Sudan dazu animiert, nach Unabhängigkeit zu streben. In Asien existieren ebenfalls viele mögliche Staaten, vor allem Tibet, Taiwan (beide gehören zu China), die tamilischen Gebiete von Sri Lanka, verschiedene Teile von Indonesien, Bougainville (Papua Neu Guinea), etc.

11 Dies ist mit Sicherheit kein Problemfeld, welches auf Ost- und Zentraleuropa begrenzt ist. Auch Länder des Westens bekommen dieses Problem zu spüren. Italien ist ein solcher Fall, Belgien weiterhin ein Fragezeichen, Frankreich hat das Problem mit Korsika sowie Großbritannien mit Nordirland und Spanien, obwohl es dieses Problem in seiner Verfassung behandelt, sieht sich noch immer einer baskischen Revolte gegenüber.

12 Tschetschenien ist möglicherweise das erste „Vietnam" der Periode nach dem Kalten Krieg: ein Konflikt, in dem eine Großmacht keinen Grund für eine Fortsetzung des begonnenen Kampfes sieht, zum Vorteil einer starken Verpflichtung gegenüber dem status quo. Tatsächlich wurde diese Verpflichtung bereits durch die Brutalität der Handlungen demonstriert, vielmehr als durch das Endergebnis.

innerhalb größerer Entitäten zu finden und auf diesem Wege den Zielen von Demokratie und staatlicher Integration gerecht zu werden.

Sollte sich der Trend zu weiteren (und kleineren) Staatseinheiten fortsetzen, so wird dieses Szenario auch einige Überraschungen mit sich bringen. Eine besteht darin, daß mit einer größeren Anzahl von kleineren Staaten die Notwendigkeit der internationalen Kooperation zunimmt. Je kleiner die Einheiten sind, desto größer ist die Notwendigkeit der wirtschaftlichen Zusammenarbeit und somit auch die Notwendigkeit, die Bewegungsfreiheit der Menschen zuzulassen. Überdies setzt die Sicherheit kleinerer Einheiten internationale Kooperation voraus, es sei denn, die neugeschaffenen Staaten würden erneut Teil der größeren Einheit, von der sie sich gerade abgespalten hatten. Daher könnte die Tendenz zu regionaler Integration integraler Bestandteil der zukünftigen Entwicklung der steigenden Staatenanzahl werden.[13] Auf der regionalen Ebene könnten somit einige der Probleme der politisch unterdrückten Heterogenität gelöst werden.

Die Europäische Union ist in diesem Zusammenhang für die Führungen der meisten neugeschaffenen Staaten ein attraktiver Kandidat. Ihre Attraktivität könnte sogar besonders groß werden, solange die EU nicht der Versuchung erliegt, zum Supra-Staat mit hegemonialem Anspruch zu werden. Eine solche Entwicklung würde die kürzlich erworbene Souveränität unterminieren und somit von vielen der neuen Staaten abgelehnt werden. Innerhalb des europäischen Rahmens bieten sich zudem zunehmend mehr Alternativen der Konfliktlösung, da dieser Rahmen die Möglichkeit der Kombination von subregionaler Selbstregierung mit internationaler Kooperation beinhaltet. Zum Beispiel hat sich gezeigt, daß die baskische Identität in einem europäischen Kontext eher zu stärken ist als in einem spanischen. Der von dem französischen Premierminister Balladur 1994 initiierte Stabilitätspakt erwies sich als ein imaginatives Konzept für die Ausweitung der Kooperation in der EU, kombiniert mit der Unterstützung für Minoritäten.

Heute existieren konkurrierende Institutionen für die Konfliktlösung in Europa. Eine ist die OSZE, die Europa und sein östliches Near Abroad, (i.e. Zentralasien) sowie zwei größere gewichtige Akteure, Japan (Beobachter) und die USA (Gründungsmitglied) einschließt. Bisher ist dies eine Organisation gewesen, die einige Erfolge bei der frühen Konfliktvorbeugung erzielt hat. Die Vorteile der OSZE bestehen darin, daß einerseits Rußland ihr gegenüber eine positive Haltung einnimmt, und andererseits darin, daß die Gesetze für die Entscheidungsfindung eine Ratifizierung durch eine Staatenminorität ausschließen. Sie kontrastiert zur NATO, die unter enger amerikanischer Kontrolle steht und deswegen „effektiv" ist, weil sie auf enorme Ressourcen zurückgreifen kann,

---

13 Es ist interessant festzustellen, daß die Befürworter der nationalen Souveränität, welche auch die Kritiker der Europäischen Union sind, gleichzeitig die Notwendigkeit einer internationalen Zusammenarbeit hervorheben, wenngleich sie auch eine andere Form als die der EU bevorzugen.

die Unterstützung einer Supermacht hat und eine eingespielte Organisation besitzt. Dennoch war die Legitimation der NATO in den Augen vieler Staaten und Bevölkerungen in Europa gering. Ihre Bedeutung für IFOR in Bosnien und Herzegowina könnte ihr Image signifikant verändern. Die NATO könnte möglicherweise effektiver sein, wenn ihre Grundsätze neu verfaßt, sie dem UN-Sicherheitsrat unterstellt und die Mitgliederzahl erhöht würden.

Beide Organisationen schließen die Nachbarregionen Europas nicht mit ein. Unter dem Gesichtspunkt der Konfliktlösung existiert für diese Gebiete kein bestimmtes operatives Rahmenwerk. Die Arabische Liga umfaßt laut Definition keine bedeutenden Akteure wie Israel oder die Türkei. Die Organisation für Afrikanische Einheit (OAU) kann, laut Satzung, keine europäischen Länder aufnehmen. Die drei eng miteinander verbundenen Gebiete Europa, Naher und Mittlerer Osten und Afrika besitzen somit keinen gemeinsamen organisatorischen Rahmen. Dies bedeutet, daß Konflikte, in die Akteure dieser Regionen involviert sind, an die stärkste der regionalen Organisationen delegiert werden müssen oder an die Vereinten Nationen. Die Einbeziehung der UN war extensiv in diesen Regionen, doch ihre Erfolgsgeschichte ist bislang fragwürdig.

Doch genau ein solcher institutioneller Rahmen ist notwendig für die Gestaltung dieser Region. Ohne ein solches Rahmenwerk werden wahrscheinlich unilaterale Handlungen einzelner Akteure zur Norm.

5. Herausforderungen der Regierungsgewalt

Die Problematik der Staatenbildung beherrscht die Agenda der europäischen Arena nach dem Kalten Krieg. Es ist indes nicht das einzige Problem, das zu bewaffneten Konflikten führte, die sich während dieser Periode und in dieser Region ereigneten. Wenn die Entwicklungen in den benachbarten Gebieten mit eingeschlossen werden, so wird deutlich, daß die Probleme der Regierungskontrolle von besonderer Signifikanz sind. Im Nahen und Mittleren Osten und in Afrika wurde die Staatsgewalt herausgefordert, in einigen Fällen sogar gestürzt. Dies führte dazu, daß Regierungsfunktionen für einen beträchtlichen Zeitraum außer Kraft gesetzt wurden. Und solche Probleme sind auch für Europa von Bedeutung, da Ideen, Menschen und Waffen Grenzen überschreiten. Hier stehen besonders vier Aspekte in Verbindung zu Konflikten in Europa: wirtschaftliche Entwicklung, demokratische Legitimation, religiöses Wiedererstarken und ökologische Nachhaltigkeit.

Wirtschaftlicher Niedergang: Die Schlacht um das Weiße Haus in Moskau im Oktober 1993 war Teil eines Machtkampfes innerhalb des größten und bevölkerungsreichsten Staates von Europa, Rußland. Sie war Ausdruck eines Zusammenstoßes zwischen einem so gut wie nicht-repräsentativen Parlament und der präsidialen Autorität, welche das Land effektiv zu führen versuchte; und dies inmitten einer krisenträchtigen und sozial schädlichen ökonomischen

Transformation. Die wirtschaftlichen Veränderungen in Mittel- und Osteuropa führten in vielen Ländern zu ähnlichen Machtzusammenstößen, die in einigen in der Rückgewinnung der Macht durch die (reformierten?) kommunistischen Parteien endeten, wenn auch mit demokratischen Mitteln. Die Auswirkung der zukünftigen wirtschaftlichen Entwicklung auf das politische Konfliktverhalten stellt ein bedeutsames Problem dar. Wirtschaftliche Probleme könnten nicht nur die Kommunisten stärken, die argumentieren könnten, daß „die Zeiten früher besser waren", sondern auch nationalistische Einstellungen verstärken, die eine protektionistische und isolationistische Politik vertreten. Somit kann der wirtschaftliche Niedergang auch den Widerstand gegen die Regierung stimulieren und die Fragmentierungstendenzen noch verstärken, die in Abschnitt 4 spezifiziert wurden. Dies trifft nicht notwendigerweise nur auf die neuen Staaten in Osteuropa zu. Anhaltende, scheinbar dauerhafte Arbeitslosigkeit in Westeuropa könnte ebenso in unlösbaren Herausforderungen resultieren; wirtschaftliches *Wachstum* mag einigen zu Gute kommen, doch wirtschaftliche *Entwicklung* impliziert, daß die Gesellschaft als Ganze davon profitiert. Bleibt die wirtschaftliche Entwicklung aus, kommt es möglicherweise zu sozialen Spannungen, die sich auf die Politik übertragen. In Westeuropa sind in diesem Fall wahrscheinlich schnelle Regierungswechsel die Folge, indem politische Kräfte, die vormals als „Ausgestoßene" galten, eine neue Legitimität erhalten oder indem sich vollkommen neue Kräfte formieren. Auf der lokalen Ebene könnte dies in Gewaltausbrüche münden. Angriffe auf große und nicht integrierte Immigrantengemeinden zeigen, wer Ziel derartiger Gewaltausbrüche sein dürfte. Fortwährende Arbeitslosigkeit ist der Nährboden für Rassismus. Ein solches Szenario, hervorgerufen durch einen Mangel an ökonomischem Wachstum, konstituiert eine der drohendsten Konfliktgefahren in Europa.

Demokratische Legitimation: Das Near und Far Abroad Europas war in den letzten Jahren Schauplatz des Zusammenbruchs vieler Regierungsstrukturen. Der Libanon war einer der ersten Fälle. Er zeigt, welche Schwierigkeiten die Rekonstruktion eines Staatswesens bereitet. Andere Beispiele sind Somalia und Liberia. Die Muster gleichen sich: Eine Gruppe versucht, der amtierenden Regierung die Kontrolle zu entziehen, womit eine Gegenaktion hervorgerufen wird; innerhalb der Opposition treten Spaltungen auf, und nach einiger Zeit hört das Land auf, als zentralisierte Einheit zu funktionieren. Ein solches Muster scheint für Westeuropa nicht relevant zu sein, doch führt es uns zu der Frage nach dem Autoritarismus, der europäische Wurzeln hat. Beispielsweise folgte in Europa auf den Kalten Krieg in einigen Ländern eine autoritäre Herrschaft, wenn auch mit einer Art demokratischer Legitimation: Die Länder des Kaukasus und Weißrußland sind hier Beispiele. Auch der Regierungsgewalt in Kroatien und Serbien-Montenegro fehlt die demokratische Legitimation. Die autoritären Regime beziehen ihre Legitimität vielmehr aus dem Kriegsgewinn statt aus dem Willen der Bevölkerung, dem demokratischen Souverän.

Peter Wallensteen

Das Problem der Regierungsgewalt hängt mit der Legitimation der demokratischen Ordnung an sich zusammen, sowohl in Anbetracht der ökonomischen Probleme als auch aufgrund ihrer moralischen und normativen Inhalte. Korruption und das Aufdecken von Skandalen ist nicht nur eine Taktik, die eine bestimmte Führung unterminiert, vielmehr könnten sie die Glaubwürdigkeit eines gesamten politischen Systems in Frage stellen. Ein Grund für den Sturz der kommunistischen Regime lag in ihrer Ineffizienz, doch ausschlaggebend war das Privilegiensystem der Nomenklatura. Die Regime wurden zunehmend als die Kleptokratien wahrgenommen, die sie tatsächlich waren. Ursprünglich fehlte den kommunistischen Systemen jegliche Legitimität, mit Ausnahme der durch die berechtigte Angst vor äußerer Bedrohung. Parallelen Herausforderungen müssen sich die demokratischen Systeme stellen. Der linksradikale Terrorismus der 60er und 70er Jahre fand zu keinem Zeitpunkt öffentliche Unterstützung. Damals erschien die Legitimität der Regierungen unbestritten. Das ist heute nicht mehr garantiert. Jede Regierung muß sich ihre Legitimation in einer kritischen Bevölkerung erarbeiten. Wenn sich eine Regierung öffentliches Vertrauen verdient, so prosperiert die Demokratie, wenn nicht, könnte Autoritarismus die Folge sein. Dies ist ein ernsthaftes Problem, dem man ins Auge sehen muß. Und dies ist vor allem deswegen der Fall, weil zumindest im europäischen Kontext die Demokratie wesentlich zur Aufrechterhaltung des inner-westeuropäischen Friedens während des Kalten Krieges beitrug (Gleditsch 1995). Bei allen Risiken liegen hier auch die Chancen des Friedens durch Demokratie.

Religiöses Wiedererstarken: Die drei benachbarten Regionen sind die Heimat von drei ebenso schöpferischen wie beständigen philosophischen Systemen: Judentum, Christentum und Islam. Diese Systeme haben zum Säkularismus mit Lehre, Schrifttum und Wissen beigetragen. Alle drei haben die Universität als eine Institution geprägt, Wissen zu erhalten und zu entwickeln. Ein gemeinsames Problem der Systeme liegt in dem Risiko, daß sie sich zu harten, dogmatischen und selbsterhaltenden Denksystemen fortentwickeln, die politische Exklusivität verlangen. Gegen Ende des Kalten Krieges wurde den fundamentalistischen, politischen Interpretationen des Islam besondere Aufmerksamkeit zuteil, weil in vielen fundamentalistischen Erklärungen Europa und der Westen Ziel der Kritik waren. In den benachbarten Regionen manifestierte sich diese Entwicklung in einer ganzen Serie von Ereignissen: in der Iranischen Revolution, im Libanesischen Bürgerkrieg, in irakischer Agitation während des Kuwaitkonflikts, in Herausforderungen der autoritären Regime in Ägypten und Algerien und in Aktionen islamischer Gruppen gegenüber Israel. Diese Entwicklung ist umso bedeutsamer, als große Bevölkerungsteile im heutigen Europa ursprünglich aus diesen Ländern stammen. Es war demnach symptomatisch, daß der erste Protest gegen das Werk von Salman Rushdie, „Die Satanischen Verse", in Bradford, England, laut wurde. Andererseits darf nicht vergessen werden, daß viele Immigranten ihre Länder wegen der rigiden Auslegung ihrer Religion verlassen haben.

Dennoch wäre das Bild nicht vollständig, wenn nicht die harten Interpretationen der anderen Denksysteme hinzugefügt würden. Im Judentum ist die kompromißlose Haltung gegenüber der palästinensischen Bevölkerung in den Vereinigten Staaten verankert. Die verwendeten Argumente sind ausschließlich religiöser Art, beispielsweise, daß jenes Gebiet, das heute die Westküste ist, ein Land sei, welches den Juden einmal gegeben wurde und das ihnen zurückgegeben werden muß. Die aus solchen politischen Positionen resultierende Gewalt beeinträchtigt die Aussichten auf Frieden im Nahen und Mittleren Osten. Das strahlt auch nach Europa aus. Auch das Christentum läßt in mancher Hinsicht dogmatischere Züge erkennen. Obwohl derartige Interpretationen des Christentums sich bislang nur am Rande bemerkbar machen konnten, gilt dies möglicherweise nicht für die Zukunft. In den Vereinigten Staaten gewannen rechtsgerichtete christliche Aktivisten übermäßig großen Einfluß. Selbstverständlich kann es auch in Europa zu ähnlichen Entwicklungen kommen. Bis jetzt war dieses Problem mit der Immigrantenbevölkerung verbunden, wenn Forderungen nach speziellen Schulen, Orten des Gottesdienstes, etc. auf einigen Widerstand stießen. Solche Ablehnung könnte sich auf undurchsichtige christliche Argumente stützen, doch entstammt sie in manchem Fall auch purem Rassismus. Das Aufnehmen eines Euro-Islam-Dialoges ist daher eine dringende Angelegenheit (Lundén 1995). Wie schon zuvor sehen wir uns aufkeimenden Risiken gegenüber und müssen erkennen, daß nur rechtzeitiges Handeln hilft, um mögliche Konflikte abzuwenden.

Ökologische Nachhaltigkeit: Die ökologische Frage hat in Europa mehr als irgendwo sonst dazu beigetragen, die politische Landschaft neu zu gestalten. Die Umweltprobleme sind eine Folge der industriellen Gesellschaft mit ihrem Mißbrauch der Natur, der natürlichen Ressourcen und der menschlichen Anpassungsfähigkeit. Auch wenn es schon Vorgänger gab, entstand die Grünen-Bewegung in Europa während der 70er Jahre. In einigen europäischen Ländern sind solche sozialen Bewegungen zu parlamentarischen Interessenvertretungen mutiert, vor allem in Skandinavien und Deutschland. Bemerkenswert ist auch die Beobachtung, daß die erste Öffnung („Glasnost") in der Sowjetunion eine Reaktion auf Umweltzerstörung war: Es war der Unfall von Tschernobyl im Jahr 1986 ein Schlüsselereignis für die internen Veränderungen des sowjetischen Blocks. Auch die estländischen Unabhängigkeitsbewegungen begannen als Protestbewegungen gegen geplante große und umweltzerstörerische sowjetische Investitionen. Die Umwelt ist ein Bereich, der mehr als andere die Bevölkerungen in Ost- und Westeuropa vereint. Beispielsweise betrifft ein Großteil der westlichen Investitionen im Baltikum ökologische Belange, die im Interesse aller Einwohner liegen.

Die heftigen Auseinandersetzungen um ökologische Probleme in Europa tragen möglicherweise nicht in demselben Maße wie die drei vorigen Problembereiche das Risiko gewalthafter Konflikte in sich. Ein Arsenal an gewaltlosen Techniken, die von den Protestbewegungen angewandt werden und die bislang auch effektiv waren und als mit den etablierten demokratischen Praktiken kompatibel akzeptiert worden sind, steht zur Verfügung. Es könnte sogar argumentiert werden, daß sie die Demokratie noch „vertiefen", da es für die Bevölkerung machtvolle Instrumente der Mitbestimmung sind. Wie dem auch sei, die ökologischen Belange beeinflussen die Art und Weise, wie politische Prozesse heute ablaufen. In anderen Gebieten der Welt bestärkt dieses Problem eher die Herausbildung von Feindbildern und damit zu konfrontativen, feindlichen Beziehungen zwischen Staaten, beispielsweise in der Beziehung zwischen Indien und Bangladesch.[14] Sowohl im Near Abroad als auch im Far Abroad Europas nimmt die Frage nach Wasser erschreckende Proportionen an. Erneut erkennen wir Risiken, die bestimmte Handlungsabläufe in Gang setzen könnten, so daß sie Anlaß genug bieten, Lösungen für diese Probleme zu finden, bevor sie außer Kontrolle geraten.

6. Konfliktlösung in Europa

Die vorangegangenen Abschnitte haben die Überfülle an Konflikten in Europa illustriert. Es gibt weiterhin Parteien, Themenkomplexe und Verhaltensweisen, die garantieren, daß Europa wahrscheinlich auch in Zukunft keine Region der Harmonie sein wird. Dies ergibt sich zusätzlich durch die enge Verbindung der Region mit dem ihr benachbarten Near und Far Abroad. Ein düsteres Szenario der Zukunft scheint nahezuliegen. Jedoch existieren ebenso andere Tendenzen. Konflikte geben Anlaß, Konfliktlösung zu versuchen. Häufig kommen solche Maßnahmen zu spät oder haben nur eine geringe Wirkung auf frühe Phasen des Konflikts. Das Ende eines Konflikts erfordert sehr oft ein Übereinkommen zwischen den kämpfenden Parteien. So gesehen weist die Ära nach dem Kalten Krieg bemerkenswerte Entwicklungen auf, sowohl in Europa als auch in den angrenzenden Regionen. Die Vereinigung Deutschlands und die Charta von Paris im Jahr 1990 markierten gleichzeitig das Ende der einen Periode und den Beginn einer neuen. In einigen der ernsthaftesten Konflikte wurden Waffenstillstandsvereinbarungen ausgearbeitet und auch verwirklicht (Moldavien, Georgien, Aserbeidschan), oder waren zumindest über einen längeren Zeitraum wirksam (Nordirland, Tschetschenien). Eine Anzahl von Disputen ist nicht eskaliert, wie viele es vorhergesagt hätten (i.e. Kosovo, Mazedonien vs. Griechenland, Griechenland vs. Albanien, Griechenland vs. Türkei). Viele Dispute blieben unterhalb der Schwelle von gewaltsamen Handlungen oder militärischen Bedrohungen (i.e. der Status der Ungarn in der Slowakei, Rumänien, BR Jugoslawien, russische und baltische Länder). Mit anderen Worten, es wurden Wege und Möglichkeiten gefunden, diese Konflikte einzudämmen. Gleichzeitig kam es nach so vielen Kriegen in Europa nur zu einem Friedensvertrag, und diese

---

14 Für eine detaillierte Studie über einen Fall, siehe Swain 1996. In diesem Zusammenhang sind international genutzte Flüsse von Interesse, siehe Wallensteen und Swain 1996

Übereinkunft kam nur durch die zusätzlich konzentrierten Versuche der USA und Rußlands zustande: das Dayton-Abkommen über Bosnien-Herzegowina. In den Nachbarregionen fanden vergleichsweise intensivere Versuche statt, Frieden zu erreichen. Es gibt eine Übereinkunft über den Libanon, in Oslo wurde 1993 eine Vereinbarung für Palästina und Israel ausgearbeitet, der Demokratisierungsprozeß in Südafrika führte zu nationalen und lokalen Wahlen, die Demokratie wird dazu genutzt, die Kriege in Mozambique und Angola zu beenden. Auch in Afrika gibt es bemerkenswerte Kreativität in der Handhabung einiger seiner Konflikte.

Der Kernpunkt bei Konflikten und dem damit verbundenen Risiko ist, daß sie zugleich die Chance der Konfliktlösung eröffnen, möglichst zu einem frühen Zeitpunkt. Hier können einige Lehren aus den Parallelen mit den Veränderungen von 1848 gezogen werden. Danach waren eingespielte Muster der Zusammenarbeit zerbrochen und nicht mehr zu kitten gewesen. Die Idee der *Balance of Power* galt von nun an für die politische Führung als Leitlinie bei der Konfliktlösung. Das Konzept der Realpolitik war geboren. Eine Periode von staatenbildenden Kriegen folgte, die schließlich in einem großen Krieg zwischen den beiden führenden Antagonisten des Kontinents gipfelte: Preußen und Frankreich. Dies suggeriert ein Szenario, welches auf den Risiken und Gefahren basiert, die dem Zusammenbruch einer vorangehenden Ordnung inhärent sind. Das Ende des Kalten Krieges zeigte eine andere Entwicklung: Internationale Institutionen überdauerten den Konflikt. Die Konsultationen zwischen den Großmächten wurden fortgeführt oder gar intensiviert. Gelegenheiten zur Zusammenarbeit wurden mit anfänglichen Erfolgen wahrgenommen. Während einer Aggressionskrise lag die erste Reaktion darin, die Vereinten Nationen als Vehikel für die Konflikthandhabung zu verwenden (der Konflikt zwischen dem Irak und Kuwait). Bald aber entwickelte sich die Situation in eine andere Richtung. Ohne klare Mandate und genügend Ressourcen waren die UN nicht in der Lage, die Vielzahl der Aufgaben zu bewältigen, die ihr anvertraut wurden. Mitte der 1990er Jahre wurde offensichtlich, daß zusätzliche Instrumente geschaffen werden müssen, um die kommenden Krisen bewältigen zu können. Die Handlungsbasis blieb indes weiterhin die kontinuierliche Zusammenarbeit der Großmächte und insbesondere die Einbeziehung der Vereinigten Staaten in regionale Angelegenheiten. Die Anwesenheit der USA war unabdingbar während der Golfkrise, ebenso während der späteren Friedensbemühungen um Bosnien-Herzegowina.

Damit stellt sich die Frage nach der zweckmäßigsten Form solcher Bemühungen. In Abschnitt 4 über die Staatenbildungskonflikte stellte sich heraus, daß die OSZE eine sinnvolle Rolle spielt. Bezüglich der Regierungsgewalt, um die es in Abschnitt 5 ging, ist eine demokratische Entwicklung möglicherweise die wichtigtste; sie könnte auf bilateraler Ebene gefördert werden, aber ebensogut im Rahmen der EU. Dies würde bedeuten, daß die UN nur für spezielle Aufgaben eingesetzt werden. Eine UN, die mit einer kleinen und schnellen Reaktionsgruppe ausgestattet ist, wäre möglicherweise ideal, um frühzeitig in Konflikte eingreifen zu können. Durch den Einsatz eines kleinen, aber geachteten Kontingents könnte die UN die Eskalation von Konflikten verhindern. Der erfolgreiche Einsatz einer präventiven Stationierung in Mazedonien ist hierfür ein Beispiel. Die UN leisteten damit nicht nur einen Beitrag zur Erhaltung des Landes, sie wirkten auch präventiv einem serbischen Angriff vor und verhinderten eine Eskalation der Gewalt mit Griechenland. Hiermit ist möglicherweise ein Modell gegeben, das die üblichen diplomatischen Mittel ergänzen könnte.

Die Chance für Frieden in Europa beruht demnach auf einer Stärkung der internationalen Organisationen, vielleicht durch eine klarere Bestimmung der Funktionen der bereits existierenden, um somit die knappen Ressourcen optimal zu nutzen. Zusätzlich könnte die Förderung der Transparenz, beispielsweise durch Demokratie, eine bedeutende Funktion haben. Wie dem auch sei, die Suchscheinwerfer sollten in diesem Fall nicht nur auf die „neuen Demokratien" in Mittel- und Osteuropa gerichtet sein, sondern ebenso auf die „alten Demokratien" in West-, Süd- und Nordeuropa. Die Warnsignale für Schwierigkeiten in diesen Regionen sind in der hohen Arbeitslosigkeit und dem Auftreten von Rassismus nicht zu übersehen. Solche Fragen können nicht von Regierungen allein gelöst werden, sie müssen auch von nichtstaatlichen Organisationen in Angriff genommen werden.

Zusammenfassend können wir feststellen, daß das Konfliktpotential in Europa nach 1989 hoch ist, so wie es schon 1848 der Fall war. Doch heute ist man sich der Gefahren bewußter als früher. Die Stärke und Entschlossenheit des chauvinistischen Frankreich und des national-radikalen Preußen sind in den 1850er Jahren unterschätzt worden. Daher wurde auf die Errichtung einer neuen Ordnung verzichtet. Das schlimmste Fallbeispiel der 1990er Jahre, ein wiederbewaffnetes chauvinistisches Rußland, dem ein geschwächtes Westeuropa gegenübersteht, kann verhindert werden. Dies erfordert Verhaltensweisen, mit denen der Einfluß der Bevölkerung in Rußland gestärkt und die wirtschaftliche Entwicklung der Nationen in Europa ermöglicht werden. Darüber hinaus ist eine Förderung der regionalen Integration und der internationalen Institutionen für sämtliche Mitglieder dieser Region erforderlich, die angrenzenden Gebiete mit eingeschlossen. Dies ist eine große Aufgabe, doch es ist gleichzeitig eine Chance, die angesichts der Risiken, die sich andernfalls akkumulieren könnten, nicht versäumt werden sollte.

Nach uns die Sintflut?

A.J.R. Groom

Veränderung

Europa durchlebt eine Nachkriegsperiode, für viele Europäer leider bereits die dritte; nach dem Ersten Weltkrieg, dem Zweiten Weltkrieg und nun nach dem Kalten Krieg. Gegen Ende des Ersten Weltkrieges wurde in einer kleinen walisischen Küstenstadt namens Aberystwyth eine neue akademische Disziplin begründet: Internationale Beziehungen.

Der erste Problemkatalog des neuen Fachs spiegelte die Situation wider, der es seine Entstehung verdankte: der grausamen Katastrophe des Ersten Weltkrieges; eines Bürgerkrieges, in welchem sich Europa selbst zerfleischt hatte. Das Vertrauen, das das Europa der vorangegangenen Epochen in seine Fähigkeit gesammelt hatte, seine soziale, wirtschaftliche, kulturelle und politische Umgebung nach und nach zu verstehen und dieses Verständnis für eine bessere Entwicklung seiner Völker und der Welt einzusetzen, war zusammengebrochen. Das Nebeneinander von Fortschrittsdenken und Vertrauen in der späten viktorianischen und edwardianischen Ära einerseits und der entsetzlichen Wirklichkeit des Ersten Weltkrieges andererseits war der Auslöser für die Gründung des ersten *Chair of International Relations* in Aberystwyth. Bezeichnenderweise wurde er *Woodrow Wilson Chair of International Politics* genannt.

Die Aufgabenstellung, die mit diesem Lehrstuhl verbunden wurde, war für jeden eindeutig: die Ursachen der Kriege ebenso zu ergründen wie die Bedingungen des Friedens.

Die Einsicht in die Ursachen von Kriegen, so glaubte man, würde uns in Zukunft in die Lage versetzen, den Ersten Weltkrieg als einen Lapsus im Fortschritt der Zivilisation, als deren Spitze Westeuropa und die Ostküste Nordamerikas betrachtet wurden, ad acta legen zu können.

Mit der Einsicht in die Bedingungen für den Frieden wären wir imstande, die Gesellschaft so zu formen, daß sie für andere Gesellschaften vorbildliche Standards setzte, Gesellschaften, die auf der Grundlage von Rechtsstaatlichkeit, liberaler Demokratie, einem Wohlfahrtsstaat und dem Wachstum von kosmopolitischen Werten basieren müßten, welche von sämtlichen vernünftigen Völkern geteilt werden. So würde Europa der Welt erneut als Beispiel vorangehen können.

Eine dritte Frage mußte hinzugefügt werden: die Idee der Veränderung. Westeuropäer und Nordamerikaner lebten in Gesellschaften, in denen die Veränderung ein zentrales Merkmal war, das Wachstum des Kapitalismus ebenso wie zuvor die Reformation, die Aufklärung, eine internationale „westfälische"

Gesellschaft, die Agrarrevolution, die erste Industrielle Revolution und die Eroberung riesiger, relativ unbevölkerter Räume der neuen außereuropäischen Siedlungsgebiete.

Auch wenn die Veränderung einerseits als fundamental für das Hineinwachsen Europas in eine weltweit führende Position angesehen wurde, ist sie doch – bei aller Leidenschaftlichkeit zur Veränderung – nicht ohne Kosten abgelaufen. Während sich die Chinesen im fernen Asien mit der Vorstellung zufrieden gaben, Zentrum der globalen Zivilisation zu sein und sich deswegen von ihren Seemachtsambitionen verabschiedet hatten, taten dies die Portugiesen, um ein europäisches Beispiel zu nennen, nicht. Obwohl die europäischen Verluste in Folge der Globalisierung und Expansion menschlich hoch waren, war das Ergebnis doch die Idee einer Gesellschaft, die auf Veränderung basierte. Und zunehmend machte sich die Überzeugung breit, daß dies eine Veränderung zum Besseren sein würde.

Viele Eliten jedoch stellten sich die Frage, wem die Veränderung denn eine Verbesserung bedeutete, da absehbar war, daß einige von ihnen voraussichtlich ihre vormaligen Positionen verlieren würden. Zuerst verdrängten weltliche die kirchlichen Autoritäten, dann ersetzte der bürgerliche Nationalstaat den aristokratischen Kosmopolitismus. Schließlich bedrohte das industrielle Proletariat mit dem Streben nach transnationaler Klassenverbindung die Lebensfähigkeit des bürgerlichen Staates.

Dynastische, multinationale Imperien waren bedroht. Der Erste Weltkrieg läutete für einige von ihnen das Ende ein: Das österreich-ungarische und das ottomanische Imperium zerbrachen. Eine Generation später, nach dem Zweiten Weltkrieg, zerbrachen die westeuropäischen Kolonialreiche insbesondere Englands und Frankreichs. Heute schließlich, am Ende des Kalten Krieges, ist das zaristisch-sowjetische Imperium zerfallen.

Durch diesen Zerfall ist der Neuling Deutschland zum dynamischsten Staat in Europa geworden. Im größeren Rahmen der Europäischen Union ist Deutschland indes einfach nur zur größten, institutionalisierten Minderheit in Europa geworden. Damit kehren wir in Europa zu multinationalen Gebilden zurück, vielleicht nicht in einem westfälischen, sondern eher in einem neo-mittelalterlichen Rahmen.

In der Analyse der Kriegsursachen und Friedensbedingungen, welche die damaligen Lehrer der Internationalen Beziehungen auf wissenschaftliche Weise vornehmen wollten, war das Problem des Wandels von entscheidender Bedeutung. Ihre Bestrebungen, ebenso wie die der Praktiker, galten der Identifizierung der Bedingungen friedlicher Veränderung und nicht der traditionell brutalen Veränderung durch Großmächte oder Industriekapitäne. Ihre Idee war es, eine symbiotische Beziehung mit den neuen Erbauern des liberalen Internationalismus einzugehen. Dies schien ihnen vielleicht am besten symbolisiert in der Theorie und Praxis, im Handeln Woodrow Wilsons. Wilson war überzeugt, daß die Völker im Grunde den Frieden wollten, weil sie es wären, die die Hauptlast des Krieges tragen müßten. Das war im ersten modernen Krieg, dem amerikanischen Bürgerkrieg der Fall gewesen, und so war es im kürzlich beendeten Ersten Weltkrieg. Es waren die dynastischen Familien im Grunde undemokratische Institutionen, die über das multinationale Gebilde herrschten. Die Familien hatten lediglich Interesse daran, ihre Haut zu retten oder ihre Besitztümer zu vergrößern, ohne Rücksicht auf die Bevölkerung zu nehmen. Wilsons Position in der heutigen Debatte über Demokratie und Frieden ist klar: Demokratien fördern den Frieden, da sie den Willen der Bevölkerung reflektieren, und diese kennt den Preis des Krieges. Wilson wußte auch sehr genau um das phänomenale Wachstum des Nationalismus im 19. Jahrhundert, mit dem nicht nur die Bürger volle demokratische Rechte auf Freiheit, Gleichheit und Brüderlichkeit forderten. Er wußte auch, daß der zukünftige Staat der Nationalstaat sein würde. Seiner Ansicht nach würde er zur psychosozialen Gemeinschaft der Nationen als Sprach- oder Kulturgemeinschaft, zuweilen sogar auf der Basis religiöser Bindungen, die legale administrative Struktur des territorial definierten Staates erben. Nationalismus war unbestreitbar die Doktrin, die zur Verbindung von Nation und Staat führte. Die sich zu Staaten entwickelnden Nationen hatten bei aller Eigenheit viele Gemeinsamkeiten; doch um die Idee einer internationalen Gemeinschaft in die Wirklichkeit umzusetzen, war der Völkerbund erforderlich. Dieser sollte keine Weltregierung sein, sondern vielmehr die Verbindungen der Menschheit in all ihren Dimensionen repräsentieren.

Der ideelle Kern dieser internationalen Organisation war das Prinzip der kollektiven Sicherheit. Dieser Zustand wäre erreicht, wenn die in Nationalstaaten demokratisch organisierten Völker zusammenfänden, um Gesetze zu verabschieden, die in Zukunft ihr Verhalten bestimmen würden. Unter diesen Umständen wären sie dazu gezwungen, nicht nur über die Vorteile der Zusammenarbeit nachzudenken, sondern auch über die Notwendigkeit, sich gemeinsam mit ihren Konflikten auseinanderzusetzen. Folglich würde ein internationales System, der Völkerbund, aus einem Mechanismus zur Konfliktbewältigung bestehen, aus einem Forum für die Förderung von Kooperation durch funktionale Verbindungen; und, mehr noch, einem Forum für die Fortentwicklung der noch unverwirklichten Vorstellung einer gemeinsamen internationalen politischen Gemeinschaft. Die Möglichkeiten für friedliche Veränderung schienen reichlich gegeben. Aber das Konzept der kollektiven Sicherheit beinhaltete zugleich die Vorstellung der Systemveränderung, denn es sollte die friedliche Veränderung und nicht nur Konfliktschlichtung innerhalb des bestehenden Systems sein. Kollektive Sicherheit war nicht einfach nur als System zur Festlegung von Verhaltensgesetzen gedacht, sondern gleicherweise als Übereinkunft über einen Paradigmenwechsel in der internationalen Politik. Daß Veränderungen eines solchen Ausmaßes möglich sein mußten, konnte an dem außerordentlichen Wandel abgelesen werden, der innerhalb der Staaten politisch, wirtschaftlich, sozial und kulturell in den vergangenen vierhundert Jahren erfolgt war. Nun war es an der Zeit, die gelernten Lektionen auf die Weltgemeinschaft zu übertragen. Das

Wissen über Kriegsursachen und Friedensbedingungen würde in den Dienst der Förderung friedlicher Veränderungen gestellt werden.

Diese Überzeugung wurde damit begründet, daß es einen hohen Grad an gemeinsamen Werten gäbe, welche die in Nationalstaaten organisierten demokratischen Völker miteinander teilten. Demnach existiere auch eine Interessenharmonie, die mobilisiert werden könnte, wie es – so wurde angenommen – innerhalb der nationalen Gesellschaften der Fall war. Ebenso wie in den nationalen Gesellschaften müßten die gelegentlichen Abweichungen durch ein auf Rechten und Pflichten basierendes System verhindert werden. Sollte es bei abweichendem Verhalten bleiben, müßte der abweichende Staat international mit Mitteln kollektiven Zwangs in den Kreis der Gemeinschaft zurückgeführt werden.

Die Konzeption des Völkerbunds war ein groß angelegtes Experiment angewandter Sozialwissenschaft und von daher vergleichbar mit den „Experimenten" wie denen von Alexander dem Großen, den Ottomanen oder den Römern. Der Versuch hatte zweifellos einigen Erfolg: Der direkt vor dem Ausbruch des Zweiten Weltkrieges geschriebene Bruce-Report zeigte beachtliche Fortschritte in der wachsenden, international funktionalen Zusammenarbeit auf. Mehr noch: Die Idee einer allgemeinen und globalen internationalen Organisation mit einem internationalen Sekretariat hatte sich irreversibel in den Köpfen festgesetzt. Für uns ist dies so selbstverständlich, daß wir uns eine Welt ohne eine solche Institution nur noch sehr schwer vorstellen können. Doch sie ist eine Innovation unserer Zeit.

Allerdings schlug der Versuch fehl, ein kollektives Sicherheitssystem zu schaffen, so wie dies auch in der Nachfolgeinstitution Vereinte Nationen mißlang. Die Welt stürzte ohne Atempause vom Zweiten Weltkrieg in den Kalten Krieg. Trotzdem blieb die Fragestellung in Wissenschaft und Politik konstant: Welches sind die Kriegsursachen? Was sind die Friedensbedingungen? Wie können wir friedlichen Veränderungen Vorschub leisten? Diese Fragen müssen heute aber in einem weitaus größeren Rahmen betrachtet werden, nicht nur in einem politischen, sondern auch in einem wirtschaftlichen und sozialen. Mit ihren Überlegungen war die zweite Professorengeneration nicht weniger aktiv als ihre Vorgänger. Die längere aber unblutige Natur des Kalten Krieges stimulierte ungebrochen den Reflexionsprozeß. Große soziale Bewegungen kamen in Gang, z.B. die Emanzipation der Kolonialgebiete und die Grundsteinlegung zur westeuropäischen Integration. Eine neue Industrielle Revolution fand statt. Doch über all dem hing bedrohlich das Schwert des Damokles: die Nuklearwaffen. Der soziale und wirtschaftliche Fortschritt der Westeuropäer war daher nur begrenzt wirksam, denn auf der politischen Ebene schienen Veränderungen aufgrund der gefrorenen Wüsten des Kalten Krieges blockiert zu sein. Dies führte zu einer beängstigenden Immobilität, weil Veränderung unvermeidbar ist. Eine Blockade dynamischer Prozesse könnte auf Dauer nur katastrophale Folgen nach sich ziehen, würde sich diese Dynamik entladen. Daher beschäftigte die Frage nach der Veränderung einige fruchtbare Geister des akademischen Standes. Mit drei von ihnen wollen wir uns nachfolgend näher beschäftigen.

Nicht-kataklystische Veränderung

Karl Deutsch formulierte seine zentrale These klar verständlich folgendermaßen: „to preserve for any finite mind or group some open pathway to the infinite, that is, to preserve for it the possibility of communication with a potentially inexhaustible environment and a potentially infinite future" (Deutsch 1963:XIV). Seine zukunftsweisende Untersuchung *The Nerves of Government* basiert auf der Analogie, daß sämtliche Kontroll- und Kommunikationssysteme jeder Regierung dem Nervensystem des menschlichen Körpers entsprechen. Er versuchte zu analysieren, wie dieser Prozeß funktioniert. Wesentlich war für ihn, daß dieses kybernetische System „represents a shift in the centre of interests from drives to steering, and from instincts to systems of decision, regulation and control, including the non-cyclical aspects of such systems" (ebda.:76). Sein Ausgangspunkt war „that all organisations are alike in certain fundamental characteristics" (ebda:77).

Deutsch beginnt auf überzeugende Art und Weise mit der Darlegung des Entscheidungsprozesses, doch geht er darüber hinaus, indem seine Analyse sowohl Anpassung an Wandel und damit friedliche Ergebnisse erklärt als auch fehlende Anpassung, die in Machtpolitik endet. Sollten alle Parteien auf ein negatives Feedback reagieren, dann wären die Verhältnisse sehr wahrscheinlich in hohem Maße legitimiert. Ein System würde sich in einem harmonischen Verhältnis zu seiner Umgebung entwickeln. Sollte jedoch andererseits ein Akteur nicht auf ein negatives Feedback reagieren, sondern sogar die Last der Anpassung auf die Umgebung abwälzen – oft auch noch mit Zwangsmaßnahmen, dann würde wahrscheinlich ein Konfliktfall der Sorte "Mann-auf-der-Straße" folgen.

John Burton (1967) hat diesen Denkansatz übernommen und die weiterführende und entscheidende Fragen gestellt: Wann akzeptieren Staaten und andere Handlungsträger Veränderung freiwillig und wann nicht? Welche Typen von Veränderung können friedlich bewältigt werden? Welche Werte können ersetzt werden, welche Veränderungen rufen aggressive Reaktionen hervor?

Zunehmend wurde nämlich klar, daß das Konzept des Gleichgewichts der Kräfte auf der internationalen politischen Ebene trotz der bemerkenswerten taktischen Flexibilität für fundamentale strategische Veränderungen ungeeignet war. Ordnung und Stabilität können durch homöostatisches Gleichgewicht sowohl in einer bipolaren, als auch in einer multipolaren Gestaltung gewährleistet sein – möglicherweise für Jahrzehnte, aber ein System für die Anpassung an Veränderung war von ihm nicht zu erwarten, außer durch einen kataklystischen Zusammenbruch wie im Fall des Ersten Weltkrieges. Die maßgebliche Ursache

265

für diesen Zusammenbruch ist, daß sämtliche größeren Einheiten des Systems, i. e. die Großmächte – Deutschland ausgenommen – angesichts des anwachsenden Nationalismus in ihrer Existenz sehr verwundbar waren. Veränderung würde es indes immer geben, daher war die Frage, was gegen solche möglichen Entwicklungen getan werden könnte.

Burton wie Deutsch haben sich mit dem Problem der nicht-kataklystischen Veränderung auseinandergesetzt, Deutsch wandte sich der Analyse von Sicherheitsgemeinschaften zu; Burton entwickelte weiterführende Ideen über nonalignment und eine Außenpolitik, die eher auf Steuerung basiert als auf Machtpolitik. Diese Analyse führte unausweichlich zu der immer mehr ins Zentrum rückenden Frage revolutionärer Veränderungen, wenn Überleben in einer nuklearen Welt weiterhin möglich sein soll. Hierzu hat Chalmers Johnson (1966) eine überzeugende Untersuchung vorgelegt. Johnson und Deutsch griffen beide auf die strukturalistisch-funktionalistische Literatur zurück und beschrieben auf unterschiedliche Art und Weise die grundlegenden, vierfachen Funktionen, die ein jedes System oder jede Organisation minimal erbringen muß, wenn sie überleben wollen. (Eine solche Analyse gibt noch keine Antwort auf die Frage, ob ein System überlebt oder nicht, da dies ein separates, normatives Problem ist).

Jedes überlebende System muß die Fähigkeit besitzen, mit seiner Außen- und Innenwelt kommunizieren zu können. Überdies muß ein System in der Lage sein, seine Untereinheiten minimal zu integrieren. Eine Universität beispielsweise, in der die Studenten nicht mit den Professoren, die Professoren nicht mit der Verwaltung sprechen und die Verwaltung darauf insistiert, nur mit Gott zu reden, würde schwerlich überleben können.

Eine rein instrumentelle Integration ist jedoch nicht ausreichend. Es muß ein psycho-soziales Element der Loyalität hinzukommen. Die Einheiten müssen auf irgendeiner Ebene des Systems oder der Organisation das Gefühl haben, dieser Einheit anzugehören. Einfacher ausgedrückt bedeutet dies, daß sie auf irgendeiner Ebene in der Lage sein müssen, „wir" zu sagen und gleichzeitig sämtliche Subeinheiten des „wir" mit einzuschließen. Schließlich muß jedes System seine Ziele formulieren können und um dies zu tun, benötigt es nicht nur Information über seine externe und interne Umgebung, ein bestimmtes Ausmaß interner Integration und psycho-sozialer Loyalität, sondern es benötigt darüber hinaus ein Gedächtnis. Es ist die Erinnerung an seine Reaktionen auf vergangene Stimuli, die so beschaffen sein muß, daß es ein normatives Netzwerk bildet, mittels dessen es Ziele formulieren kann, wenn es die zur Verfügung stehenden Informationen sowie die Loyalität benutzt, um diese Ziele zu erreichen. Wenn dies nicht erreicht werden kann, befindet sich das System in einer Krisensituation und möglicherweise auf der ersten Stufe einer Langzeitkrise.

Die Idee der Langzeitkrise mag auf den ersten Blick paradox klingen. Legt man bei der Vielfalt der Definitionen von Krise die von Charles Hermann (1969) zugrunde, dann handelt es sich um einen Laienbegriff auf der Suche nach wissenschaftlicher Bedeutung. Hermanns Definition von Krise wurde weithin akzeptiert. Sie entspricht dem „gesunden Menschenverstand" und meint eine vollkommen unvorhersehbare Situation, in welcher der Entscheidungsträger sich unter merklichem Druck sieht, auf den er innerhalb eines kurzen Zeitraumes reagieren muß. Aus der Perspektive des Entscheidungsträgers ist dies eine ziemlich zutreffende Beschreibung. Sie berücksichtigt aber nicht die Möglichkeit, daß eine Einheit des Systems sich selbst als in einer Krise befindlich wahrnimmt, obwohl es nicht der Fall ist, und sich somit selbst in die Irre führt. Vice versa bleibt unberücksichtigt, daß ein System glaubt, es läge keine Krise vor, obwohl dies der Fall ist und die Umgebung außerordentlich bedrohlich ist. Andere Vorstellungen von Krise basieren auf der Idee des Wendepunktes, vergleichbar dem Kranken, der eine kritische Phase durchlebt und entweder gesund wird oder stirbt.

Krise kann aber auch unter dem Aspekt von Krisenverhalten betrachtet werden, im Sinne einer Situation, in der die normalen Verhaltensweisen durch außergewöhnliche Einflüsse unterbrochen werden; beispielsweise, wenn Diplomaten damit beginnen, die Flure von Außenministerien auf und ab zu rennen. Doch selbst bei diesem Beispiel ist zu bedenken, daß in manchen Ländern Diplomaten möglicherweise gewohnheitsmäßig auf den Fluren ihrer Außenministerien umherlaufen. Andere Autoren betonen die enge Verbindung zwischen Krise und Krieg, wobei Krisen als die Übergangszone von Frieden zu Krieg angesehen werden. Oder weniger dramatisch: Eine Krise ermöglicht einen plötzlichen Anstieg der Wahrscheinlichkeit von Feindseligkeiten. Wie dem auch immer sei, an dieser Stelle gibt es einen Aspekt von Krisen, auf den ich näher eingehen will, Langzeitwirkung nämlich.

Eine langzeitige Krisensituation entsteht, wenn ein System oder eine Organisation nach und nach die Möglichkeit verliert, sich seiner Umgebung anzupassen, so daß diese verminderte Anpassungsneigung seine Fähigkeit zunehmend beschränkt, den vier oben genannten Funktionen minimal gerecht zu werden. Selbstverständlich variiert der notwendige Grad, in dem es diese Funktionen erfüllen muß, je nach der benötigten Stärke der Organisation und der Eigenschaft der Umgebung, in der operiert wird. Des weiteren ist es wahrscheinlich, daß sich diese Funktionen gegenseitig kompensieren können. Dennoch ist offensichtlich: Eine Langzeitkrise ist ein Prozeß, in dem die Unfähigkeit wächst, auf Feedback zu reagieren und sich diesem anzupassen. Ein solches Phänomen kann sich über Jahrzehnte hinziehen. Der Niedergang der britischen Wirtschaft ist hierfür ein Beispiel, gemäß der Theorie der langen Zyklen von politischer Führung, daß Hegemone nach und nach die Fähigkeit verlieren, ihre anspruchsvolle Führungsaufgabe zu erfüllen, so daß sie aus ihrer Führungsposition verdrängt werden.

Eine Langzeitkrise entwickelt sich langsam. Sie wird auch nicht von einem auf den anderen Tag sichtbar, auch nicht von Woche zu Woche, und nicht von einem Jahr auf das andere, vielleicht von einem Jahrzehnt zum nächsten. Sie kann möglicherweise Ausgangspunkt dessen sein, was Coral Bell (1971) als „in eine Krise gleiten" bezeichnete. Hierbei handelt es sich um das Phänomen, bei dem ein System zwar eine kleinere Krise noch überwinden kann, zugleich aber seine strategische Fähigkeit verliert, größere nachfolgende Krisen zu bewältigen. Die Krisen von 1908 und 1912 wurden vom politischen System der Großmächte noch überwunden, doch schwächten diese Krisen das System so sehr, daß es in der Krise von 1914 schließlich kollabierte – in einer Krise, die nicht wesentlich schwerer war als die vorherigen. Dies soll nicht heißen, daß ein Zusammenbruch unvermeidbar war oder ist, weil kleinere Krisen genauso zu einer Wiederbelebung des Systems führen und die vier Funktionen stärken können. Auf den menschlichen Bereich übertragen, könnte eine Herzattacke zu einer gesunderen Lebensgestaltung führen und somit zu längerem Leben.

Die Idee der Langzeit versucht die Aufmerksamkeit auf tiefenstrukturelle Prozesse zu lenken. So hat der Historiker Braudel (1972) darauf hingewiesen, daß die Rodung der Wälder im Mittelmeerraum zu fundamentalen Veränderungen der politischen, sozialen, wirtschaftlichen und kulturellen Eigenschaften ihrer Bevölkerung geführt hat. Denjenigen, welche die Bäume fällten, um Kriegsschiffe zu bauen, war wahrscheinlich kaum bewußt, daß sie hierdurch zu ihrem eigenen Untergang beitrugen, und doch war dieser der kumulative Effekt ihrer eigenen Handlungen.

Um ein weiteres Beispiel anzuführen: Es käme den Schweizern kaum in den Sinn, daß sich ihr Land in einer Langzeitkrise befinden könnte, und doch gibt es Signale, die darauf hindeuten. Z.B. hat die Schweiz den Fehler begangen, sich nicht der wachsenden Versöhnung und Integration innerhalb des ehemaligen Schlachtfeldes Europa in ihrer direkten Nachbarschaft anzupassen. Die Grundlagen des Zusammenhalts der vier Sprachgemeinschaften – die Idee der Neutralität und der durch die Armee bewirkte soziale Zusammenhalt – sind heute in einer Welt der deutsch-französischen Aussöhnung, des beendeten Kalten Krieges und der Europäischen Union nicht länger relevant. Zugleich verändern sich die Beziehungen zwischen den Sprachgemeinschaften selbst. Die deutschsprachigen Schweizer lernen heute eher Englisch als Französisch oder Italienisch, die französischsprachigen Schweizer dagegen sträuben sich seit langem, Schweizerdeutsch zu lernen. Die lingua franca ist zunehmend Englisch – ein fremdes, wenn auch internationalisiertes Diskursmedium. Die geowirtschaftliche Infrastruktur des neuen Europa geht an der Schweiz vorüber. Städte wie Genf riskieren es, Satelliten regionaler Zentren wie Lyon mit seiner hervorragenden Wirtschafts- und Transportinfrastruktur zu werden. Außerdem werden die Querverbindungen zwischen den Sprachgemeinschaften schwächer. Auf der einen Seite ist das Wahlverhalten in der Romanischen Schweiz und in den größten schweizerdeutschen Städten gleich, doch die schweizerdeutsche Landbevölkerung hat von ihrem Veto Gebrauch gemacht, nicht etwa, weil sie keine Veränderung wünschte, sondern eher weil sie meint, die Welt hätte sich nicht verändert. Hierin liegen Gründe für eine mögliche Langzeitkrise. Aber die

Schweiz ist kein Einzelfall. Möglicherweise existieren auf europäischer oder globaler Ebene vergleichbare Fälle. Ob es Hinweise auf mögliche globale Langzeitkrisen gibt, ist die Frage, der wir uns nun zuwenden.

Eine solche Analyse ist natürlich in höchstem Maße spekulativ und nur so viel wert wie der intuitive Sinn der Argumente. Diese basieren jedoch auf der Erfahrung und könnten die systematische Forschung stimulieren. Einen ähnlichen Versuch hat vor etwas mehr als zwanzig Jahren der Verfasser (Groom 1977) unternommen. Wir wollen versuchen, die damalige Analyse mit der heutigen zu vergleichen, um so zu einer Einschätzung wichtiger Entwicklungstrends zu kommen. Dabei zeigt sich, daß sich nur eine gravierende Veränderung vollzogen hat, und zwar infolge des Endes des Kalten Krieges, wohingegen die „erste Reserve" der vor zwanzig Jahren identifizierten zehn Hauptentwicklungslinien heute auf ihrem Höhepunkt angelangt scheint.

Trendveränderungen

Vor zwei Jahrzehnten war die bedrohliche Entwicklung nicht so sehr der Kalte Krieg und die militärische Konfrontation zwischen den beiden Bündnissystemen – von Europa bis über die Arktis, da die Beziehungen hier unter strenger Kontrolle gehalten wurden. Zu Unfällen konnte es selbstverständlich kommen wie zu Krisen, doch war die Bündnisdisziplin stark ausgeprägt: Sämtliche Beteiligten waren sich der furchtbaren Konsequenzen einer nicht mehr unter Kontrolle gehaltenen Situation bewußt. Dies führte zu einer effektiven Selbstdisziplinierung. So gefährlich Krisensituationen auch waren, die eigentlich beunruhigenden Entwicklungen fanden an anderer Stelle des Globus statt. Sie erwuchsen aus der Verwicklung der beiden Supermächte in extrem unsichere und ungewisse Entwicklungen in anderen Regionen der Welt, der Dritten Welt. Das eigentliche Risiko bestand darin, daß die Supermächte in lokale Konflikte verwickelt würden, in denen eben diese Bündniskontrolle nicht greifen würde. Es ging nicht um spezielle Fälle – diese konnten gehandhabt werden, sondern vielmehr war die Einsicht bedenklich, daß ein solcher Konflikt im Laufe der Zeit einmal nicht mehr bewältigt werden könnte und die Supermächte sich auf gegenüberliegenden Seiten einer Front wiederfinden könnten. Die Lunte, welche den Ersten Weltkrieg zündete, wurde seinerzeit in Sarajevo gelegt, ein damals weit entferntes Land.

Mit dem Ende des Kalten Krieges trat ein spürbarer Rückgang dieser Gefahr ein, da die Sowjetunion zu existieren aufhörte und ihre Nachfolgestaaten ihr Militär aus Afrika, Lateinamerika, und größtenteils auch aus Ost- und Westasien abzogen. Dies heißt nicht, daß die Vereinigten Staaten als einzig verbliebene Supermacht heute die globale Hegemonie ausüben. Sie sind weit davon entfernt. Eine Supermacht muß in der Lage sein, militärisch in jedem globalen Kontext präsent zu sein (Machtprojektion). Sie muß als ein Förderer des Welthandelssystems agieren und dabei alle Implikationen für ihre eigene Währung auf sich nehmen. Eine Supermacht muß eine überlegene Kultur aufweisen, in dem Sinne, daß ihr alle anderen nacheifern. Und schließlich muß sie den Willen zur politischen Führung besitzen. Die Vereinigten Staaten haben all diese Eigenschaften, doch erscheint ihr Wille schwankend. Nichtsdestoweniger trifft eine Supermacht in jeder der vier Eigenschaften auf einen Konkurrenten, und möglicherweise nicht nur einen: Militärisch ist dies noch immer Rußland, wirtschaftlich sind es die EU, Japan und Ostasien, kulturell Europa, und auf der Ebene der politischen Führung ist eine langsame, unstete Verschiebung in Richtung EU und Japan zu beobachten; auf einer niedrigeren Ebene und eher in regionalem als globalem Kontext treten Indien, China, Indonesien und Brasilien zunehmend in Erscheinung. Das Ende des Kalten Krieges bewirkte demnach nicht eine Konzentration globaler Hegemonie in den Händen der USA, es zeigte vielmehr, daß die ehemals erstarrten Regionen der beiden Blöcke ebenso von Konflikten durchsetzt sind wie die sogenannte Dritte Welt. Wie dem auch sei, diese Konflikte werden mit Sicherheit nicht der Beginn einer globalen Erschütterung im Sinne eines großen militärischen Zusammenstoßes rivalisierender Bündnissysteme sein. Dies bedeutet allerdings nicht, wie wir sehen werden, daß das Potential für gewaltsame Veränderungen nicht vorhanden wäre.

Das Ende des Kalten Krieges ungeachtet, geht das Wettrüsten weiter. Sicherlich gab es so etwas wie eine Friedensdividende für die Protagonisten des Kalten Krieges. Aber im Nahen Osten fand ein Verzicht auf Waffen nicht statt, in Ost- und Südostasien nehmen die Waffenkäufe sogar zu. Selbst in den zentralen Gebieten des Kalten Krieges ist wahrscheinlich nur mit einer Verminderung zu rechnen, jedenfalls nicht mit einem generellen Rüstungsverzicht. Waffenerwerb ist nicht notwendigerweise und sicherlich nicht ausschließlich eine Funktion wahrgenommener Bedrohung. Regierungen erwerben Waffensysteme auch, um ihr Selbstverständnis innerhalb eines politischen Systems und ihrer Position in der Welt zu dokumentieren. Supermächte betrachten es beispielsweise als eine Frage des Status, die modernste militärische Ausrüstung zu besitzen und außerdem Selbstversorger sämtlicher wichtiger Waffensysteme zu sein. Daraus folgt nicht nur, daß sie ein militärisches Establishment erhalten müssen, welches die Fähigkeit besitzt, global militärisch einzugreifen. Daraus folgt auch, daß sie ein bedeutendes Establishment an Waffenproduzenten behalten müssen, das eine bedeutende Position in der Gesellschaft einnimmt und eine einflußreiche Rolle in ihr spielt. So gesehen beruht Waffenerwerb nicht auf dem Muster von Aktion-Reaktion zwischen rivalisierenden und feindlichen Mächten, vielmehr ist es ein Wettlauf gegen sich selbst, in welchem technologische Innovation, die Rüstungsbeschaffung ermöglicht, weitere technische Innovation anregt, um auf Innovation zu reagieren.

Die Wirkung dieses Phänomens zeigt sich in zwei Dimensionen: in der nuklear-nicht-nuklearen und der vertikalen-horizontalen. Allgemein gilt der Unterschied zwischen nuklear und nicht-nuklear, obwohl nukleare Systeme kleiner sein können als konventionelle. Vertikales Wettrüsten bedeutet technischen Fortschritt, wie beispielsweise die Entwicklung von einer Interkontinentalrakete (ICBM) mit einem Sprengkopf zu einer mit mehreren Sprengköpfen und fixierten Zielen, weiter zu einer mit vielen Sprengköpfen und variabler Zielbekämpfung. Horizontale Vermehrung andererseits meint die steigende Anzahl von Regierungen, die in den Besitz des gleichen Waffensystems gelangen. Die Interaktion dieser zwei Dimensionen – nuklear-nicht-nuklear und vertikalhorizontal – die Wesenselement des Wettrüstens sind, wirkt sich unterschiedlich auf mögliche Bedrohungen aus.

Vertikales Wettrüsten mit nuklearen Waffen steht auf der Bedrohungsskala ganz oben. Es ist unwahrscheinlich, daß technischer Fortschritt, sei es im Bereich offensiver oder defensiver Waffen, jemals dazu führen könnte, daß eine Partei eindeutig dominiert. Der potentielle Gegner wird höchstwahrscheinlich immer die Zweitschlagfähigkeit behalten. Die Frage der Verbreitung nuklearer Waffen auf horizontaler Ebene ist hingegen ein vollkommen anderes Problem.

Eine solche Verbreitung (Proliferation) ist seit langer Zeit im Gange, dafür sollten wir dankbar sein. Dennoch gelten, abgesehen von den anerkannten Nuklearmächten, Südafrika, Indien, Israel und Pakistan als tatsächliche oder virtuelle Nuklearmächte im militärischen Sinn. Dies führt zu der Notwendigkeit, dem Spiel neue Regeln zu geben. In der Vergangenheit wurde atomare Abschreckung auf bilateraler Basis von den beiden Bündnissystemen betrieben. Die sekundären Nuklearmächte (England, Frankreich und China) waren daran nur am Rande beteiligt. Die nukleare Proliferation wird dieses Spiel auf beängstigende Weise verkomplizieren. Nicht nur wird es zu einer größeren Unabhängigkeit der englischen, französischen und auch der chinesischen Nuklearmächte von den einstigen nuklearen Blockführern kommen – den Vereinigten Staaten und Rußland. Hinzu kommen weitere, regionale Nuklearmächte; der überkommene Indien-Pakistan-Konflikt spielt sich bereits heute innerhalb eines nuklearen Kontextes ab. Dort gibt es bereits einige unerfreuliche Komplikationen. Der Zwang, der während des Golfkrieges auf Israel ausgeübt wurde, war zwar effektiv, doch haben die Bestimmtheit und das Ausmaß der Versuche Saddam Husseins, den nuklearen Status zu erreichen, die Aussichten auf eine friedliche Zukunft geschmählert. Die Notwendigkeit ist wohl unausweichlich, daß es zu einem globalen Management zwischen den Nuklearmächten USA, Frankreich-England, Rußland und China kommt. Auch für den regionalen Bereich wird dies notwendig werden, so beispielsweise für das Verhältnis zwischen Indien und Pakistan. Aber auch diese Management-Systeme sind von Interaktion nicht unbeeinflußbar. Hierin liegt die dritte und möglicherweise schwierigste Aufgabe des Managements: Wie kann die tatsächliche und potentielle Zusammenarbeit zwischen Regionen und dem globalen Gleichgewicht gehandhabt werden, nachdem die einfache bipolare Nuklearwelt untergegangen ist? Mit einer Antwort auf diese Frage alleine wäre das Problem indes noch nicht gelöst, denn jedweder Einsatz von Nuklearwaffen irgendwo auf der Welt, würde die politischen Beziehungen überall verändern. Was bereits undenkbar war, muß von neuem überdacht werden. Auch nur ein einziger Einsatz von Nuklearwaffen, wie gering die Sprengkraft der Bombe auch wäre, würde eine ökologische Katastrophe nach sich ziehen, wie es der Unfall von Tschernobyl zeigte. Gleichzeitig käme es zu einer politischen Katastrophe, da immer mehr Staaten solche Waffen besitzen wollten, gerade weil sie eingesetzt werden. Wenn auch die katastrophalen Folgen ihres Einsatzes evident sind, könnte das Bemühen erlahmen, diese Waffen zu kontrollieren. Schließlich wäre die einzige Alternative das Ende der Welt, so wie wir sie kennen.

Derartig grausame Perspektiven ergeben sich auf der konventionellen Ebene nicht. Damit soll jedoch keineswegs die Gefahr verniedlicht werden, die von der horizontalen und vertikalen Verbreitung konventioneller Waffensysteme ausgeht. Auf der vertikalen Ebene sind defensive Systeme deswegen im Vorteil, weil die bemerkenswerte Genauigkeit und Kontrolle von Waffen auf dem automatisierten Schlachtfeld eine hohe Treffsicherheit bedeutet. Da sich diejenigen, die angreifen, zeigen müssen, hat hohe Verteidigungsbereitschaft strukturelle Vorteile. Daher besteht wenigstens die Aussicht, daß konventionelle Kriege zumindest unter den größeren Militärmächten rückläufig sind. Dieser Trend könnte durch die weitere Verbreitung technologisch hochwertiger Waffensysteme gefördert werden. Bisher bestand eine klare Rangordnung unter den Militärmächten, in der die stärkeren Mächte ihre veralteten Waffensysteme unter den nachrangigen Mächten verteilten. Diese Hackordnung gilt heute nicht mehr, weil viele der früher zweitklassigen Militärmächte heute in der Lage sind, sich eine erstklassige Ausrüstung zu beschaffen. Die führenden Waffenproduzenten und ihre Regierungen wiederum haben jeden Grund, ihre Systeme auch an Drittländer zu verkaufen, um damit die Waffensystemkosten für ihre eigene Armee zu reduzieren. Im Nahen Osten beispielsweise wimmelt es von hochmodernen Waffensystemen. Die Regierungen der erfolgreichen Volkswirtschaften Ost- und Südostasiens verwenden die Erträge ihrer Industrie zum Kauf wachsender Mengen dieser Systeme. Wenn diese Regierungen lernen, solche Systeme einzusetzen, sie gleichzeitig auf einem hohen Wartungsstand halten und Versorgungsreserven anlegen, werden sie auf Distanz zu den ehemals weiterentwickelten Militärmächten gehen können. Dies wiederum führt dazu, daß jene wahrscheinlich länger als zuvor zögern werden, ihnen ihren Willen militärisch aufzuzwingen. Die Tatsache, daß die irakische Armee während des zweiten Golfkrieges gegen die Koalition nichts ausrichten konnte, sollte nicht als ein Zeichen der „guten alten Tage" imperialistischer Verwendung militärischer Macht interpretiert werden.

Wir sehen also, daß die Hemmschwelle für den Gebrauch von konventionellen Waffen auf einer substantiellen Ebene gestiegen ist. Konflikte sind dennoch in einer Vielzahl vorhanden. Die Akteure haben andere gleichermaßen effektive Möglichkeiten der Gewaltausübung, insbesondere jene, die nichts zu verlieren haben und daher nicht den Beschränkungen und Zwängen der starren militärischen Leviathane unterliegen. Eine in der Tat im höchstem Maße bedrohliche Entwicklung sind die vermehrten Zugangsmöglichkeiten für sehr kleine aber entschlossene Gruppen zu hochwirksamen Mitteln der Gewaltausübung. Diesem Pluralisierungsprozeß, bezogen auf die Akteure, wenden wir uns nun zu.

Pluralisierung

Die entwickelte Welt ist in höchstem Maße interdependent und durchlässig geworden. Dies war und ist eine grundlegende Bedingung für Wohlstand und Sicherheit. Dadurch ist die Welt freilich sehr anfällig geworden, wie die kürzlich gelegte Bombe in der Canary Wharf in London verdeutlichte. Heute ist es einfach nicht möglich, eine Stadt wie London so effektiv zu schützen, daß sie in Ruhe ihren normalen Beschäftigungen nachgehen kann. Bereits eine geringe Anzahl entschlossener Menschen – der harte Kern der IRA zählt beispielsweise nicht mehr als ungefähr dreihundert aktive Mitglieder – vermag eine Großstadt lahmzulegen und in relativ kurzer Zeit die Fundamente ihres Wohlergehens zu zerstören. Denn viele Produktionsstätten können sehr leicht von einem Ort an den anderen verlegt werden.

Der einzige Trost ist vielleicht der, daß andere Zentren dieser Art ebenso verletzlich sind. Man denke an die fundamentalistische Gewalt in Paris oder an die Unterbrechung der Kommunikation in Tokyo, vom Bombenanschlag auf das World Trade Center in New York ganz zu schweigen. Interdependente Gesellschaften beruhen nicht nur auf ihrer Offenheit, sondern ebenso auf dem Gefühl des Vertrauens in ihre Stabilität. Vieles hängt von der Akzeptanz ab und dem gegenseitigen Glauben, daß der andere seine Aufgabe innerhalb des Gesamtsystems erfüllt, in dem niemand dominiert, aber alle verletzlich sind. Es ist eine organische Situation, in der wir alle entweder zusammenhängen, oder aber separat aufgehängt werden.

Diese Entwicklung hat der Wohlstand bewirkt, zumindest für die Minderheit der entwickelten Welt. Es ist eine Frage der Phantasie, wie ein Teil des Wohlstandes den weniger Begüterten der Welt gebracht werden könnte. Bisher hat niemand eine Antwort hierauf. Statt dessen wird der Abstand zwischen Arm und Reich größer. Und dies nicht nur innerhalb der Gesellschaften des Nordens, sondern auch zwischen dem Norden und dem Rest der Welt. Dieser wachsende Abstand führt zu Desillusionierung und Mißtrauen, möglicherweise auch zum Verlust von Hoffnung. Hierin liegt die Gefahr. Denn diejenigen, die nichts zu verlieren haben und keine Hoffnung besitzen, jemals etwas zu gewinnen, das sie verlieren können, könnten sich dafür rächen wollen, oder sich das nehmen, was zu verdienen ihnen nicht erlaubt ist. Diesen Ausgeschlossenen stehen wirksame Mittel der Gewaltausübung zur Verfügung. Bisher fehlte den weniger Begüterten überraschenderweise der Wille, das auch zu tun. Zu Unruhen und Revolten ist es bislang noch nicht gekommen. Doch das muß nicht so bleiben.

273

Wenn der entwickelte Norden sich einer solchen Revolte gegenüber sieht, sei sie intern oder extern, stehen ihm eine Reihe von Strategien zur Verfügung: Er könnte eine Politik des Ausschlusses verfolgen, allerdings nur unter großen Verlusten; er könnte versuchen, diese Bedrohung zu beseitigen, doch die Kosten wären riesig, da die Bedrohung entweder vom Inland oder global von einer krebskranken Gesellschaft ausginge; er könnte versuchen, das Leid mit Trostpflastern zu überkleistern, doch ist dies keine langfristige Lösung; oder er könnte sich vom Majoritarismus abwenden und in Richtung Konsens bewegen. Dieser Konsens bestünde darin, die am wenigsten kostenaufwendige langfristige Strategie einer schmerzhaften Wiederanpassung in Richtung einer lang anhaltenden Aussöhnung zu verfolgen. Er beruhte nicht auf einseitigen Konzessionen, sondern auf der Rückkehr zu den Prinzipien einer zivilen Gesellschaft, die neu errichtet werden müßte. Es wäre eine Rückkehr zu neu interpretierten Wertvorstellungen der Einsicht in die Notwendigkeit von Sicherheit, Partizipation, Mitgefühl und Anerkennung eigener Identität. Ein solches Ziel ist keineswegs völlig idealistisch. Die Erfahrung in Südafrika während des vergangenen Jahrzehnts macht dies deutlich. Diese Erfahrung ist möglicherweise eine bescheidene globale Zukunftsperspektive. Sie verweist auf vieles, was wir von ihr lernen können.

In unserem Gedankengang sind wir von Umwälzungen und Konflikten als Kontext ausgegangen. Aber da ist eine weitere Seite. Der Prozeß eines erneuten Anlaufs von Gesellschaft auf Basis der oben angeführten Prämissen kann duchaus positive Wirkung haben. Er ist im Kern demokratisch, weil sämtliche Teilnehmer gleichberechtigt daran partizipieren. Für diejenigen, die heute gedankenlos im Überfluß leben, wird dieser Prozeß schmerzhaft sein. Für diejenigen, die sich im Moment stark verletzt fühlen, wird es schwierig sein zu akzeptieren, daß sie trotz Verbesserung ihrer materiellen Bedingungen keine vollständige Rehabilitation erwarten können. Wichtig zu sehen ist hier vor allem, daß strukturelle Gewalt auf den unterschiedlichsten Ebenen zunimmt.

Konsequenterweise müssen wir unsere Aufmerksamkeit auf die offene Gewalt richten. Doch ihre Eliminierung garantierte den Frieden nur formal im Sinn der Abwesenheit von Gewalt. Frieden kann indes nur erreicht werden, wenn die Akteure in die Lage versetzt werden, trotz aller natürlichen Einschränkungen ihre Fähigkeiten maximal zu entwickeln. Und das ist genau das, was strukturelle Gewalt meint: Wenn Menschen Einschränkungen unterliegen, denen sie sich beugen müssen, obwohl es keine Rechtfertigung dafür gibt. So können beispielsweise schwarze Frauen nicht Präsidentin der Vereinigten Staaten werden, nicht in naher Zukunft. Jede Gesellschaft hat ihre eigenen Tabus – und wird sie sich erhalten. Derartige Tabus und ihre Wahrnehmung haben zur Aktualität der Frage der strukturellen Gewalt geführt. Dabei ist strukturelle Gewalt ein ebenso eindrucksvoller wie letzten Endes unpräziser Begriff. Er charakterisiert eine Situation, in welcher der Handelnde nicht in der Lage ist, seine Talente seinem Vermögen gemäß zu entwickeln und umzusetzen. Diese Tatsache wird uns mehr und mehr bewußt. Wenn Veränderung gefordert, aber verweigert wird, dann können die Schwachen auf vielfältige Weise auf den Abbau dieser strukturellen Einschränkung drängen und sich nicht mehr an die aufgestellten Spielregeln halten. Gerade komplexe, interdependente und interaktive Gesellschaften sind sehr anfällig für Verletzungen. Diejenigen, die meinen, daß das Spiel gegen sie ausgerichtet wurde, haben dazu jeden Grund, weil diejenigen profitieren, die es ablehnen, die bestehenden Verhältnisse zu verändern. Auf diese Weise kann strukturelle Gewalt zu manifester Gewalt führen. Hierbei ist die Manifestation in besonderem Maße schädlich, da die Opfer der strukturellen Gewalt gerade nicht mit Hilfe der Regeln, sondern gegen sie gewinnen wollen. Komplexe, interaktive Gesellschaften leben davon, daß sie sich allen denkbaren Veränderungen gegenüber offen halten.

Demokratisierung, und das heißt Strukturreformen, bedeutet, daß Entscheidungen konsensual getroffen werden müssen – und nicht nach dem- Mehrheitsprinzip. Zugleich folgt daraus, daß auch die bestehenden Strukturen in Frage gestellt werden, die einzelne Gruppen vor anderen schützen, mithin Änderungen für jene nicht akzeptabel sein können, die über Reformen den Schutz verlieren. Diesem Dilemma können wir nicht ausweichen. Die, die in den hochkomplexen, interaktiven Gesellschaften nichts zu verlieren haben, werden keine Hemmungen haben und sich gegen ihre so verletzlichen Gesellschaften wenden. Festungsgesellschaften sind indes nicht effizient und können von Minderheiten langfristig nicht effektiv geführt werden, selbst auf globaler Ebene nicht, wo die Minderheit reich und größtenteils weiß ist. Die Geschichte Südafrikas der vergangenen fünfzig Jahre ist unter diesem Aspekt besonders eindrucksvoll. Wir leben zwar in einer sehr demokratischen Welt, doch jenen, die ausgeschlossen sind, stehen so unkonventionelle wie effektive Zwangsmittel zur Hand, die einzusetzen sie niemand hindern kann. Hieraus kann nur eines folgen: Wenn es denn überhaupt Gewinner geben muß, müssen es alle sein.

Hiermit soll keineswegs eine neue Schreckensvision – die eines globalen Veto-Systems – ausgemalt werden. Wir wollen lediglich die Notwendigkeit betonen, mehr und mehr ein auf Übereinkunft beruhendes Entscheidungsfindungssystem anzustreben, und weniger ein majoritaristisches. Schließlich ist nicht jeder gewillt, bei jedem Spiel mitzuspielen. Doch ist Partizipation eine maßgebliche Voraussetzung. Das heißt nicht, daß jeder Teilnehmer sich notwendigerweise zu jedem Problem äußern muß. Er sollte dazu aber in der Lage sein, wenn er sich in besonderer Weise angesprochen oder kompetent fühlt. Den beteiligten Akteuren diese subjektive Partizipationsperspektive zu verwehren, hieße, sie in die Opposition abzudrängen und sie zu Haltungen zu verleiten, die von Lähmung der Kooperationsbereitschaft bis zu zügelloser Gewalt reichen können. Gelingt es nicht, ein derartiges partizipatives System zu entwickeln, werden Entfremdung und über Entfremdung neue Formen der Gewalt die Folge sein. Die Unterdrückung einer solchen Gewalt dürfte weitaus kostspieliger sein als der politische Preis für die Durchsetzung von offenen Partizipationsformen. Schließlich zählt nicht die Zeit, die benötigt wird, um zu einer tragfähigen Übereinkunft zu kommen, sondern die Wahrscheinlichkeit, daß einmal getroffene Entscheidungen von allen Beteiligten mitgetragen werden.

Wandel der Herrschaft

Neue Modalitäten der Partizipation hätten höchstwahrscheinlich großen Einfluß auf die sich verändernde Eigenschaft von Herrschaft. Herrschaft, die sich aus der Handlung ableitet, riskiert herausgefordert zu werden. Ein Beispiel hierfür ist die der englischen Königsfamilie zugeschriebene Autorität, die als Legitimation nicht mehr ausreicht. Das bedauernswerte Auftreten der jüngeren Familienmitglieder führte zu einem signifikanten Niedergang der öffentlichen Akzeptanz der Institution Königsfamilie, die trotz allem wertvolle Funktionen erfüllt. In zunehmendem Maße leitet sich die Akzeptanz der Herrschaft von der Fähigkeit ab, wie sie in und für einen Wirkungskreis ausgeübt wird. Askriptive, bürokratische und traditionale Herrschaft werden zunehmend in Frage gestellt, und nurmehr Leistungsherrschaft genießt Respekt. Hieraus erwachsen Probleme, denn die hochgesteckten Anforderungen an die handelnden Personen können – besonders in einer Leistungsgesellschaft – zu Entfremdung führen. Diese Leistungsherrschaft setzt daher fortwährende Einfühlsamkeit für die Schwächen der Menschen voraus.

Viele der hier veranschaulichten Phänomene erfordern Veränderungen auf mehreren Ebenen der institutionellen Strukturen. Allzu häufig verlagern sich ehemals aus menschlicher Notwendigkeit gewachsene Institutionen im Laufe ihrer fortschreitenden Entwicklung darauf, ihre Priorität auf das eigene Überleben zu konzentrieren. In England besitzen beispielsweise diejenigen, die den Wohlfahrtsstaat am dringendsten benötigen, im seltensten Fall einen festen Aufenthaltsort. Unterstützung bekommen sie jedoch nur, wenn sie einen festen Wohnsitz nachweisen können. Auf globaler Ebene können oft die ärmsten Länder die von den weltweiten Hilfsorganisationen wie der Weltbank – die dafür eingerichtet wurden, eben diesen schwachen Staaten zu helfen – geforderten, statistisch ausweisbaren Voraussetzungen nicht erfüllen. Die menschlichen Bedürfnisse bestehen indes weiterhin, selbst wenn diese besonders benachteiligten Staaten nicht einmal den organisatorischen Rahmen zu errichten vermögen, der Voraussetzung für die Annahme der Hilfeleistung ist. In einigen Gesellschaften versuchen Wohlfahrtsorganisationen, das fehlende Bindeglied zwischen den menschlichen Bedürfnissen dieser Unterprivilegierten und den wesentlichen bürokratischen Einrichtungen für verantwortungsvolle und helfende Institutionen herzustellen, so in England beispielsweise die Heilsarmee oder Nichtstaatliche Organisationen in vielen Konfliktgebieten der Welt. Dieses Bindeglied herzustellen ist notwendig, und zwar nicht nur aus menschlicher Sicht, sondern auch aus gesellschaftlicher. Denn, wie oben bereits bemerkt, sind diese Benachteiligten zunehmend in der Lage, die globale Gesellschaft in ihrer Entwicklung zu blockieren. Dies ist allerdings nicht die einzige Facette globaler Institutionen. Entscheidungen auf globaler Ebene werden heutzutage in einer Weise getroffen, die einzelne Staaten privilegiert, jedoch um den Preis des Ausschlusses anderer. Deren Beteiligung wäre jedoch essentiell für ein angemessenes Management globaler Probleme. Bei einem Vergleich des Bruttoinlandsprodukts von Staaten mit dem Umsatz multinationaler Konzerne wird evident, daß eine signifikante Anzahl multi-nationaler Konzerne in der Lage ist, Ressourcen und – mehr noch – die Loyalität der Menschen in weit größerem Maße für sich zu erschließen als die Mehrzahl der Staaten. Daraus folgt, daß es unsinnig ist, Problemfelder der globalen Entwicklung ohne Beteiligung der multinationalen Organisationen anzuschneiden, für wie vorteilhaft oder schädigend einige der multinationalen Organisationen auch gehalten werden. Hier sind bereits Korrekturen erfolgt, in der Form informeller Zusammenkünfte etwa in Davos oder durch die Schaffung neuer Institutionen wie beispielsweise die Trilaterale Kommission und der Club of Rome. Überdies hat sich die UN strukturell weiterentwickelt; zusätzlich zu konstituierenden Organen der UN selbst und spezifischen Agenturen und Programmen werden globale Konferenzen abgehalten, die heute ein konstitutives Element im globalen Entscheidungsprozeß darstellen. Diese Konferenzen gewähren eine breitere außerstaatliche Beteiligung, auch wenn dies durchaus kontrovers rezipiert wird. Dennoch ist deutlich, daß eine Anzahl drängender Probleme erst dann adäquat bearbeitet werden kann, wenn wir eine institutionelle Struktur schaffen, die allen im System relevanten Akteuren ein politisches Mitspracherecht verbürgt.

Das möglicherweise größte Hindernis auf dem Wege zu einem der Zukunft adäquaten institutionellen Rahmen ist das gegenwärtige Staatensystem selbst. Es wird nicht mehr lange dauern, bis wir das post-westfälische System der Staatssouveränität als Anomalie begreifen. Dieses System basiert auf der Idee, daß die Grenzen menschlicher Transaktionen mit den Staatsgrenzen weitgehend identisch sind. Zugegebenermaßen haben sich die Staatsgrenzen erweitert, um sich den verändernden Systemgrenzen anzupassen, wie beispielsweise dem wirtschaftlichen System nach der ersten Industriellen Revolution. Doch sie sind nicht flexibel genug, um den heute stattfindenden Veränderungen gerecht zu werden. Im Zuge dieser rasanten Veränderungen wachsen manche Systeme, andere schrumpfen, und einige verlieren ihre territoriale Basis in signifikantem Maße. Ein liberaler Staat mit durchlässigen Grenzen stellt in keiner Weise ein Hindernis für derartige Veränderungen dar, auch wenn er an Kontrollfähigkeit einbüßt. Verlust bedeutet, daß mit dem bestehenden institutionellen Rahmen die drängenden Probleme nicht gelöst werden können, weil gleichzeitig verschiedene Akteure in verschiedenen Systemen operieren, so daß es eines Minimums an Koordination bedarf, innerhalb wie zwischen Transaktionssystemen. Wir haben also ein praktisches Problem der Koordination und ein konzeptionelles

Problem der Imagination. Die Frage ist, wie beide zusammengebracht werden können.

Hedley Bull (1977) verspottete einst die neue Mittelalterlichkeit, die er als eine unglückliche Entwicklung ansah. Während die Notwendigkeit der Regierungsgewalt unstrittig ist, hat das System der souveränen Staaten zunehmend Schwierigkeiten, diese auch zu gewährleisten. Denn es zeigt sich immer weniger in der Lage, mit der Entwicklung Schritt zu halten. Wie vor 1648 sprengen heute in Europa eine Vielzahl verschiedener – politischer, wirtschaftlicher, sozialer und kultureller – Akteure die Zwangsjacke des Staatensystems. Im Mittelalter interagierten Bistümer, Fürstentümer, Handelsgesellschaften, Gilden und ähnliches recht flexibel. Später zeigte sich diese Flexibilität beim Ottomanischen Reich und in Britisch-Indien, Systeme, welche schwer zu kategorisieren sind, da sie Elemente einer sehr kreativen Ambiguität beinhalteten. Globale politische Systeme heute benötigen eine neue Form kreativer Ambiguität, die der extrem komplexen Welt des 21. Jahrhunderts gewachsen ist. Dem Westfälischen System sind wir entwachsen; in unserem eigenen System, wie im chinesischen und islamischen, liegen möglicherweise historische Erfahrungen begraben, aus denen wir lernen oder von denen wir uns zumindest inspirieren lassen könnten.

Dies führt uns zu dem Phänomen globaler Politik, die besonders mit der Globalisierung der Weltwirtschaft betrachtet werden muß. Globalisierung unterstellt eine singuläre Weltwirtschaft, in welcher die nationalen Wirtschaften die Nebenrollen spielen. Die Globale Politik will einen anderen Zugang zu den Problemen: Sie versteht sich als am Wachstum jener Probleme unmittelbar beteiligt, die nur auf globaler Ebene effektiv gehandhabt werden können. Historische Prozesse können in manchen Fällen durch die Hervorhebung von Bezugspunkten indiziert werden; so kann gegen 1960 eine Verschiebung von der Weltpolitik hin zu globaler Politik konstatiert werden. Weltpolitik ist mit Problemen belastet, die möglicherweise – jedoch nicht notwendigerweise – alle Regionen des Globus berühren. Globale Politik hingegen beinhaltet Probleme, die den gesamten Globus involvieren. Am Beispiel eines Vergleichs des Zweiten Weltkriegs mit nuklearem Krieg läßt sich der Unterschied verdeutlichen: Nuklearem Fallout oder dem sog. Nuklearen Winter kann niemand entkommen, selbst eingeborene Völker der Regenwälder Amazoniens nicht. Den Verwüstungen des Zweiten Weltkriegs waren sie nicht einmal ausgesetzt.

Die Welt des nuklearen Überflusses enstand um 1960, als mit dem Sputnik der Weg zu einer Überproduktion an Waffensystemen begann, die jeden Flekken der Erde von jedem beliebigen Punkt der Erdoberfläche aus mit erschreckender Genauigkeit erreichen konnten. Ähnliche Phänomene waren in anderen Bereichen zu beobachten: Die OECD ersetzte den Marshall-Plan und die OEEC, als die Welt sich von den zweifachen Konsequenzen der Großen Depression und des Zweiten Weltkrieges erholte. Eine kommunikative Revolution nahm ihren Lauf, und massenhaftes interkontinentales Reisen wurde zu einer

globalen Erscheinung. Es waren nicht mehr nur die Armen Europas, die emi-
grierten, sondern die Armen anderer Regionen der Welt tauchten auf einmal auf
den größeren Flughäfen der entwickelten Welt auf, um die Immigrations-
Offiziere flehentlich um Einreiseerlaubnis zu bitten, so daß Regierungen entwickelter Länder ein globales Äquivalent zum südafrikanischen *African Group
Areas Act* institutionalisierten. Dies war indes nicht nur eine Folge gewachsener
Mobilität der Menschen, sondern ebenso eine Folge der gesteigerten Kommunikation, die mit Radio, später Fernsehen, Fax, E-Mail und Satellitenprogram-
men den Massen der großen Weltzentren den unmittelbaren Informationsaustausch bescherte. Die politischen und wirtschaftlichen Konsequenzen sind indessen nicht kalkulierbar, nicht einmal innerhalb der Zentrum-Peripherie-
Struktur. Die Bewegung der Menschen und Ideen hatte andere Hintergründe,
wie an der Ausbreitung einer beinahe schon „klassisch" zu nennenden Plage
abgelesen werden kann – AIDS. Doch ist globale Politik nirgendwo wichtiger
als in Fragen der Umwelt und der Ökologie.

1972 veröffentlichte der Club of Rome eine Studie mit dem Titel *Limits of
Growth* (Meadows et al. 1972). In dieser Studie wird argumentiert, daß bei
gleichbleibenden Umfang des Ressourcenabbaus, des Bevölkerungswachstums
und der Umweltverschmutzung innerhalb eines Jahrhunderts ein bedenklicher
Rückgang der industriellen Produktion und Bevölkerung eintreten würde. Mit
anderen Worten: Die Welt befindet sich dieser Analyse zufolge innerhalb eines
vorstellbaren Zeitraums auf dem Weg in eine Katastrophe. Auch wenn die Ergebnisse dieser Studie mehrfach in Frage gestellt wurden, so war die Botschaft
doch deutlich. Es fänden so tiefgreifende Prozesse statt, daß unerfreuliche Konsequenzen innerhalb einer endlichen Zeitperiode vorhersehbar sind. Seitdem ist
ein Drittel dieser Zeit verstrichen. Zum Glück ist ein gewisser Fortschritt erzielt
worden. In der Tat lag der erste und wichtigste Schritt in einer allgemeinen Anerkennung der Problematik selbst. Die radikale Konsequenz, die sich für das
Handeln aufdrängt, ist indes bis heute nicht gezogen worden. Ressourcenpolitik
kam zwar auf die Tagesordnung der Regierungen, doch nur auf Öl bezogen.
Heute gilt Wasser als ebenso endliches wie wertvolles Naturprodukt. Auch wird
gefragt, welches Schicksal Europa ereilen wird – und auch seine Inseln, wenn
der Golfstrom Nordwesteuropa als gemäßigte Zone nicht mehr erwärmen wird.
Weitere Problembereiche globaler Natur sind ungelöst, deren Agenda mit „globale Aufruhrkontrolle" betitelt werden könnte: Drogen, Flüchtlinge, Menschen-
rechtsverletzungen. Sie sind im Zusammenhang der schon oben angesprochenen Faktoren des Wettrüstens und der Ökologieproblematik zu sehen. Damit
stellt sich die Frage nach einer globalen Regierungsgewalt, die eine der
schwierigsten überhaupt ist. Sie ist zugleich eines der dringendsten Themen auf
der Agenda der Politikwissenschaftler. Unser Verständnis für all diese Fragen
ist nur geringfügig gewachsen. Angesichts der kärglichen materiellen wie intellektuellen Quellen, die hierfür erschlossen werden, ist das auch nicht verwunderlich. Der Themenbereich der globalen Politik wird auf unserer Tagesordnung

bleiben müssen. Denn sich dieser Problematik mit offenen Augen und wachen Geistes zuzuwenden, ist allemal besser, als eine Vogel Strauß-Politik zu betreiben.

Globale Probleme als Folge der Globalisierung implizieren indessen nicht einen globalen Menschen. Während globale Probleme gemeinsam bearbeitet werden müssen, bedeutet dies keinesfalls, daß alle Fragen global erörtert werden müssen oder Globalisierung ohne jede Gegenreaktion bliebe. In der Tat betrachten viele die industriellen Unruhen in Frankreich Ende 1995 als Ausfluß der Globalisierungstendenzen. Um sich die Idee einer globalen Politik anzueignen, brauchen wir differenzierte Systeme von Regierungsgewalt. Eine der attraktivsten und modernsten Eigenschaften der EU besteht darin, daß sie begonnen hat, eben dies zu verwirklichen. Die EU ist auf dem Wege zur Verschmelzung (pooling) der Entscheidungsverfahren, welche auf der Unions-Ebene Souveränität zusammenführt und gemeinschaftlich einsetzt. Diesen Aufbauprozeß begleitet ein Prozeß des Abbaus, und zwar im Zuge des Ausbaus von Subsidiarität auf der Ebene der Staaten und Regionen, wie möglicherweise auch auf der Ebene der transnationalen Organisationen. Das Wachstum von Regionen innerhalb der Union wird voraussichtlich eine wichtige Rolle für die Akzeptanz der EU in der Bevölkerung spielen. In diesem Zusammenhang ist möglicherweise der Umstand von Bedeutung, daß der Widerstand gegen die Union in den Ländern am ausgeprägtesten ist, in denen es keinen ausgeprägten Regionalismus gibt, beispielsweise in England. Zusätzlich reift in der Union die Vorstellung von überregionalen Verbindungen heran, wie ERASMUS, und nun SOKRATES, deren Programme solide Verbindungen zwischen Lehrpersonal und Studenten der Universitäten herstellen, und dies zu beiderseitigem Nutzen. Auch über die Grenzen der Union hinaus können Verbindungen mit assoziierten Partnern eingegangen werden: mit den AKP-Staaten oder dem Mittelmeerraum beispielsweise, oder mit anderen Regionen, wie etwa im EurArab-Dialog, dem Gipfel zwischen europäischen und ostasiatischen Führungspersönlichkeiten, sowie im neuen Trans-Atlantik-Dialog. Wir haben es hier mit einem Prozeß zu tun, der in vier Richtungen vorangetrieben wird: erstens der Erweiterung von Kontakten nach oben, zweitens nach unten, drittens durch Querverbindungen und viertens überprüfend. Dieser Prozeß bewirkt eine Vielfalt von Identitäten, die sich bei diesem Vorgang herausbilden. Werden derartige Beziehungen angenommen, erfahren wir, wer wir sind. Werden derartige Beziehungen jedoch gekappt, verleugnen wir unsere Identität. Erfolgreiches Regieren hängt mit Sicherheit davon ab, daß das gesamte Spektrum an Identitäten angesprochen wird. Unterbindet ein Staat bestimmte Beziehungen, verliert er an Legitimität. Fehlt es an Legitimität, ist der Schritt zu Widerspruch oder Schlimmerem nur gering.

Traditionelle Identitätspolitik ist uns in Form des Nationalismus seit langem vertraut: Nationalismus ist eine Doktrin, in der die Vorstellung der Nation sich mit einem legalen, administrativen und territorial abgerundeten Staat verbindet. Es existieren indes weitere Möglichkeiten von Identität als Grundlage politischen Handelns. Im auslaufenden zwanzigsten Jahrhundert dienen Rasse, Geschlecht, Ethnizität oder berufliche Zugehörigkeit der Identitätsfindung. Dabei erscheint heutige Identitätspolitik weitgehend konzeptionslos, ihre Bedeutung ist indes unbestritten. Werden Regierungsformen, die Individuen und Gruppen ihre Identität in legitimierten Beziehungen in breiter Vielseitigkeit unterschiedlicher Bereiche ausdrücken lassen, nicht gefunden, dann muß mit Konflikten gerechnet werden, deren Hauptstreitpunkt die Leugnung von Identität sein wird. Derartige Konflikte haben die Tendenz, in Gewaltaustrag umzuschlagen.

Ein globales Problem, das Individuen, Gruppen und eine globale Regierung miteinander verbindet, ist das Entwicklungsproblem. Im allgemeinen ist Entwicklung auf zweifache Art begriffen worden. Im ersten Verständnis genießt wirtschaftliche Entwicklung den Vorrang. Dies birgt Implikationen in sich, nicht nur für die Ressourcen, sondern vor allem wegen des wachsenden Unterschiedes zwischen denjenigen, die wirtschaftlich im Vorteil sind, und denjenigen, die benachteiligt sind. Das führt zu einer weiteren Unterscheidung: einerseits zwischen Ländern innerhalb der entwickelten Welt, andererseits zwischen der reichen und der armen Welt. Innerhalb der entwickelten Welt kann England als anschauliches Beispiel für den wachsenden Unterschied zwischen arm und reich dienen: Die Nation ist zweigeteilt. Auf globaler Ebene – und dies trotz wirtschaftlich beeindruckender Entwicklung einiger Länder der Semi-Peripherie – ist ein ganzer Kontinent aus der internationalen Agenda in einen Morast von Armut und allen hieraus folgenden, teilweise selbst verursachten, Ungerechtigkeiten herausgefallen: Afrika.

Keines der Probleme können die hochentwickelten Länder mit Gleichmut akzeptieren. Entwickelte Länder, in denen strukturelle Langzeitarbeitslosigkeit eine von der Konvention abweichende Subkultur schafft, müssen die Funktion von Arbeit innerhalb ihrer Gesellschaft neu überdenken. Sind sie bereit, die Existenz dieser Subkultur, die eine latente Bedrohung darstellt, hinzunehmen? Wollen diese Staaten überhaupt neue Modalitäten von Beschäftigung, oder wollen sie große Teile der Bevölkerung zu einem weniger arbeitsreichen Lebensstil umerziehen? Im ersten Fall existiert kein Problem, vorausgesetzt die Arbeitslosen halten sich ruhig. Doch sie stellen eine potentielle soziale Sprengkraft dar, welche durch die Verletzlichkeit der entwickelten Gesellschaften offensichtliche und gravierende Folgen hätte, würde sie tatsächlich zur Explosion kommen.

Der Brandt-Report suggerierte eine alternative Lösung dessen, was als Entwicklung verstanden werden kann, nämlich als Verknüpfung der berechtigten Forderungen der Dritten Welt mit den nicht ausreichend genutzten Ressourcen der entwickelten Welt. Würde die entwickelte Welt mit Hilfe einer Art globalem Marshall-Plan der Dritten Welt Kredite für den Ausbau ihrer Infrastruktur geben, was zu einem Rückgang der strukturellen Arbeitslosigkeit führte, dann würde die Dritte Welt – so wie es einige Staaten im Süden bereits tun –

mit der entwickelten Welt besseren Handel, auf höherer Ebene und mit anderen Gütern als bisher betreiben können.

Diese Annahme basiert auf der Prämisse, daß die Nachkriegsprosperität der entwickelten Welt durch den Handel zwischen den entwickelten Wirtschaften zustande kam, nicht so sehr durch den Nord-Süd-Handel. Wie dem auch sei, das Anfangskapital für eine solche Idee ist enorm hoch; im Gegensatz dazu benötigte der „Marshall-Plan" nur einen Initialzuschuß für eine Region mit hochentwickelter Arbeitskraft. Im strukturschwachen Afrika jedoch fehlt es an solchen Voraussetzungen. Die dritte Option wäre, die Menschen zu einem neuen Lebensstil umzuziehen, zu einem Lebensstil, der sich von dem heutigen mit seiner Voraussetzung der Notwendigkeit und des Rechtes auf Arbeit unterschiede. In Zukunft könnte Arbeit als ein Privileg angesehen werden, insbesondere, was interessante Positionen betrifft. Die sich vor allem in der entwickelten Welt verändernde Altersstruktur der Bevölkerung zwingt uns dazu, unsere Karrierevorstellungen zu überdenken: Es wird nicht nur weniger Karrieren von lebenslanger Dauer geben, sondern die Verteilung von Verantwortung und Anerkennung kann sich im Laufe eines Arbeitslebens verändern, so daß der Höhepunkt in der Mitte des Lebens erreicht sein und möglicherweise auf niedrigerer Ebene fortgeführt wird, bis der Ruhestand als physische Notwendigkeit erreicht ist. Überdies muß von der Situation einer Arbeitswelt Abschied genommen werden, in der sich einige zu Tode arbeiten und andere zu Tode langweilen.

Entwicklung – individuell und kollektiv gesehen – kann am zutreffendsten als ein Prozeß der Selbstentwicklung begriffen werden, innerhalb dessen die Handelnden ihre Fähigkeiten unter den zur jeweiligen Zeit gegebenen Möglichkeiten bestmöglich entfalten können. Angemerkt sei, daß diese Möglichkeiten nicht durch strukturelle Gewalt eingeschränkt werden dürfen. Daher ist die allererste Voraussetzung der ungehinderte Zugang zur Sicherung der eigenen Gesundheit. Daran schließt sich die Frage nach den Zugangsmöglichkeiten jedes Handelnden zu den Mitteln an, die er für die Entfaltung seiner Talente braucht. Ein Mönch, der ein klösterlich-asketisches Leben führt, kann sich auf dem höchsten Punkt seiner persönlichen Entwicklung befinden. Es existiert kein absoluter Standard außer dem, daß die Talente, die entwicklungsfähig sind, gefördert werden können. Dies trifft auf Gruppen ebenso zu, denn wird einer Gruppe ihre Identität nicht zugestanden, so kann sie auch nicht als entwickelt gelten, da die Qualität der Identität von sozialen Ressourcen abhängig ist, die nicht unbedingt knapp sein müssen. In der Tat können wichtige Grundvoraussetzungen für Selbstentwicklung – wie Sicherheit, Partizipation und Identität – bei niedriger wirtschaftlicher Entwicklung gewährleistet sein, während dies bei hoher wirtschaftlicher Entwicklung nicht der Fall sein muß.

Ein Charakteristikum vieler der hier beschriebenen Tendenzen ist, daß sie an Geschwindigkeit zunehmen, so daß die Rate der Veränderung anwächst. In besonderem Maße trifft dies auf die physikalischen Aspekte unserer Umwelt zu. Es dauerte beispielsweise ungefähr einhundert Jahre, bis das Schwarzpulver in

Europa allgemein genutzt wurde. Im Vergleich dazu verging von dem ersten motorgetriebenen Flug bis zum Betreten des Mondes nur ein halbes Jahrhundert; der hierfür notwendige Sprung von Vorstellungskraft und Technologie war immens. In der Vergangenheit war ausreichend Zeit, sich den durch technologischen Durchbruch verursachten physikalischen Veränderungen unserer Umwelt auf politischer, ökonomischer und sozialer Ebene anzupassen. Heute wächst die Veränderungsrate der physikalischen Umgebung exponentiell, unsere Vorstellungen von einer sozialen, politischen und ökonomischen Welt stammen indes aus dem neunzehnten Jahrhundert. Kommunismus, Anarchismus, Liberalismus, Sozialismus und das zugrundeliegende kapitalistische System sind geistige Produkte der Vergangenheit. Das zwanzigste Jahrhundert hat hingegen lediglich zwei „ismen" geschaffen: Faschismus und Globalismus in ihren verschiedenen Varianten. Der Faschismus war in mancher Hinsicht ein Schrei der Verzweiflung angesichts sich rapide verändernder Gesellschaften. Globalismus könnte indessen unsere Hoffnung auf die Zukunft sein. Es gibt viele beunruhigende Tendenzen, von denen einige unbedingt vermieden werden müssen, andere jedoch die Vorboten einer anderen, doch anpassungsfähigeren Gesellschaft sein könnten.

Ausblick

Unser Thema waren Krisen, die durch langfristige Entwicklungsprozesse ausgelöst werden. Solche Veränderungen sind allgegenwärtig, und wir können ihnen nicht entkommen. Was wir hingegen versuchen sollten, ist, die Ursachen der Veränderung zu identifizieren, um uns dann zu entscheiden, ob wir den bevorstehenden Veränderungen folgen oder ob wir sie verhindern wollen. Lange werden wir uns ihnen nicht entgegenstellen können, allein schon wegen der Kosten nicht. Wir könnten möglicherweise die Kräfte der Veränderung aufhalten und das Ergebnis als glänzenden Sieg feiern, doch dieser Sieg wird nur eine Anzahlung auf die folgenden Raten sein, die danach aufgebracht werden müssen. Früher oder später werden uns die Veränderungen wie eine Sturmflut entgegenbranden. Was erforderlich ist, ist Verschiedenartigkeit, Offenheit, Flexibilität, und Vielfalt. Wir müssen unsere Reaktionsmöglichkeiten erweitern, statt sie einzuengen. Andernfalls werden wir zwischen Abwanderung, Krise und Zusammenbruch oder zwischen Gewalt, Krise und Zusammenbruch zu wählen haben. Keine der Optionen ist praktikabel oder normativ akzeptabel. Für Politiker mag eine Woche eine lange Zeit sein, wenn sie nicht kurzzeitig überleben, können sie nicht über Langzeitentwicklungen nachdenken. Wenn die Langzeitentwicklung den globalen Entscheidungsträgern nicht behagt, können die beunruhigenden Entwicklungen reifen und somit Kurzzeitkrisen in der Zukunft schaffen. Unser Dilemma ist deutlich erkennbar: Unsere Meta-Krise liegt in der Tatsache begründet, daß – selbst wenn wir in der Lage sind, beunruhigende Tendenzen zu erkennen – keine Regierungsform vorhanden ist, mit deren Hilfe eine angemessene Reaktion möglich wäre. Dennoch können wir den Langzeitkrisen nicht aus dem Weg gehen. Après nous, le déluge?

Überlegungen zur Zukunft Europas

Wolf-Dieter Eberwein[*]

1. Vorbemerkungen

Dieser abschließende Aufsatz beschäftigt sich mit der Frage, in welche Richtungen sich Europa entwickeln könnte. Es ist schon ein Phänomen, daß sich zwar alle bemühen, ein friedliches Europa zu schaffen, es aber dennoch nicht zu gelingen scheint, diesem Ziel entscheidend näher zu kommen. Daß die Kriegsgefahr seit 1989 nahezu gegen Null gesunken ist, war niemandes Verdienst, sondern die nichtintendierte Folge des demokratischen Aufbruchs in Mittel- und Osteuropa und der Reformbestrebungen in der Sowjetunion. Es scheint aber das Versagen aller zu sein, daß die Bemühungen um neue Kooperations- und Friedensstrukturen nicht entscheidend vorankommen. Vielleicht liegt dies daran, daß die politische Praxis, angesiedelt im Spannungsfeld von Macht, Interessen und Sicherheit, einem fundamentalen Wandel im Wege steht. Es kann auch darin begründet liegen, daß Politik inzwischen so komplex geworden ist, daß die individuelle (staatliche) Rationalität kollektive Irrationalität bewirkt. Damit stellt sich die Frage, ob Zukunft gestaltbar ist oder nicht. Auch wenn hierauf keine definitive Antwort gegeben werden kann, soll in diesem Aufsatz, dessen Ziel in der Beschreibung möglicher Zukunftsentwicklungen besteht, zunächst das Problem der Gestaltbarkeit von Politik an Hand des Zusammenhangs von Wissen, Macht und Visionen diskutiert werden. Im Anschluß hieran werden kurz Erkenntnisse angesprochen, die für die Gestaltung des Friedensprozesses von Bedeutung sind. Hierzu gehört auch die Bedeutung der Staatenwelt in diesem Prozeß. Auf dieser Grundlage werden schließlich einige Szenarien[1] entwickelt, Gedankenexperimente also, die von den in diesem Buch versammelten Einsichten ausgehen.

2. Visionen, Wissen und Macht

Die Gestaltung der Zukunft setzt Visionen, d. h. Ziele voraus. Wissen ist dabei wünschenswert, indem es Auskunft darüber gibt, wie diese Ziele verwirklicht werden können. Macht schließlich ist notwendig, um die Ziele durchzusetzen. Katastrophen wie die beiden Weltkriege oder einmalige Glücksfälle wie die

[*] Ich bin insbesondere Wilhelm Nolte und Wolfgang R. Vogt für Kritik und Anregungen dankbar, die Mängel gehen alleine zu Lasten des Verfassers.

1 Sie sind vorläufiger Natur und werden im Verlaufe des Gesamtprojektes im Detail noch zu präzisieren sein.

friedliche Beendigung des Kalten Krieges sind keine intendierten Ergebnisse individuellen oder kollektiven Handelns. Dennoch sind derartige dramatische Veränderungen keineswegs zufällige Ereignisse. Sie können noch am ehesten als Kulminationspunkt längerfristiger Prozesse interpretiert werden. Sie resultieren aus der Aufsummierung politischer Intentionen und Handlungen der weltpolitischen Akteure, dem Produkt aus Wissen und Macht. Doch genau dieser Umstand hat ein fundamentales Dilemma für die Gestaltbarkeit der Zukunft im allgemeinen, die „Machbarkeit des Friedens" im besonderen zur Folge. Vordergründig hat es der Historiker Gaddis (1992) mit seinem provokativen Aufsatz erfaßt, in dem er den Vertretern der Wissenschaft von der internationalen Politik fundamentales Versagen vorwarf, weil sie den Zusammenbruch der Sowjetunion nicht vorhergesagt hätten. Vordergründig ist diese Kritik deswegen, weil sie impliziert, daß eine solche Prognose überhaupt möglich und wissenschaftlich sinnvoll ist. Doch die Vorhersage eines singulären dramatischen weltgeschichtlichen Ereignisses als Evaluationskriterium für die Leistungsfähigkeit der Wissenschaft zu fordern, wäre vermessen. Genausogut könnte man fordern, vorherzusagen, wer in der fünften Ziehungswoche der Lottozahlen im Jahre 1999 in Deutschland den Jackpot gewinnen wird, obwohl in diesem Falle die Gewinnwahrscheinlichkeit bekannt ist.

Gaddis hat mit seiner Kritik recht, die Begründung dagegen ist falsch. Prognostizierbar ist mit Sicherheit die Unkalkulierbarkeit der Machtausübung – und zwar in einem doppelten Sinne. Macht kann gleichermaßen für destruktive Zwecke eingesetzt werden wie für friedliche. Der Faschismus ist wohl das extremste Beispiel für das zerstörerische Potential, das Macht innewohnt, die Konstruktion der atlantischen Sicherheitsgemeinschaft nach 1945 hingegen ein Beispiel für den produktiven Einsatz von Macht (vgl. Deutsch et al. 1957). Ähnlich verhält es sich mit dem Wissen. Prognostizierbar ist, daß Wissenseinsatz alleine noch keine Garantie für Frieden ist, genauso wenig wie fehlendes Wissen – im Sinne wissenschaftlich fundierter Kenntnisse der Zusammenhänge zwischen Ursachen und Wirkungen, das friedliches Zusammenleben von Menschen, Gruppen oder Staaten verhindert hätte. Es läßt sich folglich nicht prognostizieren, wofür und wie Macht und Wissen eingesetzt werden. Die Skandinavier beispielsweise haben seit dem spanischen Erbfolgekrieg keine Kriege mehr untereinander geführt. Folglich sind weder Macht bzw. Machtverzicht, weder Wissen noch Nichtwissen eine notwendige Bedingung für die Schaffung eines Friedenssystems (aber auch eines Hegemonialsystems, oder was auch immer). Eine notwendige Bedingung für die Schaffung eines Friedenssystems besteht, folgt man Most und Starr (1989:22ff), offensichtlich darin, daß die Gelegenheit (opportunity) wie auch die Bereitschaft (willingness) der Akteure gegeben sein müssen, ein solches Friedenssystem zu schaffen, sei es regional (in Europa) oder global.

Daß die Bereitschaft für die Schaffung eines friedlichen Europa, frei von Bedrohung und Gewalt, verbreitet ist, setzen wir voraus. Doch die Bereitschaft alleine reichte nicht aus, um diesem Ziel näher zu kommen. Denn sie impliziert zugleich je spezifische und oftmals höchst unterschiedliche Vorstellungen, wie eine solche Friedensordnung aussehen und wie sie verwirklicht werden könnte. Man kann dafür den Begriff der Vision verwenden. Vision heißt, die zentralen Elemente einer solchen gedachten Friedensordnung zu identifizieren. Wolfgang R. Vogt (1996:452) hat drei konkrete Elemente einer solchen Vision benannt:

- Gewaltreduzierung,
- gewaltarme bzw. -freie Konflikt- und Krisenregulierung,
- politische Strategien, Programme und Aktionen.

Mit dem ersten Punkt wird die fundamentale Handlungsnorm benannt, mit dem zweiten das Handlungsziel, während der dritte schließlich die Konkretisierung der ersten beiden Punkte in entsprechenden Handlungsprogrammen einfordert. Zusammen bilden sie die Voraussetzung dafür, daß eine langfristige und lebensfähige Friedensordnung zustandekommt. „Visionen" beinhalten aus Vogts Sicht einen „paradigmatischen Perspektivwandel" (ebda.). Er kann mit dem Paradigma der kritisch-reflexiv-komplexen Zivilogik im Gegensatz zur gegenwärtig vorherrschenden pragmatisch-realistisch-simplexen Machtlogik und nationalen Sicherheitspolitik konkretisiert werden.

Ist somit die Bereitschaft zu einer friedlichen Neuordnung eine notwendige Bedingung, dann ist hinreichend erfüllt, wenn die Gelegenheit dazu vorhanden ist. Wie Holsti (1991) in seiner Analyse der verschiedenen, durch Großmachtkriege bewirkten, historischen Umbrüche in Europa seit dem 30jährigen Krieg belegt, ist jedesmal ein neuer Anlauf unternommen worden, eine neue Ordnungsgrundlage für das internationale System zu schaffen, um zu verhindern, daß das internationale System (was damals Europa hieß) wieder im Chaos versinkt. Doch jeder Neubeginn, der 1713 mit dem Frieden von Utrecht (nach dem Versuch Frankreichs, eine hegemoniale Rolle zu übernehmen), mit dem Wiener Kongreß (Ordnung durch das Großmächtekonzert zu schaffen) im Jahre 1815 und schließlich mit Versailles (Versuch der Demokratisierung des Staatensystems) im Jahre 1919 gemacht wurde, endete immer wieder im kriegerischen Zusammenbruch.

Das eigentliche Problem bestand dabei immer darin, daß für die jeweilige Neuordnung die Fehler der Vergangenheit als Orientierung dienten, dabei aber vergessen wurde, daß sich die Welt ändert. Das gilt mit Einschränkungen auch für den Normenkodex, der mit der UNO-Charta 1945 fixiert worden war. Sie setzte den Konsens der Siegermächte (Großmächte) voraus, sie nahm an, daß der Weltfriede nur durch zwischenstaatliche Gewalt gestört werden könnte und daß die Großmächte letztlich bereit seien, gemeinsam für den Weltfrieden zu sorgen. Im Gegensatz zu früher stellte diese Neuordnung allerdings einen wesentlichen Fortschritt dar, weil es (vgl. Holsti 1991:Kap 2) zu keinem Krieg zwischen den Großmächten mehr kam. Daß die Angst vor einer Nuklearkonfrontation (vgl. Lebow/Stein 1994) hierzu entscheidend beigetragen hat, steht außer Zweifel, höchstwahrscheinlich auch dazu, daß der Umbruch 1989 friedlich verlief.

Sicher bietet die UNO-Charta, nachdem die Supermachtblockade vorbei ist, zumindest zu Teilen Anknüpfungsmöglichkeiten für die Wahrung oder Wiederherstellung von Frieden. Allerdings stellt sich heute das Problem internationaler Sicherheit und Stabilität völlig anders. Bereits während des Kalten Krieges wurde deutlich, daß zwischenstaatliche Gewalt keineswegs die einzige Form ist, die internationale Stabilität und Sicherheit bedrohen. Vielmehr sind es innerstaatliche Auseinandersetzungen mit internationalen Auswirkungen. Sie bedrohen nicht einmal die Sicherheit im klassichen militärischen Sinne, sie können aber erhebliche Auswirkungen auf die Sicherheit im Sinne wirtschaftlicher Überlebensfähigkeit oder innerer Stabilität einzelner Staaten und Staatengemeinschaften haben. Man denke etwa an die Rohstoffversorgung oder an terroristische Anschläge. Ungeachtet dieses Umstandes bot der säkulare, aus dem Zusammenfall des Ost-West-Konfliktes hervorgegangene Umbruch erstmalig in der Geschichte die unerwartete Chance zur Schaffung einer neuen Friedensordnung, die nicht auf militärischer Abschreckung und nuklearem Terror beruht. Überdies ist der Neubeginn nicht mit der Hypothek von Sieg und Niederlage belastet, auch wenn manche den Umbruch als Sieg von Demokratie und Marktwirtschaft feiern wollten. Sieht man von der Pariser Deklaration von 1990 ab, sieht es keineswegs so aus, als sei derzeit ein Paradigmenwechsel der Art im Gange, wie er Vogt vorschwebt. Wird somit die Gelegenheit, einen Neuanfang zu wagen, vertan? Diese Frage muß zunächst zurückgestellt werden.

Gelegenheit steht in direktem Zusammenhang mit den Risiken und Chancen, die wahrgenommen werden.[2] Ganz allgemein kann man die Behauptung aufstellen, je höher die Risiken eingeschätzt werden, desto geringer die Wahrnehmung von Chancen für einen radikalen, paradigmatischen Wandel. Diese Aussage muß allerdings präzisiert werden. Risiken und Chancen sind nicht symmetrisch. Es wäre falsch, davon auszugehen, daß Risiken und Chancen negativ miteinander korrelieren. Das heißt: Sind Risiken hoch, sind die Chancen gering und umgekehrt. Denn dann wären Chancen nur wahrzunehmen, wenn die Risiken gering wären, was natürlich Unsinn ist. Das Problem besteht darin, daß die wahrgenommenen Risiken alarmistische Reaktionen auslösen und deswegen darauf verzichtet wird, überhaupt über alternative Formen der Risikobewältigung nachzudenken, und stattdessen auf festgefahrene Mechanismen der Gefahrenabwehr zurückgegriffen wird. In der Regel entspricht das dem Bemühen um Bewältigung der Symptome oder Folgen statt der Ursachenbekämpfung. Geradezu paradigmatisch ist in diesem Zusammenhang die Migrationsproble-matik: Man versucht, die Grenzen unüberwindbar zu machen. Eingedenk der Risiken, besteht die Wahrnehmung von Chancen also darin, eine hohe Risikobereitschaft aufzubringen, neue Strategien auszuprobieren. Heute sind die

---

2 Dies zeigen die Überlegungen von Hubig in diesem Band.

Chancen deswegen vergleichsweise hoch, weil das exklusive Freund-Feind-Muster, das den Kalten Krieg auszeichnete, nicht mehr existiert. Es mutet gerade deswegen zynisch an, daß in der Wissenschaft wie in der Politik zunehmend weniger die Chancen des Umbruchs thematisiert als die mit ihm verknüpften Risiken dekliniert werden,[3] die kalkulierbaren – wie Klimawechsel, die nicht-kalkulierbaren – wie Terroranschläge, und die denkbaren – wie etwa der nukleare Terrorismus oder die Migrationsflut von Süd nach Nord. Als Arbeitshypothese mag diese Aussage zum Zusammenhang von Risikobereitschaft und Chancen sinnvoll sein. Empirisch überprüfbar ist sie nicht, jedenfalls nicht in dieser allgemeinen Form. Setzt man für Zielvorstellungen, die für Visionen zentral sind, den Begriff der Chance ein, dann lautete die revidierte Arbeitshypothese, daß die Wahrscheinlichkeit der Verwirklichung einer Vision im Sinne einer alternativen, paradigmatisch von Grund auf gewandelten, internationalen Friedensordnung von der Risikobereitschaft der Beteiligten abhängt, neue institutionelle Mechanismen und neue Verhaltensformen zu finden, die nicht vom „worst-case"-Denken bestimmt sind. Je höher diese ist, desto wahrscheinlicher ihre Verwirklichung. Das wiederum könnte zu dem Fehlschluß führen, Risikobereitschaft sei bereits ausreichend, um Visionen zu verwirklichen. Damit setzte man sich zu Recht dem Vorwurf der Spekulation aus. Ein solcher Vorwurf träfe zwar nicht die – bestgemeinte – gesinnungsethische Motivation, doch aus handlungsethischer Sicht wäre zumindest der Vorwurf der Leichtfertigkeit nicht von der Hand zu weisen.

Vor dem Hintergrund der eingangs angesprochenen „Prognoseunmöglichkeit" scheint daraus zu folgen, daß wir über die Zukunft entweder nur spekulieren können oder gänzlich auf irgendwie sinnvolle Aussagen über die Zukunft verzichten müssen. Voluntarismus (Spekulation im Glauben an die Machbarkeit) scheint der Ausweg zu sein, der uns bleibt, weil Determinismus (im Sinne der historischen Unentrinnbarkeit) auf Grund der prognostischen Unmöglichkeit ausscheidet. Daß dem nicht so ist, ergibt sich daraus, daß Visionen nicht nur aus Zielvorstellungen bestehen, sondern auch Handlungsnormen und Handlungsprogramme beinhalten. Bringt man diese letztgenannten Elemente in Zusammenhang mit den Begriffen Macht und Wissen, eröffnet sich ein „dritter Weg". „Prognoseunfähigkeit" im Sinne der Vorhersage historischer Abläufe beruht nicht etwa auf intellektueller Unfähigkeit, sondern auf der Einsicht in die Unkalkulierbarkeit von Macht und in den relativen Nutzen von Wissen. Unkalkulierbarkeit von Macht resultiert unmittelbar aus der Entscheidungsfreiheit des Einzelnen oder von Kollektiven. So wie Saulus zum Paulus mutieren konnte, können Individuen oder Staaten, vorausgesetzt, es handelt sich nicht um pathologische Fälle, von aggressiven Staaten zu friedfertigen Staaten mutieren. Individuen, Gruppen oder Staaten können sich in die Handlungsnorm des Gewalt-

---

3 Vergl. etwa das Heft der Zeitschrift Internationale Politik über „Die neuen Risiken" (1995), in dem diese Tendenz voll zum Ausdruck kommt.

verzichts finden und daran halten - oder nicht. Macht kann auch eingesetzt werden, um Verstöße gegen diese Handlungsnorm zu unterbinden (was im übrigen die Kapitel VI und VII der UNO-Charta vorsehen).

Die Relativität des Wissens ergibt sich aus dessen Verfügbarkeit, wie aus dessen Verwertbarkeit. Aufgrund verfügbaren Wissens sind wir in der Lage abzuschätzen, welche Folgen bestimmte Handlungen nach sich ziehen können. So wissen wir beispielsweise, daß der Erfolg sog. humanitärer Interventionen, die den Verstoß gegen die Gewaltverzichtsnorm (und Menschenrechte) sanktionieren soll, unter bestimmten Bedingungen gering ist (Matthies 1993). Jedenfalls ist in diesem Falle über die Wirkungszusammenhänge eines spezifischen Handlungsprogramms partielles Wissen verfügbar. Wir wissen auch, daß Aufrüstung gemäß dem Selbsthilfeprinzip die eigene Sicherheit erhöhen soll, faktisch aber die kollektive Unsicherheit vergrößern kann. Aber, und das ist der entscheidende Punkt, dieses Wissen läßt keineswegs die Aussage zu, daß dieser oder jener Staat zu einem bestimmten zukünftigen Zeitpunkt aufrüsten wird, sondern nur, daß sich die Unsicherheit vergrößeren *würde, wenn* er zu einem bestimmten Zeitpunkt systematisch aufrüstete, um seine eigene Sicherheit zu vergrößen. Das Ergebnis wäre aller Voraussicht nach ein Rüstungswettlauf. Ob allerdings dieses Wissen handlungsleitend für die Politik ist/wäre, steht auf einem anderen Blatt.

Ein Staat verfügt also über die Entscheidungsfreiheit (= Macht), ob er aufrüstet oder nicht. Doch ebenso entzieht es sich seiner Entscheidungsfreiheit, ob ein Rüstungswettlauf ausgelöst wird oder nicht (= Wissen). Trifft dies zu, dann gibt es einen Ausweg aus dem Dilemma, entweder nur über Zukunft zu spekulieren oder auf Aussagen über die Zukunft zu verzichten: Szenarien, d. h. Aussagen, basierend auf theoretischen wie empirischen Kenntnissen der Art, was würde passieren, wenn ... (vgl. Bremer 1987; Eberwein 1990). Szenarien sind konditionale Prognosen, wenn sie tatsächlich auf verfügbarem Wissen beruhen und mit alternativen Handlungsoptionen (Ziele, Normen) verknüpft werden. Ob diese Handlungsoptionen wahrgenommen werden, bleibt dabei offen. Wenn sie wahrgenommen werden, dann kann abgeschätzt werden, welche Auswirkungen eher wahrscheinlich sind.[4]

Derartige Aussagen stehen im Mittelpunkt unserer Analyse, in der die Frage gestellt wird, in welche Richtung sich Europa entwickeln könnte und mit welchen Konsequenzen. Wir sind allerdings nicht in der Lage, sämtliche verfügbaren Wissensbestände heranzuziehen, die hierfür möglicherweise nützlich wären.

---

4 Daß derartige Szenarien für die Analyse so hochkomplexer Wirkungszusammenhänge wie die von Wirtschaft und Politik inner- und zwischenstaatlich nützlich sind, haben einige mit dem Weltmodell GLOBUS durchgeführte Studien gezeigt, etwa zu alternativen Abrüstungsszenarien zwischen Ost und West (vgl. Eberwein/Groenen 1990). Wiederholt wurde, bewußt oder unbewußt, diesem Modell der Vorwurf gemacht, es sei ein Prognoseinstrument. Diejenigen, die das Modell entwickelt haben, haben sich immer hiergegen verwahrt und den experimentellen Charakter dieses in der Tat komplexen Simulationsmodells betont (vgl. Bremer 1987b).

Wir greifen einige wenige Erkenntnisse heraus, die für den friedenspolitischen Prozeß von Bedeutung sind, aber ebenso Einsichten aus den in diesem Band enthaltenen Analysen. Damit soll der Kontext erhellt werden, in dem europäische Friedenspolitik gemacht wird bzw. in dem entsprechende Friedensstrukturen geschaffen werden müssen.

3. Bestandsaufnahme: Trends und Probleme

Daß 1989 einen Bruch im internationalen System im allgemeinen, in Europa im besonderen darstellt, ist unbestritten. Diese Zäsur ist wesentlich folgenreicher als ursprünglich erwartet, hat sich doch, wie Laïdi (1993) es nennt, zum Auseinanderbrechen von Sinn und Macht geführt. Der Anbruch dieser neuen Weltzeit (Laïdi) bedeutet zunächst Orientierungslosigkeit, wenn nicht sogar Ratlosigkeit, aber auch Anpassungsnotwendigkeit. Diese Zäsur ist zugleich die Folge des Zusammenwirkens der Ursachen der kulturellen, sozialen und wirtschaftlichen Faktoren, die mit dem Begriff der Globalisierung nur angedeutet sind. So kann der Zusammenbruch keineswegs als Sieg von Demokratie und Markt gefeiert werden, auch wenn sich inzwischen der Glaube hieran zur Ideologie – und damit zur Gewißheit – in die Überlegenheit der „Marktdemokratie" verfestigt hat (Laïdi). Diese alleine ist keine neue sinnstiftende Instanz, statt dessen befrachtet sich diese Ideologie mit der Last des Überlegenheitsanspruches, der kaum einlösbar erscheint. Das gelänge nur, bestünden die Fähigkeit und Bereitschaft der Staaten, die Probleme der Globalisierung zu bewältigen wie die alten eingefahrenen Strukturen den veränderten Rahmenbedingungen anzupassen.

Der Globalisierungsprozeß ist keinesfalls eine neuere Erscheinung. Er hat sich aber spätestens seit den 80er Jahren sowohl beschleunigt als auch Größenordnungen erreicht, die ihn zunehmend unkontrollierbar machen. Wie Ruloff betont, ist dieser Globalisierungsprozeß nicht flächendeckend. Er hat, vereinfacht gesprochen, zur Zweiteilung der Welt geführt: in einen wohlhabenden Teil, der in einem hohen Ausmaß durch die Verregelung aller möglichen Bereiche gekennzeichnet ist, und in einen armen Teil, der ausgeschlossen ist und wohl kaum den Anschluß finden wird. Diese Konturen werden immer deutlicher. Die Grenzziehung verläuft zum Teil mitten durch Kontinente (Asien, Europa), zum Teil erfolgt sie innerhalb von Einzelstaaten (China).

Die Risiken dieser Entwicklung können an einigen wesentlichen Trends im internationalen System wie in Europa verdeutlicht werden. Die Chancen werden aufgrund der Asymmetrie zu den Risiken erst weiter unten thematisiert. Groom hat die wichtigsten Trends genannt, die unmittelbar mit diesem Fragmentierungsprozeß der Globalisierung verknüpft sind. Erstens ist der Trend der Verschärfung der Ungleichheit ungebrochen. An wirtschaftlicher Entwicklung und Wohlstand partizipieren nur einige Staaten der Welt, während weite Teile davon ausgeschlossen bleiben. Diese Ungleichheit verschärft sich durch Bevölke-

291

rungswachstum, Rüstung und Umweltbelastung. Gleichzeitig ist ein Prozeß der Pluralisierung, wie er es nennt, in Gang, durch den die staatlichen Herrschaftsansprüche in Frage gestellt und Forderungen nach Selbstbestimmung erhoben werden. Beide Entwicklungen haben den Demokratisierungsprozeß in den 80er Jahren und zu Beginn der 90er Jahre vorangetrieben.

Lediglich in einem Punkt scheint eine gewisse Kontinuität zu bestehen, nämlich in einem zentralen Strukturmerkmal des internationalen System: dessen Organisation in souveränen Staaten. Dieses Merkmal dürfte eine entscheidende Hürde für die Schaffung eines Friedenssystems sein. Ein Friedenssystem ist dann und nur dann lebensfähig, wenn es zur Erhöhung der Sicherheit der Staaten selbst beiträgt. Einerseits wird behauptet, der souveräne Staat verliere zunehmend an Bedeutung, es sei ein unaufhaltsamer Erosionsprozeß staatlicher Souveränität im Gange. Diese These ist zwar populär, sie ist aber zugleich umstritten. Sie wird sogar grundsätzlich (vgl. Thomson 1995) mit dem Argument bestritten, daß nicht die faktische staatliche Kontrolle der Innen- und Außenbeziehungen zum Kriterium gemacht werden dürfe, sondern die Fähigkeit des Staates, seinen Anspruch auf das legitime Gewaltmonopol nach innen einzulösen und seine Fähigkeit, international die Rahmenbedingungen (Normen, Regeln) für die Austauschbeziehungen zwischen den Staaten und den nichtstaatlichen Akteuren festzulegen und gegebenenfalls auch mit Gewalt zu erzwingen. Dieser, wie Thomson (1995:222) es nennt, metapolitische Herrschaftsanspruch des Staates ist nach wie vor Realität. Allerdings wird an diesem Denkansatz deutlich, daß die Staaten bestenfalls normativ gleich sind. Faktisch gibt es wenige, die effektiv in der Lage sind, ihren Herrschaftsanspruch nach innen wie nach außen auch umzusetzen. Zweitens ist die Dominanz weniger Staaten unverkennbar bei der Setzung wie Erzwingung der Normen und Regeln, die im internationalen System Geltung haben.

Ungeachtet dieser Ungleichheit der Staaten besteht eine fundamentale Ungleichheit zwischen den Staaten einerseits und den übrigen Akteuren im internationalen System andererseits, die direkt aus diesem metapolitischen Herrschaftsanspruch resultiert. Sie ergibt sich aus dem fundamentalen normativen Ordnungsprinzip des internationalen Systems, der Souveränitätsnorm. Hieraus folgt zwingend, daß die Staaten (trotz aller Ungleichheit) nach wie vor die dominierenden Akteure im internationalen System sind. Daraus ergibt sich auch der anarchische Charakter des internationalen Systems in dem Sinne, daß es über den Staaten selbst keine übergeordnete Autorität gibt, die mit einem legitimen Gewaltmonopol ausgestattet wäre und gegebenenfalls den Verstoß gegen international vereinbarte Regeln sanktionieren könnte.

Aus diesem Tatbestand hat der strukturelle Realismus im Gefolge von Waltz (1979) die Schlußfolgerung gezogen, die Staaten müßten zwangsläufig nach dem Selbsthilfeprinzip handeln, um zu überleben. Hieraus wird, noch weiter gehend, gefolgert, die Staaten befänden sich deswegen in einem Gefangenen- oder Sicherheitsdilemma (Matzner), demzufolge der eigene (Sicherheits-)

Vorteil letztlich nur auf Kosten des oder der Anderen erreichbar ist. Hierhinter steckt eine vergleichsweise massive Annahme: Sicherheit ist einseitig zu bewerkstelligen, notfalls gegen andere. Zugleich wird, dem Hobbesschen Weltbild gemäß, unterstellt, daß die eigenen Interessen in der Regel mit denen der anderen Akteure kollidieren. Solange Sicherheit mit dem Schutz des eigenen Territoriums gleichgesetzt werden konnte, mochte dies gelten. Wenn Sicherheit aber gleichermaßen Wohlfahrt wie Herrschaft (vgl. Czempiel 1994) umfaßt, dann muß die Denkfigur vom Staat als Egoist, als nur im eigenen Interesse handelnder Akteur, einer Neuinterpretation unterzogen werden. Diesem Gedankengang folgend muß es im egoistischen Interesse der Staaten liegen, Sicherheit als gemeinsames Problem zu verstehen. Das Prinzip des rationalen Egoisten ist keineswegs eine wissenschaftliche Erfindung oder gottgewollt, sondern vielmehr eine Norm, die die Staaten in der Praxis weitgehend verinnerlicht haben. Das ergibt sich zwingend aus der Einsicht, daß Sicherheit gegen andere weitgehend illusionär geworden ist.

Diese normative Fundierung internationaler Politik bzw. die aus ihr resultierende Praxis weist aus unserer Sicht auf einen fundamentalen Strukturdefekt im internationalen System hin, der immer wieder der Verwirklichung gemeinsamer Sicherheit im Wege steht. Statt das Risiko einzugehen, einer alternativen Konzeption von Interessen und Sicherheit zum Durchbruch zu verhelfen, werden eher die unmittelbaren Risiken für die eigene Sicherheit zu minimieren versucht. Wenn Staaten die Macht haben, ihre eigenen Interessen durchzusetzen, dann schließt das nicht aus, daß Macht auch für die Durchsetzung gemeinsamer Interessen eingesetzt wird. Das erfordert allerdings einen paradigmatischen Wandel. Daß ein solcher letztlich von den Staaten ausgehen muß, liegt wegen deren Dominanz in der internationalen Politik auf der Hand, ungeachtet der Tatsache, daß nichtstaatliche Akteure eine nicht unwesentliche Rolle als „Geburtshelfer" für einen solchen Wandel spielen – oder zu dessen Blockierung beitragen können. Dies wiederum hängt wesentlich davon ab, wie hoch die Risikobereitschaft ist, die sich in dieser Hinsicht bietenden Chancen wahrzunehmen. Sie ist, wie bereits betont, heute im Prinzip sehr groß, weil eben die Blockbildung nicht mehr existiert. Ist diese Risikobereitschaft nicht zugleich mit Macht verkoppelt, die zur Verwirklichung der Chancen eingesetzt werden kann, dann ist die Wahrscheinlichkeit eines Wandels gering.

Zweifel sind allerdings angebracht, daß die sich abzeichnenden Anpassungsprozesse auf einen fundamentalen Wandel der Kooperationsstruktur – von Wettbewerb und Kooperation, wie es Matzner nennt – erkennen lassen. Dazu scheint die individualistisch egoistische Konstruktion der Wirklichkeit und des Staatsverständnisses zu stark zu sein. Im Bereich der Umwelt, die als unbestreitbares globales Langzeitrisiko wie ein Damoklesschwert über Reich wie Arm schwebt, sind durchaus positive Anzeichen erkennbar, wie Simonis global, Bongaerts für Europa zeigt. Allerdings ist nach wie vor ungeklärt, ob die Staaten weiterhin eine Anpassungsstrategie verfolgen werden oder sich endlich zu einer Präventivstrategie durchringen. Der Globalisierungsprozeß in der Wirtschaft trägt weniger zur Verbesserung der Lage bei, sondern verstärkt noch den Desintegrationsprozeß, wie Elsenhans verdeutlicht, weil das Problem seiner Ansicht nach falsch definiert wird. Ein Problem sieht er darin, daß diese Währungsparitäten zu ungleich sind. Innerhalb Europas zeigt diese Fixierung, insbesondere der deutschen Regierung, auf eine stabile Währung und die Einhaltung der Stabilitätskriterien ähnliche wachstumshemmende Folgen, die sich bereits in einer deflationären Politik und Kürzungen der Sozialausgaben niederschlagen (Matzner). Im Sicherheitsbereich kann die Erweiterung der NATO zur partiellen Integration einiger weniger Staaten Mittel- und Osteuropas beitragen, vorausgesetzt, sie erfolgt tatsächlich. Ähnliches trifft für die Erweiterung der Europäischen Union zu, wenn sie tatsächlich erfolgt. Doch in diesem anvisierten Prozeß der Integration sind zugleich desintegrative Momente angelegt. Zum einen, wenn weder die Erweiterung der NATO noch der EU erfolgt und die in sie gesetzten Erwartungen unerfüllt bleiben, zum anderen, wenn die Erweiterung in beiden Fällen zustande kommt und nur einige Staaten einschließt. In beiden Fällen ist Exklusion unvermeidlich und damit die Wahrnehmung der Ungleichheit höchstwahrscheinlich. Ungleichheit wirkt in dem Maße konfliktverschärfend, wie die politisch-psychologische Distanz zwischen den Betroffenen abnimmt. Daß die NATO-Erweiterung frelich wesentlich problematischere Implikationen hat als die EU-Erweiterung, zeigt Dunay im Detail auf.

Diese Exklusionsproblematik ist allerdings noch umfassender, als es zunächst erscheint. Sie bezieht sich zum einen auf die Ungleichheit im internationalen System insgesamt, die ihrerseits die Folge von sozialer Ungleichheit, politischen Machtansprüchen ist und im Zusammenhang mit dem Bevölkerungswachstum und den sich durch globale Umweltprobleme zusätzlich verschärfenden sozialen Spannungen steht.[5] Innerhalb des armen Teils der Welt scheint die Ausschlußstrategie auf der Tagesordnung der Machthaber zu stehen, die sich zwar rhetorisch zur Demokratisierung (Laïdi) bekennen, sich aber faktisch daran nicht halten. Zwischen Arm und Reich scheint sie zementiert. Innerhalb Europas besteht das Problem der neuen Demokratien darin, wie Buchowski für Polen zeigt, daß die Verweigerung der gesamteuropäischen Integration sich auf die Entstehung einer neuen kollektiven Identität nachweislich negativ auswirken kann, und sei es im Sinne einer Rückbesinnung auf die „östlichen" Wertvorstellungen mit ihrer Ablehnung westlich-demokratischer Normen. Integration wird nämlich als Rückkehr nach Europa verstanden, das diesen Staaten während des Kalten Krieges verschlossen blieb, auch wenn sie sich zu diesem immer gerechnet haben. Schließlich ergibt sich Integration bzw. Exklusion auch innerstaatlich und zwar in allen Staaten in Europa und anderswo. Bereits vor dem vorgeblichen Siegeszug der „Marktdemokratie" hat sich in den entwickel-

---

5   Wir können diese Überlegungen an dieser Stelle nicht weiter auszuführen; vgl. aber für viele: Meyer et al. (1992) und Homer-Dixon (1993).

ten demokratischen Industrienationen im Westen und in Europa die Ungleichheit systematisch verschärft, während sie in den Transformationsgesellschaften in Mittel- und Osteuropa, ganz zu schweigen von Rußland und den GUS-Staaten, zwangsläufige Begleiterscheinung der wirtschaftlichen und politischen Veränderungen seit 1989 ist. Die Aktualisierung des Konfliktpotentials steigt in dem Maße, wie die Distanz der Betroffenen sinkt (Deutsch 1984). Diese soziale Distanz ist im Zuge der Globalisierung durch Kommunikation und Information drastisch gesunken (Laïdi). Damit sind die Voraussetzungen für Konfliktverschärfung gegeben, innerstaatlich, regional und global. Die einfachste Reaktion besteht darin, derartigen Konflikten mit der Schaffung neuer Feindbilder zu begegnen, etwa der Bedrohung durch den islamischen Fundamentalismus (Weyland). Doch derartige Reaktionen schaffen eher weitere Probleme, als daß sie irgendwelche lösten, d.h. Risiken werden durch Risikowahrnehmung multipliziert.

Diese Aussagen können um zwei weiterführende Erkenntnisse ergänzt werden. Der Glaube an die staatliche Ordnungskraft durch Macht ohne Legitimität ist nicht haltbar. Ungleichheit kann zur Erosion des Gehorsams, dem zentralen Korrelat von Macht, führen. Wie die Ereignisse von 1989 lehren, kann sich das einseitige Abhängigkeitsverhältnis in kürzester Zeit völlig in sein Gegenteil verkehren, wenn eine machtvolle Bewegung entsteht, die eine noch so allmächtige Partei und ihre Organe hinwegfegt. Ohnmacht ist kein naturgegebener Zustand, sondern beruht auch auf der Entscheidungsfreiheit der einzelnen, sie als solchen hinzunehmen.

Anders formuliert, kein Staat verfügt über so viel Macht, daß er in der Lage wäre, mangelnde Legitimität auf Dauer durch Zwang kompensieren und Exklusionsstrategien ungestraft unbegrenzt verfolgen zu können.[6] Wir wissen darüber hinaus, daß bei Großmächten innerstaatliche Veränderungen am ehesten fundamentale internationale Folgewirkungen zeitigen können, insbesondere dann, wenn ihre Herrschaftsstruktur betroffen ist, während bei kleineren Staaten eher zwischenstaatliche kriegerische Auseinandersetzungen zu Strukturveränderungen im internationalen System führen können (Wallensteen). Daraus folgt, je größer ein Staat, desto größer die Auswirkungen innerer (In-)Stabilität auf das internationale System. Unter dieser Perspektive ist China von besonderer Bedeutung, aber auch Staaten wie Indien und Pakistan, die wegen ihrer Nuklearwaffen ein besonderes Problem darstellen.

Aber nicht nur autoritäre oder gar totalitäre Staaten sind gefährdet, sondern auch die demokratischen. Wir wissen inzwischen, daß demokratische Herrschaftsverhältnisse im Inneren eine der besten Versicherungspolicen gegen zwischenstaatliche Gewalt sind, allerdings nur unter demokratisch verfaßten Staa-

---

6 Im übrigen ist darauf zu verweisen, daß auch die sogenannte Staatenwelt durchaus eines Mindestmaßes an Legitimität bedarf, ansonsten wäre tatsächlich der Naturzustand im Hobbesschen Sinne die Realität.

ten (Czempiel). Dabei ist zunächst unerheblich, worauf die zwischen Demokratien zu beobachtende Gewaltabstinenz beruht, auf Normen wie Gewaltfreiheit und Kompromiß oder auf strukturell gegebenen Faktoren. Zudem wissen wir, daß der Transformations- bzw. Demokratisierungsprozeß bedauerlicherweise mit einem hohen Maß an Gewalt verbunden sein kann, temporär also destabilisierend nach innen wie außen wirken kann. Was wir auch wissen, ist, daß Demokratie keineswegs das Endstadium der Geschichte sein muß. Historisch betrachtet sind manche Demokratien zusammengebrochen (Eberwein 1993). Ob die hochentwickelten westlichen Demokratien völlig immun gegen den Zusammenbruch sind, muß bezweifelt werden. Wie Eisenstadt (1992) argumentiert, kann der Umbruch in Mittel- und Osteuropa auch umfassender als Krise der Moderne interpretiert werden, in die nicht zuletzt die hochindustrialisierten Demokratien hineingeraten können.[7] Hieraus folgt, daß Demokratie zwar eine wichtige Voraussetzung für Gewaltabwesenheit ist, sie aber keineswegs von „ewiger" Dauer sein muß, sondern auch gefährdet ist. Wenn aber innerstaatliche Instabilität und Gewalt auftreten, ist kaum anzunehmen, daß die zwischenstaatlichen Beziehungen davon unberührt blieben. Eher ist zu vermuten, daß gerade dann Exklusion im internationalen Maßstab konfliktverschärfend wirkt.

Aufgrund der Einbindung Europas in das internationale System scheidet folglich eine Abkopplung von der übrigen Welt und ihren Problemen aus. Die Sicherheit Europas wird somit gleichermaßen durch die Entwicklungen innerhalb dieser Region wie auch außerhalb bestimmt. Bei der Betrachtung dieser Probleme ist ein potentiell pathologisches Element bereits benannt worden: die auf dem Souveränitätsprinzip beruhende Kooperationsstruktur. Sie entspricht einem Nullsummen- oder Negativsummen-Spiel, was an der Kurzatmigkeit der Politikorientierung liegt. Dieses Grundproblem scheint sich durch die Möglichkeit einer Langzeitkrise – ein Konzept, das Groom einführt – zu verschärfen. Dies bewirkt, verkürzt gesprochen, die abnehmende Fähigkeit der Staaten, Krisen zu bewältigen; das heißt, ihre strategische Fähigkeit der Krisenbewältigung sinkt bei zunehmender Zahl von Krisen im Zeitablauf. Beides, Kooperations- wie Krisenfähigkeit, sind keine unveränderlichen Randbedingungen, vielmehr sind sie noch am ehesten durch eine zentrale Eigenschaft von Macht zu erklären: Wer sie hat, kann sich dafür entscheiden, nicht zu lernen.

Dieser recht kursorische Überblick hat gezeigt, daß durchaus entsprechendes Wissen verfügbar ist, daß es Anlaß genug gibt, zu lernen, sowohl bezüglich des zeitlichen Horizonts wie bezüglich der Neudefinition des Selbsthilfeprinzips wie des staatlichen Egoismus. Und darin liegt, ganz pauschal, die Chance heute, wenn letztlich die im Namen der Staaten handelnden Menschen lernen, daß Selbsthilfe als Handlungsprinzip nur noch kollektiv gelten kann, nicht ein-

---

7 In diesem Zusammenhang kann Frankreich zur Illustration herangezogen werden, wo allem Anschein nach der rechtsradikale Front National Unterstützung bei jedem sechsten bis fünften Wahlberechtigten findet.

zelstaatlich.[8] Egoismus kann nicht mehr heißen, um jeden Preis den eigenen Nutzen zu maximieren, sondern nur noch den gemeinsamen. Bringt die Politik die Risikobereitschaft auf, diese lebenswichtige Chance im Sinne der Bereitschaft zum Lernen wahrzunehmen, oder setzt sie darauf, inkremental die dringlichsten Probleme in der Reihenfolge ihres Auftretens zu bearbeiten, in der Hoffnung, daß das „Durchwursteln" doch zum Erfolg führt?

4. Die Szenarien

Vor dem Hintergrund der bisherigen Überlegungen – betrachtet man nur die Risikoseite – scheint sich ein Katastrophenszenario aufzudrängen. Denn die Voraussetzungen für eine friedliche Welt – ohne Hunger, Krieg und Umweltdegradation – scheinen denkbar schlecht zu sein. Für die nachfolgenden Szenarien legen wir daher die drei eingangs genannten Elemente des Konzeptes von Vision zugrunde, die vergleichsweise bescheiden und, wenn man so will, realistisch sind: normativ Gewaltabstinenz, zielorientiert gewaltfreie Konflikt- und Krisenregulierung und handlungsorientiert entsprechende Handlungsprogramme und Strategien. Gewaltabstinenz kann auch als Handlungsdisposition bezeichnet werden, Konflikt- und Krisenregulierung beinhaltet institutionelle Mechanismen wie die Bereitschaft, sie wirksam einzusetzen, Handlungsprogramme und Strategien beinhalten neben der kurzfristigen Bekämpfung der unmittelbaren Symptome auch längerfristige Konzeptionen der Prävention. Für die weitere Diskussion geht es im wesentlichen um die Umsetzung dieser drei elementaren Bedingungen innerhalb Europas vor dem Hintergrund der entwickelten Argumentation. Zunächst wird knapp die Ausgangssituation beschrieben, indem wir Gewaltrisiken innerhalb und außerhalb Europas identifizieren und das Konzept der Handlungsstrategien konkretisieren. Im Anschluß daran werden die Szenarien skizziert, deren politische, gesellschaftliche, ökonomische und ökologische Implikationen angedeutet werden.[9] Sie werden dann im Hinblick auf Risikominimierung bzw. Chancenmaximierung evaluiert, also auf ihre Ausrichtung auf die Vision eines friedlicheren Europas.

---

8 Kant geht in seinem Traktat vom Ewigen Frieden durchaus von diesem kollektiven Egoismus aus, nicht etwa von der Annahme, der Mensch sei von sich aus gut!

9 Diese sollen im weiteren Verlauf des Forschungsprogramms „Friedensmacht Europa" wesentlich detaillierter analysiert werden.

4.1 Gewaltrisiko und Strategien

a) Zur Ausgangssituation in Europa.

Wenn wir von Europa sprechen, so verstehen wir darunter das Gebiet, zu dem die europäischen Mitgliedsstaaten der OSZE gehören (d.h. ohne Kanada und die USA). Es besteht aus drei unterschiedlichen Teilregionen (vgl. Dunay): die westlichen Demokratien, die Transformationsgesellschaften Mittel- und Osteuropas sowie Rußland und sein „near abroad", die GUS-Staaten. Was dieses Gebiet auszeichnet, ist zum einen der Umstand, daß es durch ein gemeinsames Regelwerk verbunden ist, das u.a. in der KSZE-Schlußakte festgelegt und im Laufe der Jahre weiterentwickelt worden ist, und daß zum andern hierfür inzwischen die OSZE 1992 als organisatorischer Unterbau geschaffen worden ist. Damit haben sich alle Staaten dieser Region verpflichtet, ihre Konflikte gewaltfrei zu lösen, wofür eine ganze Reihe institutioneller Mechanismen entwickelt worden sind. Dennoch besteht in zweifacher Hinsicht ein bemerkenswertes Gewaltrisiko: zwischenstaatlich und innerstaatlich.

Zwischenstaatlich stellt der schwelende Konflikt zwischen den beiden NATO-Mitgliedern Griechenland und Türkei ein potentielles Risiko dar. Das gleiche gilt vermutlich auch für die Beziehung zwischen Griechenland und Mazedonien.

Ein weiteres Gewaltrisiko ist der latente Konflikt zwischen Rußland und einigen der GUS-Nachfolgestaaten. Rußland beansprucht für sich ein Interventionsrecht in den GUS-Staaten (- im übrigen auch in den baltischen Staaten), wenn die dort lebenden russichen Minderheiten gefährdet sind.

Weitere Konfliktherde sind im gesamten Bereich der GUS-Staaten angesiedelt, insbesondere im Kaukasus (vgl. Bischoff 1996), der aus den verschiedensten Gründen instabil ist.

Schließlich ist der Konflikt im Bereich des ehemaligen Jugoslawien noch längst nicht ausgestanden. Er hat, was ihn so komplex macht, eine zwischen- wie eine innerstaatliche Komponente. Zwischenstaatlich wird er durch die Machtansprüche der Serben wie der Kroaten genährt – untereinander wie gegenüber Bosnien-Herzegowina, während er innerstaatlich durch die Folgen der ethnisch motivierten Gewaltexzesse nach wie vor aktuell ist.

Fragen wir nach den innerstaatlichen Gewaltrisiken, so ergibt sich aus unserer Sicht folgende Minimalliste.

In den GUS-Staaten und Rußland ist die innere Situation vergleichsweise labil. Zu erheblichen Gewaltausbrüchen kam es bis vor kurzem in Tschetschenien.

Doch auch die westeuropäischen Demokratien sind grundsätzlich gegen Gewalt nicht gefeit, wobei wir die umfassendere Frage nach der Stabilität zunächst ausklammern. Seit Jahren schwelen mindestens drei gewaltsame Konflikte: in Nordirland, in Korsika und im Baskenland.

Insbesondere in Frankreich und Deutschland, aber auch in Österreich, tritt immer wieder, wenn auch noch überschaubar, Fremdenhaß in Form von Gewalt vor allem gegen Ausländer auf. Dabei sind zwei Minoritäten von besonderer Bedeutung: die Franzosen nordafrikanischer Abstammung in Frankreich und die Deutschen türkischer Abstammung bzw. die Türken (einschl. der Kurden) in Deutschland. Immer wieder flackern gewaltsame Konflikte innerhalb dieser Gruppen auf, die in Verbindung mit der Entwicklung in den Ursprungsländern (Fundamentalismus in Algerien; Fundamentalismus und Kurdenproblem in der Türkei) stehen.

Wie diese Zusammenstellung deutlich macht, ist in dieser Region ein unbestreitbares Gewaltrisiko vorhanden, zwischenstaatlich wie innerstaatlich.

b) Internationale Rahmenbedingungen

Europas Verflechtung mit dem internationalen System ist so stark ausgeprägt, daß die Annahme erheblicher Wechselwirkungen zwischen den internationalen Rahmenbedingungen einerseits, der inneren Entwicklung Europas andererseits gerechtfertigt ist. Einige Elemente sollen nachfolgend benannt werden, ohne damit einen Anspruch auf Vollständigkeit zu erheben. Sie beziehen sich auf zwei Aspekte, die macht- und ordnungspolitische Dimension (Ordnungsprinzip) einerseits, die – nennen wir sie – entwicklungspolitische Dimension (Hilfsprinzip) andererseits.[10] Beide sind für die Wahrung und/oder Schaffung stabiler Rahmenbedingungen im internationalen System wichtig und damit zugleich für Europa. Gehen wir von der sicherlich etwas naiven Vorstellung aus, die jedoch als idée reçue in Politik und Wirtschaft gilt, daß marktwirtschaftliche Produktionsverhältnisse und demokratische Herrschaftsstrukturen stabilitätsfördernd seien.[11] Macht- oder ordnungspolitisch gesprochen bedeutet dies die konsensuale Festlegung der mächtigeren bzw. mächtigsten Staaten untereinander auf bestimmte Handlungsnormen, d.h. nach außen Gewaltfreiheit, nach innen die Wahrung demokratischer Grundwerte, d.h. der Menschenrechte, politisch, sozial und ökonomisch. Doch geht es nicht nur um Konsens, sondern darüber hinaus um die weltweite Durchsetzung derartiger Minimalprinzipien. Das Entwicklungsprinzip dagegen beinhaltet die Verpflichtung der wohlhabenderen Staaten, diejenigen, die diese Voraussetzungen alleine nicht schaffen können, zu unterstützen. Doch dürften derartige Ansprüche an der Machbarkeit wie der Bereitschaft der Beteiligten scheitern. An dieser Stelle beschränken wir uns auf eine rudimentäre Skizze denkbarer Gewaltrisiken für Sicherheit, Stabilität und Frie-

10 Zur Terminologie vgl. Jahn 1993:580.
11 Diese grobe Vereinfachung ist notwendig, um die Diskussion handhabbar zu halten.

den in Europa. Ordnungspolitisch geht es um die Frage der Gewalt, entwicklungspolitisch um Armut und ihre Folgen.

Was kriegerische Auseinandersetzungen betrifft, so ist der Vordere Orient wie eh und je ein potentielles Pulverfaß. Neben der ungelösten Palästina-Frage ist die gesamte Mittelmeerregion, einschließlich der arabischen Halbinsel, des Iran und des Irak potentiell instabil. Die hier schwelenden Konflikte werden zum einen überlagert bzw. überschneiden sich mit machtpolitischen ebenso wie ideologisch fundamentalistischen Ansprüchen (Iran, Irak).

Eine weitere Konfliktformation ist die permanente Konfrontation zwischen Pakistan und Indien. Dieser Spannungsherd ist deswegen so problematisch, weil sich der Konflikt möglicherweise in einem nuklearen Schlagabtausch mit unabsehbaren Folgen entladen könnte. Zugleich ist unklar, welche Form die Machtrivalität zwischen Indien und China annehmen wird.

Drittens ist die potentiell prekäre Situation in Asien mit China zu nennen. Einerseits erhebt es regional hegemoniale Ansprüche, andererseits handelt es sich um ein Land, das zwar als der Wachstumsmarkt par excellence gilt, dafür aber den Preis politischer Unterdrückung und ökologisch möglicherweise irreversiblen Raubbaus zu bezahlen bereit ist.

Viertens schließlich zeichnet sich in den armen Ländern, vor allem in Afrika, ein steigender Trend humanitärer Katastrophen ab. Es handelt sich um Begleiterscheinungen ökologischer Schäden, des Bevölkerungsdrucks, politisch instabiler oder nichtexistenter Staatlichkeit und Ungleichheit. Diese Katastrophen sind das unmittelbare Produkt von Bürgerkriegen oder bürgerkriegsähnlichen Ereignissen (wenn nicht gar Völkermord), die massive interne und auch grenzüberschreitende Migrationsbewegungen auslösen (vgl. World Disasters Report: 1996; Gantzel/Schwinghammer 1995; Wallensteen/Sollenberg 1996).

Mit diesen wenigen Punkten ist bei weitem kein vollständiges Bild dessen, was an Gewalt und Gewaltpotential im internationalen System besteht, gezeichnet. Dennoch sollten damit Regionen und Staaten identifiziert werden, die für Europa wegen ihrer strategischen Nähe besonders bedeutsam sind.

c) Handlungsstrategien

Als bestmögliche Strategie bezeichnet Czempiel (1994) die Demokratisierung der Herrschaftssysteme, die die demokratischen Staaten durch „Intervention", sprich Einmischung, verwirklichen sollten, sei es auf direktem Wege, sei es indirekt. Die direkte Form der Einmischung erfolgt unmittelbar auf zwischenstaatlicher Ebene. Die indirekte dagegen impliziert generell den Auf- und Ausbau von Kooperationsmustern, an denen nichtgesellschaftliche Akteure beteiligt sind. Beide Wege werden gegenwärtig beschritten. Zu den direkten Einmischungsstrategien gehören die institutionellen Formen der Kooperation, sei es im Rahmen des Kooperationsrates und des Partnership for Peace Programms der NATO oder der Kredite der Europäischen Bank für Wiederaufbau in London. Zu den indirekten Strategien gehören etwa die Direktinvestitionen westlicher Unternehmen oder die Tätigkeit etwa der deutschen Parteienstiftungen in den Transformationsländern.

Die erhoffte indirekte Wirkung der direkten institutionellen Verknüpfung läuft, wie im Falle des Europarats, darauf hinaus, daß dadurch neben den rein zwischenstaatlich erzielten Integrationseffekten auch die demokratischen Herrschaftsstrukturen der neuen Mitglieder gestärkt werden.[12] Weitere integrative Wirkung versprechen sich die Beteiligten von der Aufnahme ausgewählter Transformationsstaaten in die NATO und in die EU. Herrschaftsstabilisierende und integrationsfördernde bzw. pazifizierende Wirkung haben derartige Strategien allerdings nur unter bestimmten Voraussetzungen. Herrschaftsstabilisierend sind sie dann, wenn sowohl die Bereitschaft der politischen Eliten wie der Öffentlichkeit besteht, derartige demokratische und marktwirtschaftliche Strukturen zu schaffen und zu stabilisieren, was voraussetzt, daß die sozioökonomischen Bedingungen gegeben sind. Integrationsfördernd und damit pazifizierend wirken sie dann, wenn, im Anschluß an Deutsch, die für pluralistische Sicherheitsgemeinschaften gegebenen drei Bedingungen erfüllt sind: Kompatibilität der wichtigsten Werte der Beteiligten, Fähigkeit der Mitglieder, auf die Bedürfnisse, Handlungen und Nachrichten schnell und gewaltfrei zu reagieren, und stabile Verhaltenserwartungen.[13]

Erst wenn die Bedingungen Deutschs erfüllt sind, wenn also, wie Czempiel erwartet, die demokratisch intendierten Einmischungsstrategien erfolgreich wirken, besteht eine hohe Wahrscheinlichkeit der gewaltfreien Konflikt- und Krisenregulierung. Diese Bedingungen sind aber weder in Europa noch global gegeben. Statt dessen sind zwei weitere Annahmen für die Übergangszeit in die Gewaltfreiheit plausibel, 1. bezüglich der kleineren Staaten und 2. bezüglich der großen Staaten.

Zu 1: Hier ist die Annahme plausibler, daß kleinere Staaten kollektiv oder einzeln durch die mächtigeren ohne unmittelbare Gewaltanwendung zum normen- und regelkonformen Verhalten gezwungen werden können, allerdings grundsätzlich nur im Vorfeld gewaltsamer Konflikte. Bei gewaltsamen zwischen- wie innerstaatlichen Konflikten, gilt, wie etwa die blutigen Auseinandersetzungen im ehemaligen Jugoslawien zeigen, daß (militärische) Gewalt para-

---

12 Im Falle Rußlands zeigte sich, daß diese Hoffnung alles andere als berechtigt zu sein scheint.

13 Ausführlich diskutiert im Zusammenhang mit der Transformationsproblematik wird diese Konzeptualisierung bei Eberwein (1992:77ff). Diese Verhaltensdispositionen sind ihrerseits eingebettet in dem zivilisatorischen Hexagon (vgl. Senghaas 1996:64), das den strukturellen Kontext beschreibt. Darauf im Detail hier einzugehen, würde den Rahmen dieser Analyse sprengen.

doxerweise im Interesse der längerfristigen Gewaltfreiheit die ultima ratio sein könnte.

Zu 2: Die Wahrscheinlichkeit, daß es zwischen großen Staaten zu gewaltsamen Konflikten kommt, ist eher gering, weil damit immer die Gefahr der Eskalation zum nuklearen Schlagabtausch verbunden ist. Die Erzwingung gewaltfreier Normen unter den weniger mächtigen Staaten setzt einen Konsens zwischen den mächtigeren Staaten zur Durchsetzung der Gewaltfreiheit als längerfristig anzustrebendes Ordnungsprinzip voraus, das aber nur verwirklicht werden kann, wenn zugleich das Hilfsprinzip (vgl. Jahn 1993) zum Tragen kommt. Die entscheidende Frage ist, ob sich die Großmächte selbst an diese Prinzipien halten, da sie niemand dazu zwingen kann.

4.2 Zukunftsperspektiven

Ausgangspunkt für die nachfolgenden Szenarien oder Gedankenexperimente ist die Situation in Europa. Wir gehen vereinfachend von der Frage aus, welche Konsequenzen die Erweiterung von EU und NATO, tatsächlich oder aber nur intendiert, haben. Ob, wie und wann es zur Erweiterung kommt, wird, so unsere Vermutung, die Zukunft Europas wesentlich bestimmen. Darüber hinaus gehen wir von einer „westlichen" Sicht der Lage aus. Diese Vereinfachungen sind notwendig, um einige zentrale, erwünschte und unerwünschte Konsequenzen deutlich zu machen. Drei Optionen, eine realistische, eine optimistische und eine pessimistische, werden diskutiert. Die drei Visions-Elemente dienen als Anhaltspunkte. Die jeweiligen Implikationen, die sich darauf für die Friedenspolitik von oben (Politik) und von unten (Gesellschaft) sowie für die ökonomischen und ökologischen Randbedingungen ergeben, werden skizziert,[14] bevor sie vor dem Hintergrund der Risikominimierung und der Chancenmaximierung evaluiert werden.

a) Die realistische Version

Wenn die erste Version als realistisch bezeichnet wird, dann meinen wir damit, daß wir die Kriterien zugrundelegen, von denen wir vermuten, daß sie (vereinfacht gesprochen) die politische Praxis bestimmen. Das heißt, die zeitliche Perspektive ist kurz- oder mittelfristig, inhaltlich werden inkremental Verbesserungen bzw. Reformen des bestehenden Sicherheitssystems angestrebt, Kompromisse werden für möglich, Konflikte für regulierbar gehalten. Schließlich bedeutet realistisch auch, daß den Großmächten eine wichtige Rolle zukommt, daß sie – wie es zuweilen euphemistisch formuliert wurde – eine besondere Verantwortung für internationale Ordnung und Weltfrieden haben.

---

14 Damit sollen zugleich erste Anhaltspunkte für die späteren Detailstudien gegeben werden.

Politisch, auf dem Wege der direkten zwischenstaatlichen Kooperation, ist unter den großen Mächten keine Einigung darüber zu erzielen, die OSZE mit einer dem Sicherheitsrat der Vereinten Nationen analogen Struktur zu versehen, d.h. mit einem Veto-Recht der Großmächte. Auch die kleineren Staaten sind dagegen. Dennoch kommt es zur graduellen Verbesserung der Konfliktpräventions- und Mediationsmechanismen. Zwar wird der potentielle Konflikt zwischen Vertiefung und Erweiterung der EU gesehen. Die Vertiefung (primär Währungsunion) wird trotz aller Bedenken politisch erzwungen. Die Erweiterung erscheint unausweichlich, die einzige Unsicherheit bleibt der Zeitpunkt. Als unverzichtbar gilt die amerikanische Präsenz in Europa, die nur über die NATO gewährleistet ist. Die NATO-Erweiterung kommt trotz der Vorbehalte der kleineren Staaten (Portugal, Spanien, Griechenland etc.) zustande.

Ökonomisch nehmen die Belastungen zwangsläufig zu, doch es gelingt einigermaßen, den durch den Globalisierungsprozeß erzwungenen Strukturwandel zu bewältigen. Die „Anpassung des Sozialstaates" gelingt ebenso wie die weitere materielle Unterstützung des Transformationsprozesses.

Sozial verschärfen sich die Ungleichheiten, doch den Regierungen gelingt es, die Verteilungskonflikte in Grenzen zu halten. Das dominante Thema der gesellschaftlichen Gruppen sind Arbeitsplatz- und Einkommenssicherung.

Kulturell zeichnet sich kein fundamentaler Wertewandel ab. Allerdings verliert das Friedensthema an Popularität und Mobilisierung. Insgesamt wird die Ungleichheit akzeptiert, die Erwartungen passen sich den Gegebenheiten an.

Ökologisch werden Anpassungsstrategien verfolgt, die sich mit den Interessen der gesellschaftlich organisierten Akteure decken. Langsam breitet sich das Bewußtsein aus, daß Umwelt punktuell Kosten verursache und damit die Notwendigkeit, gewisse Opfer auf sich zu nehmen.

Das Prinzip der Suche nach einem Konsens zwischen den mächtigeren Staaten, was einem Kooperationsprinzip entspricht, das tendenziell kollektiv suboptimale Ergebnisse produziert (also Positiv-Summenspiele unmöglich macht), ist ungebrochen. In dieser Hinsicht besteht eine tatsächliche Konvergenz der Elitenperspektiven in Europa, und damit bleiben auch die Verhaltenserwartungen stabil. Das wirkt sich gleichermaßen auf die Bewältigung der Gewaltrisiken aus wie auf den partiellen Integrationsprozeß (im Rahmen von EU, NATO und OSZE).

Gewaltrisiko: Ein Gewaltrisiko in Europa im Sinne einer Großmachtkonfrontation ist extrem gering. Beim Ausbruch von Gewalt oder im Vorfeld von Gewaltausbrüchen in Europa (innerstaatlich oder zwischenstaatlich) kommt es entweder zu gemeinsamen Aktionen oder, sofern Konflikte im Machtanspruchsbereich insbesondere Rußlands gelegen sind, zur einseitigen Einmischung. Innerstaatlich kann es zwar gelegentlich zu größeren Gewaltausbrüchen kommen, hauptsächlich durch Fremdenhaß motivierte im Westen, durch soziale Ungleichheit in den mittel- und osteuropäischen Transformationsstaaten, durch

Ungleichheit und ethnische bzw. ideologische Motive innerhalb der GUS-Staaten. Doch auch in diesem Falle sind die staatlichen Institutionen in ihrem Krisenmanagement erfolgreich.

Integrationsbedingtes Risiko: Auch wenn kurzfristig die NATO-Erweiterung destabilisierend wirkt, weil Rußland als militärische Supermacht nicht willens ist, den damit einhergehenden Prestigeverlust zu akzeptieren, gelingt es den USA und den westeuropäischen Großmächten, diesen Konflikt durch Zugeständnisse an Moskau aufzufangen. Damit werden dessen Sonderansprüche faktisch legitimiert. Die neuen Mitglieder fühlen sich sicherer. Der Prestigegewinn, der mit der Aufnahme verbunden ist, setzt sich in Form innenpolitischer Stabilisierung durch. Der desintegrative Effekt, der durch die Nichtberücksichtigung der Staaten, die effektive Sicherheitsprobleme haben und/oder die „NATO-Weihe" gerne bekommen hätten, kann durch kompensatorische Maßnahmen ausgeglichen werden. Die weitere Verregelung und Verflechtung innerhalb Europas nimmt gleichermaßen zu, so daß dadurch verschiedene, sich zum Teil überschneidende, zum Teil parallele Integrationsstrukturen entstehen.

Der internationale Kontext: Eine Grundannahme ist, daß der internationale Kontext, auch wenn auf Grund der politischen Gegebenheiten das Gewaltrisiko steigt und die ökologischen, ökonomischen und sozialen Bedingungen sich verschlechtern, so funktioniert auch hier die Politik analog zur innereuropäischen Situation nach dem Krisenmanagementprinzip und im Bemühen, durch Großmachtkonsens Konfrontation zu vermeiden. Im wesentlichen läuft die Politik darauf hinaus, fundamentale destabilisierende Wirkungen auf Europa in Grenzen zu halten. Dafür wird die NATO herangezogen, die bereit ist, im Auftrag der UNO humanitäre Interventionen oder peace enforcement-Aktionen durchzuführen, zum Teil gemeinsam mit Rußland.

Chancenevaluierung: Die zeitliche Perspektive ist kurz- bis mittelfristig. Zugleich ist die Handlungsstrategie auf eine Risikominimierungsstrategie ausgerichtet. Chancen zur Gewaltminderung werden immer dann wahrgenommen, wenn Konflikte aufbrechen, ohne daß fundamentale Veränderungen ihrer Ursachen ins Auge gefaßt werden. Zugleich impliziert dieses Szenario eine problematische Annahme, daß nämlich die einzelstaatlichen Interessen identisch seien mit dem kollektiven Interesse der europäischen Staaten insgesamt. Was die EU-Erweiterung betrifft, so basiert sie auf der Hoffnung, daß die zeitlichen Verzögerungen dennoch keine negativen Rückwirkungen in den Ländern nach sich ziehen, die potentielle Beitrittskandidaten sind. Was die NATO betrifft, so gerät sie in eine mögliche Legitimationsfalle. Die Erweiterung setzt voraus, daß sie nach wie vor als legitimes kollektives Verteidigungsbündnis akzeptiert wird, gleichzeitig aber als demokratisch erweiterte Wertegemeinschaft ohne identifizierten oder identifizierbaren Feind, gegen den Verteidigungsbedarf bestünde, glaubhaft begründet werden kann. Das ist eine notwendige Bedingung, um die erforderlichen Kosten innenpolitisch durchzusetzen. Grundsätzlich setzt dieses Szenario voraus, daß letztlich genügend Ressourcen verfügbar sind und der damit notwendige Umverteilungsprozeß innerstaatlich und innerhalb Europas akzeptiert wird. Das wiederum geht nur, wenn sich der Wachstumsoptimismus mit der wirtschaftlichen Entwicklung deckt.

Die weiterführende Evaluierung wird hier zurückgestellt. Sie wird abschließend vergleichend erfolgen.

b) Die pessimistische Version

Die zweite Version bezeichnen wir deswegen als pessimistisch, weil sich die Politik im wesentlichen am sicherheitspolitisch fest verankerten „worst-case"-Denken orientiert. Das heißt, daß sich die Politik darum bemüht, auf die bekannten, nichtkalkulierbaren und zukünftig denkbaren Risiken gewappnet zu sein. Ähnlich zur ersten Option wird eine kurz- bis mittelfristige zeitliche Perspektive zugrundegelegt. Bemühungen um inhaltliche Verbesserungen bzw. Reformen des bestehenden Sicherheitssystems, die für nötig und möglich gehalten werden, werden vorangetrieben.

Politisch: Ein entscheidendes Risiko ist aus westlicher Sicht nach wie vor Rußland. Die Chancen für eine langfristig gesicherte demokratische Entwicklung werden nicht allzu rosig eingeschätzt. Das behindert keineswegs eine Weiterentwicklung der OSZE-Mechanismen zur Konfliktprävention und -schlichtung, verhindert aber, daß sie größeres Gewicht bekommen. Die Erweiterung der NATO gewinnt darum in diesem Zusammenhang eine Doppelfunktion: einerseits als Institution, die innerhalb des Bündnisses pazifizierend wirkt (wie etwa im Falle der Konfliktformation Griechenland und Türkei), andererseits aber als Verteidigungsbündnis, das jederzeit reaktivierbar ist, sollte es zur Konfrontation mit einem wiedererstarkten Rußland kommen. Das kann durch die Unkalkulierbarkeit der innenpolitischen Entwicklung dieses Landes nicht ausgeschlossen werden. Eine ähnliche Funktion hat die Vertiefung und Erweiterung der EU. Die Vertiefung durch die Währungsunion dient einerseits der positiv interpretierbaren Vergemeinschaftung eines weiteren Elementes nationalstaatlicher Souveränität, andererseits soll damit zugleich eine relative Machtreduzierung Deutschlands als économie dominante bewerkstelligt werden. Die Erweiterung der EU ist ihrerseits geeignet, die Weiterentwicklung zu einem föderativen Bundesstaat zu verhindern, während gleichzeitig damit die Ostgrenze der EU weiter nach Osten verschoben werden und damit zur Erweiterung der (west-)europäischen Sicherheitsgemeinschaft beigetragen werden kann.

Ökonomisch erfordern diese vielfältigen Risiken erhebliche Anstrengungen, die sich in Form verschärfter Umverteilungskonflikte auswirken. Diese Belastungen werden verknüpft mit dem Bemühen, die eigene ökonomische Konkurrenzfähigkeit zu stärken. Die Verteidigungslasten steigen wieder an, die Staatsverschuldung wächst, die Konkurrenz wird immer härter, besonders im globalen Rahmen, aber auch innerhalb der EU selbst.

Sozial kommt es zur Mobilisierung, nicht primär wegen des friedenspolitisch problematischen Ansatzes, sondern wegen der zunehmenden Belastungen für Einkommen und Arbeit. Dadurch verschärfen sich zugleich die Konflikte zwischen gesellschaftlichen Gruppen, „Sündenbockmentalität" macht sich breit und geht zu Lasten von gesellschaftlichen Randgruppen. Zugleich sinkt die Zustimmung zu den kostenintensiven institutionellen Änderungen durch EU- und NATO-Erweiterung dramatisch.

Kulturell greift ein zunehmender „Pessimismus" um sich. Angst vor den Gefahren nimmt zu, friedenspolitisches Engagement wird zunehmend skeptischer beurteilt, doch gleichzeitig verstärkt sich an der Basis die Tendenz zu kollektiver Solidarität. Die Friedensbewegung bekommt neuen Auftrieb, wird allerdings systematisch politisch und publizistisch diskriminiert. Das wiederum verstärkt deren Mobilisierungsfähigkeit, weil die Erosion staatlicher Legitimität nicht aufzuhalten ist.

Ökologisch gesehen wird ein Stillstand erreicht, Wachstum geht vor Ökologie in der Hoffnung, damit zur Wettbewerbsfähigkeit beizutragen. Die Situation wird durch ein weiteres „Tschernobyl" und Naturkatastrophen verschärft. Die Folgekosten steigen drastisch an.

Das Prinzip der Suche nach einem Konsens zwischen den mächtigeren Staaten, was einem Kooperationsprinzip, das tendenziell kollektiv suboptimale Ergebnisse produziert (also Positiv-Summenspiele unmöglich macht) entspricht, ist ungebrochen. In dieser Hinsicht besteht eine tatsächliche Konvergenz der Elitenperspektiven in Europa und außerhalb, allerdings in einem ganz anderen Sinne. Aufgrund der zunehmenden Risikobeschäftigung gewinnt das Selbsthilfe-Prinzip erneut Auftrieb. Die Großmachtkonkurrenz verschiebt sich vom sicherheitspolitsch-militärischen Bereich zum ökonomisch-technologischen. Die Stabilität der Verhaltenserwartungen macht sich wieder breit, daß die Staaten konsequent nach dem Selbsthilfeprinzip handeln.

Gewaltrisiko: Das Gewaltrisiko innerhalb Europas steigt, innerstaatlich wie zwischenstaatlich. Innerhalb Europas verstärken sich die Tendenzen der Großmachtkonfrontation, doch unter Verzicht auf direkte Gewaltanwendung. Innerstaatlich steigt das Konfliktpotential, zum einen wegen der zunehmenden Ungleichheit, zum anderen wegen des wachsenden Legitimationsdefizits der Regierungen. Zum Teil äußert es sich in zunehmendem Fremdenhaß.

Integrationsrisiko: In dem Maße, wie sich einerseits die bestehenden Integrationsstrukturen verändern und stabilisieren, vertärken sich die desintegrativen Tendenzen in bezug auf Rußland und die anderen Staaten, die ausgeschlossen bleiben. Damit wird die Ungleichheit in Europa - hier arm, da reich - weiter verfestigt. Innergesellschaftlich ist die innere Stabilität der institutionalisierten Demokratien bedroht, während gleichzeitig die Verfestigung demokratischer Strukturen in den Transformationsländern untergraben wird. Alternative kollektive Identifikationsmuster bekommen dadurch wieder Auftrieb, so daß innerhalb Europas völlig neue Konfliktlinien entstehen.

Der internationale Kontext: es bildet sich ein neues multipolares Mächtesystem heraus, mit regionalen Hegemonieansprüchen insbesondere in Asien. Die Kooperationsbereitschaft sinkt, während sich zugleich globale und regionale Konkurrenz verstärken. Die ökologischen und sozialen Probleme innerhalb Chinas verschärfen sich. Indiens Großmachtanspruch erhöht die Spannungen mit Pakistan. Während es in China zu Aufständen kommt, wird ein nuklearer Schlagabtausch zwischen Indien und Pakistan immer wahrscheinlicher. Es kommt zur Blockade der UNO. Die konsensuale und multilaterale Ordnungsfunktion der Großmächte wird durch unilateralen Regionalismus ersetzt. Aufgrund der ökonomischen Anforderungen verliert die Hilfsfunktion an Bedeutung. Konflikte wachsen in der armen Welt. Versuche Europas, sich abzuschotten, gelingen nicht, bedingt durch Übergreifen fundamentalistisch-terroristischer Ideen und illegaler Einwanderungen. Die Fragmentierung des internationalen Systems in zwei Welten (Ruloff) verstärkt sich, wobei der ärmere Teil im Chaos zu versinken droht.

Chancenevaluierung: Die – defensiv gedachte – Risikominimierungsstrategie in Verbindung mit der Risikofixierung der Politik führt zu einer sich selbst erfüllenden Prophezeiung in dem Sinne, daß damit die erneute Blockbildung in Europa gefördert wird. Chancen werden bestenfalls als virtuelle Realität angesehen. Die längerfristige Stabilisierung regionaler Hegemonien wäre notwendig, gelingt aber nicht. Sicherheitspolitisch betrachtet sind innerhalb Europas NATO- und EU-Erweiterung insofern positiv, als dadurch eine Blockbildung für eine durchaus mögliche Neuauflage der Ost-West-Konfrontation unter anderen Vorzeichen vorweggenommen wird. Gleichzeitig trägt diese Strategie zur Herausbildung der neuen Konfrontationslinien bei. Unerwünschter Nebeneffekt ist, daß dieser Ansatz wegen der Kostenbelastung in der Öffentlichkeit an Legitimität verliert, während gleichzeitig die Schwerpunkte innerer Auseinandersetzungen Verteilungskonflikte sind. Die Friedensbewegung bekommt zwar neuen Auftrieb, doch ihr Effekt wird weitgehend neutralisiert, wenn nicht sogar konterkariert. Die Organisierung partikularer Interessen wächst nach Art und Umfang. Dabei geht es primär um soziale und ökonomische Probleme. Kollektivideelle Ziele sind mehrheitlich nicht gefragt.

Auch in diesem Falle wird die weiterführende Evaluierung dieses Szenarios zurückgestellt und erst abschließend vergleichend erfolgen.

c) Die optimistische Version

Wenn die dritte Szenario-Version als optimistisch bezeichnet wird, dann meinen wir damit, in Abänderung der ersten beiden Optionen, daß zwar die inhaltlichen Verbesserungen bzw. Reformen des bestehenden Sicherheitssystems für notwendig und möglich gehalten werden, gleichzeitig aber die Lernbereitschaft der Art einsetzt, Politik unter Berücksichtigung einer längerfristigen Perspektive zu betreiben. Das beinhaltet zugleich die Risikobereitschaft, in Anbetracht bekannnter und möglicher Risiken dennoch Chancen wahrzunehmen. Auch das schließt die Annahme mit ein, daß die Großmächte eine bestimmende Rolle mit einer besonderen Verantwortung für internationale Ordnung und Weltfrieden haben.

Politisch werden die bestehenden kooperativen Strukturen im Rahmen der OSZE weiterentwickelt. Die NATO-Erweiterung wird gegen Rußland durchgesetzt, das seine Position revidiert und sich damit abfindet. Es findet ein gradueller Einsichtswandel in diesem Lande statt, das sich zunehmend als europäische Macht zu begreifen lernt und Abschied von seiner Hegemonial- und Supermachtrolle zu nehmen beginnt. Langsam zeichnen sich die Konturen eines europäischen kollektiven Sicherheitssystems ab, was zur Erosion der NATO als kollektivem Verteidigungsbündnis führt. Die EU-Erweiterung kommt zustande, wobei gleichzeitig die weitere Vergrößerung als längerfristiges Ziel anvisiert wird.

Ökonomisch setzt ein Prozeß der Regionalisierung der Wirtschaftsbeziehungen ein, der durch den systematischen Ausbau marktwirtschaftlicher Strukturen in den weniger entwickelten Ländern Europas und vor allem in Rußland begünstigt wird. Das führt zu einer weiteren Arbeitsteilung, die innerhalb Europas durch die Ausnutzung komparativer Kostenvorteile allen zugute kommt. Dieser Prozeß wird durch die systematische Erweiterung der Währungsunion gestützt. Trotz bestehender Ungleichheit steigen die Erwartungen, daß längerfristig alle von diesem Zusammenschluß profitieren. Dieser Prozeß erfolgt zugleich im Rahmen einer innerstaatlichen und zwischenstaatlichen Umverteilungspolitik zur Reduzierung der bestehenden Ungleichheiten.

Sozial gewinnen die Gruppen an Bedeutung, die sich für den Integrationsprozeß einsetzen. Die Bereitschaft der Öffentlichkeit auf Grund der damit verbundenen Erwartungen steigt an, die damit einhergehenden kurzfristigen Nachteile in Kauf zu nehmen. Parallel hierzu setzt sich das Subsidiaritätsprinzip stärker in dem Sinne durch, daß viele Kompetenzen vermehrt auf die lokale Ebene verlagert werden, begleitet von einem zunehmenden Multilateralismus auf der intergouvernementalen Ebene. Letzterer fördert die Herausbildung einer europäischen Identität.

Kulturell beginnt sich zunehmend so etwas wie eine optimistisch-internationalistische Einstellung auszubreiten. Einheit in der Vielfalt wird weniger als Bedrohung denn als Bereicherung gesehen. Transnationale Kontakte, lokal und regional, beginnen sich auszubreiten. Langsam wächst eine europäische Identität heran, die weniger politisch-institutionell, sondern vielmehr gesellschaftlich-kulturell fundiert ist und mit den unterschiedlichen lokal und regional wachsenden Identitäten kompatibel ist.

Ökologisch entwickelt sich im regionalen Rahmen zunehmend die Bereitschaft, längerfristige Präventivstrategien zu verfolgen, um zumindest in diesem Rahmen die sich abzeichnende Katastrophe zu verhindern.

Zwar besteht nach wie vor das Konsensprinzip zwischen den Großmächten in Europa, doch herrscht Einigkeit zwischen ihnen, daß sie konsequent kollektiv optimale Lösungen finden müssen. Diese Konvergenz der Eliten wird durch den schon lange erfolgten analogen Prozeß in den kleineren Staaten verstärkt. Ein neues Verständnis der Rolle des Staates bildet sich heraus, Kompetenzabgabe nach unten wie Überführung traditioneller staatlicher Kompetenzen in einen Souveränitäts-Multilateralismus nach „oben".

Gewaltrisiko: Zunächst führt die sich abzeichnende konsequente Demokratisierungsstrategie zu einem erheblichen Anstieg des Gewaltniveaus innerhalb Europas. Die verschiedensten Gruppen, ethnisch oder sonstwie formiert, fordern das Selbstbestimmungsrecht und damit ihre Eigenstaatlichkeit. Doch dank der verfügbaren Konfliktpräventions- und Mediationsmechanismen kann rechtzeitig verhindert werden, daß diese Konflikte in Gewaltorgien enden. Das führt insbesondere zu weiteren Desintegrationstendenzen innerhalb Rußlands, dessen Eliten zugleich von der Vorstellung Abschied nehmen, die GUS-Staaten wieder zu integrieren. Die verstärkten Integrationsbemühungen innerhalb Europas führen nicht nur zu einem Funktionswandel der EU. Einerseits zieht sie sich auf die Bereiche zurück, die für die Angleichung der vielfältigen innerstaatlichen Regeln erforderlich sind. Gleichzeitig kommt es zu einem neuen Phänomen, einem kooperativen Intergouvernementalismus, der zur relativen Machteinbuße der Kommission führt.

Integrationsrisiko: Auch wenn die politischen Eliten der verschiedenen Staaten sich im Hinblick auf die längerfristige und konsequente Demokratisierungsstrategie einig sind, organisiert sich der Widerstand revanchistischer Gruppen, die diese Strategie als Verrat an Nation und Vaterland bezeichnen. Dadurch verzögert sich der Integrationsprozeß, dennoch kann er nicht aufgehalten werden, da der Konsens der Mehrheit durch die Gegner verstärkt wird.

Internationaler Kontext: Die innereuropäische Entwicklung verdeutlicht zunehmend die Divergenzen mit den USA, die sich aus Europa ausgeschlossen fühlen. Die integrativen Prozesse führen zu einer verstärkten Innenorientierung Europas. Gleichzeitig wirkt das Beispiel verhaltensbildend. Es gelingt, insbesondere im ökologischen Bereich, zu einem graduellen Wandel weg von der Anpassung hin zur Prävention mit konsequenten internationalen Abmachungen zu kommen, mit denen eine Klimakatastrophe noch abgewendet werden kann. Durch den Dissens mit den USA wird es allerdings zunehmend schwieriger, global gemeinsam die Ordnungs- und Hilfefunktion durchzusetzen, was den weiteren Rückzug Europas aus dem globalen Rahmen verstärkt. Politisch und gesellschaftlich wird die Integration nach innen mit Desintegration von außen „erkauft".

Chancenevaluierung: In diesem Falle wird eine klare Chancenmaximierungsstrategie verfolgt. Ungeachtet der Risiken werden aufgrund der damit verbundenen Langzeitperspektive kurzfristig bestimmte Risiken, insbesondere Gewaltrisiken, in Kauf genommen. Das erhöht gleichzeitig die längerfristigen Chancen auf einen fundamentalen Wandel der Ordnungsstruktur innerhalb Europas. Doch der Zustand ist längere Zeit instabil, denn einerseits kann gerade hierdurch die längerfristige Krisenmanagementfähigkeit der einzelnen Staaten überfordert werden, andererseits kann auch deren Bereitschaft sinken, sich völlig und ganz neuen Ordnungsprinzipien zu verschreiben. Durch die zunehmende Demokratisierung Gesamteuropas werden zugleich seine Grenzen durchlässiger. Damit wird es anfälliger für Entwicklungen außerhalb, denen durch die Innenorientierung weniger Aufmerksamkeit gewidmet werden kann.

4.3 Vergleichende Schlußfolgerungen: Chancen mit Risiko

Bevor eine Evaluierung der drei Szenarien erfolgt, sollen noch einmal kurz die Grundannahmen erläutert werden. Man kann sicher dem Verfasser einen „konservativen Bias" unterstellen, 1. weil allem Anschein nach die Risiken stärker thematisiert werden als die Chancen und 2. weil immer wieder die Bedeutung der Großmächte herausgestrichen wird.

Zunächst zum ersten Punkt. Wir gehen davon aus, daß Risiken und Chancen nicht symmetrisch sind. Vielmehr handelt es sich um zwei unterschiedliche Bezugspunkte. Bei Risiken geht es in unserer Sicht um die Einschätzung von Gewalt und Desintegration. Bei Chancen dagegen geht es um die Risikobereitschaft, eine neue Politik zu verfolgen, die zwangsläufig von den erlernten Verhaltensmechanismen abweicht und sich am „best-case"-Denken orientiert. Anders ausgedrückt, im ersten Falle steht eine Risikominimierungsstrategie im Vordergrund, im zweiten dagegen eine Chancenmaximierungsstrategie. Erstere hat den Vorteil, kurzfristig jedenfalls auf Gewalt vorbereitet zu sein, langfristig dagegen fördert sie gerade die Risiken. Diese Paradoxie, die sich aus dem Unterschied von kurzfristiger und langfristiger Orientierung ergibt, findet sich analog bei der zweitgenannten Strategie auf andere Weise wieder. Kurzfristig kann dadurch sogar zur Erhöhung des Risikos beigetragen werden, langfristig dagegen werden die Risiken minimiert bzw. die Chancen auf eine Veränderung maximiert.

Nun zum zweiten Punkt. Die Bedeutung der größeren Mächte oder Großmächte ergibt sich daraus, daß sie immer dann, wenn sie ihre strategischen Interessen bedroht sehen, zu handeln bereit sind. Das bedeutet nicht unbedingt, daß sie die Entwicklung in die von ihnen gewünschte Richtung vorantreiben können. Es bedeutet aber, daß sie bestimmte Entwicklungen behindern können. Darüber hinaus wird sich Großmachtrivalität immer international auswirken, insbesondere in Europa, wo mindestens vier größere Mächte (Deutschland,

England, Frankreich, Rußland) angesiedelt sind. Solange sie ihrerseits immer auf Risikominimierung ausgehen, ist Chancenmaximierung grundsätzlich erschwert, wenn nicht sogar unmöglich. Wenn aber gerade die Großmächte eine so wichtige Rolle spielen, dann setzen positive Veränderungen deren Lernbereitschaft voraus. In der Realität scheint aber gerade diese Bereitschaft der Großmächte chronisch unterentwickelt zu sein. Wie also kann man Großmächte zu einer grundsätzlichen Änderung ihrer Politikorientierung bringen? Darauf haben wir keine Antwort.

Deutlich geworden sollte auch ein Problem sein, das sicher beunruhigend ist, weil es auf ein fundamentales Dilemma von Friedfertigkeit und Gewalt hinweist. Wenn Gewaltausbrüche nicht verhindert werden können, dann stellt sich grundsätzlich das Problem, wie darauf reagiert werden kann und muß. Das Prinzip des Gewaltverzichts als Handlungsstrategie dürfte unter diesen Umständen wenig hilfreich sein. Auch hier steht bislang eine befriedigende Antwort aus. Mit dieser Frage muß sich die Friedensforschung mehr als alle anderen Wissenschaften auch in Zukunft auseinandersetzen.

Bestehen also ungeklärte Probleme bezüglich der Schaffung der Friedfertigkeit von oben, ergibt sich auch aus den Szenarien bzw. aus den darin eingegangenen Annahmen ein grundsätzliches Problem bezüglich der Schaffung von Bedingungen der Friedfertigkeit von unten. Die Fähigkeit der Bevölkerung zur Selbstorganisation in sozialen Bewegungen, neuen sozialen Bewegungen oder Nichtregierungsorganisationen kann dazu führen, daß sie gleichermaßen zu Integration wie Desintegration beitragen, zur Friedfertigkeit wie zur Konfrontation. Die Frage, wann und wie derartige Bewegungen von unten erfolgreich zur Mobilisierung einerseits, zur Durchsetzung einer Chancenmaximierungsstrategie andererseits effektiv beitragen können, muß mit einem großen Fragezeichen versehen werden.

Kurz- und mittelfristig am wenigsten risikoreich scheint das sog. realistische Szenario zu sein. Es unterstellt „business as usual". Erfahrung und Routine der Diplomatie und Sicherheitspolitik kommen zum Tragen. Diese Art reaktiver Politik ist aber dennoch risikoreich. Sie geht von einer Verlängerung der Vergangenheit in die Zukunft aus. Eine derartige Politik ist überfordert, wird sie mit völlig neuen Situationen konfrontiert. Das teilt sie gemeinsam mit dem zweiten, dem pessimistischen Szenario, auch wenn die hypostasierten Auswirkungen sich unterscheiden. Das pessimistische Szenario nimmt intellektuell Gewaltrisiken vorweg. Damit ist es scheinbar besser vor Überraschungen gefeit. Während im Gegensatz zum ersten noch eine gewisse Unterstützung für die staatliche Sicherheitspolitik denkbar ist, besteht die Gefahr, daß im zweiten Falle diese Legitimität untergraben wird und Risiken durch die Risikovorwegnahme produziert werden. Daraus könnten einerseits Einschränkungen individueller Freiheitsrechte notwendig werden, um präventiv handeln zu können (gegen Drogendealer, Menschenschmuggler, Nuklearterroristen usw.), andererseits könnten Investitionen in die entsprechenden Sicherheitsapparate für unumgänglich gehalten werden. So gesehen erscheint das pessimistisch-risikomindernde Szenario aus friedenspolitischer Sicht zugleich dasjenige zu sein, das längerfristig das problematischste ist.

	Zeithorizont	Szenario realistisch	Szenario pessimistisch	Szenario optimistisch
Gewaltrisiken	kurzfristig	+	+	−
minimal	langfristig	?	−	+
Friedenschancen	kurzfristig	+	+	−
maximal	langfristig	−	−	+

Legende: + = positiver Effekt, − = negativer Effekt

Tabelle: Wirkungserwartungen

Fast umgekehrt verhält es sich mit dem optimistischen Szenario. Es ist kurz- und möglicherweise sogar mittelfristig außerordentlich risikoreich. Es setzt den Glauben an einen fundamentalen Wandel in Rußland voraus. Ohne diese Annahme wäre es hinfällig. Längerfristig besteht allerdings die Chance, daß eine pluralistische Sicherheitsgemeinschaft in Europa entsteht. Doch auch dafür muß ein Preis bezahlt werden, nämlich der der − nicht intendierten − Stärkung der multipolaren Regionalisierung. Es könnte darüber hinaus sogar zur verstärkten Innenwendung Europas führen, die ihrerseits Abschottungstendenzen von der übrigen Welt hervorrufen könnte. Doch selbst wenn diese Intention bestünde, stellte sich die Frage, ob das möglich wäre. Denn das setzte voraus, daß eine solche Festung Europa immun gegen die Gewaltrisiken und ihre Auswirkungen aus der übrigen Welt wäre, was illusionär ist. Schaut man sich die „Minimalliste" der Gewaltrisiken noch einmal an, dann wird sehr schnell deutlich, daß vor allem das Konfliktpotential in Asien (China, Indien, Pakistan), sollte es sich entladen, völlig unkalkulierbare Risiken im globalen Maßstab in sich trägt. Eine skizzenhafte Übersicht ist in der vorstehenden Tabelle enthalten, die Risiko und Chance zusammenfassend bewertet. Hierbei wird erkennbar, daß in der Tendenz das realistische und das optimistische Szenario von der Struktur her vergleichbar sind.

Zusammenfassung und Ausblick

Mit den drei Szenarien ist nur ein Teilaspekt der Entwicklungsbedingungen und -möglichkeiten angesprochen, die denkbar sind. Mit ihnen sollte deutlich geworden sein, daß es zwar wünschenswerte Entwicklungspfade gibt, doch sobald der Versuch gemacht wird, in die Tiefe komplexer Wirkungszusammenhänge vorzustoßen, wird das Bild sogleich diffuser. Die Fähigkeit, Probleme zu identifizieren, scheint negativ zu korrelieren mit der Fähigkeit, Problemlösungen aufzuzeigen. Das gilt für eine ganze Reihe von Punkten, die bereits erwähnt worden sind:

1. Politisch setzen alle Szenarien die langzeitlich gesicherte Krisenbewältigungsfähigkeit staatlicher Organisationen voraus. Sie ist gewissermaßen die letzte Sicherung. Brennt sie durch, steht Gewalt auf der Tagesordnung. Die Wirkung von Macht, die unmittelbar mit der Krisenbewältigungsfähigkeit einhergeht und – umfassender noch – Gestaltbarkeit impliziert, unterscheidet sich danach, ob sie auf der Grundlage kollektiver Rationalität oder individueller Rationalität praktiziert wird.

2. Die ökonomische Machbarkeit. Innerstaatliche Stabilität und Legitimität hängen wesentlich davon ab, inwieweit die Erwartungen der Bevölkerung und die Leistungsfähigkeit des Sozialstaates und der Wirtschaft übereinstimmen. Zwischenstaatliche Stabilität und Integration hängen zusätzlich davon ab, daß Verteilungs- und Umverteilungserwartungen sowohl in den Geber- wie in den Empfängerländern als legitim akzeptiert werden und in diese Erwartungen mit einfließen.

3. Die gesellschaftliche Partizipation beeinflußt gerade in offenen Gesellschaften den politischen Prozeß. Altruismus ist aber gerade nicht das dominante Mobilisierungsprinzip gesellschaftlicher Akteure, ungeachtet der Tatsache, daß es auch anzutreffen ist. Die moralisch-altruistisch motivierten Friedensgruppen sind somit a priori in ihrer Wirksamkeit gegenüber gruppenspezifischen Interessenorganisationen im Nachteil, vor allem dann, wenn die unter Punkt 2 genannten Erwartungen und Realität auseinanderfallen. Damit stellt sich das Problem, unter welchen Bedingungen erwartet werden kann, daß „Frieden von unten" wirksam werden kann.

4. Die ökologische Dimension ist vermutlich die komplexeste. Zum einen ist das Wissen vorhanden, daß die Menschen in 30 bis 60 Jahren die dann nicht mehr zu behebende Klimakatastrophe überwinden können, wenn alles weiter seinen geregelten realpolitisch-marktwirtschaftlichen Gang geht. Gleichzeitig ist die Bewältigung der ökologischen Probleme ohne kollektive Rationalität von Macht, Krisenbewältigungsfähigkeit, gesellschaftlichen Druck von unten und ökonomische Machbarkeit unmöglich.

Damit schließt sich ein Teufelskreis der „zirkulären multiplen Ursachen", wie ihn einst Myrdal in anderem Zusammenhang einführte. Ob der Teufelskreis umgewandelt werden kann in einen wohltätigen, bleibt abzuwarten. Es gibt allerdings keinen Grund, von vornherein anzunehmen, daß die Menschen oder ihre Politik unfähig seien, Gewaltfreiheit als Norm zu verinnerlichen und zu praktizieren. Eine Einsicht ergibt sich aus den Überlegungen zwingend. Sicherheitspolitik ist dann und nur dann Friedenspolitik, wenn sie strategisch ein

Gleichgewicht zwischen Risikominimierung und Chancenmaximierung herstellt. Während Risikominimierung kurzfristig durchaus erfolgreich sein kann, bewirkt sie langfristig vermutlich eher das Gegenteil. Chancenmaximierung dagegen kann kurzfristig durchaus mit Instabilität einhergehen und Risiken erhöhen, längerfristig dagegen zum Erfolg führen. Konkret: Es gibt keinen Grund zu der Annahme, daß im Rahmen der Möglichkeiten entsprechende Strategien, Programme und Aktionen nicht konzipiert werden könnten, die Gewaltfreiheit als Norm und Ziel verwirklichen helfen könnten. Wenn eine derartige und durchaus vergleichsweise bescheidene Vision denkbar ist, dann bestehen dafür auch Möglichkeiten, sie näherungsweise in die Tat umzusetzen.

Das Forschungsprogramm „Friedensmacht Europa"

Teilprojekt 1
Frieden durch Zivilisierung?
Probleme – Ansätze – Perspektiven

Dieses Teilprojekt untersucht wesentliche Grundlagen und Grundfragen der Friedensforschung und der Friedenspolitik nach 1989/90. In einem ersten Teil werden die neuen friedenstheoretischen und -politischen Herausforderungen nach dem Ende des Ost-West-Konfliktes thematisiert. Der zweite Teil setzt sich kritisch mit der Zivilisationstheorie sowie ihrer Rezeption durch die Friedensforschung auseinander und enthält Entwürfe für ein zeitgemäßes zivilisationstheoretisches Design der Friedens- und Konfliktforschung. Im dritten Teil werden zentrale Aspekte, Ansätze und Probleme der Friedenstheorie und -politik untersucht, u.a.

- Friedensfähigkeit der Menschen,
- Frieden und Gewaltmonopol,
- Frieden und Recht,
- Frieden und Gerechtigkeit/Gleichberechtigung,
- Frieden und Demokratie,
- Frieden und Kapitalismus,
- Frieden und Religion.

Im vierten Teil werden die Vision einer „Friedensmacht Europa" in ihren Umrissen skizziert und eine Agenda zur Friedensforschung und Friedenspolitik für Europa an der Schwelle zum 21. Jahrhundert vorgelegt. Dieses Teilprojekt dient insgesamt der theoretischen Grundlegung des ÖSFK-Forschungsprojektes.

Die Erkenntnisse aus der Arbeit im Teilprojekt 1 sind veröffentlicht in: Österreichisches Studienzentrum für Frieden und Konfliktlösung (Hg.): Gerald Mader / Wolf-Dieter Eberwein / Wolfgang R. Vogt: Frieden durch Zivilisierung? Probleme – Ansätze – Perspektiven, Koordination: Wolfgang R. Vogt, Münster, agenda-Verlag, 1996, 507 S., ISBN 3-929440-76-8

Teilprojekt 2
Europa im Umbruch:
Risiken und Chancen der Friedensentwicklung

In diesem Teilprojekt soll eine systematische Bestandsaufnahme der Strukturbedingungen und Entwicklungstendenzen innerhalb Europa einerseits, im internationalen System andererseits erfolgen. Damit werden die Grundlagen für die

Entwicklung von Szenarien über grundlegend denkbare und mögliche Entwicklungen über diesen Teil der Welt geschaffen.

Stichworte hierzu im einzelnen sind:
- Chancen und Risiken für Gestaltungsoptionen,
- Krisen und Kriege,
- Sicherheit, Konflikt und Kooperation,
- Wirtschaft und Stabilität,
- Ökologie und Sicherheit,
- Identität, Integration und Stabilität,
- Szenarien.

Im Zentrum dieses Teilprojektes steht also die Risiken-Chancen-Analyse der Entwicklung Gesamteuropas. Dazu muß ein selektives Raster zentraler Dimensionen für die systematische Risiken-Chancen-Analyse entwickelt werden, auf dessen Grundlage dann Szenarien entworfen werden.

Die Erkenntnisse aus der Arbeit im Teilprojekt 2 sind Gegenstand des hier vorgelegten Bandes.

Teilprojekt 3
Europäische Friedensordnung: Gestaltung von „oben"

Europa ist bereits heute durch ein Geflecht sicherheitspolitischer und sonstiger Institutionen überzogen. Im Rahmen dieses Teilprojektes sollen nicht nur das bestehende institutionelle Gefüge analysiert, sondern zugleich Möglichkeiten der generellen Ausgestaltung eines friedenssichernden Systems in Gesamteuropa von oben – das heißt durch die Staaten selbst – erörtert werden. Dazu gehört an prominenter Stelle die Auseinandersetzung mit der offiziellen Sicherheitspolitik in Gesamt-Europa seit dem Ende des Ost-West-Konfliktes.

Stichworte im einzelnen sind hierzu
- Institutionen- und Regimebildung in Europa,
- Europa als Regionalsystem und die UNO,
- Regionale Institutionen und ihre Interdependenz,
- Machtpolitik als kulturelles Phänomen,
- Konzepte für eine europäische Außen- und Verteidigungspolitik,
- Modelle für eine europäische Friedens- und Sicherheitsordnung.

Tendenzen und Grenzen für die Wandlung Europas zu einer militärischen (regionalen) Großmacht sollen verglichen werden mit den Chancen der Entwicklung Gesamteuropas zu einer zivilisierten Friedensmacht.

Teilprojekt 4
Europäische Friedensordnung: Gestaltung von „unten"

Friede im umfassenden Sinne geht über die Abwesenheit der militärischen Bedrohung hinaus. In diesem Teilprojekt geht es um die Rolle nicht-staatlicher Akteure, transnationaler und nicht-staatlicher internationaler Organisationen ebenso wie um innerstaatliche Akteure, die einen wesentlichen Beitrag zum Zivilisierungsprozeß in Europa leisten können.

Stichworte im einzelnen sind u.a.
- Kultur als Risiko und Chance,
- Multikulturalität als Voraussetzung,
- Friedenspolitik durch „NGO"s,
- Friedensarbeit vor Ort,
- innerer Frieden und Alltagsgewalt,
- Friedenserziehung/Friedenskompetenzen.

Neben der Evaluierung der kulturellen Voraussetzungen für den Zivilisierungsprozeß und der dafür erforderlichen konkreten gesellschaftlichen Akteure muß insbesondere die Problematik erörtert werden, wie Strategien der Einwirkung von unten auf die „große Politik" beschaffen sein müssen, um zu diesem Ziel beizutragen.

Teilprojekt 5
Das Phänomen Gewalt

Beim Gewaltphänomen muß zwischen einer zwischenstaatlichen Dimension und einer innerstaatlichen, die mit dem Begriff der „Alltagsgewalt" charakterisiert werden kann, unterschieden werden. Im Rahmen dieses Teilprojektes geht es darum, diese beiden Aspekte je für sich ebenso wie ihre Querbezüge herauszuarbeiten.

Stichworte im einzelnen sind u.a.
- Gewalt und Geschlecht,
- Gewalt und gesellschaftliche Institutionen,
- Gewalt und politischer Extremismus ,
- Gewalt und Friedenserzwingung,
- Gewalt und Friedenssicherung,
- Interdependenz von Gewalt von „oben" und von „unten".

Die kulturelle Verfestigung von Gewalt als denkbares und praktiziertes Handlungsmuster steht hier im Mittelpunkt, ebenso wie die Möglichkeiten, derartige kulturell verfestigte Praktiken zu überwinden. Insofern werden in diesem Teil-

317

projekt wichtige Grundlagen für die spätere Entwicklung von Friedensstrategien geschaffen.

Teilprojekt 6
Frieden und Ökonomie

In diesem Teilprojekt geht es zum einen darum, die Bedingungen struktureller Gewalt, die in dem ökonomischen Teilsystem angelegt sind, aufzuarbeiten, zum anderen darum, Möglichkeiten der Überwindung solcher Bedingungen ins Auge zu fassen, die die Sicherheit in Europa unmittelbar bedrohen.

Stichworte im einzelnen sind u.a.
- der globale Kontext: regionale Konkurrenz USA – Japan – Europa,
- regionale Ungleichheit und ihre Überwindung,
- der globale Kontext: das Nord-Süd-Gefälle,
- der Zyklus von Armut und Gewalt, Rüstungsproduktion und Waffenhandel als Risiko,
- Ökologische Marktwirtschaft als Chance.

Ohne Schaffung von Wohlstand ist eine Friedensordnung kaum denkbar. Ohne politisch institutionelle Absicherung einer Ökonomie, die in der Lage ist, diesen Wohlstand zu garantieren, ohne daß er diesen zugleich längerfristig ökologisch wieder zerstört, ist dieses Ziel nicht zu erreichen. Diese zentralen und komplexen Zusammenhänge sollen im Rahmen dieses Teilprojektes analysiert werden und durch die Frage nach adäquaten Strategien ergänzt werden. Der ökologische Aspekt wird überdies gesondert im Teilprojekt 7 vertieft.

Teilprojekt 7
Frieden und Ökologie

Ohne Berücksichtigung der Ökologie ist keine Friedensordnung denkbar. Zivilisierung erstreckt sich nicht nur auf den Umgang zwischen Menschen bzw. Staaten, sondern ebenso auf den Umgang mit der Natur. Ökologische Gefährdungen ergeben sich nicht nur aus der Organisation der Produktion und Verteilung, sondern ebenso aus kriegerischen Auseinandersetzungen innerhalb und zwischen Staaten. Deswegen stellt die Vernachlässigung der Ökologie ebenso ein Sicherheitsrisiko dar, wie deren Instrumentalisierung für machtpolitische Zwecke (etwa durch Giftgasangriffe auf Aufständische).

Stichworte im einzelnen sind u.a.
- Ökologische Sicherheit/Problemaufriß
- Umweltzerstörung als Ursache/Folge von (Bürger-)Krieg,
- Ressourcenausbeutung und -vernichtung,
- Umweltzerstörung im globalen Kontext,

– Umwelt als institutionelles Problem.

Die engen Grenzen der Einzelstaaten im Hinblick auf ihre Kontroll- und Steuerungsfähigkeit treten in der Umweltproblematik besonders deutlich zutage. Zugleich ist keine Lösung ohne entsprechende Unterstützung der Politik möglich. Mit diesem Teilprojekt sollen neben der Bestandsaufnahme der Problematik in Europa im Kontext der globalen Umweltbedrohung Ansätze für die Entwicklung strategischer Lösungen erarbeitet und aufgezeigt werden.

Teilprojekt 8
Zivile Konfliktverarbeitung:
Gewalt-Prävention und nichtmilitärische Krisen-Intervention

Das Problem der Konfliktverarbeitung besteht darin, daß der (nichtmilitärischen) Prävention zu wenig Aufmerksamkeit geschenkt wird und Möglichkeiten der gewaltfreien Konfliktregulierung vorschnell ausgeblendet werden. Mit diesem Teilprojekt soll daher dieser Gesamtkomplex grundsätzlich thematisiert werden.

Stichworte im einzelnen sind u.a.
– Konfliktprozesse und ihre Bearbeitung – ein Problemaufriß,
– pro und kontra Gewalt: dysfunktional oder nicht?
– pro und kontra gewaltlose Konfliktbearbeitung,
– Konfliktprävention,
– Konfliktmediation und ihre Träger,
– Konflikttraining und zivile Friedensdienste.

Vor dem Hintergrund kurz- und mittelfristiger Überlegungen zum Konfliktprozeß selbst geht es darum, neben den strukturellen Bedingungen von Konflikten als Ursache deren Eigendynamik aufzuarbeiten unter dem Gesichtspunkt, welche Mittel und Akteure erforderlich sind, um Gewalt weitgehend auszuschalten (innerstaatlich wie zwischenstaatlich), da sie immer nur negativ wirkt, keineswegs aber zur Konfliktlösung im positiven Sinne beitragen kann.

Teilprojekt 9
Europäische Friedenspolitik: Strategien und Programme

Das Forschungsprojekt zielt im Kern auf Strategien ab, die politikfähig sind. Aus diesem Grunde ist es notwendig, einen Überblick über das Spektrum an Vorschlägen zu erarbeiten, die von den verschiedensten staatlichen wie nichtstaatlichen Akteuren in den vergangenen Jahren erarbeitet und in der Öffentlichkeit diskutiert worden sind. Eine solche systematische Aufarbeitung steht bis heute aus.

Stichworte im einzelnen sind u.a.

Grundsätzliche Überlegungen zur Zivilisierung der Politik, Sicherheitspolitische Konzepte und Friedensstrategien (u.a.):

- Gewalt der Regierungen,
- Gewalt der politischen Parteien,
- Gewalt der Kirchen,
- Gewalt gesellschaftlicher Gruppen.

An Hand einer systematischen Kriterienliste sollen diese verschiedenen Strategien und Konzepte im Vergleich analysiert und evaluiert werden. Insbesondere geht es darum zu klären, inwieweit sie die für Strategien spezifizierten Bedingungen erfüllen.

Teilprojekt 10
Friedensstrategien für Europa

Dieses letzte Teilprojekt stellt das Herzstück des Gesamtprojektes dar. Die Aufgabenstellung besteht darin, die in den vorangegangenen neun Teilprojekten erarbeiteten Grundlagen nicht nur auszuwerten, sondern darüber hinaus ein Strategiebündel zu formulieren, das nicht nur realistisch erscheint, sondern darüber hinaus die Bedingungen der „Politikfähigkeit" erfüllt oder erfüllen könnte. Es erscheint wenig sinnvoll, an dieser Stelle weitere Ausführungen zu machen. Die Bedingungen wurden im Abschnitt 3 bereits präzisiert.

Anhang

Quellenverzeichnis

Die nachgenannten Quellenangaben folgen den Nachweisungen der AutorInnen. Quellen gleichen Titels sind dann mehrfach benannt, wenn die AutorInnen sich auf unterschiedliche Werkausgaben beziehen.

Alexander, Jeffrey C. / Smith, Philip 1996: Social Science and Salvation: Risk Society as a Mythical Discourse. in: Zeitschrift für Soziologie, 25/4:261-62.

Andersson, Thomas 1993: Managing trade relations in the new world economy, London/New York.

anonym 1993: Unser Marsch hat begonnen, in: DER SPIEGEL, 47/5:108-109.

anonym 1995: Rossiya I NATO. Tezisy soveta po vneshney I oboronnoy politike. Nezavisimaya Gazeta, 21.6.1995:2.

anonym 1996: Optimismus über Nato-Ost-Erweiterung, in: Frankfurter Allgemeine Zeitung, 13.6.1996:4.

Appadurai, Arjun 1990: Disjuncture and difference in the global cultural economy, in: Featherstone, Mike (Hg.): Global culture, London, Sage, 295ff.

Ardener, Edwin W. 1992: Tozsamosc i utozsamienie [Identität und Identifikation], in: Z. Mach und A. K. Paluch (Hg.): Sytuacja mniejszosciowa i tozsamosc [Minderheitssituation und Identität], Krakau, Universität Jagiellonski, 21-42.

Arrow, Kenneth J. 1994: Methodological Indivualism and Social Knowledge, in: American Economic Association Papers and Proceedings, 1-9, May.

Asbach, Olaf 1996: Politik und Frieden beim Abbé de Saint-Pierre. Erinnerungen an einen (fast) vergessenen Klassiker der politischen Philosophie, in: Graf, Karl u.a. (Hg.): Politisches Denken. Jahrbuch 1995/96, Stuttgart, 133-163.

Ash, Timothy G. 1990: Mitteleuropa, in: Daedalus, 119/1:3-21.

Asmus, Ronald D. / Blackwill, Robert D. / Larrabee, Stephen F. 1996: Can NATO survive?, in: The Washington Quarterly, 79-102, Spring.

Asmus, Ronald D. / Kugler, Richard L. / Larrabee, Stephen F. 1995: NATO Expansion: The Next Steps, in: Survival, Vol. 37/1:7-33.

Asmus, Ronald D. / Kugler, Richard L. / Larrabee, Stephen F. 1996: What will Nato Enlargement Cost? in: Survival, Autumn, 5-26.

Asmus, Ronald D. / Larrabee, Stephen F. / Lesser, Ian O. 1996: Die Sicherheit des Mittelmeerraumes: Neue Herausforderungen, neue Aufgaben, in: NATO Brief, 25-31, Mai.

Audretsch, David R. / Yamawaki, Hideki 1988: R&D Rivalry, Industrial Policy and U.S.-Japanese Trade, in: Review of Economics and Statistics, Heft 70/3:438-447.

Ayres, Robert U. / Simonis, Udo Ernst (Hg.). 1994: Industrial Metabolism. Restructuring for Sustainable Development. Tokio, New York, Paris.

Bail, Christoph / Reinicke, Wolfgang / Rummel, Reinhardt 1995: Perspectives on Transatlantic Relations, Ebenhausen (Stiftung Wissenschaft und Politik).

Banque des Règlements internationaux 1990: Rapport Annuel, Basel.

Barkin, Samuel J. / Bruce, Cronin 1994: The state and the nation: changing norms and the rules of sovereignty in international relations. in: International Organization, 48/1:107-130.

Baudrillard, Jean 1994: The Illusion of the End, Stanford: Stanford University Press [übersetzt aus dem Französischen von Chris Turner].

Bauman, Zygmunt 1992: The Polish predicament: a model in search of class interests, in: Telos, 25/2:113-130.

Bauman, Zygmunt 1993: Auf der Suche nach der postkommunistischen Gesellschaft - das Beispiel Polen, in: Soziale Welt. Zeitschrift für Sozialwissenschaftliche Forschung und Praxis, Heft 44:157-176.

Bell, Coral 1971: The Conventions of Crisis, London, Oxford University Press.

Benedick, Richard E. 1991: Ozone Diplomacy. New Directions in Safeguarding the Planet. Cambridge/MA, London.

Bertram, Christoph 1994: Let's Be Clear: Not One Europe but a New West and a New East, in: International Herald Tribune, 12.7.1994.

Bertram, Christoph 1995: Europe in the Balance: Securing the Peace Won in the Cold War, Washington, Carnegie Endowment.

Betts, Richard K. 1992: Systems for Peace or Causes of War? in: International Security, Vol. 17/1:6-43.

Bhaduri, Amit / Steindl, Josef 1983: The Rise of Monetarism as a Social Doctrine, in: Thames Papers in Political Economy.

Biermann, Frank 1994: Internationale Meeresumweltpolitik: Auf dem Weg zu einem Umweltregime für die Ozeane? Frankfurt a. M., New York, Paris.

Biermann, Frank 1996: Financing Environmental Policies in the South. An Analysis of the Multilateral Ozone Fund and the Concept of „Full Incremental Costs", WZB-Paper FS II 96-406, Berlin.

Bischoff, Henrik 1996: Der Krieg in Tadschikistan - Zusammenprall der Zivilisationen? Friedrich Ebert Stiftung, Studie zur Außenpolitik, Nr. 71.

Boatler, Robert W. 1978: Comparative Advantage; A Division among Developing Countries, in: Interamerican Economic Affairs, Vol. 32/2:59-66.

Boniface, Pascal 1994: La menace du Sud: mythe ou réalité?, in: Defense Nationale, 50/11:117-124.

Bonus, Holger 1991: „Umweltpolitik in der Sozialen Marktwirtschaft", in: Aus Politik und Zeitgeschichte, B 10/91:37-46.

Borneman, John 1992: Belonging in the Two Berlins: Kin, State, Nation, Cambridge University Press.

Boukhobza, M'hammed 1992: Transition démocratique et stabilité politique. Le cas de l'Algérie, in: Algérie Actualité, 5.11.1992, Nr. 1412, S.

Boutros-Ghali, Boutros 1992: Agenda für den Frieden, Bonn.

Boutros-Ghali, Boutros 1992: An Agenda for Peace. New York: United Nations.

Braudel, Fernand 1972: The Mediterranean, New York, Harper & Row.

Bredow, Wilfried von 1994: Turbulente Welt-Ordnung: Internationale Politik am Ende des 20. Jahrhunderts, Stuttgart.

Bremer, Stuart A. 1987: „Introduction", in: Ders. (ed.) The GLOBUS Model - Computer Simulation of Worldwide Political and Economic Developments, Kap. 3. Boulder/Frankfurt: Westview und Campus Verlag, 1-38.

Bremer, Stuart A. 1992: Dangerous Dyads - Conditions Affecting the Likelihood of Interstate War, 1816-1965, in: Journal of Conflict Resolution, Vol. 36/2:309-341.

Bremer, Stuart A. 1993: Democracy and Militarized Conflict, 1816-1965, in: International Interactions, 18/3:231-249.

Brundtland-Kommission 1987: Unsere gemeinsame Zukunft. Der Brundlandt-Bericht der Weltkommission für Umwelt und Entwicklung, hrsg. v. Volker Hauff, Greven.

Brzezinski, Zbigniew 1991/92: The Consequences of the End of the Cold War for International Security, in: Adelphi Papers, London, Nr. 265:3-17.

Buchbender / Bühl / Kujat 1992: Wörterbuch zur Sicherheitspolitik, 3. Aufl., Herford.

Buchowski, Michal 1991: The Magic of the King-Priest of Communism, in: East European Quaterly, 25/4:425-436.

Buchowski, Michal 1993 : Poland: An Old Society After New Elections, in: Anthropological Journal on European Cultures, 3/1:61-84.

Buchowski, Michal 1995: Nieznosna lekkosc metafor i ich dyskretny urok [Unerträgliche Leichtigkeit der Methaphern und ihr stiller Charm], in: J. Sojka (Hg.): Horyzonty ponowoczesnosci: Rozmowy z Zygmuntem Baumanem, Posen: Humaniora, 187-200.

Buchowski, Michal / Kronenfeld, David B. / Peterman, William / Thomas 1994: Language, Nineteen eighty-four, and 1989, in: Language in Society, 23/4:555-578.

Bull, Hedley 1977: The Anarchical Society, London Macmillan.

Bull, Hedley 1993: The Anarchical Society: A Study of Order in World Politics, Basingstoke.

Bundesministerium der Verteidigung (Hg.) 1994: Weißbuch 1994. Weißbuch zur Sicherheit der Bundesrepublik Deutschland und zur Lage und Zukunft der Bundeswehr, Bonn.

Bungarten, Harald H. 1978: Umweltpolitik in Westeuropa: EG, internationale Organisationen und nationale Umweltpolitiken, Bonn.

Burton, John 1967: International Relations, London, Cambridge University Press.

Busch, Klaus 1992: Umbruch in Europa. Die ökonomischen, ökologischen und sozialen Perspektiven des einheitlichen Binnenmarktes, Köln.

Carment, David 1993: The International Dimensions of Ethnic Conflict: Concepts, Indicators, and Theory, in: Journal of Peace Research, Vol. 30/2:139ff.

Cecco, Marcello de 1989: The European Monetary System and National Interests, in: Guerrieri, Paolo/Padoan, Pier Carlo (Hg.): The Political Economy of European Integration. States, Markets and Institutions, New York et al., 85-99.

Chan, Steve 1984: Mirror on the Wall .. Are Freer Countries More Pacific?, in: Journal of Conflict Resolution, 28/4:617-648.

Chapman, Malcolm 1994: The Commercial Realization of the Community Boundary, in: Goddard, V. A. / Llobera, J. R. / Shore, C. (Hg.): The Anthropology of Europe, Oxford/Providence, 227-254.

Chernoff, Fred 1991: Ending the Cold War: the Soviet Retreat and the US Military Buildup, in: International Affairs, 67/1:111ff, January.

Clague, Christopher K. 1991: Relative Efficiency, Self-Containment and Comparative Costs of Less Developed Countries, in: Economic Development and Cultural Change, 39/2:506-530.

Clausen, Lars 1991: „Katastrophe". in: G. Reinhold et al.: Soziologie-Lexikon, München.

Clausen, Lars / Dombrowsky, Wolf R. 1983: Einführung in die Soziologie der Katastrophen. Bonn.

Clesse, A. / Cooper, R. / Sakamoto, Y. (Hg.) 1994: The International System after the Collapse of the East-West Order, Nijhoff, Dordrecht.

Cline, Ray S. 1980: World power trends and U.S. foreign policy for the 1980s, Boulder.

Coulmas, Florian 1996: Asianismus - das neue asiatische Selbstbewußtsein, in: Neue Zürcher Zeitung, Nr. 40, 17./18.2.

Coussy, Jean 1994: Les ruses de l'État minimum, in: Bayard, Jean-François (Hg.): La réinvention du capitalisme, Paris, Karthala, 227-249.

Creveld, Martin van 1995: Wars of the 21st century. Interview mit Newsweek, 17.4.1995:54.

Czempiel, Ernst-Otto 1993: Weltpolitik im Umbruch. Das internationale System nach dem Ende des Ost-West-Konflikts, München, 2. akt. Aufl.

Czempiel, Ernst-Otto 1994: Vergesellschaftete Außenpolitik, in: MERKUR, 48/1:1-14.

Czempiel, Ernst-Otto 1994: Die Intervention: politische Notwendigkeit und strategische Möglichkeiten, in: Politische Vierteljahresschrift, 35/3:402-422 .

Czempiel, Ernst-Otto 1995: Intervention, in: Kaiser, K. / Schwarz, H.-P. (Hg.): Die neue Weltpolitik. Bonn, 418-425.

Daedalus 1990: Journal of the American Academy of Arts and Sciences, No. 119/1, Winter.

Davies, Norman 1986: The Heart of Europe, A Short History of Europe, Oxford, Oxford University Press.

Davy, Ben 1995: Trust me!, in: Der öffentliche Sektor - Forschungsmemoranden, Heft 3-4.

Dayan, Daniel 1996: Télévision d'intervention et spectacle politique. Agir par le rituel, Paris, Hermes 15, (in Vorbereitung).

Dean, Jonathan 1994: Ending Europe's Wars: The Continuing Search for Peace and Security, New York.

Deleuze, Gilles 1966: Le Bergsonisme, Paris, PUF.

Deleuze, Gilles 1976: Minuit, Paris.

Deutsch, Karl W. 1957: Political Community and the North Atlantic Area - International Organization in the Light of Historical Experience. Princeton: Princeton University Press.

Deutsch, Karl W. 1963: The Nerves of Government, New York, Free Press.

Deutsch, Karl W. 1994: Space and Freedom, in: International Political Science Review, 5(2):125-38.

Deutsches Institut für Wirtschaftsforschung 1992: Gefährdet die Lohnkostenentwicklung die Wettbewerbsfähigkeit der Bundesrepublik Deutschland, in: DIW-Wochenbericht, 12.3.1992/59/11:1.

Diamond, Larry 1989: Beyond Authoritarianism and Totalitarianism: Strategies for Democratization, in: The Washington Quarterly, Vol.12/1:141ff.

Die neuen Risiken 1995: Thematisches Heft Internationale Politik, 50/2.

Dixon, William J. 1993: Democracy and the Management of International Conflict, in: Journal of Conflict Resolution, 37/1:42-68.

Dixon, William J. 1994: Democracy and the Peaceful Settlement of International Conflict, in: American Political Science Review, 88/1:14-32.

Dollar, David / Wolff, Edward N. 1988: Convergence of Industry Labour Productivity among Advanced Economies 1963-1982, in: Review of Economics and Statistics, 4.11.1988, 70/4:5.

Dombrowsky, Ines 1995: Wasserprobleme im Jordanbecken. Perspektiven einer gerechten und nachhaltigen Nutzung internationaler Wasserressourcen. Frankfurt am Main / New York / Paris.

Donnelly, Jack 1986: International human rights: A regime analysis, in: International Organization, Heft 35:599-641.

Dumont, Louis 1957: L'ideologie allemande. France Allemagne et retour, Paris, Gallimard.

Dunn, John 1995: Democratie: l'état des lieux, La pensée politique, Paris.

Easton, David 1965: A Systems Analysis of Political Life, New York.

Eberhard, Wolfram 1970: Conquerors and rulers. Social Forces in Medieval China, Leiden Brill.

Eberwein, Wolf-Dieter 1990: Weltmodelle und Globale Entwicklungstrends - Computersimulation und die Analyse internationaler Beziehungen. in: Rittberger, Volker (Hg.): Theorien der Internationalen Beziehungen - Bestandsaufnahnme und Forschungsprespektiven. PVS-Sonderheft, 21/1990, 198-214.

Eberwein, Wolf-Dieter / Groenen, W. 1990: Long-Term Impact of Alternative Western Policy Options: Foreign Policy Change and Disarmament. in: H. Chestnut, P. Kopacek, and T. Vamos (eds) International Conflict Resolution Using System Engineering. IFAC Workshop Series, 1990, No. 1. New York, 113-118.

Eberwein, Wolf-Dieter 1992: Umbruch und Wandel in Europa. Theoretische Überlegungen, in: Knapp, M. (Hg.) Konzepte Europäischer Friedensordnungen. Stutgart: Steiner, 53-85.

Eberwein, Wolf-Dieter 1993: Ewiger Friede oder Anarchie? Demokratie und Krieg, in: Forndran, E. / Pohlmann, H. (Hg.) Europäische Sicherheit nach dem Ende des Warschauer Pakres. Baden-Baden, 139-166.

Eisendle, Helmut 1996: Der Egoist, Innsbruck.

Elsenhans, Hartmut 1979: Agrarverfassung, Akkumulationsprozeß, Demokratisierung, in: Elsenhans, Hartmut: Agrarreform in der Dritten Welt, Frankfurt am Main/New York, 505-652.

Elsenhans, Hartmut 1980: Englisches Poor Law und egalitäre Agrarreform in der Dritten Welt. Einige Aspekte der Theorie, daß Wachstum historisch die Erweiterung des Massenmarktes erforderte und heute die Erweiterung der Massenmarktes erfordert, in: Verfassung und Recht in Übersee, 13/4:283-318.

Elsenhans, Hartmut 1981: Social Consequences of the NIEO. Structural Change in the Periphery as Precondition for Continual Reforms in the Centre, in: Jahn, Egbert /Sakamoto, Yoshikazu: Elements of World Instability: Armaments, Communication, Food International Division of Labour. Proceedings of the International Peace Research Association. Eighth General Conference, Frankfurt am Main/New York, 86-95.

Elsenhans, Hartmut 1992: Equality and Development, Dhaka.

Elsenhans, Hartmut 1994a: Rent, State and the Market: The Political Economy of the Transition to Self-sustained Capitalism, in: Pakistan Development Review, 33/4:393-428.

Elsenhans, Hartmut 1994b: State, Economy, Power and the Future of the International System, in: Strategic Digest, 24/4:551-563.

Elsenhans, Hartmut 1995a: Durch Standortsicherung zur Weltwirtschaftskrise, in: Zeitschrift für sozialistische Politik und Wirtschaft, 82:22-27.

Elsenhans, Hartmut 1995b: Die 'holländische Krankheit' - oder: Warum es nicht immer gesund ist, den Gürtel enger zu schnallen, in: Comparativ. Leipziger Beiträge zur Universalgeschichte und vergleichenden Gesellschaftsforschung, 5/1:133-146.

Elsenhans, Hartmut 1995c: Marginality, Rent and Non-Government Organisations, in: Indian Journal of Public Administration, 41/2:139-159.

Elsenhans, Hartmut 1996a: A Welfare Capitalist World System or the Feudalisation of the Global System, in: Babu, Ramesh: The Changing Global Political/Ideological Context and Afro-Asia: Strategies for Development, New Delhi, 57-132.

Elsenhans, Hartmut 1996b: Gegen das Gespenst der Globalisierung, in: Fricke, Werner: Jahrbuch Arbeit und Technik, Bonn, 25-36.

Elsenhans, Hartmut 1996c: Some Aspects of a Necessary Revision of the Critique of Political Economy, in: Elsenhans, Hartmut: State, Class and Development, New Delhi, 14-58.

Enquete-Kommission 1990: Enquete-Kommission „Vorsorge zum Schutz der Erdatmosphäre" des Deutschen Bundestages (Hg.): Schutz der Tropenwälder. Eine internationale Schwerpunktaufgabe. Bonn / Karlsruhe.

Etzioni, Amitai 1994: Jenseits des Eigennutz-Prinzips, Stuttgart.

Europäische Gemeinschaften (Hg.) 1992: Richtlinie zur Erhaltung der natürlichen Lebensräume sowie der wildlebenden Tiere und Pflanze, 92/43/EWG vom 21.05.1992, ABl. L 206 v. 22.07.

Europäische Gemeinschaften (Hg.) 1995a: Gemeinsamer Standpunkt (EG) Nr. 22 vom 28. September 1995, vom Rat festgelegt gemäß dem Verfahren des Artikels 198b des Vertrags zur Gründung der Europäischen Gemeinschaft im Hinblick auf den Erlaß einer einer Entscheidung des Europäischen Parlaments und des Rates über gemeinschaftliche Leitlinien für den Aufbau eines transeuropäischen Verkehrsnetzes Amtsblatt C 331, 8.12.1995

Europäische Kommission KOM(95) 163. 1995: Weissbuch - Vorbereitung der assoziierten Staaten Mittel- und Osteuropas auf die Integration in den Binnenmarkt der Union, Brüssel, 03.05.1995.

Europäische Kommission (Hg.) 1995: Europäer und die Umwelt, Eurobarometer, 43.1b, November.

Europäische Kommission KOM(95) 691. 1995b: Grünbuch über faire und effiziente Preise im Verkehr, Brüssel, 691 endg., 20.12.1995.

Europäische Kommission KOM(96) 54. 1996: Mitteilung der Kommission an den Rat und das Europäische Parlament: Handel und Umwelt, Brüssel, den 28.02.1996, KOM(96) 54 endg.

Europäische Kommission (Hg.) 1996: Intergovernmental Conference 1996 Commission Opinion: Reinforcing Political Union and Preparing for Enlargement, Brüssel.

Europäische Umweltagentur (Hg.) 1955: Europe's Environment - The Dobrís Assessment, Luxemburg.

European Commission 1996: Background Report on Nuclear Safety in Central and Eastern Europe and the Former Soviet Union, Jean Monnet House London, February.

Farber, Henry S. / Gowa, Joanne 1995: Polities and Peace, in: International Security, 20/2/123ff, Autumn.

Faupel, Klaus 1984: Internationale Regime als Gegenstände für Sozialwissenschaftliche Forschung, in: Jahrbuch der Universität Salzburg, Salzburg, 94-104.

Festinger, Leo 1962: Cognitive Dissonance, in: Scientific American, 3-9, October.

Flassbeck, Heiner 1988: Die Standortqualität der Bundesrepublik Deutschland, in: Konjunkturpolitik, 34/5/6:255-267.

Flassbeck, Heiner 1995: Standort Deutschland in Gefahr, in: Vorwärts, 11:18-19.

Frei, Daniel 1985: Feindbilder und Abrüstung: Die gegenseitige Einschätzung der UdSSR und der USA; eine Studie des Instituts der Vereinten Nationen für Abrüstung (Unidir). München.

Fremdling, Rainer 1991: Productivity Comparisons between Great Britain and Germany, 1855-1913, in: Scandinavian Economic History Review, 39/1:28-42.

Friedman, Thomas L. 1995: Are They Ready, Then, to Fight for Bratislava?, in: International Herald Tribune, 10.4.1995:8.

Fries, Renate 1996: Förderhilfen Umweltschutz: EU - Bund- Länder, Bonn, 3. Auflage.

Fukuyama, Francis 1989: The end of history?, in: The National Interest, 3-16, Summer.

Fukuyama, Francis 1992: The end of history and the last man, New York.

Fukuyama, Francis 1995: Trust. The social virtues and the creation of prosperity, Hamish Hamilton.

Fundamental Provisions 1994: Fundamental Provisions of the Russian Military Doctrine, in: Raevsky, A. / Vorobev, I. N.: (Hg.): Russian Approaches to Peacekeeping Operations, UNIDIR: New York / Genf.

Furet, François 1995: Le passé d'une illusion, Paris, Calman-Levy - Robert Laffont.

Gaddis, John Lewis 1987: The long peace: Inquiries into the history of the cold war, New York.

Gaddis, John Lewis 1992: International Relations Theory and the end of the Cold War, in: International Security, 17(3):5-58.

Gantzel, Klaus Jürgen / Schwinghammer, Torsten 1995: Die Kriege nach dem Zweiten Weltkrieg 1945 bis 1992. Münster.

Gehring, Thomas 1990: Das internationale Regime zum Schutz der Ozonschicht. in: Europa-Archiv, Nr. 23:703-712 .

Gellner, Ernest 1992: Postmodernism, Reason and Religion, London: Routledge.

Georgescu-Roegen, Nicholas 1971: The Entropy Law and the Economic Process, Harvard.

Giddens, Anthony 1985: A contemporary critique of historical materialism, Vol. 2. The nation-state and violence, Cambridge.

Giddens, Anthony 1994: Les conséquences de la modernité, Paris, L'Harmattan.

Gilpin, Robert G. 1986: The richness of the tradition of political realism, in: Keohane, Robert O. (Hg.): Neorealism and its critics, New York, 301-321.

Gleditsch, Nils Petter 1995: Democracy and the Future of European Peace, European Journal of international Relations, Vol. 1, Nr. 4:539ff.

Goddard, Victoria A. / Llobera, Josep R. / Shore, Chris 1994: Introduction: The Anthropology of Europe, in: dies. (Hg.): The Anthropology of Europe, Oxford/Providence, 1-40.

Goldgeier, James M. / McFaul, Michael 1992: A tale of two worlds: core and periphery in the post-cold war era, in: International Organization, Heft 46:467-491.

Goudie, Andrew 1994: Mensch und Umwelt. Eine Einführung. Heidelberg / Berlin / Oxford.

Grant, Robert P. 1996: France's New Relationship with NATO, in: Survival, Vol. 38/1: 58-80.

Grémion, Pierre / Hassner, Pierre (Hg.) 1990: Vents d'Est. Vers l'Europe des Etats de droit?, Paris, PUF.

Grigoriov, M. 1992: Budet li NATO reshat' za nas nashi problemy? (Wird die NATO unsere Probleme nach uns lösen?), Krasnaia Zvezdae, 5.6.1992:3.

Groom (eingearbeitet). : .

Groom, A. J. R. 1977: „After 1984: Ten Disturbing Trends", Österreichische Zeitschrift für Außenpolitik, Bd. 17, Nr. 3.

Group of Ten 1993: International capital movements and foreign exchange markets, o. O., April.

Grundbestimmungen 1993: Grundbestimmungen der Militärdoktrin der Russländischen Föderation, am 18. November 1993 veröffentlicht, in: Europa Archiv, Vol. 49/1, 10.1.

Guerin-Sendelbach, Valerie 1994: Frankreich und das algerische Pulverfaß. (=Deutsche Gesellschaft für Auswärtige Politik e.V. Aktuelle Analysen), Bonn.

Hagan, Joe D. 1994: Domestic Political Systems and War Proneness, in: Mershon International Studies Review, 38/2:183-207.

Halm, Heinz 1993: Fundamentalismus - ein leeres Etikett, in: Rotter, G. (Hg.): Die Welten des Islam. 29 Vorschläge, das Unvertraute zu verstehen. Frankfurt am Main, 211-218.

Hardin, Garvet 1968: The Tragedy of the Commons, in: Science, Vol. 162:1243-1248.

Hart, Klaus 1996: Das 'nächste' Amerika - ein zweites Brasilien? in: Neue Zürcher Zeitung, Nr. 46, 24./25.2.

Hartje, Volkmar J. 1989: Studienbericht E9a. Verteilung der Reduktionspflichten. Problematik der Dritte-Welt-Staaten. Enquete-Kommission „Vorsorge zum Schutz der Erdatmosphäre" des Deutschen Bundestages., Ms. Berlin.

Harvey, David 1989: The condition of post-modernity. An inquiery into the origins of cultural change, London, Basic Blackwell.

Hauchler, Ingomar (Hg.) 1995: Globale Trends 1996: Fakten, Analysen, Prognosen, Frankfurt am Main.

Heldt, Birger (Hg.) 1992: States in Armed Conflict 1990-91. Department of Peace and Conflict Research, Uppsala University, Uppsala.

Helm, Carsten 1995: Sind Freihandel und Umweltschutz vereinbar? Ökologischer Reformbedarf des GATT/WTO-Regimes. Berlin.

Henseler, Peter 1977: Staatsfunktionen nach David Hume, in: Der öffentliche Sektor - Forschungsmemoranden, Heft 2.

Hermann, Charles 1969: Crisis in Foreign Policy, New York, Bobbs-Merrill.

Hippler, Jochen / Lueg, Andrea (Hg.) 1993: Feindbild Islam. Hamburg.

Hobsbawm, E. J. 1979: The Age of Capital 1848-1875, Mentor Books, New York.

Holler, Manfred J. 1995: Ein halbes Jahrhundert Spieltheorie: Eine Einleitung, in: Homo Oeconomicus, XII (1/2).

Holler, Manfred J. / Illing, Gerhard 1993: Einführung in die Spieltheorie, Berlin.

Holm, Hans-Henrik / Sørensen, Georg 1995a: Whose world order? Uneven globalization and the end of the cold war, Boulder.

Holm, Hans-Henrik / Sørensen, Georg 1995b: International Relations Theory in a World of Variation, in: dies.: Whose world order? Uneven globalization and the end of the cold war, Boulder, 187-206.

Holsti, Ole R. 1991: Peace and War: Armed Conflicts and interntional order 1648-1989. Cambridge: Cambridge University Press.

Holsti, Ole R. 1991: Armed Conflicts and international order 1648-1989. Cambridge: Cambridge University Press.

Homer-Dixon 1993: Environmental Scarcities and Violent Conflict: Evidence from Cases, in: International Security, 19/1:5-40.

Hörner, Karin 1993: Der Begriff Feindbild: Ursachen und Abwehr, in: Klemm, Verena / Hörner, Karin (Hg.): Das Schwert des „Experten". Peter Scholl-Latours verzerrtes Araber- und Islambild. Heidelberg, 34-43.

Horowitz, Donald L. 1985: Ethnic Groups in Conflict, Berkeley.

Hubig, Christoph 1996: Dissensmanagement aus philosophischer Sicht, Tagungsberichte des Wissenschaftszentrums Berlin, (im Druck).

Huntington, Samuel P. 1993: The clash of civilizations?, in: Foreign Affairs, 72/3:22-50.

Ip, P. C. / Stahl, C. W. (Hg.) 1978: Systems of Land Tenure. Allocative Efficiency and Economic Development, in: American Journal of Agricultural Economics, 60/1:19-28.

IPCC (Intergovernmental Panel on Climate Change) 1991: Climate Change. The IPCC Scientific Assessment, Cambridge.

IPCC (Intergovernmental Panel on Climate Change) 1996a: Climate Change 1995. The Science of Climate Change. Cambridge.

IPCC (Intergovernmental Panel on Climate Change) 1996b: Climate Change 1995. Impacts, Adaptations and Mitigation of Climate Change: Scientific-Technical Analyses. Cambridge.

IPCC (Intergovernmental Panel on Climate Change) 1996c: Climate Change 1995. Economic and Social Dimensions of Climate Change, Cambridge.

Jackson, Robert H. 1990: Quasi-States: Sovereignty, International Relations, and the Third World Cambridge: Cambridge University Press.

Jacyno, Malgorzata 1994: Center and Periphery, Continuity in Change, in: Jawlowska, A. / Kempny, M. (eds): Cultural Dilemmas of Post-Communist Societies, Warschau, IFIS-Publishers, 59-67.

Jahn, Beate 1993: Humanitäre Intervention und das Selbstbestimmungsrecht der Völker. Eine theoretische Diskussion und ihre historischen Hintergründe. in: Politische Vierteljahresschrift, 34/4:567-587.

Jelzin, Boris 1994: Brief des russischen Präsidenten Jelzin an den Präsidenten der USA, Bill Clinton, in: SIPRI Yearbook 1994, Oxford, 249-250.

Jelzin, Boris 1994: Ansprache des Präsidenten der Russischen Föderation während des KSZE Gipfels, 5. Dezember 1994. o.O.

Joffe, Josef 1992: Collective Security and the Future of Europe: Failed Dreams and Dead End, in: Survival, Vol. 34/1:45-46.

Johnson, Chalmers 1966: Revolutionary Change, Boston, Little, Brown.

Judt, Tony 1990: The Rediscovery of Central Europe, in: Daedalus, 119/1:23-54.

Kaiser, Karl 1995: Deutsche Außenpolitik in der Ära des Globalismus. in: Internationale Politik, 590/1:27-45.

Kant, Immanuel 1795: Zum Ewigen Frieden. Ein philosophischer Entwurf, in: Weischedel, Wilhelm (Hg.): Immanuel Kant, Werke in sechs Bänden, Bd. VI, Darmstadt.

Kelliher, Daniel 1993: Keeping Democracy Safe from the Masses. Intellectuals and Elitism in the Chinese Protest Movement, in: Comparative Politics, 25/4:379-396.

Kennedy, Paul 1988: The rise and fall of the great powers: Economic change and military conflict from 1500 to 2000, London.

Keohane, Robert O. 1986: Neorealism and its critics, in: Keohane, Robert O. (Hg.): Neorealism and its critics, New York, 158-204.

Keohane, Robert O. / Nye, Joseph S. 1988: Power and interdependence, 2nd ed, Glenview.

Kepel, Gilles 1996: Allah im Westen, München.

Kern, Stephen 1983: The culture of Time and Space. 1880-1918, Cambridge, Harvard University Press.

Kideckel, David A. 1994: Us and Them. Concepts of East and West in the East European Transition, in: Jawlowska, A. / Kempny, M. (eds): Cultural Dilemmas of Post-Communist Societies, Warschau, IFIS-Publishers, 134-144.

Kissinger, Henry 1994: Die Vernunft der Nationen. München.

Klemm, Verena / Hörner, Karin (Hg.) 1993: Das Schwert des „Experten". Peter Scholl-Latours verzerrtes Araber- und Islambild. Heidelberg .

Kommission der Europäischen Gemeinschaften - KOM(95) 624. 1995: Bericht der Kommission über die Umsetzung des Programms der Europäischen Gemeinschaft für Umweltpolitik und Maßnahmen im Hinblick auf eine dauerhafte und umweltgerechte Entwicklung, 624 endg. 10.01.1996.

Kommission der Europäischen Gemeinschaften - KOM(95) 478. 1995: Mitteilung der Kommission: Die Gasversorgung der Europäischen Gemeinschaft und zukünftige Perspektiven, Brüssel, 478 endg., 18.10.1995.

Kommission der Europäischen Gemeinschaften - KOM(96) 421. 1996a: Weissbuch - Eine Strategie zur Revitalisierung der Eisenbahn in der Gemeinschaft, 421 endg., 30.07.1996.

Koppel Bruce 1995: Les perspectives de démocratisation en Asie du Sud-Est, Paris, Les Études du CERI. Nr. 7, 13ff.

Koselleck, Reinhardt 1990: Le Futur-Passé. Contribution à la sémantique des temps historiques, Paris, Etten.

Krugman, Paul 1994: The Myth of Asia's Miracle, in: Foreign Affairs, :62-79, Winter.

Krugman, Paul 1994: Competitiveness: A Dangerous Obsession, in: Foreign Affairs , Vol. 73/2:28-45.

Kun, Joseph C. 1995: In Search of Guarantees - The Elusive NATO: Is Enlargement in Sight?, McLean, VA, The Potomac Foundation.

Ladejinsky, Wolf 1972: Land Ceilings and Land Reforms, in: Economic and Political Weekly, 7/5-7:401-408.

Laïdi, Zaki 1989: Enquête sur la banque mondiale, Paris, Fayard.

Laïdi, Zaki 1994: Un monde privé de sens, Paris: Fayard.

Laïdi, Zaki 1995: Un monde privé de sens, Paris, Fayard.

Larrabee, Stephen F. 1993: East-European Security After the Cold War, RAND, Santa Monica.

Laszlo, Ervin 1989: La cohérence du réel. Evolution coeur du savoir, Paris, Gauthier-Villars.

Leach, Edmund 1976: Culture and Communication, Cambridge: Cambridge University Press.

Leach, Edmund 1982: Social Anthropology, Oxford: Oxford University Press.

Lebow, Richard N. / Stein, Janice Gross 1995: Deterrence and the Cold War, in: Political Science Quarterly, 110/2:157-181.

Lendi, Martin 1992: Der Beitrag der Schweiz an das neue Europa, in: M.Lendi: Bewährung des Rechts, Zürich.

Lepenies, Wolf 1995: Das Ende der Überheblichkeit, in: Die Zeit, Nr. 48, 24.11.

Levy, Jack S. 1983: War in the Modern Great Power System 1495-1975. Lexinton KY: University of Kentucky Press.

Levy, Jack S. 1988: Domestic Politics and War, in: Journal of Interdisciplinary History, 18/4:653ff, Spring.

Levy, Marc A. 1995: Is the Environment a National Security Issue? in: International Security, 20/2:189-194.

Lucatelli, Adriano 1995: The making of transnationl regimes: financial intermediaries and world order. Diss. Universität Zürich.

Lueg, Andrea 1993: Das Feindbild Islam in der westlichen Öffentlichkeit, in: Hippler, Jochen / Lueg, Andrea (Hg.): Feindbild Islam, Hamburg, 14-43.

Luhmann, Niklas 1964: Lob der Routine, in: Verwaltungsarchiv, Heft 55:1-33.

Lundén, Thomas (Hg.) 1995: Euro-Islam, Stockholm 15.-17.6.1995, A Conference on relations between European and Islamic Cultures and on the position of Muslims in Europe, Swedish Institute, Stockholm.

Luttwak, Edward N. 1994: Weltwirtschaftskrieg: Export als Waffe - aus Partnern werden Gegner, 1. Auflage, Hamburg.

Macdonald, Sharon 1993: Identity Complexes in Western Europe: Social Anthropological Perspectives, in: S. Macdonald (Hg.): Inside European Identities: Ethnography in Western Europe, Oxford/Providence.

Maghrori, Ray / Ramberg, Bennet (Hg.): Globalism vs. realism. 1982: Globalisms vs realism - International relations' third debate, Boulder.

Mahbubani, Kishore 1992: The west and the rest, in: National Interest, Heft 28:3-12.

Maoz, Zeev / Russett, Bruce 1993: Normative and Structural Causes of Democratic Peace, 1946-1986, in: American Political Science Review, 87/3-336ff.

Matthies, Volker 1996: Vom reaktiven Krisenmanagement zur präventiven Konfliktbearbeitung? in: Aus Politik und Zeitgeschichte, B 47/96:19-28.

Matthies, Volker (Hg.) 1993: Frieden durch Einmischung? Bonn.

Matzner, Egon 1995: Der sozioökonomische Kontext: Argumente für eine neue (wirtschafts)politische Denkform, in: Karlheinz Bentele u.a. (Hg).: Die Reformfähigkeit von Industriegesellschaften. Festschrift für Fritz W. Scharpf, Frankfurt am Main.

Matzner, Egon / Kregel, Jan 1994: Die Standortdiskussion oder die Sanierung im Trokkendock, in: Gewerkschaftliche Monatshefte, Heft 1.

McLuhan, Marshall 1995: The global village: Der Weg der Mediengesellschaft in das 21. Jahrhundert, Paderborn.

Meadows, Donella H. et al. 1972: The Limits of Growth, London, Pan.

Mearsheimer, John J. 1990: Back to the Future: Instability in Europe After the Cold War, in: International Security, Vol. 15/1:5-56.

Meyer, Berthold / Schlotter Peter 1995: Ein vertanes Jahr für Europa? Die gemeinsame Außen- und Sicherheitspolitik der EU. in: Schoch, Bruno / Solms, Friedhlem / Mutz Reinhard (Hg.): Friedensgutachten 1996, Münster, 42-53.

Meyer, Berthold / Wellmann, Christian (Red.) 1992: Umweltzerstörung: Kriegsfolge und Kriegsursache. Frankfurt am Main.

Meyers, Reinhard 1990: Metatheoretische und methodische Betrachtungen zur Theorie der internationalen Beziehungen, in: Volker Rittberger (Hg.): Theorien der Internationalen Beziehungen, Opladen 1990 (=Sonderheft 21/990 der Politischen Vierteljahresschrift PVS), 48-68.

Michnik, Adam 1993: Communism, the Church, and Witches: An Interview with Leszek Kolakowski, in: The Centennial Review, Vol. 37/1:13-38.

Milner, Helen 1993 : Commerce mondial, in: Laïdi, Zaki(Hg.): L'ordre mondial relâche: sens et puissance après la guerre froide, Paris, Presses de la FNSP, 131-153.

Montbrial, Thierry / Jacquet, Pierre; Ramses: Rapport Annuel Mondial sur le Système Economique et les Strategies. (Paris).

Morgenthau, Hans J. 1946: Scientific man versus power politics, Chicago.

Morgenthau, Hans J. 1963: Macht und Frieden. Grundlegung einer Theorie der Internationalen Politik. Gütersloh.

Morgenthau, Hans J. 1972: Politics among nations: The struggle for power and peace, 5. Auflage, New York.

Morin, Edgar 1987: Pensée l'Europe, Paris, Gallimard.

Most, Benjamin A. / Harvey Starr 1989: Inquiry, Logic and International Politics. Columbia; S.C.: University of South Carolina Press.

Muller, John 1994: The Catastrophe Quota: Trouble after the Cold War. in: Journal of Conflict Resolution, 38/3:355-375.

Mundorf, Hans 1995: Die realen Nettolöhne sind nicht zu hoch, in: Handelsblatt, 2, 29.8.

Naisbitt, John / Aburdene, Patricia 1991: Megatrends 2000: Zehn Perspektiven für den Weg ins nächste Jahrtausend, Düsseldorf/Wien.

NATO 1991: The Alliance's New Strategic Concept, agreed by the Heads of State and Government participating in the meeting of the NAC in Rome, 7.-8. November 1991, in: NATO Review, Vol. 39/26, _ 10.

Naumann, Klaus 1994: Die Bundeswehr in einer Welt im Umbruch, Berlin.

Naumann, Klaus 1995: Bundeswehr vor neuen Herausforderungen. Eine Lagebeurteilung des Generalinspekteurs, in: Soldat und Technik, Nr. 1:9-16.

Neumann, John. v. / Morgenstern, Oskar 1944: Theory of Games and Economic Behavior, New York.

Neuthinger, Egon 1989: Germany's Enduring Current Account Surplus, in: Intereconomics, 24/3:138-148.

Nielebock, Thomas 1993: Frieden zwischen Demokratien: Ein empirisches Gesetz der internationalen Beziehungen auf der Suche nach seiner Erklärung, in: Österreichische Zeitschrift für Politikwissenschaft, 22/2:179-193.

Nisbet, Evan G. 1994: Globale Umweltveränderungen. Ursachen, Folgen, Handlungsmöglichkeiten. Heidelberg, Berlin, Oxford.

Nowotny, Helga 1992: Le temps à soi, Paris, hg. von der M.S.H.

Nye, Joseph S. 1992: What New World Order? in: Foreign Affairs, Vol. 71/2:88ff.

Nye, Joseph S., Jr. 1990: Soft Power, in: Foreign Policy, 80:153-171, Autumn.

O'Brien, Richard 1992: The end of geography: global financial integration, London, Piner, RIIA.

Ohmae, Kenichi 1995: The End of the Nation State. The Rise of Regional Economies, New York.

Olson, Mancur 1965: The logic of collective action, Cambridge.

Olson, Mancur 1982: The rise and decline of nations: Economic growth, stagflation, and social rigidities, New Haven.

OSZE 1993: Friedenserhaltungsseminar vom 7.-9. Juni 1993, Wien: Chairman_s Summary, Wien: OSZE, 23.6.1993, mimeo.

Paech, Norman 1994: Krieg der Zivilisation oder dritte Dekolonisation? Samuel P. Huntingtons Paradigma der Internationalen Beziehungen, in: Blätter für deutsche und internationale Politik, 3:310-321.

Panofsky, Erwin 1975: La perspective comme forme symbolique, Paris, Minuit.

Patern, J. / Romanillos / Sheate, W. R. 1996: Environmental Impact Assessment in Central and Eastern Europe: Lessons from the Czech Republic and Romania, in: European Environment Law Review, Vol. 5/1:15-22.

Petersen, Jörn Henrik 1991: Harmonization of Social Security in the EC Revisited, in: Journal of Common Market Studies, 29/5:505-526.

Pintarits, Sylrich 1996: Macht, Demokratie und Regionen in Europa, Marburg/Lahn.

Ponting, Clive 1991: A Green History of the World. The Environment and the Collapse of Great Civilisations, London.

Prager, Theodor 1963: Wirtschaftswunder oder keines, Wien.

Praskier, Ryszkerd 1996: Mental factors in the transformation process. Lecture at the 3rd AGENDA-Workshop on „Lessons from Transformation", Austrian Academy of Sciences, Research Unit for Socioeconomics (Hg.), Vienna, 12.-14. April.

Prigogine, Ilya / Stengers, Isabelle 1992: Entre temps et éternité, Paris, Flammarion.

Proximity Peace Talks 1995: Wright Patterson Air Force Base, Dayton, Ohio, 1.-21. September 1995, Annex 1-A: Agreement on the Military Aspects of the Peace Settlement, Article 1, para. 1, (a).

Puntscher Riekmann, S. 1995: Die Europäische Union als republikanisches Bündnis, in: Österreichische Hochschülerschaft der TU-Wien (Hg.): Diskurs über die Republik, Klagenfurt.

Pye, Lucian W. 1985: Asian Power and Politics. The Cultural Dimensions of Authority, Cambridge, Mass. et al.

Ragionieri, Rodolfo (Hg.) 1994: Conflicts in Europe. 1: A General Framework, Quaderni Forum (Firenze), Vol. 8/1.

Randow, Theodore von 1994: Strategien zum Erfolg. Spieltheorie - eine verkannte Wissenschaft, in: Bild der Wissenschaft, Heft 1.

Raumer, Kurt von 1953: Ewiger Friede: Friedensrufe und Friedenspläne seit der Renaissance, Freiburg/München.

Ray, James L. 1993: Wars between Democracies: Rare, or Nonexistent?, in: International Interactions, 18/3:251-276.

Rhodes, Martin 1992: The Future of the 'Social Dimension': Labour Market Regulations in Post-1992 Europe, in: Journal of Common Market Studies, 30/1:23-51.

Ricardo, David 1817: On the Principles of Political Economy and Taxation, London.

Richardson, Lewis F. 1960: Arms and insecurity, Pittsburgh/Chicago.

Risse-Kappen, Thomas 1991: Did „Peace through Strength" End the Cold War? Lessons from INF, in: International Security, 16/1:162ff, Summer.

Risse-Kappen, Thomas 1994: Wie weiter mit dem 'demokratischen Frieden'?, in: Zeitschrift für Internationale Beziehungen, 1/2:367-379.

Risse-Kappen, Thomas 1995: Democratic Peace - Warlike Democracies? A Social Constructivist Interpretation of the Liberal Argument, in: European Journal of International Relations, 1/4:491ff, December.

Robbins, Lionel C. 1978: The theory of economic policy in English classical political economy, London, (Erstausgabe 1952).

Rodman, Peter W. 1996: Is the Iron Curtain gone or Not?, in: International Herald Tribune, 6, 18.1.

Ropohl, Günther 1994: Das Risiko im Prinzip Verantwortung. in: Ethik und Sozialwissenschaften, Opladen, 5/1994, Heft 1:109.

Rotfeld, Adam Daniel 1995: In Search of a Common, Cooperative and Comprehensive Security Model for Europe. (Hintergrundpapier für das First Meeting of the Independent Working Group on the Security Model for Europe for the 21st Century, Budapest, 2.12.1995.

Rotter, Gernot 1993: Europa und der Orient: Geschichte und Wiedergeburt eines alten Feindbildes', in: Klemm, Verena / Hörner, Karin (Hg): Das Schwert des „Experten". Peter Scholl-Latours verzerrtes Araber- und Islambild. Heidelberg, 44-58.

Rotter, Gernot 1996: Islam versus Westen - historische Realität und ideologischer Reflex, in: Klaus J. Bade (Hg): Menschen über Grenzen. Grenzen über Menschen. Die multikulturelle Herausforderung. Herne, 60-73.

Roznowski, Bogdan / Trubilowicz, Elzbieta 1995: What the Notion of „Europe" means for Young People in Germany and Poland. A Comparative Study, in: Journal for Mental Changes: Perspectives of Economic, Political and Social Integration, Heft 1:195-205.

Ruggie, John Gerard 1975: International responses to technology: concepts and trends, in: International Organization, Heft 29:557-584.

Ruloff (LitKorr eingearb. 2 Nachträge erforderlich!). : .

Ruloff, Dieter 1988: Weltstaat oder Staatenwelt: Über die Chancen globaler Zusammenarbeit, München.

Rummel, R. J. 1995: Democracies ARE less Warlike than Other Regimes, in: European Journal of International Relations, ¼, Dec. :457ff.

Rupnik, Jacques 1990: Central Europe or Mitteleuropa, in: Daedalus, 119/1:249-278.

Russett, Bruce 1993: Grasping the Democratic Peace. Principles for a Post-Cold War World, Princeton.

Saleh-Isfahani, Djavad 1989: Oil Exports, Real Exchange Rate Appreciation and Demand for Imports in Nigeria, in: Economic Development and Cultural Change, 37/3:495-512.

Sampson, Steven L. 1994: Money Without Culture, Culture Without Money: Eastern Europe's Nouveaux Riches, in: Anthropological Journal on European Cultures, 3/1:7-29.

Schäfer, Hans-Bernd 1983: Landwirtschaftliche Akkumulationslasten und industrielle Entwicklung. Analyse und Beschreibung entwicklungspolitischer Optionen in dualistischen Wirtschaften, Berlin/Heidelberg/New York.

Schulze, Reinhard 1991: Alte und neue Feindbilder: Das Bild der arabischen Welt und des Islam im Westen, in: Stein, Georg (Hg.): Nachgedanken zum Golfkrieg, Heidelberg, 244-259.

Schwartz, Benjamin 1975 : The age of transcendence, Deadalus, 1ff, Spring.

Semelin, Jaques (Hg.) 1995: Quand les dictatures se fissurent. Résistances civiles à l'Est et au Sud, Paris, Descléee de Brouwer.

Sen, Armatya K. 1973: On Economic Inequality, Oxford.

Senghaas, Dieter 1995: Schluß mit der Fundamentalismus-Debatte! Plädoyer für eine Reorientierung des interkulturellen Dialogs, in: Blätter für deutsche und internationale Politik, 2:180-191.

Senghaas, Dieter (Hg.) 1995: Den Frieden denken, Frankfurt am Main.

Shate, Stephen / Susan Harley (Hg.) 1993: On Human Rights. The Oxford Amnesty Lectures 1993, Basic Books, o.O. (Oxford).

Shopflin, George 1990: The Political Traditions of Eastern Europe, in: Daedalus, 119/1:55-90.

Shore, Chris / Black, Annabel 1994: Citizens' Europe and the Construction of European Identity, in: Goddard, V. A. / Llobera, J. R., Shore, C. (Hg.): The Anthropology of Europe, Oxford/Providence, 275-298.

Sid Ahmed, Abdelkader 1989: Économie de l'industrialisation à partir de ressources naturelles (I.B.R.), Paris.

Sider, Gerald M. 1986: Culture and Class in Anthropology and History. A Newfoundland Illustraion, Cambridge: Cambridge, University Press.

Siggel, Eckhard 1984: On the Nature of Technology Shelves Facing Less Developed Countries Some Hypotheses and Case Studies, in: Journal of Developing Areas, 18/2:227-246.

Simonis, Udo Ernst 1990: Beyond Growth. Elements of Sustainable Development. Berlin.

Simonis, Udo Ernst 1996: Globale Umweltpolitik. Ansätze und Perspektiven. Mannheim, Leipzig, Wien, Zürich.

Singer, David J. / Small, Melvin 1972: The Wages of War 1816-1965: A Statistical Handbook, New York.

Siverson, Randolph M. 1995: Democracies and War Participation: In Defense of the Institutional Constraints Argument, in: European Journal of International Relations, ¼, Dec. :481ff.

Solana, Javier 1996: Second Report to the United Nations Security Council on IFOR Operations by NATO Secretary-General, New York.

Sollenberg, Margareta (Hg.) 1995: States in Armed Conflict 1994. Department of Peace and Conflict Research, Uppsala University, Uppsala.

Sollenberg, Margareta / Wallensteen, Peter 1996: Major armed Conflicts, SIPRI Yearbook 1996, Oxford: Oxford University Press, 15-30.

Soros, George 1993: Prospects for European Disintegration, The SOROS Foundation, New York, (Deutsch in: Die Zeit, September 1993).

Stalk, George / Hout, Thomas 1992 : Vaincre le temps, Paris, Dunod.

Startobinzki, Jean 1979: 1789 - les emblèmes de la Raison, Paris, Flammarion.

Steindl, Josef 1990: The Role of Houshold Savings in the Modern Economy, in: ders.: Economic Papers 1941-1988, New York.

Stengers, Isabelle 1995: L'invention des sciences modernes, Paris, Flammarion, Champs.

Stenhouse, Mark 1993: Cracks along the North-South divide. Turmoil in Africa and the Middle East is capturing NATO's attention, in: International Defense Review, 26/10:771ff.

Stiftung Entwicklung und Frieden 1989: Die Umwelt bewahren. Bonn; darin: Baseler Konvention S. 143-172 und Montrealer Protokoll, S. 111-129.

Strange, Susan 1994: Wake up, Krasner! The world has changed, in: Review of International Political Economy, Heft 1:203-221.

Anhang

Studeny, Christophe 1995: L'invention de la vitesse. France, XVIII-XXe siècle, Paris, Gallimard.

Study on NATO Enlargement 1994: Study on NATO Enlargement, Bruxelles, September.

Stürmer, Michael 1993: Globale Aufgaben und Herausforderungen: Die schwierige Suche nach Weltordnung, in: Aus Politik und Zeitgeschichte, B 15/16:3-8.

Stürmer, Michael 1994: Die schwierige Suche nach Weltordnung. in: Universitas, 49/3:216-228.

Stürmer, Michael 1995: Amerikas pazifische Herausforderung, in: Neue Zürcher Zeitung, Nr. 283, 5.12.1995:7.

Swain, Ashok 1996: The Environmental Trap. The Ganges River Diversion, Bangladeshi Migration and Conflicts in India, Department of Peace and Conflict Research, Uppsala University.

Synthèse annuelle de l'actualité mondiale, Paris 1995.

Szücs, Jenö 1993: Three Historical Regions of Europe: An Outline, in: Keane, J. (Hg.): Civil Society and the State, London/New York, 291-332.

Taylor, Michael 1976: Anarchy and Cooperation, London.

Thomson, Janice E. 1995: State Sovereignty and International Relations: Bridging the Gap between Theory and Empirical Research, in: International Studies Quarterly, 39/2:213-233.

Thurow, Lester 1993: Head to head: the coming economic battle among Japan, Europe and the United States, 2nd print, New York.

Tilly, Charles (Hg.) 1975: The Formation of National States in Western Europe, Princeton University Press.

Tobin, James 1982: Adjustment Responsibilities of Surplus and Deficit Countries, in: ders.: (ed.): Essays in Economics, Theory and Policy. MIT Press, Cambridge (USA).

Traxler, Franz 1996: Sozialpartnerschaft am Scheideweg: Zwischen korporatistischer Kontinuität und neoliberalem Umbruch, in: Wirtschaft und Gesellschaft, Heft 1.

Turner, Victor W. 1967: The Forest of Symbols, Ithaca: Cornell University Press.

UNCTAD (Hg.) 1994a: World Investment Report, New York.

UNCTAD (Hg.) 1994b: Transnational Corporations, Employment and the workplace, New York.

United Nations 1994: World investment report: Transnational corporations, employment and the workplace, New York/Geneva.

Valki, László 1990: A Future Security Architecture for Europe? in: European Security, Vol. 2/1:510ff.

Valki, László 1992: Vanishing Threat Perceptions and New Uncertainties in Central Europe, in: Valki, László (Hg.): Changing Threat Perception and Military Doctrines, Basingstoke, 800-100.

Valki, László 1995: Az EBESZ helye az 'európai biztonsági architektúrában' (The place of the OSCE in the new European security architecture). in: Dunay, Pál / Gazdag, Ferenc (Hg.): A Helsinki folyamat: Az elsö húsz év (The Helsinki Process: the FirstTwenty Years), Budapest, 55-107.

Vereinte Nationen (Hg.) 1987 : L'industrie des télécommunications. Croissance et évolution structurelle, New York.

Vogt, Wolfgang R. 1996: „Friedensmacht Europa" als Vision, in: Mader, G., / Eberwein, W.-D., Vogt, W. R. (Hg.): Frieden durch Zivilisierung? Probleme, Ansätze, Perspektiven? Münster, Bd. 1:421-458.

Wallensteen, Peter 1981: Incompatibility, Confrontation and War. Four Models and Three Historical Systems, 1816-1976, Journal of Peace Research, Vol. 18/1:57.

Wallensteen, Peter 1984: Universalism vs. Particularism: On the Limits of Major Power Order, in: Journal of Peace Research, Vol. 21/3:243ff.

Wallensteen, Peter / Sollenberg, Margareta 1995: After the Cold War: Emerging Patterns of Armed Conflict, 1989-1994, in: Journal of Peace Research, Vol. 32/3:345ff.

Wallensteen, Peter / Swain, Ashok 1996: International Fresh Water Resources: Sources of New Conflicts? Department of Peace and Conflict Research, Uppsala University (In Vorbereitung).

Wallensteen, Peter / Sollenberg, Margareta 1996: The End of International War? Armed Conflict 1989-95. in: Journal of Peace Research, 33/3:353-370.

Waltz, Kenneth N. 1979: Theory of International Politics, Reading, Mass.

Waltz, Kenneth N. 1994: The emerging structure of International Politics. in: International Security, 18/2:44-79.

Watanabe, Susumu 1991: The Japanese Quality Control Circle: Why it Works, in: International Labour Review, 130/1:56-80.

WBGU (Wissenschaftlicher Beirat Globale Umweltveränderungen) 1993: Welt im Wandel. Grundstruktur globaler Mensch-Umwelt-Beziehungen. Jahresgutachten 1993. Bonn.

WBGU (Wissenschaftlicher Beirat Globale Umweltveränderungen) 1994: Welt im Wandel. Die Gefährdung der Böden. Jahresgutachten 1994. Bonn.

WBGU (Wissenschaftlicher Beirat Globale Umweltveränderungen) 1996a: Welt im Wandel. Wege zur Lösung globaler Umweltprobleme. Jahresgutachten 1995. Berlin.

WBGU (Wissenschaftlicher Beirat Globale Umweltveränderungen) 1996b: Welt im Wandel. Herausforderung für die deutsche Wissenschaft. Jahresgutachten 1996. Berlin.

Weede, Erich 1994: Determinanten der Kriegsverhütung während des Kalten Krieges und danach: Nukleare Abschreckung, Demokratie und Freihandel, in: Politische Vierteljahresschrift, 35/1:62-84.

World Disasters Report 1996: International Federation of the Red Cross and Red Crescent Societies, Oxford: Oxford University Press.

World Resources Institute 1986 ff: World Resources. New York, Oxford.

Yearbook 1994: of International Organizations 1994/95, Geneva.

Zaehlke, Dieter / Cameron, James 1990: Global Warming and Climate Change. An Overview of the International Legal Process. in: American University Journal of International Law and Policy, Vol 5.:249-290.

Zielinski, Michael 1994: Der Idealtypus einer Friedensgemeinschaft. Teil I: Die Bedeutung der demokratischen Verfaßtheit ihrer Mitglieder, in: in: Link / Schütt-Wetzschky / Schwan (Hg.): Jahrbuch für Politik/Yearbook of Politics, 2/1994.

Zielinski, Michael 1995: Der Idealtypus einer Friedensgemeinschaft. Teil II: Die Bedeutung des internationalen Systems, in: Link / Schütt-Wetzschky / Schwan (Hg.): Jahrbuch für Politik/Yearbook of Politics, 1/1995.

Zielonka, Jan 1992: Security in Central Europe, in: Adelphi Papers, London, Nr. 272.

Stichwortregister

Die nachgenannten Stichworte spiegeln aus den Beiträgen der AutorInnen gewonnene Betrachtungsgegenstände und Fragestellungen wieder.

W

Z

AutorInnen

Ernst-Otto Czempiel, Jahrgang 1927, Prof. em. Dr. phil., Forschungsgruppen-leiter an der Hessischen Stiftung Friedens- und Konfliktforschung, Frankfurt am Main.

Bongaerts, Jan C., Jahrgang 1951, Dr. rer. oec., Experte für Energie, Umwelt und Verkehr bei der Vertretung der Europäischen Kommission in Bonn, Teil-zeitprofessor für Umweltökonomie an der Universität Maastricht.

Michal Buchowski, Jahrgang 1955, Dr. phil. habil., Associate Professor am Institut für Ethnologie und Kultur-Anthropologie der Adam Mickiewicz-Uni-versität, Poznan.

Pál Dunay, Dr. jur., Jahrgang 1957, Associate Professor of International Law Dept. of Eötvös University, Deputy Director of the Hungarian Institute of Inter-national Affairs, Budapest.

Harmut Elsenhans, Jahrgang 1941, Dr. phil., Professor für Internationale Bezie-hungen am Institut für Politikwissenschaft der Universität Leipzig.

A.J.R. Groom, Dr. rer. pol., Jahrgang 1938, Professor of International Rela-tions, Head of Dept. of Politics and International Relations at the University of Kent, Chairman European Scandinavian Group for International Relations, Di-rector Center for Conflict Analysis.

Marc Holitscher, Jahrgang 1971, Wissenschaftlicher Mitarbeiter am Institut für Politische Wissenschaft der Universität Zürich.

Christoph Hubig, Jahrgang 1952, Prof. Dr. phil. habil., Sozialwissenschaften und Philosophie. Lehrstuhl für Praktische Philosophie, Universität Leipzig.

Egon Matzner, Dr. rer. com., Jahrgang 1938, Professor für Finanzwissenschaft an der Technischen Universität Wien. Leiter der Forschungsstelle der Österrei-chischen Akademie der Wissenschaften, Wien.

Zaki Laïdi, Dr. phil., Jahrgang 1954, Research Fellow am Centre National de la Recherche Scientifique CNRS (CERI), Paris.

Dieter Ruloff, Dr., Jahrgang 1947, Ordinarius für Internationale Beziehungen, Leiter der Abteilung Internationale Beziehungen des Instituts für Politische Wissenschaft der Universität Zürich.

Udo Ernst Simonis, Jahrgang 1937, Dr. sc. pol., Professor für Umweltpolitik am Wissenschaftszentrum Berlin, Mitglied des Beirats/Kuratoriums des Deutschen Übersee-Instituts, des Öko-Instituts und des Potsdam-Instituts für Klimafolgen-forschung; Herausgeber und Redakteur des Jahrbuchs Ökologie.

Peter Wallensteen, Jahrgang 1945, F.D., Inhaber des Dag Hammarskjöld-Lehrstuhls für Friedens- und Konfliktforschung, Uppsala-University, Uppsala.

Petra Weyland, Jahrgang 1954, Dr. phil., M.A., Dozentin an der Führungsakademie der Bundeswehr - Fachbereich Sozialwissenschaften, Hamburg.

Über die Koordinatoren

Wolf-Dieter Eberwein, 1943, Dr. soz. wiss., Dipl. Pol., Privatdozent Universität Leipzig. Seit 1978 am Wissenschaftszentrum Berlin für Sozialforschung; Berater des Forschungsinstituts der Deutschen Gesellschaft für Auswärtige Politik Berlin (DGAP), Gastdozent am Institut d'Études Politiques, Paris; Vorstandsmitglied Studienkreis Internationale Beziehungen; Mitherausgeber der Zeitschrift „Global Security".

Gerald Mader, Dr. jur., Rechtsanwalt von 1951-1971, Mitglied der Bürgerländischen Landesregierung von 1971-1984 (Kultur, Soziales, Gesundheit). Gründer und Leiter des Österreichischen Studienzentrums für Frieden und Konfliktlösung (ÖSFK) und des European University Center for Peace Studies (EPU), Stadtschlaining. Österreichischer Preis für Erwachsenenbildung (1971).

Wolfgang R. Vogt, 1940, Dr. rer. pol., Dipl. Soziologe, Leitender Wissenschaftlicher Direktor und Dozent für Friedens- und Konfliktforschung im Fachbereich Sozialwissenschaften/Sektion Soziologie an der Führungsakademie der Bundeswehr, Hamburg (seit 1968); seit 1992 Vorsitzender der Arbeitsgemeinschaft für Friedens- und Konfliktforschung (AFK), Bonn; Vorsitzender des Vorstandes von „Wissenschaft & Frieden" (W&F) – Interdisziplinäre Vierteljahreszeitschrift (seit März 1996); Mitglied in der Sektion Theorie der Deutschen Soziologischen Gesellschaft.

Über den Herausgeber

Österreichisches Studienzentrum für Frieden und Konfliktlösung (ÖSFK)

A-7461 Stadtschlaining/Burg, Tel.: (0043)03355-2498, Fax:03355-2662

Das ÖSFK (vormals Österreichisches Institut für Friedensforschung und Friedenserziehung) wurde im Jahre 1983 gegründet und setzt sich zum Ziel,

- zur weltweiten Förderung des Friedens,

- zur Förderung einer friedlichen Konfliktlösung auf allen Ebenen,

- zur Förderung des politischen und wissenschaftlichen Dialogs und

- zur Verbreitung des Friedensgedankens

beizutragen und der Stimme des Friedens mehr Gehör in Öffentlichkeit und Politik zu verschaffen.

Der konkrete Schwerpunkt der Aufgabe das ÖSFK besteht in

- Durchführung von Forschungsprojekten, insbesondere des fünfjährigen Forschungsprojektes „Friedensmacht Europa? – Strategien für den Aufbruch ins 21. Jahrhundert",

- Durchführung von „Advanced International Program in Peace, Security, Development and Conflict Resolution" (EPU-Programm),

- Durchführung eines „International Civilian Peace-Keeping and Peace-Building Training Program" (IPT-Programm).

Die Durchführung des EPU-Programms erfolgt in Zusammenarbeit mit dem Europäischen Universitätszentrum für Friedensstudien, das ebenfalls seinen Sitz in Stadtschlaining hat.

Die United Nations Educational, Scientific and Cultural Organization (UNESCO) hat dem Österreichischen Studienzentrum für Friedens- und Konfliktlösung (ÖSFK) und dem Europäischen Universitätszentrum für Friedensstudien (EPU) den UNESCO-Preis für Friedenserziehung 1995 verliehen.

Gründer von ÖSFK und EPU ist Gerald Mader.